창간호~제3집

마산문학 영인본

마산문인협회

《문협》 창간호
1968

018	창간사 이 풍토에 던진 의욕	/ 김 교 한

■ 시·시조

019	제주소견濟州所見 풍경(B) 외 2편	/ 김 수 돈 (故)
021	삼월에 내리는 눈 외 1편	/ 정 진 업
023	라일락 꽃잎	/ 김 춘 수
024	임에게	/ 전 기 수
025	흙 외 1편	/ 김 교 한
027	조간朝刊 외 1편	/ 이 광 석
029	석류꽃 외 1편	/ 추 창 영
031	향리鄕里에서 외 1편	/ 김 근 숙
033	전원찬가 외 1편	/ 도 광 의
036	여름 바다 외 1편	/ 문 창 호
038	조화弔花 외 1편	/ 고 화 석
039	산중문답山中問答	/ 김 의 암
040	토색시초土色詩抄	/ 박 대 섭
041	근황시제近況詩題	/ 김 홍 곤

■ 수필

050	여름날 그 그늘	/ 서 인 숙
053	달맞이꽃과 기다리는 마음	/ 오 숙 자
054	낙동강변에서	/ 박 복 흠
056	후생가외론後生可畏論 서序	/ 김 영 태
058	기고 소하이제銷夏二題	/ 조 인 규
060	기고 더럽지 않은 손	/ 박 충 일

표지 · 컷 | 이수홍
제자 | 황하수

■ 창작

062	구두의 비밀	／장 웅 탁
068	두시 이십팔분	／문 기 영
071	물고개	／이 종 석
074	야행夜行	／신 상 철
087	속물전俗物傳	／염 기 용

마산문단 소사 • **042**
〈고향의 봄〉 노래비 건립 • **061**
김수돈 선생 시비 건립 • **073**
문협 중요일지 • **102**
회원명단 • **106**
문학출판 일람 • **107**
정관 • **109**
편집후기 • **110**

《문협》 제2집
1971

126	속간사 《문협文協》지를 속간續刊하면서	/ 신상철

■ 평론

128	기고 문학작품의 번역	/ 배덕환
140	《백조白潮》에 담긴 한국의 낭만	/ 권도현
146	서머셋 모옴이란 사람	/ 정자봉

■ 시 · 시조

156	우화寓話	/ 정진업
158	억새	/ 김교한
159	해춘사解春詞	/ 박대섭
160	무정한 마음	/ 이광석
162	세월은 저 혼자만	/ 추창영
164	분수噴水 외 1편	/ 김근숙
166	코스모스 외 1편	/ 고화석
168	나무	/ 김용복
169	오늘을 산다	/ 김화수
170	귀로歸路 외 1편	/ 채정권
171	침묵시대 (Ⅱ)	/ 이선관

■ 수필

172	촉성재배	/ 전기수
173	박물관의 여인	/ 서인숙
176	불타는 포인세티아 앞에서	/ 오숙자

표지화·컷 | 채정권
제자 | 황하수

177	산정山頂의 의미	/ 김 영 태
179	가을에 생각나는 사람들	/ 문 창 호
182	사색의 원정園丁	/ 박 복 흠
184	**기고** 독서론	/ 김 병 달
185	**기고** 술과 나	/ 박 동 준
187	기차 속에서	/ 김 영 순
188	돌石	/ 정 해 인

■ 소설

190	개폐	/ 신 상 철
195	저녁이 되기 전에	/ 문 기 영
202	**번역·기고** 벽으로 드나드는 사나이	/ 임 봉 길

역대 집행 기구 • 145
마산문협의 근황 • 153
백일장 입상자 명단 • 212
회원명단 • 213
문협 마산시지부 정관 • 214
편집후기 • 215

《마산문학》 제3집
1974

232	**발간사** 《마산문학馬山文學》 3집을 내면서	/ 신 상 철
234	**격려사** 자주적 의욕에 박수를 보내면서	/ 조 연 현
236	**서 시** 신의 제자들은	/ 정 진 업

■ 평론

240	상상화想像畵에 투영된 인상	/ 권 도 현

■ 시·시조

244	설야雪夜	/ 김 교 한
245	절원서설切願敍說 (五)	/ 박 평 주
246	겨울 연가	/ 이 금 갑
247	화첩	/ 이 광 석
248	민들레	/ 추 창 영
250	봄날 아침의 시	/ 김 근 숙
252	K씨의 변명 외 1편	/ 이 선 관
254	겨울 인상	/ 김 옥 영
255	야성	/ 박 대 섭
256	바람	/ 김 화 수
257	제일祭日의 밤	/ 채 정 권
258	여름	/ 이 상 철
260	**기고·산문시** 전쟁과 평화	/ 차 명 홍
263	**동시** 머리 위의 보슬비	/ 이 창 규

■ 수필

264	수집에의 길	/ 서 인 숙
266	**기고** 미인곡美人曲의 사연	/ 최 재 구

제 자 | 심철호
표지화 | 이녕수
본문컷 | 이해연

268	기고 위대함의 일상적인 영상	/ 배대균
270	가관可觀 해인사	/ 김영태
272	정치라는 말	/ 문창호
274	기고 배설	/ 김양한
276	무제	/ 김영선
277	빗속의 회상	/ 안정자

■ 소설

280	암굴행暗窟行	/ 신상철
289	기고 단간방	/ 신현길
302	어느 여인의 고백	/ 문기영
317	연쇄반응	/ 박지윤
324	버스를 세운 여자	/ 남광현
340	번역 거미줄	/ 정진업

■ 희곡

344	허수아비	/ 이상철
356	번역·기고 안경	/ 한기환

■ 동화

365	복이와 장난감	/ 이창규

역대 문협지부의 기구 • 243
문협 마산시지부 정관 • 279
회원명단 • 370
편집후기 • 371

文協 1968

文協
1968 · 창간호

마산인쇄소
102면

新文學 60돌 紀念 特輯

創刊号

S.H

韓國文人協會馬山市支部

祝 創刊

馬山市廳

市長 安再興

副市長 趙仁奎

馬山市教育廳

教育長 鄭鎭孝

社團法人 韓國文人協會

理事長　朴鍾和
副理事長　金東里
　　　　　徐廷柱
　　　　　毛允淑
常任理事　郭鍾元

精版印刷
成信社
代表　李孝畿

調達廳馬山事務所
所長　李榮載

馬山大學

奐慶朴 學長

포풀라獎學會

理事長 朴 鍾 圭
常任理事 金且範　常任幹事 李培雨

傷痍軍警會慶南支會

支會長 李相殷
副支會長 朴孔錫

馬山警察署長

李光洙

馬山稅務署長

李海均

株式會社 경남매일신문사 代表理事 朴斗錫	地域社會 開發委員會 會長 李元吉
	中等教育會 會長 朴浩瑄
	馬山中學校 校長 權泰植
	大光企業社 代表理事 李成大
	馬山放送局 局長 河暎浩

文 協

――― 創刊號

創刊辭 ……………………………………… 金教漢 … 10

詩. 時調

濟州所見 風景 (B)	故 金洙敦	11
三月에 내리는 눈	鄭鎭業	13
라일락 꽃잎	金春洙	15
임에게	全基洙	16
흙	金教漢	17
朝刊	李光影	19
石榴꽃	秋蒼波	21
鄕里에서	金根淑	23
田園讚歌	都光義	25
여름 바다	문창호	28
吊花	高和錫	30
山中問答	金義岩	31
土色詩抄	朴大變	32
近況詩題	金洪坤	33

馬山文壇小史 ··· 34
金洙敦先生 詩碑建立 ··· 65
文協重要日誌 ·· 94

隨筆

│寄稿│

여름날 그 그늘 ··· 徐仁淑 ··· 42
달맞이 꽃과 ··· 吳淑子 ··· 45
洛東江邊에서 ··· 朴福欽 ··· 46
後生可畏論序 ··· 金永泰 ··· 48
銷夏二題 ·· 趙仁奎 ··· 50
더럽지 않는 손 ·· 朴忠一 ··· 52

『고향의 봄』노래碑建立 ·· 53

| 創作 |

구두의 秘密 ……………………… 張雄鐸 54
두시 이십팔 분 ……………………… 文璣榮 60
물고개 ……………………… 이종석 63
夜 行 ……………………… 申尙澈 66
俗物傳 ……………………… 廉基瑢 79

文學出版一覽 ……………………… 99
會員名單 및 定款 ……………………… 101
編輯後記 ……………………… 102

表紙・컷…李水洪　題字…黃河水

文 協 創刊號

1968년

韓 國 文 人 協 會 馬 山 支 部

創刊辭

이 風土에 던진 意慾

支部長 金 教 漢

　新文學 六○돌을 맞이하여, 이제 마산 문협 會誌를 간행하게 되었다.

　文學的 발표 기회가 중앙에서 거의 疎外되다시피 되어 있는 지방 문인으로서 독자적인 발표 기관을 마련한 데에도 意味가 없는 바 아니나, 지방 문단의 단합된 廣場을 설정하고, 여기 흩어진 六年간의 문단 略史를 간추려 두는 데에 한층 더 意義가 절실하다고 하겠다.

　일찍이 이 고장에서는 훌륭한 문단 선배가 배출되었다. 더구 비로소 스물 몇 포기의 꽃나무로 선을 보인다. 이 꽃들은 비록 여러 빛깔로 피기는 하였으나, 모두가 현재 이 고장의 공기를 마시고 있는 나무라는 점에서 성격을 모으고 있다.

　진실로, 회원들의 알찬 노력과 정성에 의해 가려진 이 한 다발의 묶음을 계기로 하여 앞으로의 전망은 극히 밝아지고 있는 것이다.

　우리는 祖國을 사랑하고 鄕土를 사랑하기에 자기가 서 있는 위치를 자각하고, 순수한 문학적인 본질에서 흔들리지 않으며, 더욱 성실하고도 진취적인 創作活動을 꾸준히 밀어나감으로써 뒤떨어지려는 지방 문단을 開拓함과 아울러 韓國文壇史에 의욕적인 보탬을 더하고자 굳게 다짐하는 바이다.

（遺稿）

濟州所見 風景 (B)

金 洙 敦

그것은 하나의 山
그것은 둘러싼 먼 水平線
그것은 허구많은 傳說
그것은 돌 돌 돌
그것은 박마한 草原
그것은 말과 소와 염소
그러나
밭둔덕마다 쌓아올린 저 城壁
같은 돌담

그리고 밭 가운데 어질게 누워 있는
무덤과 무덤을 둘러싼 또
그 城壁같은 돌담

閑暇로이 밭이랑에
野生하는 칸나 文珠蘭이나
비자림이나 통나무처럼
어제와 오늘과 또 來日
이어가는 生活.

閑日

바람은 치마자락에 불건마는
모래 섞인 熱風이라오

임은 陸地 가서
달포 넘어 안 오시건만

귀한 애기
구멍에서 잠을 재우고

한 여름 지내오면
임도 오시고

선들 바람 불어와서
시름도 가시려다.

城山浦

다리를 건너는 듯
十里를 바다 위로 가는 길

石山이
城壁처럼 막아 섰다고
城山浦라 한답니다.

갈대 우거진 곳에
갈매기 나는 것은

雨中이라 더욱 興겹고
旅舘집 아가씨 받쳐주는 우산을
가슴 두근거리며

남은 日出을 보는 곳이라지만
우리는 같이
雨中城山을 보다.

三月에 내리는 눈

鄭 鎭 業

晩春 不花實
人間 到青山

깔린 잔디에 솟은
포도의 넝쿨 없는 移植은
네 처참한 주검의 凝結。

그 위에 내리면서 녹으면서
그리고 쌓이는 저것은
비 피보다 짠 소금같은
어쩌면 雨露에 씻긴
네 어린 白骨같이 흰
三月에 내리는 눈이다。

青山에 누운
네 눈물과 水分이 蒸發하여
무지개처럼 하늘에 닿았다가
얼어 눈이 되어
卍字巴字로 쏟아져 오는가?
三月에 내리는 눈발!

꽃없는 三月 뜰에
춤추며 재롱 피우는
아아! 네 魂의 문두드림이여!

피 의 가 람

오늘은 또 먼 後日, 刑場이 있었다는 不毛의 胡地, 어느 奸臣輩의 참소에 依한 어느 忠臣의 목이었던지 나는 모른다.

南門 높이 효수를 내 걸었으리니 그 칼을 씻던 피의 가람은 지금 소리· 없이 흘러가도 內面은 實로 울고 있는 것이다.

거센 山바람이 내려와 몇 그루 喬木들을 배가 둥으로 돌아 가도록 굽혔지마는 (끝내 부러뜨릴 수는 없었다.) 물결은 숫제 일지 아니하고 물가에 머리 푼 靑孀같은 灌木들은 스르르 씨익씩 사랑하는 이의 모시치마 여미는 소리로 가람의 嗚咽을 달래고 있었다.

시방은 金笠도 餓死할 人心인지라 가람도 드디어는 바다로 가는데 나는 갈곳이 없어 지금 잎 蕭蕭히 감도는 가람둑을 서성대며 日暮의 하늘만 이고 섰나니
…….

아아! 愁外愁 不盡이야.

―― 一九六七年 十一月 舊作에서 ――

라일락 꽃잎

金春洙

한 아이가 나비를 쫓는다.
나비는 잡히지 않고
나비를 쫓는 그 아이의 손이
하늘의 저 透明한 깊이를 헤집고 있다.
아침햇살이 라일락꽃잎을
흥건히 적시고 있다.

임에게

全基浩

새맑고 가비야운 병아리 떼가
어미닭이 살흙을 후벼대는 둘레에서
삐악거리며 거느림을 받고 있었읍니다.

임이여
봉오리 부풀은 매화나무 아래서
터질 듯 봉오리 부풀은 매화나무 아래서
병아리는 **삐악거리며** 한낮에 있었읍니다.

흙

金 教 漢

이뤄지는 언저리에서
이리 꽃은 피었다 지고
하늘과 나란히
저토록 맑은 핏금
아! 꿈은
네 속은 바랜
살갗으로 트는가.

오르다 지쳐 내린
빗줄기로 숨쉬는데
무더기 바닥 위에
두려운 빛 늘어 나고
추위도
그 더에도
하나 물맥 흘렀다.

그물처럼 지나가는
싸늘한 오늘 앞에
향기는 안을 물고
시들 줄 모르는 철
한 생명
몸 피는 요람
태양과 별빛처럼.

움큼 쥔 향수 속에
가는 뿌리 뻗어 가리
넓히는 욕망 앞에
비바람은 밀치는데
태초에
내버린 뜻은
부피없이 솟았다.

산을 쳐다 보며

산울림 치는 마을에
적막 안고 자란 그 날

아득히 신작로에
닫는 차 먼지 따라

눈길이
문득 흐리어
재를 우러러 주저앉았다.

세상 인심 더욱
풀낱같이 흩나는데

빛 바랜 갈증에도
무던히 의지하여

햇살도
부서지구나
돌로 굳은 샘 줄기.

골 깊은 품 속에서
자비가 숨쉬는가

숱한 괴로움 뭉쳐
검게 타 바랜 모습

바위는
울음 터뜨릴
커다란 눈동자.

바람도 갈려 부는
산 마루 앞에 서면

쪽 빛 하늘 아래
실구름 몸부림들

나 이제
고독을 깨어
기쁨에 찬 말 듣는 듯.

朝刊

李光碩

I

목장 우유를 받쳐들고 오는
당신은 열리고 있었다
아내의 눈빛 속에서
피곤한 커피맛 같은
世界의 크고작은 손님들……
어수룩한 내 生活을 찾아온
밤의 熱氣 속에서
나의 입술을 태우던
地中海의 등불은 사위어가고
窓을 열던 늪은 無花果가
걸려있는
비좁은 골목길 바닥에
敬虔한 地球의 첫 햇살이
思想의 숨결을 내쉰다

II

이윽고 내손바닥에서
世界는 깨끗한 紙幣처럼
그 肉身을 드러낸다
검은 빌딩마냥 堵列한
肉重한 初號——
지난밤 나의안을 지새우고간
그 끝없는 「無關」들이 서서히
얼굴을 돌린다
한숨돌릴 여유조차도 안주는
生成의 자질구레한 손버릇
한껏 正午의 싸이렌이 울면
世界는 쓸모없는 한조각의
바늘구멍만한 休紙——
이미 거기엔 生命도 없다

壁

이 순간
나의 가슴은
당신의 발자욱 소리를 듣는다

당신이 열어준
빛깔과 미소와 향기……
그런 것들이 나를 향해
당신의 안을 떠난다

꽃병이 아프게 서있는
불붙는 노을의 뒷녘

문득 손가락을 깨물면
내 핏방울은
꽃이여
나는 당신의 무게로 떨어지는 꽃잎
꽃잎이 된다

石榴꽃

―― 戀歌 第一章 ――

秋 蒼 影

石榴꽃.

細雨가 내려 젖는
밤 길에 서서
차마
목놓아 아니 못 외치는
애끓는 우리의 戀歌는

차라리
파랗게 심지 타는
촛불에사

雲霧에 드리운
새벽의
充血이랑.

너 잡은
내 또 한 손에
석류꽃 꺾어 쥐어 주며
피가 닳도록
피는
꽃이라 한다

全身을 치잉 칭 감고
안개 내 뿜는
네 사랑을
내가 마시면

어느듯
손가락 가지마다
피는

양귀비 以後

문설주에 기대여
책술이는 오동나무。

가락을 놓친 통수,
안개로 젖은 묵화。

어둠이 무거워 이즈러진 달
그 너머 정막
정막 아래로 흐르는 피
피를 마시고 붉어진 양귀비
밤이 퇴색하여
치부(恥部)가 드러난 일욕

양귀비는 눈물이 되고
정막은 창백하여
고독이 잉태되다

모든 인연에서
그 많은 피흘림에서
울음과 통곡에서 떠나와

비로소
홀로
자유가 있는 지역。

죽음은 영원히 없고

아…
노래는 영원히 없고
양귀비는 영원히 없고
피흘림은 영원히 없고

동양의 하늘은
텅 빈
쇠북종소리의 여음。

鄕里에서

金 根 淑

밀익는 냄새 구수한
밭이랑 사이로
七月이 묻어오면

古木의 傳說이라도
아련히 풀려나 올듯한
노을진 하늘가는
어머니의 조용한 가슴 같은것.

歸路하는 어미따라
뛰노는 송아지는
내 돌떠시절의
거리낌 없는 모습인것을.

모두가 그대로인
綠色의 마을
音樂이 없는 마을

꽃잎지던 소리에
놀라 잠을 깨던 그 少年은
지금도
아까시아 꽃그늘에 잘 앉을까

저녁연기 자욱한
내 鄕里는
綠色을 많이 칠한
퇴색한 畵幅이어라.

어머니날에 붙여

내 草綠의 손수건을
비단결 잔디위에 펴놓으면
어머니 당신은 거기에 앉으십시오.

푸르른 季節
五月의 薰風에
기름기 없는 당신의 머리칼이
날릴지라도
어머니
오늘만은 그대로 두어 주십시오.

그리하여
싱그러운 솔내음이 무성한 이 東山에서
당신의 젊은 날
그때의 이야기라도
조용히 외어보시지 않으시렵니까?

이랑진 주름살과
거칠어진 손등은
忍苦의 歷史라고
조용히 고개돌려 말씀해 주십시오.

하늘은 저렇게 푸르온데
눈물젖은 지난 일들일랑은
다 묻어 버리고
어머니, 당신이여
이젠 웃어 보십시다요.

내 눈동자가
당신의 聖스러운 모습에
못박혀 섰노라면
당신은 나의 永遠한 安息處인것을.

田園 讚歌

都 光 義

언제나 푸르게만 흐르는 강
맑은 눈들은
무수히 古典으로
변하여 가던 푸른 泡沫들
가지(枝) 넓은 잎새에
가을 빛 짙은 時間의 얘기는
오늘따라 그 어린 오랜 벌레가
軟弱한 귓전을 스칠때가 되면서
잎새가 그 빛을 잃어가는
풍요로운 변화 가운데
나의 幼年의 아픈 페이소스가
구만들 추억이 구름처럼 일고
푸성귀같은 시절의
果樹園 아침 삼베 옷에 와 머문다.
허물어진 다리 밑 공기는

오늘 아침에도
영원처럼 저렇게 맑게 흐르며
낯익은 都市 처녀들은
마네킹을 닮아 가는데
黃牛 지나는 黃土 빛 언덕
아낙들 빨래 방망이 와즈런
순색감정으로 웃고 있네요.
웃음 머금은 무수한 맑은 눈들은
生成의 벌판이 열린
눈부신 豊富한 思念에
서로 포옹하는 우리들 손에 스며
또 하나 그윽한 形象으로
몸을 가누울
나의 時間은

正午의 삼나무 그늘에
구만들 바라 보며
나락 메뚜기 추억 속에
사랑을 태우고 가신 할머니 환상이
어두운 바람의 그늘에
머리를 날리는
사철 맨 발 벗은 少年의
우울한 思念의 건널목에서
비 젖은 창백한 時間의 피곤한 과거가

내 마음 숲속 길에
바람이 불어 오듯
구름 조각 산 그늘이 머물다 간 자리마다
鮮明한 빛깔 위에
눈을 감으니
한 동안 고여 오는
연한 슬픔같은 눈물의 따스함에
구태여 나는 휫파람을 날린다.

이제 들판 懷姙에
寶石같은 별을 헤아리며
등 너머 흙담 집 등잔마다
情談은 밤 비에 젖어가고
사랑과 人情이 피는
나의 무구했던 果樹園 탱자나무 담장의
그 여린 새의 목소리와
초저녁 먼 邑內에서 불어오는
강한 바람의 擬聲으로
돌아오는 길에
성숙한 여인의 裸像을 그려본다.

내 이렇게 외로울땐

내 이렇게 외로울 땐
겨울 눈 덮은 길 위로
떨어지는 초 저녁 햇살을 밟으며
빈 나무 허리를 바람에 쓸리우고 있었지.

캄캄한 江邊으로 가는 선박은
서걱이는 겨울 밤 바다에서
닻을 내리어 定泊하고 있었지.

외로운 나의 사랑은
겨울 고적한 外套 속의
항상 아니면 여름 밤 醉幕에서
빨갛게 등불 켜 달고 있었네.

개인 들녘에서 불어오는
초 저녁 바람에
텅빈 가슴을 뻘밭에 달리고
캄캄한 혼들림으로 적막을 채우고 있었다.

새벽으로 트이는 밝은 빛이
사위가 적요한 밤으로 흐른다.
나무의 노래와

숲의 중얼 거림을
초 저녁 먼 邑內의
바람부는 擬聲으로
빈 가슴의 물결 달빛에 적시며
가슴의 텅빈 기슭을 채울까.

현창에 잠시 손 비칠
겨울 산 그늘에 엷어지는 햇살
언 나무 가지 위에
늦 가을 하얀 입김을 날릴까.

겨울 내 뜨거운 눈물 위로
비 개인 눈물 속의 기억의 방황은 끝날까.

누가 와서 부르는 손짓이
바람부는 江邊의 옷 자락에
겨울 토양이 묻은 맨살을 어루만지며
마른 갯벌 바닥으로
하염없이 배회하다가
항상 외로운 내 훈훈한 醉幕을 나올까.

내 이렇게 외로울 땐

〈동시〉

여름 바다

문창호

힘차게
배가 나갑니다
물컹한 미역 냄새
바람은 맘이 고와
뭉실 뭉실
뜨거운 그림자
흰구름은 느림보, 양산
뒷걸음질 치는
산은
바보。
바다 달리기 해요
달리기 내기 합니다。

진달래꽃

삼월이라 삼짓날
할아버지 제삿날
뒷동산에 진달래꽃
붉게 곱게 핍니다.

진달래꽃 꺾어 묶어
목에 걸고 아름 안고
「청산에 할미꽃
니꽃 내꽃 진달래꽃」

吊花

高和錫

眼目이 멀리 사라져 가는
서러움인가。 꽃은
까만댕기 둘러리 소슬한 바람을
떨며 날린다。

가난한 草屋。 부질없는
다녀 간 여원 문전의
뜨거운 숨길,
沈默하였나。 어둔 자릿속에
모든 影像。 가느다란 기침으로
피운 하나、 하나의 꽃들。

聖「바오로」病院 담壁
갈림 길에서
나뭇 잎처럼 내게서 떨어져 가고、
오늘 나는,
오직 人間의 나무가 되어
여럿속의 네 하나임을 잊지 않는다。

밤(夜)

밤은
실개울 조즐대는 餘韻을
마신 때문에,
밤은
남 몰래 진득한 살쾡이의 입술을
닮았다。

그리하여
밤은 어이타
곱슬머리 아해를 배고、
밤은
숨이 차
헐떡인다。

山中問答

金 義 岩

(Ⅰ)

古寺 청기왓골
달빛 부서져 내리는데

흰 구름 한점
북 치며 둥둥……
어느 山허리를
흘러 가는가.

지난 새벽녘
쇠북 소리……

달빛은 와서
무슨 密語라도
속삭였는가.

靑山 비어
銀河 강물인데
나는 무슨잠이
이리도 깊었네.

(Ⅱ)

靑苔 낀 돌틈
고여 온 물.

그 물속을
달은 가만히 와서
물을 긷는가.

물이 고여
달을 마시는 소리……

아 누가 알건가
누가 와서
듣기나 할건가

靑山 비어
말이 없는데

내 山家
머리 맡엔
비인 촛대만
남았네.

아 누가 듣는가
누가 와서
알기나 할건가.

土色 詩抄

朴 大 燮

牛 開花

황홀한 그리움을 수틀에 마자 손질하는
婚夜前날 부푼 스물 내 누님 가슴에
쏟아져 흐르던 生氣 돌아보던 속눈썹.

松林에서

소나깃발 더듬어 오듯 낮잠결의 蟬音이여
시샘 모르는 강 마을에 허구많은 사랑얘기
얼마나 기나긴 사연 너 안에서 토펴왔나.

山바람

時空에 던져진 그칠새 없는 되뇌임
때로는 잊어 보네 의식의 낭자한 여울
四季에 淨明한 손질 감싸도는 산허리.

近況詩題

金 洪 坤

그저께
부쳐온
請牒狀 하나
파란,

어느 記憶엔가
사라져버린
그 紀念우표에
소복이 담긴
기웃거리는 소리와
쓰다 남은
福券을 헐어내고,

두뼘 남짓한
面積을
하느작거리는
詩語들,

낡고 여윈
事緣앞에
출렁대는 血書
그 메시아(Messiah)는
파랗게 파랗게
不在하고있었다。

馬山文壇小史

主로 文協活動을 中心으로

는 現代社會構造의 직업적 「매카니즘」속에서 벗어날수 없는 새로운 굴레속에 빠져버린다. 그러나 地方文壇은 있어주어야한다는 要求(?)에 依하여 著名한 선배들의 名聲만을 되씹으며 우리도 이런 앨범이 있었더니라는 추억을 먹고 存在한다. 그러나 文學人이라는 團体活動을 더욱 必要로 하게되는 自然條件속에 살아가기 마련이다.

豊盛한 風土속에

馬山은 詩鄕이라고도 불리운다. 아늑한 洪濫都市로서의 自然조건에서도 그렇지만 文學특히 詩의 生成을 다른 어느곳보다 일찍 꽃피우고 또 이를 傳承한 줄기가 連綿히 뻗어왔다. 新文學60年以來 줄곧 한국문학의 발달양상이 그러해 오듯이 文壇形成은 一九五○年代부터 本格化했고 서울中心의 求心力은 地方文壇의 風土를 바람직한 育成으로는 커녕 植民地로 만들었다. 文學植民地로서 언제까지 脫皮를 해야하느냐는것은 더두고 보아야 알일이겠지만 앞으로도 西歐처럼 한地域의 精神風土를 강열하게 뭉어줄 「에꼴」形成은 바라기 어려운 時代로 접어 들었다. 그 중요한 원인중의 하나는 어떤 이유에서거나 널리 전파될 수 있는 作品을 쓰게 되면 그 創作物과 함께 서울로 올라가서 살아야만 한다

地方文壇의 形成은 각긴한 문제다. 六○年代 下半期에 접어드는 지금 그것은 없는것보다 있는것이 아니라 自己表現의 廣場으로서나 文學人본래의 使命으로서의 當爲라고 해서 지나칠 일이 아니다. 그런듯에서 지나온 馬山文壇의 사연을 엮어보는데 意義는 아무리 強調해도 오히려 모자랄 일이 아닐까 한다.

줄잡아서 오늘날까지 馬山文學이 20년을 그을수 있다면 대개 一九五○年代와 一九六○年代 六○年代 後期로 나누어 볼수 있다. 五○年代까지는 中央과 연관을 맺고있는 旣成들의 指導로 일어나는 인활동이나 혹은 自然발생적인 同人活動이 다른地方못지 않게 꽃피었다. 六○年代 前期에서는 文人協會의 支部結成과 아울러 團体意識이 질게 흘러 地域社會 文

化圈형성에 많은 參與와 支部會員들간의 상호유대가 긴밀하게 이어지면서 다른 藝術文化團体보다 바람직한 軌道에서 外延을 넓혀왔다.

六〇年代 後半期에 접어들면서 文協의 會員數를 늘리었고 活動의 幅을 넓히며 創作의 深度를 깊이하려는 움직임을 보였으나 이렇다할 成果도 없이 몇사람의 個人詩集 또는 隨筆集이 出刊, 文藝誌로 뻗어나갔다. 그리고 各장르별로 골고루 분포시킬 수 있는 文學同人을 규합하는데 있어 어느때보다 성공이었다고 말할수도 있다.

要約하여 文學作品發表會나 展示會보다 일년에 한번쯤이라도 文協會誌를 出刊할 수 있는 誠意만 모아진다면, 馬山文學은 그것으로 特色있는 地方文學을 形成할 수 있었고 구태어 서울만 바라보는 植民地根性을 불식할 수 있다는 논리가 무리일수가 없는게 아닌가 한다.

馬山文壇 初創期

이곳 文學의 효시라고 한다면 역시 一九一三年 馬山文藝俱樂部는 『文藝俱樂部』란 기관지를 냄으로써 馬山文壇의 幕이 오르기 시작했다. 물론 그무렵 金貞默씨가 發行하

고 金光濟씨가 편집한 이 文藝誌는 純漢文으로 된 책이었지만 書誌學的인 견지에서 보더라도 좋은 文獻으로 남아있을 資料라 할 수 있다. 그뒤를 이어 解放을 맞을때까지 별다른 活動은 남기지 못했지만 一九四五年 이후부터는 李殷相(時調) 鄭鎭業(詩) 趙 鄕(詩) 金元龍(아동문학) 金洙敦(詩) 李元壽(아동문학) 李光來(희곡) 제씨들이 馬山의 文學界를 수놓았다.

그무렵 이곳의 문학단체로서는 馬山文化同盟의 활동분야에서 『無窮』이란 기관지를 간행 그후 조선청년문학가협회 馬山支部(대표 趙 鄕)가 결성되고 난후 자연해산이 그뒤를 곧 잇달았고 金洙敦씨가 위주로 된 『浪漫派』同人이 동인지를 五輯까지 續刊하여 본격적인 文學同人誌 活動의 테프를 끊었다. 이무렵 가장 特記해야할 点은 韓國文壇의 胎動期에 해당하므로 中央, 地方間의 交流나 지역적인 隔差로 인한 發表紙面등에 구애를 받지않았기 때문에 오히려 地域文化圈이 짙은 色彩를 들낼 수 있었고 馬山文學이 解放文學 20年史에 중대한 影響力을 주었던 時代이기도 했다.

五〇年代 開花期

一九五〇年은 六·二五動亂이란 시대적 背景을 외면

할 수 없었다. 戰塵속에서의 文學人이 취해야될 行動을 보여주어야할 試鍊期였다. 文總救國隊가 조직되어 南으로 밀려온 국민들앞에 祖國과 現實을 어떤눈으로 보아야할것이냐는 점을 啓導하는데 앞장섰다. 이무렵 馬山支隊가 편성 金洙敦、鄭鎭業、趙鄕제씨가 앞장섰으며 그후 一九五一年 五月 釜山에서 열린 제四次 定期總會에서 정식活動의 인준을 받았고 이무렵 『文章』誌에 金洙敦、鄭鎭業、金相沃제씨들이 推薦이란 관문을 지나 中央文壇에 데뷔했다. 馬山으로 보아서는 이무렵 부터 文藝誌란 發表紙面을 통하여 推薦詩人의 코스를 밟아야하는 『文壇意識』 내지는 作家詩人의 『認定』이란 關門이 열리기 시작했다. 그것은 줄잡아서 發表할 紙面을 제공받는 일이라 처도 「매카니티」이란 紙 文學活動을 해야만한다는 「文人」이란 稱號를 가지고 特有의 風土에 順應않을 수 없는 內包속으로 끌려들었 다. 一面에서 본다면 作品의 影響力을 보다 넓게향하여 地方文壇의 開放이라고 볼수도 있다. 마치 우리文學이 世界를 향하여 突進하려는 胎動이 있듯이 뒤따라 피로움을 겪어야 한것과 마찬가지로 당시의 馬山文學은 그러한 아픔을 지니고 地方이란 껍질을 깨뜨렸는지도 모를 일이다.

文總馬山支部에서도 기관지로서의 文藝誌 『낙타』를

出刊 詩에 金洙敦、李元燮、金春洙、千祥炳、金泰洪、金世翊、李淳燮、小說로 金允基、評論에 金在觀、隨筆에 李珍淳、金甲德제씨가 作品을 發表했다. 또한 이무렵 個人詩集의 出刊도 잦았다. 『憂愁의 皇帝』—金洙敦 『살매詩集』—金世翊 『木蓮』—金南祚 『향미사』—李元燮 『석류』—金泰洪 『녹숨』— 같은 詩人들이 個人詩集을 出刊한것은 馬山詩壇의 圓熟을 과시했고 文總馬山市支部(代表=金春洙)에서는 現代詩감상회、詩畫展、出版紀念會를 비롯 『馬山文總會報』도 一九五四年 五月에 出刊했다.

그뒤를 이어 연면히 馬山의 文學領土를 지켜온 계승자로는 南潤哲、閔雄植、金大奎제씨가「사나토리움」에서 『청포도』同人誌를 내었고 다시 뒤를 이어 李石、文德守、李勳卿、金봉돈 제씨가 同人誌 『黑象牙』를 내었고 그밖에 이영도、金奉돈(詩) 崔益培(詩) 李炳注 (小說) 林鍾國(評論) 제씨들도 文學기틀을 만든 이다름아닌 馬山이었다는 점이다. 그러나 이들 役들은 文筆로만 生活할 수 없는 地域을 떠나 新文學 회갑을 맞는 오늘날까지 文筆로 生活하기가 容易한 세상은 아니지만 生活을 위한 직업을 文筆이외의 것으로 찾아야한다는 각박한 현실에서 비좁은 馬山에서 넓고 肥沃한 山河를 찾아 서울로 釜山으로 移住

해가고 다섯 해 서로의 作業에 많은 자극과 精進에 적지않은 도움을 주었다. 그리하여 李祭夏(詩, 小說) 宋相玉(小說) 姜偉錫(詩) 權永秦(詩) 秋蒼影(詩) 李光碩(시) 曺秉武(評論) 金萬玉(隨筆) 朴賢岭(시) 같은 이들을 文壇에 등장시켰다. 또한 同人誌를 내면서 활동한 동인으로 『詩心』의 人間文友會(朱文돈、李健、文玉善、裵奉喜、金海龍 제씨)와 『体溫帖』(卞在식、金銳培、金海根、李祭夏、유東碩 제씨) 및 『出帆』 文興洙제씨 『無花果』『鳳凰』『雪山』등을 기록할 수 있다.

또한 一九五七年의 『溪流』란 同人誌가 문학을 비롯하여 인문 사회과학을 망라한 연구지가 朴宗錫에서 출간되었다. 金根洙씨의 시집 『별과 사랑의 시』시집출간도 이무렵이었다.

그러나 출발한 原點부터가 강열한 文學精神에의 「에필」로서가 아니었기에 뭉쳐진 그대로 一、二年 이상을 끌어가지 못하고 중간에서 뿔뿔이 흩어진 형국이 되었다. 이러한 점은 韓國文學이 십어진 어느곳에서나 共通因數의 요인이 될 수 있다는 文學史의 側面을 말해 주었다. 또한 대부분이 高校들 갖나왔거나 혹은 大學在學中에 있는 文學徒였기에 個体成長을 위한 줄기찬 活動을 宣言하도록 못했고 이는 또한 馬山文學의 한 途程에서 볼때 결코 우연한 發生이었다고 看過하기 힘든 일

同人 『新修正』 同人 『驛』 同人 『散步路』 同人 『体溫帖』 同人『6時』 同人『晚蓮』 同人『人間』 同人『無花果』 同人『出帆』 同人 등이 줄지어 일어났다. 『白痴』동인의 경우 新銳로 등장하면서 詩에만 한정되었던 동인활동의 장르가 小說、評論 分野에 이르기까지 시화전 작품발표회를 통

이다.

그리고 여기 덧붙여야 하는 것은 釜山의 『新地帶』동인과 『詩嶺土』晋州의 『嶺文』密陽의 『石花』동인들을 비롯하여 鎭海、咸安、三千浦、忠武등 道內각지역에서의 文學人口와 단편적이나마 서로의 文學을 터놓고 얘기 할 수 있는 交流가 있었고 이모든 事項들은 六○年代로 넘어올 중요한 過渡期의 교량을 만들어준 時代로 보아질수도 있다.

六○年代 前半期

五・一六이후 韓國藝術文化団体總聯合會로 각 예술문화단체가 한가지로 통일되고 거기따라 文學界에도 馬山文學人協會로 文學단체가 활동을 계속해오다가 韓國文人協會 馬山市支部를 金洙敦、鄭鎭業、李石、李光碩세씨가 中核이 되어 結成을 보았고 藝總傘下 다른 단체의 支部가 中央의 認准을 받음과 때를 같이하여 地方 못지않게 훌륭한 『팀웤』으로 文化행사를 벌이기 시작했다.

그무렵 外面的 組織에 있어 중요한 잇슈중의 하나가 되어있던것은 文協支部의 會員을 어떤 범위에서 구획을 그을것인가 하는 문제였다. 推薦내지 출판으로 中央

에 알려진 文人으로서만 구성하자니 너무나 많은 文學人口가 局外에 서게되고 馬山에 살면서 文學에 정진할 수 있는 底力을 지닌 사람으로 구성하자니 協調내지 共同活動에 상당한 문젯점을 수반하지 않을 수 없었다. 그러니까 地方紙 기타 紙面에 개인의 作品이 2회이상 活字化된 사람으로 구성, 회원수는 16명에서 25명 정도로 불어났다.

시를 써서 발표할 지면을 얻지못한 文協會員들은 대개 學校교직이나 地方신문에 종사하는 職業을 가져야하기 때문에 시화展、文學의 밤으로 文學的 분위기를 연명해 나갔던것도 사실이요 文壇선배의 영향으로 馬山大學의 文學會員들이 그들의 學會誌를 通하여 文學수업을 펼어나갔다.

60年代 前半期에 들어 重鎭들이 地方에 있다는 이유로 그들의 文學作品을 실을 紙面을 中央에서 얻어내지 못했다. 일년에 한두어편씩, 文藝誌에 발표하는 것으로 그들의 使命을 다한것같다. 그렇게 되자않을 수 없다는 現實은 역시 서울과 地方이란 『섹트』意識을 조성한 서울側을 노나쁘지만 中央崇拜의 식을 행배하게 깔아놓은 限地性、거기다 地方에 대하여는 候鳥처럼 날아가 버린 文人들에 동요됨이 없이 고장 馬山을 지키고 남은

先輩文人들의 모랄에 責任소재를 묻지 않을수 없다.

허지만 金洙暾씨가 支部長으로 在任한 一九六四年은 文協야유회도 있었는가하면 시、小說、隨筆、評論、外國文學、아동문학등 각 장르별로 分科委員會를 두고 전장르를 통하여 作品연구、創作세미나를 4차례에 걸쳐 가지는 등 실질적인 文協活動이 구현되었고 文學修業에 있어 全會員이 精進할 수 있는 모티브와 自家覺醒의 무드가 충실하게 익어갔다. 文協의 기관지로서 會員들의 作品集으로서의·會誌간행은 이무렵부터 서둘렀다. 그러나 이루지못한 원인중에는 出版費 조달이란 經濟사정도 그랬거니와 그보다 會員들의 會誌출간을 위한 협조무드가 결여되어 있었다고 말하지 않을 수 없다. 이를테면『내돈 내어가면서 내고 싶지도』『그렇다고 해서 남의 호주머니 훔쳐보며 책은 낼수도』없다는 自負가 저변에 흐르고 있었다고도 할수있다.

또한 地方紙인『馬山日報』의 文化面과 馬山放送局의『文藝살롱』시간을 計劃的으로 活用、展開했고 文人協會가 단순한 친목만을 도모하기 위한 단체가 아니란 것을 보여주었다. 거기에는 金洙暾씨의 리더쉽과 副會長인 執行部와 敎職에있는 신임회원들의 노력이 역력히 보였던 것이다.

아무리 文學은 혼자서 創作하는것이지 집단적인 활

동이 不必要하다는 團体無用論이 가장 빈번히 擧論되는 곳이긴해도 馬山이란 地域的 테두리에서 볼때 文人協會의『이니시아티브』는 個人的으로거나 團体的으로는 좋은 作品을 많은 生産하는데 깊은 뜻이 있다면 地方文人이 설 땅은 역시 뭉여지는 힘을 활용치 않을 수 없다는 第二의『매카니티』에 빠져버리는게 현실이 었었다.

한가지 더 아쉬움게 있었다면 修業하는 途上에 있는 文人들 사이의 對話와 문학적 진지한 분위기 造成이 되어가지 못하는 理由는 生活、對社會的인 關係가 바빠서 그랬다고만 하기에는 무언가 텅빈 空間이 없지 않았다.

六〇年代 後半期

六〇年代 후반기의 馬山문단은 損失로부터 始作되었다. 우선 支部長으로 많은 업적을 세운바있는 金春洙敦先生이 六句을 못넘기고 幽明을 달리했고 金春洙・李石같은 시인들이 生活을 위해 이고장을 훌훌 떠났다는 점에서 그러했고 秋蒼影、徐仁淑 등女流의 隨筆集 출간、律同人의 동인지출간、金지연씨의 小說 薦了등 소득도 없지 않았다

문예지 現代文學社에서 馬山連絡委員會를 두어 간말한 유대를 횡적으로 가지게 되었다든지、花人先生 詩碑 건립을 서두르고 李元壽동요 노래碑 건립推委에관계하는등 文協으로서 事業을 벌이게 된것도 活動一圓중에 進一步한 현상이다.

地方文化祭「行事중에 빈번히 문협은 한글시白日場을 하고『文學의 밤』을 개최하였다. 각급학교의 지도교사들이나 市民性向이 보다 權威있는(?) 중앙의 大家들에게 심사받기를 바라고 文藝강연이나 作品發表에 있어서도 영향력의 測定을 위한 잣대는 항시 중앙문인이 지방문인보다 압도적인 利得을 보아야한다든지 地方文協會員끼리의『文學의 밤』은 우선 들으러올 聽衆이 없을 것이라는 짐작을

한글詩 白日場을 마치고 …… 64. 10. 9

文協支部에서는 감안하지 않을수 없게쯤 되었다. 그리고、그러한 현상을 타개하는데 있어서는 역시 지방문단으로서 뚜렷한 색깔을 지니지 못했다는 점과 스스로 精進하지 않고 있다는 点을 自認하고 너무나 소극적이고 締念적인 스럼프에 빠져 植民文學地에 갇혀있다는 것을 個人意識 속에서 脫皮하지 못하고 있다. 말하자면 꼭 우리 韓國문단에서 서울과 地方의『섹트』문제가 存續해야만 될것같으면 언젠가 한번은 馬山이 治外法權地가 되어야 할것 같다. 그렇지 못하고는 항시 억울한 時間만 흘러보내고 말 位置에 서있다. 이런 입장에서 大衆으로 파고들 文學의 普遍化 現象은 기대하기 힘들고 非生產的 階層으로 남아있을지도 모른다. 六〇年代 後半期는 그러한 의미에서 七〇年代로 넘기면서 馬山문단이 다른 어느때보다 重且大한 意義를 지닌 時代이기도 한것이다.

七〇年代를 向해

馬山은 詩뿐 아니라 各장르별로 골고루 이곳에서 만든 文藝紙만으로도 文學의 市場化 大衆化가 될 수 있는 要因은 풍부하다. 어떻게 하면 자기의 作品을 읽어줄 讀者를 많이 確保하느냐는 것과 文學本

領의 原始로 돌아가 피와 땀으로 쓴 創作을, 그 성실한 作業을 가장 보람있고 文人으로서의 긍지를 충분히 보장받을 수 있는 地方文壇을 키워나가느냐에 文協의 가장 큰 存在意義를 삼아야겠고, 서울만 바라보는 구차한 눈 자위를 生活속에 原稿紙위에다 못입시켜야 할 時点에 進入하였다. 그것이 올바른 社會參與의 한 方法이요 따분한 요람에서 빠져나갈 脫出口가 아닐까. 결코 地方은 著名한 文人의 成長만을 위한 溫床 그것만으로 滿足하는것은 아닐것이다. 發表할 紙面을 위한 文學人이 存在하는것처럼 倒錯된 文壇現象 속에서 어디까지나 創作과 그 發表를 위한 文藝誌내지 그 出版시스템을 活用하고, 보다 文學市場으로 直結될 수 있는 捷徑으로서 活用 되어져야만 할것이다. 그런 의미에서 馬山문학은 出版문예지가 만들어낸 非情的 매카니티에서 과감히 독립하고 보다 넓은 影響力을 던질 수 있는 底力을 지금부터 길러내야할 時点에 놓여있다. 그리고 현재의 文協會員은 七○年代에 들어 스스로의 安保만을 위해서만 급급할것이 아니라 충실한 後進양성에도 一翼을 맡아야 할것이며 무궁하고 줄기찬 筆力으로 싱싱한 後進을 발굴하고 나아가서 入試 위주로 사위어가는 靑少年의 정서를 바람직한 社會人으로서 具有할 緖情의 첫터전을 해맑게 닦아 주어야 하는데 까지 이르려야만 될 것이다.

〈編輯室〉

＜１９６８＞

第14回 馬山 綜合文化祭

（會期）　10月28日～10月31日

主　催：韓國藝總　馬山市支部

隨筆

여름날 그 그늘

徐 仁 淑

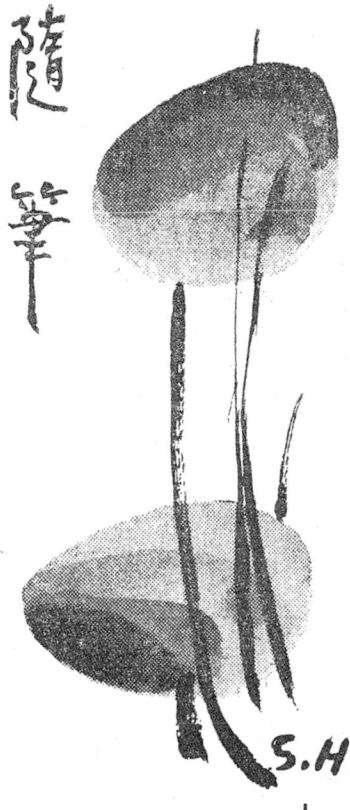

그늘. 그 곳은 太陽이 投影한 잿빛 空間이다.

봄엔 빛이 넘쳐흐르는 눈부심을 피해 갖가지 꽃이 피는 窓의 그늘에서 世上에 存在하는 색깔을 익히고, 아름다움을 온통 찬양하는 蘇生의 기쁨을 지니게 된다.

가을, 떨어지는 낙엽의 그늘에서 孤獨과 人生을 다루어보고 無常한 아쉬움 앞에 生命에의 소중함을 느껴 본다.

겨울, 그늘을 피하고 싶은, 가장 太陽을 吸收하고픈 欲望은 추위와 싸워야 몸 가득히 太陽의 樣相을 그리게 된다.

여름날 綠陰의 그늘은 그 어느때 보담 王國을 이루고, 풍요를 담뿍 지니고 있는 시원한 安息處가 된다.

사람은 그다지 한가하질 못하다. 살기 위해 일 해야된다는 誠實과 목적이 어찌 없는 우리 人間의 思考와 두뇌도 避暑할 수 없는 일인지도 모른다. 그러나 그 많은 생각을 繼續 안할 所得이 있으며, 귀찮은 일이요 지금 무슨 너저분이 消耗되는 일이 아니겠는가. 그렇다! 생각한다는 것은 그만큼 「에너지」가 消耗되는 일이요 지금 무슨 큰

더운데 웬 생각이야! 그냥 모든 것을 잊고 그 季節이 준 더움을 避하는 그만이 아니겠는가. 그저 한다는 것은 그만큼 「에 肉体

멀리 두고 온 고향과 집과 그 질서어린 社會를 감상하며 생각하는 避暑法을 愛用하는 사람은 그다지 흔하지 않은 것 같다.

그러나 山에 올라가 綠陰아래 앉아서 먹기도 하는 여러가지 方法등이 있다.

로 달려가고, 집안에서 은통 선풍기를 틀어놓고, 냉장고에서 찬 음식을 꺼내어 치를 하고, 울처럼 벽과 벽을 쌓아 냉방장 택해가고 있다. 벽과 벽을 쌓아 냉방장 사람은 자꾸만 文明에 의한 避暑法을 자연의 미묘한 그늘을 놓치게 된다. 느덧 푸르른 綠陰의 더 없는 시원함과

두뇌의 피서란 일체의 思考를 정지시

隨筆

키는 것이 아닐 것이다. 停止는 죽음이요 멸망 그것이기 때문이다.

시원한 생각, 그것은 남에게 티끌만치도 간섭 받지 않는, 혼하디 혼한 제나름의 哲學인지도 모른다.

生活의 철사에 엉키고 감기어 孤獨을 함께 원하는 한 순간의 逃避가 되어도 좋을 것이다.

自由란 원하는 것을 하는데 있는 것이 아니라, 하기 싫은 것을 행하지 않는 데 그 目的이 있다면, 하기 싫은 것을 안하는 것은 정말 시원하고 상쾌한 일이다.

그 綠陰의 그늘에 멍— 하니 누웠거나 앉아서 흔들리는 나뭇잎의 소리를 들어 보라, 거긴 피가 流動하는 自己 生命의 숨소리를 들을 수 있다. 약동분발, 繼續이 엉킨 精神의—.

퍼—런 하늘에 가지가지 모양의 뭉게구름이 피었다 흩어지는 모습.

멀리 쟁쟁한 행길에서 차가 지나간 뒤의 뿌—연 먼지더미.

알록 달록한 양산을 받아 들고 열심히 오가는 女人들.

새하얀 바다 위에 미끄러지는 돛배의 散在, 이렇듯 사람들의 온갖 행위와 그들을 한층 더 돋보이게 하는 自然을 바라볼 수 있다.

그 山 아래의 都市에서 많은 것, 여러 가지가 움직이고 헐떡이고 있지만, 이 그늘에선 어떤 소음도 들리지 않는다. 그만큼 먼 거리를 두고 있는 것이다.

靜寂, 그 안에 여름이 있고 自我가 있고 自然이 도사리고 있는 것이다. 孤立된 혼자의 領域속에 하나 가득히 적막을 음미해 본다.

一生의 마지막이 어김없이 있는 줄 믿으면서 永遠히 살 것 같은 欲望이 쓸쓸함을 느끼게 된다. 더질듯 팽팽하게 살아야 한다는 성실 앞에 권태스런 더위의 이 오늘을 인내해야 한다.

솔잎 내음새와 풀잎 내음이 바람결에 풍겨온다. 그 내음에는 때가 묻지도 않았고 거짓도 혼합도 사치도 없는, 그 미묘한 香氣, 그 향기에 취할때 女人의 마음은 自然과 포옹하는 뜨거운 몸부림이 보채인다. 自然과 그럴때 孤獨이라는 한 單語는 世界속에서 사라진다.

비가 오지 않아 금이 간 붉은 山등성이에 새빨간 피같은 상처가 보인다. 목마른 땅, 목마른 나무, 목마른 사람들의 탄식이 거기 드러나 있는 것 같은, 自然은 왜 이다지도 無心할까.

쉽게 들어 주지 않는다. 우린 언제까지 自然에 依存해서 삶을 開拓하지 않으면 아니되는 그래도 文化人이요、文明의 國家일까.

우린 예기치 않은 모든 事件들을 自然의 섭리에 돌리고 神의 加護가 있기를 不幸 때마다 빌고 애걸하지 않을 수 없는 微弱한 人間. 그래서 自然은 神秘하고 무궁하고 永遠하다 하며 人間이 부러

隨筆

太陽의 쨍쨍한 폭발아래 굵디 굵은 굴뚝에서 내리 뿜는 煙氣를 바라보노라면 그곳은 太陽이 사랑해 준 고즈녁한 時間이다. 꿈에나 살 수 없으면서 꿈속에서 유태인을 태우던 연기가 온 世界를 휩쓸 조는 것 같은 現實의 休息이 있다.

고 있을 때 연인의 生命이 타고 있는 굴 안락의자에 앉은 가을날, 혼자의 너그 뚝을 향해, 사랑과 그리움의 냄새가 난 러운 世界같은, 푸른 草原이 마음에 깔 다고 아우성하며 미치다 그 女人도 끌려 린다.
가, 그 굴뚝의 연기가 되었다는 이야기 울어도 좋고, 웃어도 좋다. 孤獨해도
가 생각난다. 좋고 사랑을 가져도 좋다. 그냥 혼자 얼
사랑을 바치고 싶어하는 그 女人, 그 마동안 여름의 그 그늘에 앉아 있어 보
리움을 참을 수 없는 그 女人의 붉은 가 렴.
슴은 누구의 것이냐?
죽이는 者, 죽는 그 사람,
을 알고 있을 텐데, 戰爭은 사랑
그 지붕들을 억누르고 웅장한 굴뚝이 한 허수아비의 놀음, 그러나 오늘도 平
있기 때문일까 —. 和와 사랑의 깃발을 들고 戰爭은 世界속
姿勢, 그 안에 인생을 行軍하는 生命이 에 살아 있다.
있지만 어디까지나 나아가고 있는 여름의 이 좁고, 작은 그 늘에서 이다
지붕! 저기, 지붕들의 행렬이 잇달 지도 時代와 世界를 느낄 수 있다는것,
있는 지붕들의 行軍, 모두 그 자리에서 사랑을 이야기 할 수 있다는 것은 정말
더 높이 치솟으며, 그 수가 많다는 것은 기쁜 일이다.
그만큼 進步와 向上이 있다는 文明의 상 그늘.
징인지도 모르겠다.

어디만큼 가야 文明의 倒錯이 있을까.
어쩌면 잘 곳을 잃은 그 文明이 原始로
되돌아가는 時代가 절대 오지 않는다고
단언해도 좋을까 —.

워 하는 것일까 —.
배가 고파온다. 더워도 추워도 먹지않
고는 살 수 없는 것, 避暑도 배를채운
다음에야 행하여 지는 것, 수박을 한고
싶다. 그러나 참아야 한다. 아무것도 여
기 가지고 온 것이 없다. 시원한 肉体와
시원한 마음으로 식욕을 잠시 달래어야
한다.

徐仁淑 隨筆集

타오르는
촛불

300원 江山文化社 刊

달맞이 꽃과 기다리는 마음

隨筆

吳 淑 子

落照로 곱게 물들었던 하늘이 잿빛 어 니를 생각하는 버릇이 생겼다.

그때는 잘 모르고 지낸 일인데 세월이 갈수록 가슴 아프게 내 생각의 領域속으 로 젖어 드는걸 보니, 나도 이젠 좀 人 生을 알아 간다는 증거일까? 아주머니 는 설흔 살이라고 보기엔 너무 고운, 20 代의 少女처럼 紅顏에, 언제나 웃음을 잃지 않는 仁慈한 분이셨다. 結婚을 한 지 五 년이 되었다는데 아기가 없었다. 남들이 부러워하던 幸福한 生活에 금이 가기 시작했다.

밤 늦게 滿醉해 돌아온 男便은 아기를 못 낳는다고 트집을 부리다가, 끝내는 숫체 집에 들어 오지 않는 날이 더 많아 있었다. 달을 너무나도 사랑했기에 별을

둠속으로 사라질 때면, 냇가나 들길에 외로이 피어 나는 한송이 꽃이 있다. 달 빛을 받아 파리하리 만큼 蒼白한 연노랑 꽃이 방싯 벌어지기에 사람들은 이 꽃에 아름다운 이름을 붙여 주었나 보다. 달 맞이 꽃이라는.

사람의 눈을 끄는 강렬한 향기라든지 妖艶한 姿態라곤 없는 이 꽃이 보는이로 하여금 神秘境에 젖어 들게 함은 무슨 까닭일까? 하고 많은 낮을 두고 아무도 보아 주는이 없는 밤에만 피었다가 아침 이면 시들어 버리는 가엾은 이 꽃을 대 할때마다 내 少女時節의 하숙집 아주머

졌다. 어쩌다 男便이 들어 오시던, 아주 머니는 착실한 男便이 되어 달라고 눈물 로서 哀訴하는 것이었다. 아주머니께서 큰소리를 지르며, 대어드는 것을 한 번 도 본적이 없다. 마음속에는 슬픈 눈물 과 歎息이 도사리고 앉았는데도 언제나 상냥스럽고, 웃음을 잃지 않음은 오랫동 안 갈고 닦은 敎養과 知性의 탓이리라. 오실지, 안 오실지 알 수 없는 男便을 기다려, 밤이면 밤마다 곱게 丹粧을 하 고 방앞 화단의 달맞이꽃을 바라 보시던 아주머니. 나는 아주머니의 그러한 행동 이 답답하고, 어떤 때는 가엾다 못해 울 화까지 치밀었다.

「달맞이꽃과 기다리는 마음」男便을 기다리다 지친 어느날 밤에 아주머니께 선 달맞이꽃에 얽힌 애틋한 傳說을 들려 주셨다.

옛날 그리스에 별을 사랑하는 님프(妖 精)들 속에 홀로 달을 사랑하는

隨筆

시기하게 되어 끝내는 제우스신의 노여움을 사게 되어 달도 별도 없는 곳으로 쫓겨나게 되었다. 달의 신은 이 사실을 알고 가엾은 그 님프를 찾아 다녔으나 제우스신은 앞질러 가서 비와 구름으로 이를 방해하였다. 이 님프는 달을 그리워하다가 결국은 여위어 죽고 말았다. 달의 신이 겨우 그 님프를 찾았으니, 이미 죽은 뒤라 슬퍼하며 그 님프를 언덕위에 파묻었다. 이렇게 되자 제우스신은 自己의 지나친 소행을 미안히 여겨, 이 님프의 넋을 달맞이꽃으로만들어 달을 따라 꽃피게 했다. 달 없는 밤에도 혹시나 달이 돋아날까 기다리며 외로히 꽃핀다는 슬픈 이야기였다.

눈물 많고 꿈 많던 少女는 이 이야기를 듣고 얼마나 눈물을 흘렸는지 모른다. 이야기를 끝낸 아주머니의 이슬 맺힌 눈동자를 지금도 잊을 수가 없다. 그리운 사람을 기다리는 초조함과 피로움을 조금은 알듯도 했다.

그 집을 떠나 온 지 수년이 지나, 소다리며 달맞이꽃을 대하고 섰다. 식을 알 수 없으나 오늘도 아주머니의 우리 인간은 날 때부터 기다림의 哲學그 모습이 생생히 되살아나기만 한다. 들에 10년 가까운 세월은, 他鄕에서 故鄕을 을 몸에 익혀 왔는지 모를 일이다. 들에 그리워 하며 외로움을 몸에 익히고 살아 나가 바쁘게 일하시던 어머니가 돌아와 온 나이기에. 물려 주실 젖꼭지를 기다리며 아가는 온

아주머니의 슬픔과 외로움을 지켜보면 종일 울음을 삼켜야만 했으니.

그 少女가 지금은 이렇게 그때의 그 아주머니처럼, 온 종일 職場에서 시달리다 疲困을 안고 돌아 오실 그 이를 기리다 疲困을 안고 돌아 오실 그 이를 기다 疲困을 안고 돌아 오실 그 이를 기 내 平生 다하여 달맞이꽃처럼, 아름다운 꿈을 안고, 무언가 기다리며 사는 女人이고 싶어라.

洛東江邊에서

朴 福 欽

영겁에 含默한 洛東江은 太古傳說과 해 주듯 悠悠 默默하다.
술한 秘史를 간직한 채 嶺南一帶를 누비 장마비가 범람할 때에 濁流가 노도처고 있다. 가을하늘의 푸르름과도 같이 럼 소용돌이치는 勇壯은 그런대로 壯觀정려한 흐름은 新羅 후예의 氣質을 象徵이다. 흘러 흘러 七○○里. 곳곳에 마을

(46)

隨筆

과 물을 모으고 필경은 광활한 三角洲―도 배달의 얼을 生生한 不死鳥의 化身으로 얼마나 偉大하고 高貴한 임에 대한 불붙 金海平野란 穀倉地帶를 이룩해 놓았으니 昇華해 놓은 곳도 오직 이 江邊이라 는 사랑이던가―이 江邊에 自由守護의 강물의 神秘한 造化力도 범연해지는 못 로 無心함은 누가 탓할 수 있겠으. 깃발이 나붓길 줄이야 누가 豫測했으리 하겠다. 士民의 厚德하고 淳朴한 風俗도 ? 不共戴天의 無軌道한 탱크의 오마는, 歷史의 톱니바퀴는 여기 한 토 이 무뚝뚝한 土俗語의 액센트에 깊이 뿌 蠻行을 默然한 강물일지언정 어찌 보 막 戰爭史를 새겨놓고 敎訓을 남겨놓지 리박고 있을는지도 모를 일이다. 고만 있었으랴? 않았던가, 세월도 응당 變化不測을 모

<기경(구경?)가자 기경가자 망고장 倭舘附近의 洛東江은 6·25의 激戰 를 리 없겠지마는, 十年歲月에 山川도 可 판 기경가자 하늘 넓고 땅넓어도 이 몸 地로서 B29의 광연한 爆擊소리에 敵 變이란 것을 생각하니 歲月의 無常함의 담을 곳이 없네> 民謠 <山有花>에 浮 의 主力 3萬餘는 一刻에 水葬이 되었고 공연히 설레인다. 彫된 哀切한 女人의 絶迫한 獨白일 게다 八公山의 熾烈한 白熱戰은 나무 한 그루 엄한 시부모와 放蕩한 男便의 束縛에 풀한 포기에 이르기까지 鮮血로 彩色되 洛東江 鐵橋가에는 當時의 戰功을 새 견디어 오직, 삶을 彼岸에서 찾으려는 지 않은 것이 없었다 하니 當時의 戰況이 긴 戰勝碑가 되어 落照하는 듯 無抵抗의 思想이 이 강물에 自己를 否定 짐작되고도 남음이 있다. 夕陽에 외롭다. 비(碑)를 지키고 하늘거 시겼는지도 모르겠다. 누구를 위하여 싸워야 하고 또 리는 들국화 송이가 지나가는 길손의 눈 죽어야 시울을 뜨겁히고 있음은 무슨가 닭일까? <가시리>와 <西京別曲>에나 타난 韓 하는지조차 분간 못한 愚昧한 원수들 戰地의 傷痕은 아물고 물결 따라 오르내 國의 典型的인 女人像과도 一脈 相通한 은 그의 元兇에 怨惡의 화살을 던지면서 리는 돛단배만 옛날과 다름없는 牧歌的 바가 없지 않다. 어쨌든 西歐의 物質文 퍼져오르는 壯嚴한 愛國歌의 旋律에 感 인 情趣를 홀로 즐기고 있다. 明이 東洋의 精神文明을 蠶食하고 있는 動되어 눈물을 머금고 쓰러져 갔다. 것만은 틀림없다. 그저 祖上들의 思考方 그리하여 勇士는 砲煙속에서 우령찬 나룻배를 건너야 저자(市)를 본다는 式과 倫理道德觀이 아쉬워갈 따름이다. 개선가를 목이 쉬도록 부르며 호시탐탐 건너편 두메에선 흥겨운 가을걸이 勞動 滅共戰線에서 赫赫한 戰功을 세운 곳 北으로 北으로 前進해 가지 않았던가― 謠가 은은히 구슬프다. 낮에는 강가 래밭에서 하루해를 보내고 밤엔 등잔불

(47)

隨筆

後生可畏論 序

金永泰

을 둘러싸고 할머니의 구수한 趙雄傳얘기에 잠이 들면 어린시절을 이 江邊에 앉아 몇 번이고 반추해 보고싶다.

—달밤에 배를 잡아 타고 별을 헤던 그런 시절도— 江心을 스치는 이름 모를 물새는 깃을 찾아 날아가고, 멀어져 가는 汽笛소리에 旅愁가 짙어온다. 이 강山을 노래하고 다짐하고 싶다.

독을 발목이 시도록 걷고 싶은 感懷를 억누르며 떨어지지 않는 발길을 고개 숙여 옮겨 놓았다.

祖國의 삶을 외친 물아—.

임을 안고 밤을 지새운 洛東江아!.

悠久히 흐르는 강물처럼 無窮한 祖國江山

후생가외(後生可畏)란 「후배는 나이 젊고 기력이 좋아서 학문을 쌓으면 어떤 한 역량을 나타낼지 모르므로 그 앞날이 두렵게 여겨진다」이것이 사전적(辭典的)인 해석이다.

이는 論語 子한 22에 子曰「後生可畏니 焉知來者之不如今也」이에 유래된 말이라 한다.

후생가외(後生可畏)란 「후배는 나이리오 四十五十而無聞焉이면 斯亦不足畏 也已니라」는 출전을 가진 말인데, 이것은 공자가 노자(老子)의 화신(化身)이라고도 하고 신의 화신이라고도 하는 방홀(方笏)이란 소년과의 문답에서 소년의 지혜가 월등함을 보고 느낀 바 있어서 선진을 따라야겠다는 마음으로 매진하는 자세 이전에 후생이란 가외스러운 존재

후생이라면 제자 후배를 의미하겠지만 개인적인 관점에서 제자나 후배는 있을 수 있겠지만 인간 대중적 관점에서 보면 이건 애매모호한 경계를 이룬다. 10대의 청소년부터 80대의 노년층까지를 본다면 그 사이는 누가 선배이며 누가 후배냐 하는 선은 있을 수 없고 모두는 선배와 후배의 두가지 위치에 서게 된 사람은 누구나 선배이며 또 후배이니까.

그렇다면 후생가외(後生可畏)는 모든 인간에게 통용되는 멋진 명언임에 틀림없다.

그러나 이 멋진 명언이 현대인에게 또한 해석을 가져 오지는 않는지 모르겠다. 후진들의 역량을 측량할 수 없으니 많은 노력으로 앞을 달려야 겠다느니 이전에 후진은 가외(可畏)스런 존재이니 경계해야 한다는 식의 사고방식이 없지는 않을까? 후진이 나를 따라오니 나도

隨筆

이니 훗날 언젠가는 내가 후생에게 눌림을 당할 것이니 어떻게 해서라도 이를 억제해야겠다는 생각이 현대인에게는 더욱 잘 어울리는 사고방식인지도 모르겠다.

마치 앨버트 아인슈타인이 쭈리히 공과대학에서 그의 스승들이 내심은 자기들이 밀려나게 될 것을 두려워 하여 유태인이라는 이유를 내세워 아인슈타인에게 연구실 조수(助手)라는 일자리도 주지 않았던 일처럼.

모든 사람은 선배이며 또 후배라면이는 천륜으로 맺어진 선후배요 인간의 힘으로는 어쩔 수 없는 것이다. 누가 선배가 되고 싶고 선배가 되었고 후배가 되고 된 것도 아니다. 이러한 천륜이 맺어준 선후배의 참된 정은 후배는 선배를 존경하고 선배는 후배를 아끼고 역량 있는 후배라면 자기를 바쳐서라도 마음껏 그의 역량을 발휘할 수 있도록 되어 주는 것이 진정한 선배가 아닐까?

인간의 마음이란 누르면 튀어나고 싶은 묘한 성격이 있다. 그리고 인간의 능력이란 어떠한 환경에서 일시적으로 눌려 있을지라도 언젠가는 낭중지추(囊中之錐) 격으로 나타나기 마련이다. 선배가 후배를 아끼고 사랑해 주면 언제까지나 후배는 선배를 존경하고 따를 것이지만 후생가외의 현대판 해석으로 후진을 대한다면 후배의 마음 한구석에는 언제나 저주의 불길만이 쌓여 정말 현대판으로 선배는 누르고, 후배는 저주하는 치열한 무언의 경쟁이 세상을 흐리게만 만들어 갈 것이 아닌가 한다.

「세상에서 가장 냉정한 것이 학문이라」는 말이 있다. 어디에서고 모르면 인정 사정 찾을 것 없이 고개를 숙여야 하는 것이 학문이라는 말일진댄 이렇게 냉정한 학문에 온정을 느끼게 해 주는 후생가외란 명언이 아닐까도 생각하여 본다.

속담에「X은 먼저 나온 것이 눌려도」이니 훗날 언젠가는 내가 후생에게 눌림을 당하면 도망가는 묘한 성격이 있다. 후생가외가 학문에의 경고라면 속담은 인륜(人倫)과 도덕에 대한 훈화이리라. 아무리 초현대라지만 우리는 선인(先人)들이 걸어간 역사와 전통속에서 살고 있다. 역사와 전통을 버릴 수 없는 것이 인간사(人間事)라면 후생가외와 속담을 거울삼아 자기만이 걸어갈 새로운 인간사를 만들어 보는 것이 현대인의 참 사고방식이 아닐까 한다. 후생가외란 역시 멋진 명언이다.

秋蒼影　詩集

五月 한낮에

350원　文元出版社　刊

(49)

寄稿

銷夏二題

趙仁奎

隨筆

一、
聖書에 『人間은 누구나 最后의 순간에 公審判을 받는다』고 記錄되어 있고 故 「케네디」 美國大統領은 「우리는 누구나 이다음의 歷史의 法廷앞에서 많은 質問을 받을 것이다. 우리는 이러한 質問을 肯定的인 對答을 할 수 있는 人間이 되어야 한다」고 하였다. 어떻게 생각하면 이러한 記錄이나 말은 우리가 어떻게 살아야 할 것인가를 集約的으로 表言한 것이 아닌가도 싶다. 最后의 審判에서 正義로움과 不義가 판가름되는 法廷이다. 지내온 自己의 生活樣相、人間像이 하나 숨김없이 公審判을 받는 그 순간에 自身있게 질문에 대답할 수 있는 人間이 되어야 할 것이 아닌가고 하는 것은 누구나 願하는 바가 아닐 수 없다. 그러면서도 現實的으로 우리눈앞에 展開되고 있는 事實들을 뭇이라고 해야 좋을지 모르겠다. 그實例의 모습들을 여기 내다보기로 하자.

① 저기 「웨스트」와 「히프」의 볼륨이 넘칠데는 저女人은 어째 저렇게 無秩序한 行人의 配列 속을 뛰고 있을까? 三伏 한더위의 氣溫을 무섭게 할만큼 디룩거리며 뛰는 저모습은 分明 過慾의 癡固体다.

② 반듯한 옷차림에 「넥타이」를 端正하게 매고 새파란 색시와 거닐고 있는 저 신사의 눈매는 흡사 간밤에 사다놓은 생선 같은데 매끄러운 손끝에는 陰慾이 빤질거린다. 그뒤로 바싹 뒤 따라 두리번거리는 저 사내의 모습은 또 뭐야? 아! 都下 新聞에 大書特筆된 詐欺漢의 「몽따주」. 間斷없이 요동거리는 隊列의 허리를 동강낸 地点에서 「예수」를 믿어라 말세가 가까왔다고 악을지르는 傳道師의 목맨소리는 전녕 異國風情! 汽笛이 都心地의 肺腑를 찌르며 亂書를 휘갈기는 列車가 질주해온다. 졸음에 깨드리고、한더위 졸음에서 깨고보니 이웃들은 分明히 賢明하고 용기있게 「나」를 歷史의 法廷에 세울 수 있는데 앞서 본 그 모습들은 먼 太古의 메아리가 아닐까?

二、
『招請狀』
다음과 같이 避暑 간담회를 開催하오

隨筆

니 掃萬 參席하시을 바랍니다.
一、日時　三伏二五時
二、場所　夢想村
三、參席範圍　神、人間
　　　　　　　司會者　白、

▲司會＝오늘 더위와 바쁜 일들을 제처놓고 이렇게 參席해주셔서 大端히 感謝합니다. 歷史的인 이 간담회 석상에서 人間여러분께서는 기탄없는 질문으로 좋은 成果를 擧揚해 주시기 바랍니다.

▲人間A＝그럼 저부터 먼저 질문을 하도록 하겠읍니다.
人間에게는 왜「知性」이란게 있읍니까? 軍이 그 知性이 없어도 生存할 수 는게 아닐가요?

▲神＝좋은 点을 물으셨읍니다. 勿論 人間에게 知性이란게 없어도 됩니다. 그러나 우리는 이 問題를 바꾸어 생각해봅시다. 人間에게는 慾心과 분노를 控除하면 뭐가 남는다고 생각하십니까? 시기 질투가 있어야만 榮達이 있고 致富가 可能하지 않을까요? 더우기 옛부터「四寸이 논을사면 배가 아프다」는 훌륭한 格言마저 創造하고 있으니 말입니다. 結局 人間에게 原罪가 있어야 하는 것처럼 知性은 生活必需品이 되어야 할 것 같습니다.

▲人間B＝現在 韓國에는 한발로 인해서 막심한 피해를 입고 있읍니다. 全知全能하신 神은 제발 이런問題로 인하여 苦痛을 當하지 않도록 해주실 수 없겠읍니까?

▲神＝쉽게 表現해서 가령 우산장수와 짚신장수가 없었다면 그 問題는 아예 없었을 것입니다. 더우기 近着 新聞報道에 依하면 그 旱害로 인해서 致富가 있는 人間들이 있다고 하는데 그런輩가 있는 限에는 좀 어려운 것입니다. 나이 問題는 크게 失望하실 일이 못되는가 봅니다. 왜냐고요? 지금 全國的으로 旱害救護誠金 각출 운동이 與野政客에 이르기까지 넘실거리는 와중에서 어찌 不信의 물결이 작정입니까? 아예 생각하지 마십시요.

▲人間C＝人間에게 不信이란게 꼭 있어야 합니까?

▲神＝人間生活에서「手票」라는 것을 많이 利用하더군요. 그러다가 그것도 不足해서 그 위에「保證」이란 活字를 덧붙여서 使用하고 있으니 어디 不信이 必要하지 않겠읍니까? 무릇 歷史는 賢明한 判斷을 할 수 있는 勇氣 있는 者가 創造하는 것인데 이에 果敢하게 參與하는 할 수 없을지언정 적어도「비전」만이라도 갖고 있어야 할 것이라고 알고 있는데 보십시오. 저같이「분노」와「모함」의 결이 넘실거릴 수 있겠읍니까? 貴下라면 어떻게 빼낼 수 있겠읍니까?

▲司會＝다들 오랫동안 수고가 많았읍니다. 그만하면 우리도 이제부터는 오류

寄稿

더럽지 않은 손

朴 忠 一

『물이 낮은 곳에서 높은 곳으로 흐른다면?』

항시 우울한 表情을 짓고 있는 K라는 친구의 이야기다.

『국민학교부터 대학교까지의 교과서가 바뀔것이 아닌가?』

『지상의 모든 戰爭은 作戰타임의 停戰이 될지도 모르지?』

K는 세칭 失業者다.

능이 없어서 연탄배달을 하는것은 아니다. 몇군데 시험을 쳐서 합격은 되었으나 대개 이삼개월이면 퇴직을 하고마는 것이다. 이런 경우 말일세. 外來語를 원어로 썼더니 화를 내는 課長밑에서 잘못했다는 말을 할수야 있나。모르면 배우라고 했더니, 좌천발령이야』

그런것 보다는 연탄배달이 훨씬 마음 편하고 장부가 할만한 일이라는 것이다.

K는 이러한 이야기를 주고 받을 때마다 소년시절을 회상하며 열변을 토하기 일수다.

K는 三·一五의거당시 그대열에 끼여 며칠 밤낮을 다녔다 한다. 물론 주모자급도 아니며 선두에 섯것도 아니다.

『물이 낮은 곳에서 높은 곳으로 흐른다면?』

이러한 생각은 지금이나 그때나 마찬가지 였던 모양이다. 舊秩序에 대한 증오심과 반항이 컷던 모양이다.

요사히는 꽃한포기 놓는 사람이 없으니 말일세, 그당시는 서울에서 유명한 양반이나 처몰금 인사들이 오면 서로 다투어

『三·一五 의거기념탑, 그것 말일세 요사히는 꽃한포기 놓는 사람이 없으니 말일세』

나누면 그때의 환상에 잠기면서 나포집에 앉아 잔을 오십과 반항이 컷던 모양이다.

K는 이러한 이야기를 지금이나 그때나 마찬가지 였던 모양이다. 舊秩序에 대한 반항인 것이다.

『벌써 停年退職인가?』

K의 정년퇴직은 최고 삼개월이란 것이다.

사무능력이 부족한것도 아니요, 인내력이 不足해서 그런것도 아니다. 다만 자존심을 쌀값에 팔수 없다는 것이다. 무조건 복종하라는 旣成世代에의 반항인 것이다.

『月 이삼만원에 자존심을 팔수야 있나

를 犯하지 않을 만큼 되는가 봅니다. 이미 해도 기울기 시작했고 오수의 시간에는 適合치 않은 것 같읍니다. 다음 또 좋은 機會를 마련키로 하고 오늘은 이만 끝내기로 하겠읍니다.

大端히 감사했읍니다.

(필자 馬山市副市長)

隨筆

(52)

화환을 놓고 묵도를 하던 것인데 지금은 허물어진 옛 『성터야, 섯터.』

그래서 눈치 빠른 정치배들이 자기들의 출세와 人氣를 모으기 위해서 찾아오고 순수한 젊은이들의 피를 도둑질 했다는 것이다.

지금도 馬山을 찾는 유명한 사람들이 馬山의 三·一五의 거정신 운운하면 또 그 정신을 도둑 맞을까봐, 걱정이라는 것이다.

K는 연탄 배달을 한지가 이년이 가까 왔다. 대폿잔을 기울이며 『정년 퇴직은 아직 멀었오?』하고 친구들이 싱거운 농담을 걸면.

『연료 혁명이 나면 모르지?』 간단하고 힘있는 대답이다.

연탄 리어카를 끌고 가는 K를 길에서 만나 반가와 손을 힘껏 잡아 쥐려면 연탄이 꺼멓게 활자처럼 묻는다.

그러나 그 손은 더럽지 않은 손이다.

(필자 大韓金屬 근무)

「고향의 봄」 노래碑 建立

지난 8월 5일부터 추진되어온 李元壽 謠 『고향의 봄』 노래비 건립운동은 馬山市內 初中, 高校생과 많은 시민의 성원으로 성과를 올리고 있다.

▲성금접수기간 ‖ 9월 20일까지
▲성금접수처 ‖ 경남매일신문社, 마산방송국
▲건립장소 ‖ 용마산공원
▲除幕式 ‖ 9월 28일 (한글詩 白日場도 가질예정)

노래비건립추진위원회

구두의 秘密

張 雄 鐸

다방을 나선 準은 南姬와 함께 걷기 시작했다. 어느 사이 어깨가 나란히 서고 발이 맞았다.
『김선생님 서울 몇 해 만이에요?』
南姬가 고개를 갸웃이 쳐다보며 물었다.
『그 땐 南姬씨가 단발머리 였는데……』
둘이는 소리 내어 웃었다. 웃으면서 準은 새삼『南姬씨』를 느꼈다.
南姬와 이번에 만난지는 겨우 한 시간 밖에 되지 않았다. 그러나 그 한 시간의 일 분 일 초마다 南姬는 準의 가슴 속에 〈이성〉을 심어주는 것이었다. 우선 역에서 만났을 때 準은 그녀를 몰라보았다.
『김선생님 여기에요』
출찰구를 나서는 準에게 손을 들며 다가오는 南姬는 어느 사이 성숙한 여인이 되어있었다.
『구수한 흙냄새가 나는 것 같아요』

합승 안에서 속삭이는 南姬도

『잠깐 쉬어서 들어가요』

다방으로 안내하던 南姬도 準에겐 놀랍기만한 〈여성〉이었다.

準이 南植이와 함께 학교에 다닐 때만 해도 南姬는 단발머리 소녀가 아니었던가. 그것이, 고향에 내려가 있은 오년 사이에 이렇게 깨끗하고 건강하고 아름다운 여성으로 성숙했다니…….

準은 南植와 함께 걸으면서 줄곧 놀라움만을 느끼고 있었다. 조금은 새침떼기고, 조금은 까불기도 했던 南姬가 이제 자기를 김선생님이라 부르고, 자기는 또한 그런 南姬를 南姬씨라고 〈씨〉자를 붙여야 하는 서먹감이 이상하리만큼 충실한 기쁨으로 변하기 때문에 그 놀라움은 더욱 무게를 지니는 듯했다. 그리고 그 무게는 南植의 편지에 적혔던 마지막 한줄의 사연과도 어쩌면 부합되는 것같아 새로운 충실감을 더해주는 것이었다.

『……그러니까 서울구경을 오라는게 아닐세. 이 몇해 동안 노상 되풀이된 자네의 말마따나 서울이사 일년 뒤에 보나 삼년 후에 보나 변하기는 매한가지겠지. 그러나 생각하면 자네 안부를 묻는 어머님이나, 사진으로만 익히고도 자네와는 아주 친숙한 사이라고 착각하

는 내 아내를 위해서 와준대도 멋이 있지 않겠나. 이번엔 꼭 상경 해주게.

그간 학교를 마친 南姬도 지금 한창 볼만하네, 총총

…… 準은 南姬도 한창 볼만하다는 대목에서 南植의 문장다운 멋을 느꼈고, 그래 하룻밤 나그네를 자처하며 한 시간 전 서울역에 닿았고, 지금 南姬와 함께 나란히 걷고있는 것이다.

『서울 많이 변했죠?』

『南姬가 南姬씨로 변한만치는』

둘이는 다시 소리를 모아 웃었다.

『서울 오시길 왜 꺼리셨어요?』

『꺼리긴요…… 올 일이 없었던게죠』

『그럼 오늘은 무슨 볼일이 따로 있어 오셨나요?』

準은 南姬가 한창 볼만한다기에 왔노라고 바로 깨고 싶었지만, 南姬가 南植이 결혼축하를 왔다면 어떻겠어요?』

『가리늦게, 꾹 누르고 빗대었다.

『김선생님 여기서 일 분만 서 계시다 오세요. 오빠 좀 끌려줘야겠어요』

집으로 꺾여돌아가는 골목어구에서 南姬는 총총 걸음을 빨리했다.

『그리고 보니 내가 끼어들 틈은 전연 없군그래』
準도 한마디 거들며 온 식구가 즐겁다.
『일이 그렇게 됐나요? 그렇지만 南姬는 아무래도 헐값으로 팔아야겠어요. 뱃놈이고 멧놈이고 쉬 사가게요.』
『南姬야 네가 말해라…… 그렇게 원님뜻대루?』
『저는요. 뱃놈 멧놈 뱃놈도 좋구 멧놈도……어마……다시요… 뱃놈도 좋구 멧놈도 좋아요. 그렇지만 헐값에는 못 팔려요. 호……안 그래요. 언니』
『그럼요. 나처럼 헐값에 팔려야 천대꾸러기죠 뭐 호……』
『됐어. 그렇다면 오빠도 안심했다. 사실은 난 금보석을 준대도 뱃놈 멧놈에겐, 죽어도 안간다면 어쩌나 했는데, 하여간 南姬가 빨리 팔려야 우리 신부가 천대를 면할테니까 말이야』
『김선생님 저것좀 봐요. 자기 부인뿐이죠?』
『싫어요. 글쎄 멧놈이 어디 뭘 알아야지요……』
『南姬야 그러다간 헐값은 고사하구 웃돈 없어 팔아야겠다. 정신 차려라. 에미한텐 돈 없는거 알지?』
『호……』

準도 그자리에 멈춰선채 南姬의 뒷모습 쫓아 본다. 여전히 장난을 좋아하는 南姬가 멀어지는게 아니라 차라리 다가오는 느낌이다.
즐겁고 흐뭇한 밤이다.
南植의 결혼식에 참석을 못했던 사정을 편지로 새삼 전하고난 뒤부터는 거리낌이 없어졌고, 입심 좋은 南植이 내어놓는 화제는 유출 유흥(愈出愈興)이다.
『어이 이사람 첫인상 어때? 南姬보다 좋지?』
南姬는 곁에 앉은 자기 부인을 가리키며 準에게 농을 건다. 이에 대해 부인은
『감사합니다』
南姬에게 미소를 건네며 받고, 南姬는 또 그런 올케에게 목례를 돌리며
『피이, 미안합니다』
반발한다.
곁에서 그런 짓들을 흐뭇한 표정으로 지켜보던 南植어머니는
『아니 넌 네 처 자랑을 했으면했지 시집도 안간 큰애기를 치기는 왜 치니』
웃으신다.

(56)

「하……」

「호……」

準은 경사 난 집처럼 즐겁고 흥겨웁다.

準은 꽃밭을 느낀다. 대지의 무한한 사랑이나, 고향에서 자라는 자기의 꿈과도 다른 뿌듯한 보람을 맛본다. 그렇게 보아서일까? 청가 신장 위에 가지런히 놓인 자기와 南姬의 신발이 같은 길로 방향을 잡은 듯한 이미지다.

「그래 뗏님을 위한 내일 스케줄이나 좀 들어보자구나」

準이 다시 이야기의 실마리를 풀어냈다.

準은 자기도 모르는 사이에 황망히 손을 저으며

「아니 난 내일 아침차로 떠나야하네. 그럴 작정이었으니까」

南植의 말을 가로챘다.

「그 무슨 소리인」

南植이 이번엔 準의 말을 막는다.

「그건 안돼요」

「우리가 섭섭해서 되나」

南植부인과 어머니도 막아선다.

準은 어떻게 대꾸를 해야할지 몰랐다.

準의 그런 입장을 감싸주려는 듯 南姬가 제의견을 내민다.

「전 내일 아침 일곱시에 잠간 나갔다 와야해요. 스케줄은 돌아와서 발표 하겠어요. 다만 지금 미리 말할 수 있는 것은 오빠와 언니는 덤으로 동행해도 무방하리란 것 뿐이예요」

「어련하시겠읍니까……. 불러울려 달라구 애걸복걸하던 때완 이제 사정이 다르다아 그말이구, 그래서 우리는 싸악 꺼지는게 좋겠다아 그말이겠다」

「그만들 하세요 김선생님 줏가(株價)만 올라라」

「고맙습니다. 멧놈을 멧님으로 올려주어서 하하…」

準도 南植이네 온 식구에게 차례로 고개를 숙여보였다.

다시 한바탕 웃음이 일고, 새로 과일과 맥주가 쟁반에 오른다.

準은 신발이 저절로 걸어가는 꿈을 꾸었다. 신장 위에 놓여있는 南姬의 하얀 하이힐과 자기의 흑자색 구두가 사뿐 떠서 걸어가는 것이었다. 양 가에 꽃숲이 늘어선 훤한 길을 또다닥 또다닥 발자국까지 내며 춤을 추듯 걸어가는 것이었다. 꽃숲에선 발자국 소리에 놀란 벌들이 일시에 깃을 치며 나르고, 벌들의 날개소리는 다시 南姬의 음성으로 변하는 것이

『김선생님은 찌개를 좋아해요』

南姬의 목소리는 이렇게 들려왔다.

『그럼 부탁해요. 언니』

『네에 네. 깨시기 전에 돌아와요』

準은 南姬가 미장원에 가는 것인지도 모른다고 생각했다. 그렇게 생각하면서……너는 어쩔래?……

자신에게 물었다. 지난밤, 아침차로 돌아간다던 이야기는 그길로 호지부지 되고 만 채 스스로 결단을 못내리고 말았다. 아침차로 군이 가야할 까닭은 없다. 지금은 오히려 하루쯤은 더 南姬와 함께 있고 싶은 심정이다.

……지금 떠난다고 서두르는 것은 쑥스러운 일이 아닌가?……

……그러나 이대로 시부직이 눌러있기는 더욱 쑥스러운 일이 아닌가?……

망서리고 주저하는 동안 南植어머니가 현관문을 열고 나가는 소리가 들린다. 이어 골목을 쓰는 빗자루 소리가 창밖을 지나간다. 사람들의 발자국 소리도 잦아지고 골목은 차츰 번거로운 기색이다.

準은 눈을 감고 누온 채 南姬와 자기의 신발이 춤추듯이 걸어가던 꿈을 되그려본다. 자기의 식성을 기억

하고 있었던 南姬의 마음도 가늠해본다. 가슴이 두근거리고 묵직한 열기(熱氣)가 밀려든다.

準은 벌떡 일어나서 옷을 주워입었다.

『어딜 가는거야』

놀라서 깬듯한 南植이 물었다.

『응 바람 좀 쏘일려구』

정말로 바람을 쏘일려고 일어난 것같은 착각을 느끼며 準은 마루에 나섰다.

그러나 신장앞에 선 準은 주춤하고 말았다. 南姬의 하얀 하이힐 옆에 나란히 놓였던 구두가 안보이는 것이다.

신장문을 열어본다. 역시었다. 마루밑을 살핀다. 거기에도 안보인다.

準은 방으로 들어갔다. 南植이 누은 곁에 앉아 담배를 붙였다.

『벌써 바람 쐬구 온거야?』

『그만 두기루 했어』

準은 태연을 가장하며 연기를 뿜고 다시 마셨다. 그러나 마음은 허전하기만 하다. 조금 전까지도 그토록 충실한 기쁨과 특별한 뜻을 지니고 있었던 구두는 어디로 갔을까. 南姬의 하얀구두와 같은 길을 가야할 자기의 신발은 지금 영둥한 어떤 길을 헤매이게 됐단

『뭐가 그렇게 심각해?』

南姬이 일어나 앉으며 準의 표정을 살핀다.

『아냐。 지금 귀향을 연기하기로 결심하는 중이야』

『자네 똥고집은 여전하군』

『천성인 모양이지』

準은 南姬을 업어넘기며 속으로는 여전히 구두를 생각했다. 문득 불길한 예감이 휘몰려 왔다. 신발을 잃으면 하잖다는 옛말이 떠오른 것이다. 잃었다는 실감은 없으면서도 불길한 예감만은 불꽃처럼 차츰 南植이네 식구들의 심정에도 생각이 미쳤다. 더구나 南姬의 얼굴에 떠오를 불길한 그림자를 거울을 대하듯 보아야할 자기가 스스로 불안했다.

準의 불안감은 南姬가 돌아왔을 때 거의 절정에 올랐다.

현관문이 열리고

『지금 돌아왔읍니다』

소녀처럼 깨끗한 목소리가 들려왔을 때 準은 거의 숨이 막혔다.

『아침 공기가 좋지요?』

準은 자기도 모를 얼빠진 인사를 하며 마루에 나섰다.

南姬는 싱싱한 웃음이 넘치는 얼굴로 잠시 準의 얼굴을 살폈다. 그리고는 곧 모든것을 알았다는 듯,

『정말 떠나실 생각이셨지요?』

여전히 장난스레 물었다.

『……』

準은 아무말도 할 수가 없는 채로 그저 고개를 끄덕였다.

『그러실줄 알았어요. 그렇지만 그런 쓸데없는 고집은 오늘 뿐이예요. 약속하시겠어요?』

『……』

이번에도 準은 南姬가 하는 말의 뜻을 모르는 채 고개를 끄덕였다.

南姬는 흘린사람같은 準을 남겨두고 자기방으로 들어갔다. 그리고, 돌아나온 南姬의 손엔 흑갈색 구두가 들려있었다.

『앗 내 구두!』

외치며 準은 그러나 구두를 받는것이 아니라 南姬의 발을 움켜잡았다.

놀라서 모인 식구들은 눈을 맞대고 서있는 南姬와 準을 보았다. 그러나 구두로, 확인한 살뜰한 사랑의 비밀은 알 턱이 없었다.

두시 이십 팔분

文 璣 榮

담배 연기를 천정으로 내어 뿜었다. 그리고 또 고개를 갸웃거리면서 또 생각했다.
―羊子?―
―羊子?―
아무리 생각하여도 鍾煥이는 알 수 없었다. 봉투에는 분명히 鍾煥이가 근무하고 있는 직장명과 《鍾煥선생님》이라고 쓰여져 있고 뒷면에는 그저 《羊子올림》만이 눈에 보였을 뿐 그녀의 주소는 쓰여져 있지 않았다.
서슴치 않고 鍾煥이는 결심하듯 봉을 뜯었다. 곱다랗고 울긋불긋한 편지지에 보기 좋게 한자 한자 솜씨 있게 쓰여진 것이었다.
鍾煥선생님!
가냘픈 생명을 잇고 있는 羊子 올시다. 나의 이름

두자만으로는 선생님께서 몰라 보시겠지요. 글쎄 말입니다. 어언간 꼭 스무해가 되었으니까요. 아아 그때엔 선생님께서는 학창의 몸에 있을 때였겠지요. 물론 나역시 갓 여고를 나온 풋내기 소녀였겠지요. 그러니 내 나이 갓 스물 하나였으니까. 선생님은 스물 둘? 우리 집과 선생님의 집 사이에서 거의 우리들의 결혼이 성립될 무렵 홀연히 선생님께서는 무엇이 못 마땅하셨는지 외국으로 건너 가 버렸지요. 나는 그때에 얼마나 울었는지 그리고 원망을 했는지조차 몰라요. 물론 원망도 많이 했답니다. 지금 생각하니 부질없는 짓이었는지도 알 수 없읍니다. 그로부터 꼭 스무 해! 어느 바람편으로 겨우 선생님의 있는 곳을 알게 되어 붓을 들었어요.

 오는 5월 9일 오후 두 시 이십 팔분 신마산역에서 뵈옵었으면 해요. 기동 차편으로 가겠어요. 그럼 그때에 만나기로하고 오늘은 실례합니다.

 어슴프레하고 희미한 존재인양 또 담배연기를 내어 뿜으면서 스무해 전의 일을 곰곰이 더듬어 보았다. 鍾煥이는 羊子의 얼굴을 한두 번 본기억이 났다. 그러나 지금은 알리가 없었다. 아니 그런 일이 있었던가 하는 생각도 의심하였다. 그러나 일본을 건너 간 원인이 조혼을 반대함에 있다고 여겨서 다시 기억을 더듬었다. 그런일이 있었던 것도 같다. 까마득한 옛 일이다. 어렴푸시 생각이 떠 올랐다.

 마침 9일은 토요일이었다. 발걸음도 가볍게 신마산 역으로 줄곧 걸었다.

 여느 때에는 낯선하게 차린 여자들의 모습도 그립게만 보였는데 이 날만은 그렇지도 않았다. 경쾌한 기분의 발로인양 鍾煥이는 꼭 오늘을 위하여서 이 세상에 태어난 것같이 여겨졌다.

 하오 2시 28분! 누구를 싣고 오는지 미끌어져 오는 기동차가 정각에 들어왔다.

 鍾煥이는 두 눈을 크게 뜨며 내리는 손님을 번갈아 보아도 알아 차릴 수 없는 손님들의 얼굴들 뿐이었다. 鍾煥이는 당황하기 시작하였다. 출찰구 밖으로 나간 그네들은 마중 나온 가족인지 모르되 동행하지만 하염없이 한 여인은 서서히 거닐고만 있어 혹시나하고 鍾煥이는 뒤를 따랐다.

 그러자 다시 되돌아서려는 그 여인의 시선과 마주쳤지만 鍾煥이는 도저히 초면같게만 여겨졌던 것이다.

『金선생님 아니세요?』

미소진 얼굴 상냥한 말씨 날썬한 걸음걸이 그리고, 설흔이 겨우 넘은 듯한 그 미모의 여자.

「예. 그렇습니다」

鍾煥이는 서슴치 않고 대답은 하였지만……。

「편지를 주신 분인가요?」

그녀에 못지않게 빙긋 웃었다.

불종거리 한성다방은 조용하였다. 토요일인데도 그다지 복잡성이 별로 눈에 안 뜨였다. 조용히 왈쓰곡이 차분차분 흘러 오직 두사람의 분위기를 다른 방향으로 하여금 감싸 주고만 있었다.

鍾煥이는 빤히 그녀의 얼굴을 바라 볼 뿐, 별 말은 안하였다.

고개를 폭 수그린 羊子는 별 할 말이 없는 듯이 조용히 앉아만 있었다.

鍾煥이는 다시 입을 열었다.

「지금 어디에 계시지요?」

鍾煥이의 음성은 좀 떨려 있었는지도 알 수 없었다. 좀체로 그녀의 얼굴은 돌려지지 않고 옆만 바라보고 있었을 뿐이다. 부끄럼이 앞서는지도 알 수 없었다.

『내 말이 실례가 되셨는지요』

간신히 그녀는 얼굴을 돌렸다. 물끄러미 앵두같은 입술을 열었다.

「선생님!」

「……」

「선생님! 나의 모든 과거는 묻지 마세요. 난 난 선생님께 괴로움을 주려고 만나고 싶어서 찾은 것은 절대 아니에요. 아니 내딴은 그 누구보다도 행복하다고 여겨 왔어요. 그러나 선생님의 소식을 듣고 만나고 싶었을 뿐이에요. 선생님! 제발 이것이 처음이고 마지막이란 생각으로……」

그러더니 입술을 적시는 커피잔은 떨고 있었다. 鍾煥이는 의외의 소리같아서 빤히 그녀의 거동만 바라 보았다.

연기 자욱한 다방문을 밀고 나온 둘은 불종거리를 나와 택시에 몸을 실었다. 글쎄 목적지는 조용히 운전사에게만 알려주고 두 손을 꼭 쥔 채 맑은 바깥날씨를 바라 보고 있었다.

택시는 삼십마일의 속도로 달리고 있을 뿐.

물 고 개

이 종 석

『야—— 참 시원하다』

『……』

『물맛 좋군!』

송일(崔松一)은 무릎을 꿇고 뻘떡뻘떡 물을 들이켰다. 차고 시원한 물맛이 입술에서 전신으로 퍼진다.

그는 웃통을 벗었다. 흠뻑 땀에 젖은 내의를 바위에 펼쳐 널고 물을 움켜 낯을 씻었다. 그리고는 하얗게 바래인 돌을 깔고 앉아 발을 벗어 물에 담갔다. 참찹한 감촉이 피부에 스민다.

8월 산 속의 나무잎들은 햇빛을 받아 아른거린다. 자근자근 썹기라도 하면 푸른 물이 입안 가득 고일 것만 같다. 송일은 다시 돌돌거리면서 발등을 덮고 흐르는 물을 보았다. 저만치 앞에서 돌에 결려 퉁기는 물 방울이 뿜은 듯이 흩어 진다. 흩어 지는 물줄기에 머리를 풀어 헤친 기슭의 다박풀이 시원스레 얼굴들을 훔쳐낸다. 이어서 쉬임 없는 행동의 되풀이다.
〈나도 한 포기 여기서 풀로 자랐으면…… 저렇게 극진하게 씻어 내리는 물방울의 사랑을 받으면서——〉
송일은 잠시 이런 생각을 하고 있었다.

시계바늘처럼 똑딱거리면서 살아가야하는 자기의 현재 직업에 불만은 없었지만 매말라 가는 감정이 못내 아쉬울 때는 때로 간절히 오고 싶었던 곳이다.
철골에서 흘러 내리는 물은 유별나게 차고 시원하지만 여기 이 물고개가 있어서 한결 그 값은 오른다.
대궐 마당만한 경사진 바위면을 깔고 흐르는 물줄기의 광경은 어릴 때부터의 송일에게는 인상 깊은 곳이다. 겨울이면 얼음이 깔려서 햇빛에 선뜩거리는 것이 멀리서 바라보기가 좋았고 여름이면 시원한 물소리가 귀를 간지려 패이던 곳이다.

그는 고개를 들어 시야를 넓혔다. 저 아래 멀리 가마처럼 뻗어 간 신작로의 양편을 검푸르게 자란 벼들판을 메웠다. 푸름으로 덮인 들판을 바라 보는 송일의 눈은 즐거웠다. 이제 맘(마지막 제초작업)을 놓은 벼포기들은 폭양의 별발 아래서 그 속잎을 하늘로 하늘로만 뻗어 올리고 있는 것이다.

발 밑에서는 밤자갈에 걸려서 가볍게 이는 여울——다시 팔랑거리며 흐르는 그 물결에 곱게 씻기운 물밑의 모래가 화르르 화르르 가볍게 위치를 바꾸며 움직인다.

송일은 문릇이 아내가 생각났다. 심산계곡에 혼자인 탓일까? 문득 그리워 지는 것이다. 가난한 살림을 꾸려 나가느라고 시집에 때가 묻은 지금까지 모르는 아내다. 그는 혼자 온 것을 후회했다.
〈그렇지! 여기 아내가 함께라면 발 가벗고 물장구를 친대도 구설이 없을 텐데? 그리고 나는 돌을 들추고 저는 가재를 잡고——〉

〈벅국 버버벅국〉
곡진하게 여운을 끌고 공산에 퍼지는 포곡의 소리가 조롭다. 그 여운 속에 송일의 뇌리는 30년을 살고 있었다. 그렇다! 30년 맞은 편 초막등에는 산양이 울고 바른 편 해돋이, 비탈에는 복사꽃이 환하고 거기 그리고 초려 단칸을 틀고 살아 가는 노부부——
송일은 아내의 얼굴을 보았다. 뜻 밖이다. 팔랑거리며 흐르는 물결에 걸어졌다 짧아졌다 하는 아내의 얼굴 송일은 반가왔다. 와락 껴안기라도 할 듯이 〈여보〉하고 부르려는데 무엇인가 발가락을 호되게 잡는다. 따가운 아픔에 〈여보〉 소리는 그만 〈아얏〉 소리로 변했다. 돌틈에서 기어 나온 가재란 놈이 그만 발가락을 꼭 물고 늘어진 것이다. 그는 〈아얏〉 소리와 함께 발을 물에서 빼치려는데 언뜻 귓결에서 나는 간곡한 부름——
그는 눈을 떴다. 치마주름을 잡던 손을 놓고 아내가 혼들어 깨운 것이다.

〈당신 혹 꿈이라도——〉 하는 아내의 얼굴은 의아심과 호기심의 표정으로 겹친다.

송일은 잠에 취한 눈으로 아내를 올려 보았다. 곱다고 생각했다. 앞머리가 몇 가닥 이마를 덮고 있다. 그는 손을 내밀어 아내에게 잠자리를 권했다. 순간 송일과 마주 친 아내의 눈동자가 반짝 빛났다.

「여보, 우리 그만 잡시다」

탁상시계가 23시를 가리키고 있었다.

金洙敦 先生 詩碑建立

故 花人 金洙敦 先生의 詩碑를 건립하기 위하여 1968년 8월 20일 詩碑建立推進委員會를 구성하고. 詩人의 文學과 地方文化에 끼친 바 功績을 찬양하기 위하여 詩碑건립을 추진하고 있읍니다 많은 聲援있으시기 바랍니다.

金洙敦 先生
詩碑建立推進委員會
委員長 朴 慶 奐

世 紀 書 林
盧 和 純

夜行

申尙澈

윤섭의 마음은 초조하기만 이를 데 없었다. 사오분 전에 떠났다는 범마을행 막버스를 어떻게든 잡아타야 했다. 일주간의 여행에서 돌아왔을 때 어머니께서 내어 주시는 미경의 편지를 보고 그는 선 채 쫓아 나왔었지만 결국 버스를 놓치고 만 것이었다. 택시를 잡아탔다.

(버스가 두 정류장을 지나 교외에 자리잡은 헌병 초소에서 검문을 받기 전에 버스를 따른다. 그래야만 범마을에 가서 미경이와 그 아버지를 만날 수 있다.) 이 것이 윤섭의 계산이었다.

『운전수 아저씨, 좀더 속력을 내요! 버스를 따라야 합니다.』

『……』

윤섭은 애가 탔으나 「시발」택시는 아랑곳없다는 듯 이 여전히 넉살을 부리고 있었다.

(66)

『여보시오! 빨리 차를 몰아서 버스를 추월해야 한다지 않습니까?』

『젊은 양반, 속도 위반에 걸리면, 내 장사도 망하지만 추월이고 초월이고 아무것도 안 되는 거요.』

나이가 느긋해 보이는 운전수는 도무지 서두는 법이 없더니 교통순경이 서 있는 도심지대를 빠져 나오면서부터 사뭇 신나게 악스레다를 밟기 시작했다. 택시가 한길을 질주해 나가자 윤섭은 이마에 맺힌 땀방울을 닦아내고 안 포키트에 쑤셔 넣은 미경이의 편지를 다시 꺼내어 보았다.

(……저를 약하다고 꾸짖지 말아 주세요. 장사에 실패한 아버지가 재기의 꿈을 실현하기 위해 도매상 주인 아들과의 혼담에 열을 올리기 시작한 건 이미 오래 전부터의 일이예요. 진작 말씀드리지 않은 건 윤섭씨께 정신적 부담을 드리지 않더라도 저 혼자의 힘으로 능히 해결해 나갈 수 있다는 자신이 있었기 때문이예요. 그러나 아버지의 집념은 너무나 강했어요. 이젠 당신의 사랑과 힘에 기댈 수밖에 없게 되었으니 이 편지 받는 날로 즉시 와 주세요. 저는 아버지를 원망하기 보다는 냉혹한 현실을 저주하고 있어요……)

여기까지 읽은 윤섭은 도로 그 편지를 호주머니 속에 집어넣어 버렸다.

윤섭이가 기대앉은 차창으로는 간헐적으로 전신주가 스치고 그 너머로 전개되는 온갖 풍경들이 수많은 시내 버스를 앞지르고 여러 대의 화물차를 물리칠 수 있었으나 끝내 범마을행 버스의 꼬리를 붙잡지 못한 채 택시가 검문소 앞에 멎었다.

『헌병 아저씨, 버스가 지난 지 얼마나 됩니까?』

『방금이죠, 이제 막 저 산모퉁이를 돌아갔읍니다.』

윤섭은 울상이 되었다. 버스를 뒤좇아서 택시를 더 몰아도 좋을 만큼 그의 포키트가 넉넉지를 못했기 때문이다.

택시의 시내 요금을 물고 나면 가진 것이라곤 미경의 아버지를 위해 사든 한 병의 술과 약간의 잡비가 있을 뿐이었다.

윤섭은 하는 수 없이 차를 돌려 보내지 않을 수 없었다. 벌써 서편 하늘에 남아 있던 한 줄기 희멀건 빛마저 사라지고 어두움이 땅으로 깔리면서 하나 둘 별들이 솟아나고 있을 때였다.

『헌병 아저씨, 범마을까지 가려고 합니다. 버스를 놓쳐 이 모양이니 혹시 추럭이라도 지나가면 도와 주실 수 없겠읍니까?』

『아, 그야 문제 없읍니다. 차가 지나가기만 하면 틀림

『없이 태워 드리죠.』

『고맙습니다. 그런데 여느때 같으면 이맘때 이후에도 차가 다니던가요?』

『다니고 말고요. 한동안 꼭 참고 기다려 보십시오.』

헌병은 자신 있게 말했다.

흰 레이스를 두른 군복과 흰 헬미트 그리고 윤이 흐르는 군화… 그는 분명 위엄 있는 군인이었지만 그 말씨와 표정엔 의외의 친절과 인정이 넘치고 있었다.

참으로 고마운 군인이라 생각했다. 윤섭은 그에게 담배 한 대를 권하면서 물었다.

『밤에 이렇게 혼자 근무하시면 심심하지 않습니까?』

『심심하기는 하지만 때론 재미있는 일도 있답니다.』

『재미있는 일은요?』

『뭐랄까? 사람과 사람 사이에 오가는 인정의 흐름을 보는 것 같은 것 말입니다.』

헌병은 라이타를 꺼내어 윤섭이에게도 불을 붙여 주면서 말을 이었다.

『그저께 밤에도 역시 댁에서처럼 범마을에 가신다는 할아버지 한 분이 차를 놓치고 걸어가시기에 이곳에 기다리시게 한 일이 있었읍니다.』

『그래서요?』

『그 날은 이내 차가 와서 얼마 기다리지도 않았답니다. 할아버지께서는 어찌나 좋아하시는지 나도 그 날은 초소검문의 보람을 맛볼 수 있었읍니다.』

『그야 사람없는 헌병 아저씨의 친절에 누군들 감사하지 않을라고요.』

윤섭이가 맞장구를 쳤다. 담뱃불을 빨아 당겼다가 길게 한번 뿜어 보는 헌병의 얼굴엔 엷은 미소가 흐르고 있었다.

『내가 친절하다니요? 그런 게 아닙니다. 길가는 할아버지를 위해 차를 세워 드린 건 평범한 일이고, 참으로 고마운 인정과 친절은 그 할아버지가 베풀고 가셨읍니다.』

『그건 또 무슨 의밉니까?』

윤섭이가 의아해 하면서 묻자 헌병은 몇 번씩이나 라이타를 켰다 껐다 하면서 윤섭이 묻는 말에 대답했다.

『이 라이타는요, 그 할아버지가 내게 던져 두고 가신 것이죠. 내가 굳이 사양을 해도.』

『네 그런 것이었읍니까…… 그 라이타가.』

윤섭은 의외의 자리에서 배신을 당했을 때 느끼는 그런 실망과 메스꺼움을 헌병의 말에서 느꼈다.

(흥! 인정이 오가는 재미란 게 바로 그런 것이었구

다。 친절을 베풀어 놓고 기대를 거는 물질적인 보답—

이건 하나의 거래지 친절이나 인정이 아니다.

그런데 당장 나는 어떻게 해야 하나? 차를 태워 줘도 보답할 아무것도 없으니 여긴 거래가 성립하지 않는다. 그러면 나는 헌병에게 갚을 수 없는 빚을 져야 할 게 아닌가?

윤섭의 생각이 여기까지 이르자 그는 차라리 밤길을 걷는 게 마음 편한 일이란 생각이 들었다.

『헌병 아저씨, 갑자기 차가 오지 않을지도 모른다는 예감이 듭니다. 더 늦기 전에 걸어 가 보겠읍니다.』

『네? 이 밤중에 어디를 걷는단 말씀입니까? 큰재 작은재가 가로 놓인 밤길 사십 리를 걸으신다…… 그 용기는 좋습니다만 그 예감이란 건 아무래도 잘못된 것 같은데요.』

『예감이란 본디 틀리는 확률이 더 많은 것 아닙니까? 그저 걷고 싶을 때 한번 걸어 보는 거죠. 지름길로 가면 세 시간 남짓 걸릴 겁니다.』

『정말 걸으실 작정입니까?』

『예, 친절은 감사합니다만… 그럼 수고하십시오.』

『미련하기는 지독하군. 빠르고 편히 갈 수 있는 길을 스스로 버리다니……』

윤섭은 헌병의 중얼거리는 소리를 뒤로 남긴 채 어둠을 뚫고 걸어가기 시작했다.

『조심해 가야 해요。 꼭 좀 태워 가라고.』

윤섭은 그 말에 대답하지 않았다. 벌써 하늘의 별들은 은가루를 뿌린 듯 찬연하다. 늦가을의 싸늘한 밤바람이 촉감에 의식되면서 윤섭은 외롭고 적막한 느낌이 전신에 저려옴을 갑자했다.

그러자 공연히 걸을 생각을 했다는 후회감 같은 것이 고개를 드는 것이었으나 그는 모든 잡념을 눌러 버리고 부지런히 걸어갔다. 이윽고 그는 신작로와 지름길로 갈리는 어귀까지 왔다. 그는 한동안 망설였다.

(신작로로 내쳐 갈까? 지름길로 접어들까?)

신작로로 가면 멀긴 하지만 차를 기대해 볼 수가 있고 지름길로 가자면 한결 가깝기는 해도 그런 기대 같은 것이 없다.

(요행을 바라지 말자. 요행을 바라다 잃어진 시간은 아무데 가서도 보상받을 길이 없다. 매마른 세상에 누가 공차를 태워 주랴. 주어진 조건대로 성실히 걸어가자. 그러면 늦어도 세 시간 후면 미경을 만날 수 있을 것이다.)

윤섭은 이런 생각을 하면서 지름길로 접어들었다. 번거로운 기대 같은 것을 신작로 저쪽으로 던져 버리

『푸드득』

 그는 소스라치며 놀랐다. 머리가 윙윙거리고 간담이 서늘했으나 산새가 날아간 다음 그는 이내 안도의 한숨을 내쉴 수가 있었으나. 이상한 일은 예상과는 달리 점승에 대한 두려움보다 끝내 지워지지 않는 피곤과 원귀에 대한 무서움이 훨씬 크다는 사실이었다.
 으스스 바람이 불 때마다 낙엽이 딍구는 소리들은 꼭 뒤쫓아오는 발자국 소리 같애서 차마 뒤를 돌아볼 수가 없어 앞만 보고 더듬어갔다.
 산마루에 거의 다 왔을 무렵 화안한 불빛이 산을 쏠어가는가 했더니 저편 산모퉁이에서 붕 부웅하는 자동차 소리가 돌아나왔다.
 그는 반사적으로 재를 향해 뛰기 시작했다. 가끔 돌뿌리가 발끝에 채이고 발을 헛디뎌 엎어지는 때도 있었지만 아픈 줄도 몰랐다. 윤섭이가 숨을 헐떡이며 신작로와 만나는 산마루에 올라섰을 때 자동차는 해드라이트의 불빛을 윤섭의 시야로부터 걸어가면서 이제 막 재를 넘어간 뒤였다. 그는 숨이 가쁘고 다리도 아파서 길가에 앉았다. 몸도 설검 차를 한번 기다려 보기로 하고 새삼스럽게 헌병 생각이 났다.
 〈할아버지가 그에게 라이타를 선물로 주고 간 것이

고 차근차근 걸어가자니 한결 마음이 홀가분했으나 큰 재가 가까와 오자 가슴이 울렁거리면서 긴장됨을 어쩔 수 없었다. 번듯이 가로누운 산은 모든 것을 삼켜 버릴 것 같은 기세다. 윤섭은 침을 꿀꺽 내려 삼키고는 산언덕을 오르기 시작했다. 캄캄한 밤, 충에 대검을 꽂아 쥔 수많은 군인들이 삼엄한 경계망을 펴고 서 있듯 중실한 소나무들이 수없이 늘어서 있는 좁은 산길을 숨을 죽여가며 오르는데 윤섭의 맞은 편에 움푹 들어간 공지가 눈에 띄었다. 그는 전신에 소름이 끼쳐 옴을 느꼈다. 지금은 저렇게 폐문이 되였지만, 옛날 윤섭이가 고등 학교에 다닐 때만 해도 저곳은 사람들이 왕래하던 넓은 굴의 입구에 해당되는데 그 때 그 굴속에서 살인 강노 사건이 일어났다는 생각이 불듯이 떠올랐다. 그는 연신 침을 내리삼키면서 산길을 거슬러 올라가고 있었지만 머리는 방정맞은 생각들을 지워버릴 수가 없었다. 숲속에 숨어 있던 피같이 칼을 들고 어둠 속을 쫓아나와 등 뒤를 찌를 것 같기도 하고, 머리를 푼 원귀가 입에 칼을 물고 와 머리카락을 쥐고 끌어갈 것 같이 하여 머리끝이 주빗쭈빗 하늘로 치켜드는 것 같은 기분이었다. 바로 그때였다. 윤섭의 바로 코 앞에서 크게 한번 홰를 치며 산새란 놈이 산으로 달아났다.

사실이라면, 사실을 사실대로 얘기했을 뿐인 것을 내가 공연히 답례를 암시하는 거래 행위로 오해한 것은 아닐까? 꼭 좀 태워 가라고 부탁을 하겠다던 헌병의 말은 사실이었을까? 운전수들에게 초소 헌병의 말이 얼마나 영향력이 있을까는 별문제로 치더라도 그런 친절까지 베풀 수 있는 사람이었다면 그의 말대로 나는 빠르고 편히 올 수 있는 길을 스스로 버린 미련한 사람임에 틀림 없겠구나……〉

– 윤섭이가 이런 생각을 하고 앉았는데 갑자기 산마루가 환히 밝아지면서 또 한 대의 찻소리가 들려 왔다.

그는 자리를 털고 일어나 길을 지키고 섰다가 찔차가 자기 앞을 지날 때 애원에 가깝도록 손을 흔들었다. 그러나 짚차는 매몰스럽게도 그의 앞을 통과해 버리고 말았다. 미경과 그 아버지를 빨리 만나고 싶은 그의 심정은 또 한번 좌절된 것이었다. 총이라도 있으면 쏘아버리고 싶을 정도로 운전수가 밉고 괘씸했다. 그는 인정에 대한 기대를 단념하고 신작로를 왼쪽으로 밀어 두고 지름길로 내려왔다. 어느덧 동편 하늘엔 열 아흐레 이즈러진 하현달이 삐쭘히 올라와 있었다. 내림길이라서 사뭇, 미끄럽고 다리가 떨려 아까 재를 오를 때보다 더 조심스러웠으나 무서운 생각만은 한결 가셔졌다.

산길을 내려가자 달빛이 평탄한 길 위에 비추고 있어 윤섭의 걸음걸이는 한결 가볍고 빨라졌다. 윤섭은 어디선가 〈솔베지〉의 노래라도 들릴 것 같은 가분을 느끼면서 옛날 이 길을 같이 걷던 미경이 생각을 하고 있었다.

윤섭이가 지금은 직장을 따라 홀로 계신 어머님을 모시고 시(市)에 나와 살지만 윤섭의 고향 역시 범마을이었다.

고등학교에 다닐 때는 윤섭과 미경은 각기 시(市)에 자리잡은 남녀 고등학교에 다니는 하숙생들이었다.

한 학년 아래인 미경이가 숙제물을 가지고 자주 윤섭의 집을 찾아 오기도 했었고 토요일이면 둘이 같이 지금 윤섭이가 걷고 있는 이 길로 하여 으레 걷기를 즐겼었다.

표면적인 이유는 미경이가 제안한 대로 교통비를 절약하여 책을 사자는 것이었지만 사실은 둘만의 시간을 가지고 싶은 똑 같은 소망으로 인하여 소문이 시끄럽게 될 때까지 그대로 지속될 수가 있었던 것이다.

윤섭은 지금 옛날의 그 길을 걸으면서 그리고 그 옆에 있는 잔디밭과 정자나무와 언덕을 지나면서 미경이와의 추억과 대화들을 더듬어 보며 작은 재를 향해 걸어 가고 있었다. 작은재 위에는 그 때 허물어진 한 폐가(廢家)가 있었는데 윤섭이가 고등 학교 삼학년이 던 어느 여름날―― 그 날은 분명 방학을 하고 고향으로 돌아가던 날이었었다.

윤섭이가 미경을 데리고 교외 원두막을 들렸다가 재를 넘을 때만 해도 탐스러운 뭉게구름이 서녁 위를 아름답게 수놓고 있었을 뿐 하늘은 말갛게 개였었다.

그러던 것이 서남쪽으로부터 검은 구름이 일고 바람이 불기 시작하더니 윤섭과 미경이가 작은재에 이르렀을 때는 시커먼 구름이 하늘을 뒤덮고 재 아래로 바라뵈는 바다 빛이 어수선하다 싶더니 작은재 중턱에 이르자 연해 장대같은 비가 쏟아지기 시작했다.

윤섭은 급히 미경의 손목을 잡아 쥐고 재 위에 있는 허물어져 가는 폐가로 달려 들어갔다.

말이 집이지 돌담으로 쌓은 단간인데 문짝도 날아가고 벽지도 붙어 있지 않은 짐승의 우리같은 움막이였지만 우선 비가 새지 않는다는 것이 무엇보다 다행한 것이였다.

윤섭이와 미경이는 이 허물어져 가는 폐가에서 억수같이 쏟아지는 비를 피해서 가기로 했다.

산 중턱에서 재를 오르기까지 불과 몇분 동안이었지

만 그들의 옷은 흠뻑 젖어서 윤섭은 비에 젖은 미경의 앞 모습을 보기가 민망할 정도였다.

『미경 미안해.』

『뭐가?』

『원두막에서 놀다 가자고 내가 재안을 안 했다던지 금쯤 집에 가 있을 거 아냐?』

『천만에, 내일 또 그런 시간이 있다면, 난 한번 더 비를 맞아도 좋을 것 같애.』

둘은 비에 젖은, 서로를 쳐다 보며 웃었다. 그리고는 한 동안 말이 없었다. 윤섭은 몸을 움직일 때마다 비에 젖은 옷이 불쾌해 옴을 느끼면서 추위에 떨고 있는 미경의 표정을 살펴 봤다.

발 그레하던 미경의 입술이 파르라니 변해졌고, 조금 전까지의 명랑하던 표정과는 달리 그칠 줄 모르고 퍼 붓는 빗줄기를 바라보는 그 눈매엔 근심스런 그늘이 확연했다.

『윤섭, 어떻하지?』

『뭐를』

『계속 비가 그치지 않으면 말이야.』

『……』

『어떻하면 좋으냐도, 왜 말이 없어?』

『미경이, 어떻하면 좋지?』

(72)

『바보, 내가 먼저 물었잖아? 대답해 봐요.』
『폭우 속에 이십 리를 걸어 가재도 안 됐고, 그렇다고……』
『그렇다고 또 뭐야?』
미경이가 다잡아 물었다.
『그렇다고…… 정말 골친데……?』
윤섭은 뚫어져라 쳐다 보는 미경의 시선을 피하면서 머리를 긁적거리고 있었다.
『윤섭은 꼭 바보 같애. 윤섭이 남자니까 내가 묻는 거 아냐? 여자 하나 쯤 다스릴 결단과 의지를 보여 줘요. 나는 윤섭을 믿고, 이래도 저래도 할 수 있을 것 같애.』
『좋아 그럼, 날씨를 좀 더 살펴서 결정은 조금 후에 내리기로 하고 우선 앉아서 쉬자.』
둘은 흙바닥에 종이와 손수건을 깔고선 양손으로 턱을 괴고 앉았다.
비는 그치기는 커녕 뇌성벽력이 점점 더해 가는 속에서 기어이 날은 저물어 오고 있었다. 윤섭과 미경의 표정은 다 같이 침통했다.
『미경!』
『응?』

『이제 내가 결정을 내린다.』
『어떻게?』
『비를 피해 여기서 밤을 지내기로 말이야.』
미경이는 윤섭의 결정을 듣는 순간 고개를 들고 말했다.
『윤섭, 단 한 가지 조건이 있어.』
『무슨 조건?』
『윤섭이도 여자인 나를 지켜 주는 기사가 되어야 하는 거야.』
『그거면 좋아. 그런데, 나도 기사가 되어 주는 한 가지 조건이 있다.』
『어떤 조건인데?』
『뒷날 꼭 내 아내가 되어야 한다는 거야.』
미경은 윤섭의 발갛게 상기된 얼굴을 바라 보며 고개를 끄덕였다.
윤섭은 상의를 벗어 오들오들 떨고 앉아 있는 미경의 어깨 위를 덮어 주었다.
『윤섭! 산 속에 허물어진 집, 이런 곳엔 도깨비가 산다던데?……』
『그래 사실은 도깨비가 날 만도 해.』
『정말 밤이 되면서부터 무서워.』
『미경이 곁에 이렇게 기사가 지켜 섰는데도?』

『그래도 무서운 걸.』

『……』

윤섭은 뭔가 생각하고 있더니 불쑥 말했다.

『미경이 내가 무섭지 않게 해 줄까?』

『그래 해 봐.』

『일어서서 눈을 감아야 처방을 할 수 있다.』

『캄캄한 칠야 속이라 눈은 감으나 뜨나 마찬가지 아냐?』

『그래도 처방의 순서가 그렇지 않아.』

『정말?』

미경이는 일어서서 눈을 감았다.

윤섭이가 미경이의 어깨에 손을 얹고 살그머니 미경의 입술 위에 입술을 갖다 대었다. 그리고는 말했다.

『그래도 무서워?』

『어머! 엉터리야.』

미경이는 눈을 한번 흘기고는 윤섭의 어깨를 떠 밀었다. 그리고는 둘이 함께 소리내어 웃었다. 밤은 쏟아지는 빗속에서 깊어져 가고 미경이와 윤섭의 이야기도 무르익어 갔다.

『미경! 옛날 이 집 주인들은 어떤 사람이었을까?』

『글쎄, 사랑을 위해 세상을 등진 젊은 두 애인?』

『그럼, 왜 그들이 이 집을 버렸을까?』

『그건 사랑만으로는 살아갈 수 없는 거니까 보다 성실한 내일을 위해 같이 손맞잡고 다시 세상으로 나갔을 거야. 그래야 더 축복받는 사랑으로 피어날 거 아냐? 윤섭, 우린 그렇게만 생각해.』

미경이가 하품을 거두면서 말했다.

윤섭은 미경이의 발음이 졸음이 겨워 점점 흐려오다 생각했더니 이윽고 미경의 머리가 눌리는 부드럽고 싸늘한 감촉이 그의 어깨 위에 느껴졌다. 윤섭은 미경이가 잠이 깊이 들 때까지 그대로 앉았다가 그의 무릎 위에 곱게 눕혔다.

비는 이미 그치고 사방이 죽은 듯 고요해지자 미경의 말대로 도깨비가 나올 것 같은 두려움 같은 것으로 하여 몇 번이나 침을 삼키면서 밤을 지키고 있었다.

윤섭이가 스스로의 과거를 여기까지 회상하게 되었을 때 그는 벌써 작은 재를 오르고 있을 때였다. 달밤에 비친 소나무들의 그림자들이 바람에 일렁일 때마다 정말 도깨비들이 꿈틀거리는 듯한 음침하고 산란한 기분을 느끼면서 산중턱을 오르고 있을 때였다. 바로 그때 바람에 나부끼는 듯한 허연 물체가 유령처럼 재를 넘어 내려오고 있는 것이었다. 윤섭은 전신에 소름이 끼치고 뼈마디가 저려오는 기분을 느끼면서 그 자리에 멈칫 서 버렸다. 다리가 후들후들 떨리고 등 뒤를 타 내리는 식은 땀의 감촉이 마치 벌레가 기는 듯이 스물거리는 것이었다.

다음 순간 무엇에 밀리듯 산 언덕을 내려 오던 그 유령 같은 물체도 우뚝 정지해 버리는 것이었다. 숨막히는 짧은 시간이 그대로 멎어 있는 듯했다. 윤섭은 숨을 한번 크게 들이 쉬고는 소리쳤다.

『누구요?』

『으흠!』

분명 사람의 목소리였다.

윤섭이도 유령같은 사람도 같이 걸음을 옮겼다. 점점 둘의 간격이 좁혀졌다. 유령같은 것이 윤섭의 눈에도 사람의 윤곽으로 틀이 잡혀 왔다. 그는 두루마기를 입은 한복 차림의 키가 큰 중년이었다.

둘은 외롭고 무서운 밤길에서 같은 사람을 만났는데도 반갑기는 커녕 짐승을 만난 것보다 더 두려운 생각을 금할 수가 없었다.

윤섭이, 한복차림과 서로 엇갈릴 때 길가를 밟아 서로가 비켜 갔지만 굴속을 들어설 때 느끼는 것 이상의 싸늘한 살기 같은 것이 스쳐갔다.

윤섭은 뒤돌아 보지않고 단숨에 작은재를 올라갔다.

작은재—

미경과 같이 밤을 지냈던 폐가는 간곳 없고 그만큼 더 길이 넓혀져 있을 뿐이었다.

한 해에 한두 번은 버스로 범마을을 다녀온 일이 있었다. 그 날 밤 이 길을 걸으며 이곳을 살핀 것은 꼭 육년 만이었다. 그 날 밤, 폐가에서 느낀 미경의 달콤한 입술이 그리워 방학 한 달 밤을 자주 만난 것이 소문으로 퍼지면서 미경과의 연애는 많은 제약을 받지 않을 수가 없었다.

미경 아버지의 책망을 들었고 여러 마을 사람들로부터 손가락질을 당했다.

『너 이놈! 내 앞에는 다시는 나타나지 말아라!』

『저 애는 공부는 않고 미경이와 연애만 한다면서?』

이런 말들이 아직도 귀에 쟁쟁히 들리는 듯한 그런 범마을을 찾아 지금 윤섭은 밤길을 걷고 있는 것이었다.

작은재를 통과한 지금부터는 계속 신작로로 된 한길이다. 그는 술병을 가슴에 안고 뛰어가기 시작했다. 바로 그때 또 한 대의 차가 강렬한 해드라이트를 비추면서 쫓아오고 있었지만 그는 뒤돌아 보지도 않았다.

사람—— 그 중에서도 모르는 사람을 어두움 속에서 만날 때 그것이 반가움이 되기는 커녕 오히려 두려움을 주먼 것임을 윤섭 자신이 절실히 느꼈기 때문이었다.
　〈아무도 없는 이 한적한 산 기슭에서 내가 손을 든다. 유령같은 물체에서 받은 그런 싸늘한 살기를 운전수가 내게서 느낀다면 나를 어떻게 할까? 핸들의 방향을 바꾸어 나를 쓸어뜨리고 달아난다면 그건 완전 범죄가 될 수도 있는 거 아닐까?〉

　이런 비약하는 상념이 윤섭의 머리를 스쳐 가고 있었다. 인간이 사회생활 과정에서 외로울 때나 어려울 때마다 동료와 사람을 원하면서 또 때로는 스스로 사람을 경계하고 두려워하지 않을 수 없는 이율배반적인 이 모순을 좀처럼 이해할 수가 없었다.
　〈인간은 모두가 동료를 원하면서 서로를 불신하는 관념들 때문에 모두가 외롭게 살아가는가 보다.〉
　윤섭의 생각이 여기까지 이르렀을 때 요란한 크락숀 소리를 울리면서 「시발」한 대가 윤섭의 뒤에 와서 멎는다.
　「젊은 양반!」
　차 안에서 부르는 소리가 났다.
　윤섭은 뒤를 돌아 보았으나, 헤트라이트의 눈부신 빛으로 인하여 아무 것도 보이지 않았다. 윤섭은 왼손을 들어 빛을 막는 시늉을 했다. 차는 다시 시동을 걸어 움직이기 시작했다. 윤섭은 싱거운 운전수도 다 있구나, 생각하면서 그대로 앞을 보고 걸으려니 이번에도 윤섭의 바로 옆에 멎으면서 차가
　「젊은 양반 아직 여기밖에 못 왔구려!」
　「……」
　「나요, 나. 빨리 올라 타시오.」
　윤섭은 택시 위에 걸터 앉았다. 낮에 윤섭을 검문소까지 태워 준 그 운전수였다.
　「아! 아저씨였읍니까? 어쩐 일입니까?」
　「나도 범마을까지 가는 길이요. 급한 환자를 실으러 가는 길입니다.」
　「무슨 환잡데요?」
　「범마을 지서에서 전 경비 전화를 경찰서가 중계를 해 온 대절이라 자세히는 모르겠오마는 음독환자가 생긴 모양이오.」
　「왕복 시간이 많이 걸려 빨리 서둘러도 재미 없는 거 아니겠읍니까?」
　「시골 의사가 응급 치료를 해 둔 모양이긴 하지만 하긴 나도 나오질 않았을 텐데, 당신이 마음에 걸려 나왔읍니다.」
　「저가 마음에 걸린다니요?」
　「차를 조금더 연장운행해서라도 버스를 붙잡아 주었어야 옳았을 것을, 어디 돈벌이에 인색해서 그럴 수

가 있었어야지。』

『별 말씀을 다 하십니다。』

『사실 나도 당신 같은 동생이 있는데 매정스럽게 내려 두고 올 때는 마음이 언짢았오。』

『고맙습니다, 아저씨。』

어느덧 차가 범마을 지서 앞에 닿았다。

『아저씨 정말 감사합니다。이 술이라도 가져 가셨다가 주무시기 전에 드시지요。』

『에키 여보쇼。 끝까지 나를 직업 의식에 붙들어 맬 생각이오?』

그는 윤섭을 차 도어 밖으로 쫓아 내다 시피 떠밀었다。 순경 한 사람이 쫓아나왔다。

『환자는 어디요?』

『저편 맞은 편에 보이는 병원이요』

순경이 소리쳤다。 차를 돌리어 병원 쪽으로 가는 운전수를 향해 윤섭은 머리를 숙였다。 운전수도 손을 흔들어 보였다。

윤섭은 발길을 돌려 미경이 집쪽을 향했다。

그의 눈앞에는 운전수와 헌병과 한복차림의 모습들이 차례로 스쳐갔다。 운전수도 고마왔고, 헌병 아저씨도 친절했는데 나는 왜 같은 사람인 한복차림을 무서워했을까? 사람을 경계하기 보다 믿고 한번 살아 볼

일이다—이런 생각을 하면서 먼 사무소 앞을 지나려니 한 무리의 사람들이 왁지끈한다。

『아니야, 미경이가 윤섭을 사랑하는 것처럼 윤섭이도 미경을 아끼고 있대。 오로지 그 벽창호 같은 미경 아버지 때문이야。 도매상 주인집 아들과 부쩍 혼사를 서둔건 동네가 다 아는 일이지 않아?』

사십대의 축축히 젖은 여인의 말소리가 윤섭의 귀에 와서 울린다。

〈지독히도 할 일 없는 사람들도 많군! 남의 말하기가 그렇게도 좋을까?〉

윤섭은 얼른 그곳을 지나쳤다。

미경의 집이 가까와 지면서 가슴에 맺힌 지난날의 말들이 되뇌여 왔다。

『여자 하나쯤 다스릴 결단과 의지를 보여 줘요。 나는 윤섭을 믿고 이래도 저래도 할 수 있을 것 같애』

『윤섭은 공부는 않고 미경이와 연애만 한다면서?』

『너 이놈 내 앞에 다시는 나타나지 말아라!』

『저는 지금 아버지를 원망하기 보다 냉혹한 현실을 저주하고 있어요。』

윤섭의 눈앞에는 미경과 미경 아버지와 마을 사람들의 모습이 선히 떠 오르면서 또 운전수와 헌병과 한복차림의 모습이 그 위에 겹친다。 그때 그는 미경과의

연애도 어쩜 밤길처럼 힘하여 많은 우여곡절을 겪고 난 다음에야 귀착점에 닿을 수 있을지도 모르겠다는 생각을 했다.

이윽고 그는 미경이 집앞에 이르렀다.

미경이 엄마 방에만 불이 켜 있을 뿐 어쩐지 온 집 안이 침울한 공기에 젖어 있는 것 같았다. 그는 이상한 예감에 가슴이 울렁거리기 시작했다.

그는 숨을 한번 내 쉬고는 대문을 두드렸다.

『미경이!』

『미경이 어머니!』

아무 대답이 없었다.

『미경이 어머님 안 계십니까?』

그제서야 방문 여는 소리가 나더니 이윽고 대문을 밀치는 소리가 나더니 어떤 낯선 아주머니가 고개를 내민다.

『누구요?』

『네, 저—— 윤섭이라 합니다만 미경이 어머니 안 계십니까?』

『윤섭이라는 사람이라고요? 조금 더 일찍 왔으면 탈이 없었을런지…… 쯧쯧…… 미경이 때문에 병원엘 갔답니다.』

『아니, 미경이 때문이라뇨?』

『병원으로 가 보구료. 미경이가 약을 먹었대요. 약을 로 쫓아 갔다.

그 순간 그는 손에 쥔 것을 그대로 팽개치고 병원으로 쫓아 갔다.

낯선 아주머니는 연신 혀를 차면서 대문 앞에서 깨어진 술병의 유리조각을 치우고 있었다. 〈끝〉

『예! 미경이가요?』

〈이 作品은 昨日에 『어떤 밤길』이란 題名으로 發表한 作品을 改題한 것임.〉

季刊文藝誌

文 學 時 代

文學時代社 刊

俗物傳
―― 어느 迷兒의 日記 ――

廉基瑢

――아가의 이름은 욱이라 하였다. 벚꽃이 하늘을 뒤덮고 있었다. 새카만 나무등걸에서 피어올랐다고 하기보다 구름을 이어 온 하늘에 맞닿아 있다. 어디까지가 구름이고 어디서부터 벚꽃인지를 모르게 이는 꽃구름이었다. 한쪽 손을 엄마에게 끌린채 위로 향한 아가의 고개는 빽빽하게 밀채이는 사람들의·숲에서 밀로 내려오지 않았다. 하찮을 그렇게 아가는 자꾸만 앞으로 밀려가고 있었다. 엄마 손으로 밀려나가다가 엄마 손이 잡혔던 바른 팔이 우당으로 만든 짓께에 걸려와 있었다. 아가는 엄마의 얼굴을 올려다 보고 있다. 벚꽃처럼이나 상기한 엄마의 얼굴이 내려다 보고 야할 쯤에 남자 어른의 큰 키가 혼들리고 그 위로 아득하니 꽃구름이 피어오르고…… 아가는 그 붉은 구름이 무서웠다. 울음을 터뜨렸다.
아가는 길을 잃었다. 어른은 이런 아가를 미아라고 부른다. 아가는 이름을 잃어버린 것이다.

신문이 그렇고 귀에 들리는 방송이 시끄럽고 다방구석에서 주절대는 얘기소리 모두가 너절하고 무엇하나 새롭게 해주는게 없었다. 합승을 타면 어떻고 버스를 타서 대수로울 것도 아닌 그렇다고 해서 야단날 일도 아닌 그런 하루 하루가 일정한 스피드로 그를 지나치고 있다. 눈에 들어오는 것 모두가 덤덤하고 그저 먼지처럼 뿌옇게 느껴질 다름이다. 하여간 그토록 지겨운 속으로 그가 빠져버렸다는 것을 아침 저녁 약간씩 어슬한 바람결에서 더욱 실감하는 것이다.
—안녕하십니까. 요즘 잘 안보이더군요. 재미가 어떠십니까.
—예, 안녕하십니까.
의례적인 악수를, 그 미지근한 상대방의 체온이 손바닥 안에서 채 식어버리지 않아서 그 사람이 누구였던가를 알아내어야 할 부담도 없어졌다. 잘 알았던 사람이었던가 왔던 사람 혹은 그렇지 않은 어떤 사람이어도 반가 할건 없다. 단지 그런 시간이 겹쳐질 따름이다. 사원 초순의 봄볕은 눈에 보이는 것 모두를 그렇게 노곤한 빛깔로 바꾸어 놓고 있다. 그는 걷고 있다. 지나다니는 사람이 적은 길에서 많이 끓는 곳으로 향하고 있다.
—아저씨, 구두 닦으세요.
—라이타나 만년필 사시겠어요.
—꽃 사가세요.

다방들이 즐비하게 늘어선 번화가를 지나서 비좁은 사람틈을 비집고 시장안으로 걸어가고 있다. 눈이 부시게 진열된 스텐식기도 번쩍이지만 싱싱한 상치 잎사귀가 너훌거리는 것도 볼만 했다. 가지런히 살찐 미나리 줄기랑 머릿께가 발갛게 달아오른 갯마늘에 시장끼를 느꼈다. 뺨이 넘는 새우는 광우리 속에서도 풀떡이고 있다. 머리가 가려웠다. 북북 긁고나니 손톱 밑이 까맣게 때가 올랐다. 그 손을 얼른 잠바 포켓속에 어넣고 한길 쪽으로 발을 옮기려는 채 소쿠리를 담은 리어카가 앞길을 막았다. 건너다 보이는 산비탈이 빤히 맞보이는 쯤에서 목이 마르기 시작는다.
찬식(贊植)은 없었다. 집이 통 비어 있다. 네살잽이 딸을 앞세우고 찬식의 아내가 물을 길어 오는 것이다.
—그물 좀 주시렵니까?
—애 아빠 못 보셨어요? 이제 막 여기 계셨는데.
조금 있으려니 찬식이 물들인 사지즈봉 허리춤에다 두 손을 찌른채 곧목안서 스며왔다. 언제 보아도 그표정대로 벌쭘이 웃고 있는 것이다. 반쯤 타다 만 담배가 어설프게 짖어진 입사이에 물려 있다. 제멋대로 어진 판자 울안, 그 속에 영뎅이만 겨우 걸친만한 툇마루. 그 판자울 밑으로 수챗물이 길다랗게 회부연 색깔로 부걱부걱괴고, 방한칸에 아무렇게나 던져진 책장 위로 쏟아진 잉크자국, 양과점 포장지로 새로 바른 자그만 옷궤가 유독 방안을 밝혀주고 있다.

어부수한. 머리칼에 꺼칠한 구렛나룻이 결연한 찬식이 그대로의 생활을 언제봐도 깔축없이 던져주고 있는 것이다. 그리고 항시 저쪽의 얘기를 다 듣고 난 다음에야 겨우 잘 들었다는 정도의 말만 하는 찬식의 과묵은 그들을 사뭇 갑갑하게 했으나 이따금씩 여기로 찾아드는 것이다. 네식구의 틈바구니서 언제나 따분한 학교선생에서 벗어나지 못하고 맥빠진 눈빛, 그속에 꿈이라고는 담아보지도 못하는 차식이. 늘 삐뚜룸히 달혀진 입언저리가 못마땅했지만 사월들어 두번이나 그가 학교에서 돌아왔음직한 시간에 찾아왔다가 재깍 만나고 보면 이쪽의 모든 욕망이 지레 식어버리는 것이다. 그러나 오늘만은 다르다. 자기 아닌 딴 사람들이 벗어내는 모든 일에 관해서는 알아볼 여유도 없거니와 흥미가 없고 단지 나는 여기 이렇게 섰고 내게 말겨진 현실속에서만 충실하면 되겠다는 식의 위선을 꺾어버리려는 것이다.

— 아빠.
— 오, 이 아저씨? 아빠 친구야.
— 아빠 학교에 다니나?
— 아니, 아빠학교에 다니는게 아니구……

네살짜리 딸애의 대거리를 해주던 찬식이 그를 힐끗 건너다 본다.
— 실직자라고 그래.
빙긋이 웃으며 그가 거들어 주었다.
— 실직자가 뭐야? 응 아빠.
— 얘, 수옥아. 이리 들어오지 못 하겠니?
찬식아내가 애를 끌어냈다. 그는 담배에 불을 붙여 물며
— 어디 가서 막걸리나 한 사발 안 하겠어?
— 글쎄……
찬식은 바다쪽으로 멍하니 향한 얼굴을 돌리지 않았다. 그러나 생각보다는 수월하게
— 그럼 나가봐?
하며 방으로 들어갔다.
— 멀리 갈것두 아닌데 위에만 걸치구 나와.
훤히 내려다 뵈는 바다는 벌써 갯빛으로 물들고 호수처럼 아늑한 포구를 감싸쥔 크고 작은 산들이 이마쯤에만 석양을 받고 있다. 그들이 바닷가까지 나왔을 때 호수같은 수면에 던져진 구름 그림자는 다 걷히고 장갈은 수령으로 변하고 있었다. 늘어선 목노집들의 석유등잔서 뿜어내는 불빛이 일렁이는 꽂으로 떨어져 있을뿐.

—이거 무슨 애인끼리 나온것 같군. 작년 여름 낚시질에 나오고 갯가구경은 첨인데?
—능청도 꽤나 늘었군.
—어디 이런거 즐겁게 됐어? 너처럼 한가한 문화인이나 빠뜨릴수 없는 곳이지.

그는 찬식을 나란히 서있는 축대에서 밀어버리고 싶은 충동을 느꼈다. 수면은 잠잠하기만 했다. 이따금 바위틈에서 거품이 찰삭이고 있을뿐……. 도다리 회 몇 점을 앞에 놓고 찬식은 첫 잔을 비웠다. 희부연 유리 갓에서 뿜어내는 남포불빛이 좁은 판자울 안에 가득 하다. 바닷쪽으로 나있는 창에는 얇은 화도소리가 기어 오르고 그의 눈빛은 간간히 번쩍이고 있었다. 찬식은 맞은편에 비워둔 그의 잔에 막걸리를 따루면서
—그래 집에만 출창 틀어박혀 있어보니 심경에 새로 떠오르는 변화라두 있던가?
—변화 말인가. 그건 내가 되려 묻고싶은 것이야.
—직장이란 곳에 매일 나가고 있지만 월급장이 면 할 도리가 없는게 딱할 뿐이지. 나하고 직장하고는 혀 따로따로 생각하려니까 더 따분해져버리는 거지.

허지만 별수 있나. 한동안 숙연했다. 비닐종이로 얽어바른 창틀이 잦은 갯바람에 흔들릴때마다 등댓불이 섬벅인다.

허지만 먹고 사는것에다 내 모든것을 팔아버리지는 않았어. 철저한 속물로 전락해버리기엔 아직 젊다고 생각해. 넌 지금 네가 하고있는 일에 대해서도 확실히 말할 수 없는 상황속에 빠져있지 않으난 말이다.
—아내와 자식을 너와 함께 생존시킨다고 해서 네 모든 생활, 그것도 무력해빠진 것으로 전부가 해명되고 있는건 아니잖아. 그러고도 직장과 비위치가 따로따로 서있다고 큰 소리치고 있으니말야. 가령 네게 주어진 현실에 만족하고 있다고하자, 그건 철저한 네자신을 네속에서 추방시켜버린게 아냐. 그런 함정속에 갇축없이 빠져있으면서도 부정하려고 드는 안간힘은 쓰레기 같은 도피가 아닌가말야. 그 구질구질한 의식도 깨끗이 내버려.
—너 술이 많이 오른 모양이구나.

찬식의 다문 입술은 술잔을 기울일 때만 열리었다. 송판으로 아무렇게나 이어붙인 그의 앞자리에 막걸리가 지저분하게 퍼졌다. 둘은 밖으로 나왔다. 바다의 갯내를 맡을 수가 없었다.
—넌 아직 한번도 생활이란 걸 실감하지 않았어. 우선 먹고 입고 그리고 또 헤아릴수 없을 만큼 자잘한

일로 돈을 써야 하는 나날속에서 살아가야 하고 사내는, 그 돈을 모두 만들어내도록 강요받고 있다. 그러기 위해서는 정작 성을 내어야 할 때 가서는 못내 게되고 참을 수도 있는 일에 발끈발끈 이마가 뜨거워지는 거야. 한달만 내가 학교에 나가지를 않으면 식구들은 굶게 되어있다. 그꼴을 못본척 할 수야 없잖아.

―그래서 넌 내가 찾아가면 쭈빗쭈빗하고 막걸리 한잔 못 사는 것을 비굴하게 여겨야만 하고 또 그걸로 바깥세계와도 절연 되었다고 생각해?

찬식은 피우고 있던 담배를 질끈 밟으며

―그저 그렇게 살아가는 거지. 하여간 네알듯이 처음부터 훈장질이나 해먹고 살아가려는 생각은 아니었잖아. 내 꿈대로 살아가려고 했었는데…….

―난 지난날 내겐 꿈도 있었더니란 식의 추억만 빨아먹고 사는 그 태도가 매시껍단 말이다. 너두 꽹장히 저명해지기 위해 극기를 하고 있는 거니?

―분수대로 살겠다는 내 현실에 그 환각이 내게서 강요하지 마. 때로는 철저한 네 그 환각이 내게서 깡그리 외면당할 때두 있으니까.

―아무렇게 돼도 괜찮아. 네가 네 스스로를 향해서 결별하지 않기만 바랄 뿐이라네. 자 또 봄세.

판자촌이 있는 산밑 쪽으로 걸어가는 찬식의 휘청한 키가 번화가의 불빛에 가인 그림자를 밟고 간다. 그는 저 그림자, 그 걸음새가 외로운 것일 수 밖에 없다고 단정했다. 아무리 그가 건전한 상식을 마시고 산다고 쳐도…….

담배가게 앞에서 호주머니를 뒤졌다. 백원짜리 한장과 십원짜리. 지전 서너장이 집혀나오고 그사이 끼인 열쇠가 있었다. 현자(賢子)네 방 열쇠.

방문을 열고 스윗치를 올렸다. 화장대 자개의 농대 모두가 조용히 제자리를 잡고 있다. 옷을 벗지도 않고 풀석 침대에 몸을 던졌다.

눈이 부셨다. 그리고 목이 말랐다. 물컵을 하나 가득 비웠다. 화장대 위 사발시계가 열한시 사십분. 현자는 아직 들어오지 않았다. 잠바만 벗어던지고 그대로 다시 잠에 빠졌다.

그가 다시 눈이 뜨였다. 아랫도리말고는 옷이 왼통 벗겨져 있었고 현자의 둔부가 큰 부피로 이쪽을 향하고 돌아누워 있다.

―들어와서 잘려면 문을 잠그구 불이라두 꺼어야지. 잠에 취해 중얼거리는 현자는 하품을 빼문다. 그 입술을 덮쳤다. 그리고 진창 한바탕 씨근댔다. 온 가슴 팍으로 땀이 끈적였다. 아무렇게나 내 던져진 팔이 더

걸어졌다.

—다 했어? 시시하게 혼자만 끝내버리구…… 일루 와아.

긴 머리채를 헝클어뜨리고 반쯤 감은 눈이 끈질기게 그를 빨아들인다. 현자에게 짓눌려 엎드린채로 담배 한 알을 깨물었다.

—일어나. 저리 비키래두.

그를 걷어찬 앉은채 성냥을 그어주었다. 후줄구레한 머리를 가눌수가 없다.

현자는 그중세대로 골머리가 지끈지끈한 것이다. 침대에서 일어나 커텐을 젖혔다. 막혔던 물이라도 뚫린듯 햇빛이 반쯤 옮긴 커텐 사이로 좌악 쏟아진다.

—싫어 싫어, 커텐 닫아.

얇은 이불을 적당히 휘갑은 알몸이 뒤채며 새하얀 손바닥을 창쪽으로 내밀었다.

—옷이나 줏어 입어.

—벌써 나가겠어? 깍쟁이 같으니.

잠에 취한 소리. 어쩌면 잠에 취한듯한 소리를 만들어내고 있는지도 모른다. 반쯤 거둔 커텐을 활짝 열어 재낀다. 그는 이미 잠바까지 다 껴입고 있었다. 화장대 옆에 놓인 의자에 걸터앉아 담배만 빨고 있다.

—커텐 닫구 일루 와. 어서……. 그쪽으로 두팔을 벌린 겨드랑이가 민듯했다. 있어야 할 모가 한오라기도 없다. 그리고 잘익은 복숭아 베빗듯 열심히 빨아대면 두 젖무덤도 아침별에 반쯤 버린 해바라기였다. 해바라기는 거기 둘만이 아니었 움직이는 둔부에 허히연 허벅지, 그리고 지금막 정으로 향해 미끈하게 엎쳐진 저 잔등 또 그밑 허리께 가운데 향해 바라기, 그 해바라기의 매시꺼운 누런 꽃닢이 뭉게져 흩어진 것이다. 현자란 이름같은건 아무래도 좋다. 음욕에 흠뻑잡긴 저 몸뚱아리를 지켜보아야 하는데 진력이 나버린 그의 아침이었다.

—빨리 옷 안 입어?

—갈테면 혼자 가아. 난 더 자야될꺼 아냐.

그는 의자에 벗어 걸친 현자의 속옷을 그녀의 몸뚱아리에 던졌다.

—왜 야단야, 왜. 갈테면 혼자 가지. 날 귀찮게 굴지말고 빨리 나가란 말야.

현자는 엎드린채로 담배를 피어 물었다. 큼지막하게 새카만 눈은 담배연기에 찔려 눈물이 고였다. 이불을 허리까지 끌어 올리고 그에게 시선을 꽂았다. 그는 현자의 깊은 눈을 응시한채 움직이지 않았다. 현자는 다시 원래의 표정을 싸악 거두었다. 전에 본수 없었던 허탈이 늘어진 머리칼속에 스머있었다. 그는 다시 빠졌다. 도어를 열고 걸어갔다. 다시 되돌아 들었다.

―그녀는 이쪽으로 돌아보지도 않고

―열쇠 의자위에 있어. 한 이틀 어디 좀 다녀가두 할테니 안 가져가두 좋아.

버스 합승은 죄 세우는 곳에서마다 꽉꽉 밀린다. 출근을 위해서

군이 온 거리거리 골목마다 깔려있다. 출근을 위해서 살고있는 이 부산한 아침의 행렬들 속에 그도 묻혀갈

고 있다. 후줄근한게 눈앞이 킹─하였다. 서류봉투를 겨

드랑이에 꼭 끼인 안경잡이 하나가 그의 앞으로 걸어 오다가 골목 어귀에서 멈춘다. 입에 담배를 물고 몇번

이나 그어대어도 당기지 못한 성냥개피를 또 그어댄다

그러드니 시계를 쳐다본다. 철국 입에 문 담배(그것도

피우다 꺼둔 것이었다)를 팍에다 야무지게 넣고 또 종

종걸음으로 지나간다. 그는 잠바 포켓에 손을 질렀다.

담배가 없다. 현자네 방에 두고나온 것이다.

그의 집앞에서 벨을 눌렸다. 아무도 나오질 않았다.

다시 두번 눌렸다. 식모아이 순이가 나온것은 한참 뒤 였다.

―문이 열려 있었는데요.

―그래? 아버지가 일찍 나가신게로군.

―일찍 나가셨다 이제 막 들어 오셨어요.

두어 걸음 뒤따라오던 순이가 다시

―목욕물 데울까요?

씽긋 웃고 있는 것이다. 그가 밖에서 자고 들어오는 다음날 아침이면 으레껀 비누하고 수건부터 찾았으니 까.

―그만 둬. 누가 묻거던 아직 안들어왔다고 그래.

―아침 밥도 안잡숫고요?

―그만 두라니까. 아무도 내방에 못들어 오게해.

응접실을 지나야 그의 방으로 들어갈수 있으니까 그

가 제방문을 열때까지 응접셋트에 묻혀 있는 아버지쪽 에서 멀뚱히 바라보는 시선을 뒤꼭지로 느꼈다. 아버

지는 아무 말이 없었다. 얌전히 갈아둔 이부자리에 풀

석 누었다. 멀뚱한 천정이 바로 눈위로 내려앉는것만

같다. 온몸이 물먹은 솜처럼 가라앉는다. 이불 속으로

몸을 반듯이 뉘었으나 잠이 오지 않는다. 창문께는 덧 문이 닫혀 있고 커텐은 열려 있다. 그쪽과 도어를 제하

고는 두루 벽이다. 그는 지금 꽉 막힌 잿빛속에 갇혀

버린 것이다. (정말 나는 바깥으로부터 밀려나온 것일

까. 난 아직 내손으로 연관들을 끊어버리지는 않았어.

내가 끊지 그쪽에서 날 끊을수는 없는 일이다. 아무리

똥쓰레기같은 상식이랑 거지같은 지식이 판을 치는 세

상이어도 난 분명히 내 뜻대로 살아가고 있는 것이다.

요며칠 전부터 난 왜 이 시간이면 꼭 이런걸 문제삼아야만 되는건가. 갑갑하다. 상자속에 갇혀버린 벌레처럼 숨이 막힌다. 어둡다. 왜 하필 이 시간이면 나를 둘러싼 모든 정황들에게서 제외되었다는 생각에 잡혀있어야만 하느냔 말이다.) 이부자리를 박차고 일어났다.

덧문을 활짝 열어젖혔다. 눈에 들어오는 모든 것이 집은 황색이다. 지붕, 지붕들 그리고 드문드문 늘어선 가로수는 죄다 노란 불꽃으로 일고 있다. 그 불꽃에서 개를 돌렸을 때 온통 방안이 깜깜했다. 비틀거리며 의자에 풀썩 주저앉을 수 밖에 없었다. 도무지 눈앞에 보이는 것은 어렴풋한 윤곽밖에 느낄 수 없었다. 바로 머리위에서 째깍거리는 자명종 소리가 점점 크게 귓속으로 박혀온다. 간헐적인 소리 하나 하나가 고막속에 그대로 와서 박혀버린다. 열시 사십분……

마감시간이 이십분. 남은 이 시간, 편집국 안은 소란스럽기 이를데 없는 것이다. 등뒤 주자부에서 활자 뽑는 소리, 각 데스크 앞에 놓인 전화통이 찌르릉대는 이 시간, 그는 책상위에 널부러진 원고를 간추려 공장으로 넘긴다. 남해안 자그마한 도시에 하나밖에 없는 지방신문사, 입사한지 1년 8개월의 편집기자. 언제 어느때 읽어도 그와 아무런 연관이 그어지지 않는 너절한 잔말투성이 기사. 몰아서 일단으로 깔아버려도

까올거 없는 원고지를 매일 오후 세시까지 주물럭거리고 있어야한다. 정작 그가 특호활자로 갈겨버린 기사는 대교정에서 빈번하게 뽑혀나가고 휴지통에까지 져서라도 엽기적인 사건은 크게 뽑아라고 치근덕거리는 국장은 항상 그에게 잡쳐대는 것이다.

——모든 사건은 단 한줄이라도 소홀히 다루어서는 안돼요. 사회현상을 신문이 외면하면 어디가서 찾아 보겠소. 항상 우리 3면 독자는 김기자의 편집태도를 주시하고 있으니까.

녹음이나 해둔듯이 이틀에 한번은 안경너머로 니코틴냄새를 풍기며 하는 얘기다. 언젠가 한번은 제뜻대로 신문을 만들어 보리라. 그것이 되지않고 수틀리는 일만 거듭되면 박차고 나올수도 있었다. 그래도 그는 신문사에서 하루도 자리를 비워서는 안될 것이라는 생각을 항시 지니고 있었다. 그자리를 그만두고 나온 뒤 그 신문을 집에서 훑어보면 더욱 그러했다. 역시 신문사를 일찍 그만두기를 잘했고 그가 꼭 해야만될 일은 아니었다는 점, 그가 할일은 따로 있었다는 생각 지금도 정작 해야만될 일과 그와는 서로 맞부딪치지 못하고 있다는 것이다.

점심을 먹고 응접실에 나왔다. 그새 밀린 신문을 뒤져었다. 그가 편집하던 P일보 사회면에 눈이 갔다.

꽃도둑 植物도둑
——市內 植物園 곳곳에서 꺾어가

하는 3단기사에 시선이 멎었다. 꽃도둑이라, 그거 재미있는 도둑이라고 6호활자를 읽어내렸다.

= 요즘 시내 두월동과 회산동 일대의 식물원에 소철 종려, 태산목등의 묘목을 밤새 몇백주씩 도난당하는가 하면 카네션, 춘국등 겹천송이씩 결단이 난다고 화훼업자 김천수씨(시내 회산동) 천영수씨(시내 두월동)등이 관계당국에 단속해줄것을 8일하오 요구해온 것이다.=

천영수(千永壽)라면 대학동기였고 어느 중학에 물상교사로 나가면서 식물을 가꾼다던 그 친구.
(그 얌전한 녀석이 꽃도둑을 만났소?)
커피잔을 입에서 떼자 곧 일어서려는데
—얘, 어딜 나가니? 너 요즘 보기 힘들구나. 나하고 얘기 좀 하자구나.
마침 현관문으로 들어서는 어머니와 마주쳤다. 언제나 동정이가 꼭 맞는 옥색저고리는 풀이 빳빳했다.
—글쎄 친구네 집에 도둑이 들었대요. 그집에 나가보고 올께요.
—엄만 늘상 이쁘셔. 꽃도둑이 개네 집에 들었대요. 환한 얼굴로 잠바를 어깨에 걸친채 현관으로 빠져나갔다.

—자식이 언제 철이 들려구.
어머니의 조용한 미소가 문간까지 따라 나왔다.
누렇게 위로 떠 있는 오후의 거리. 버스에서 내려 무던히도 시원하게 트이었고 크고 작은 건물들이 담장 너머로 땀이 베인다. 등어리로 넘나뵈는 목련이 턱턱 을 젖혀놓고 두월동 산밭치에까지 연탄재는 기를 쓰고 올라와 있다. 북적이며 연신 다툴듯이 비비고 사는 번화가 한복판과는 아주 쑤욱 올라와 살고 있는 영수를 만나보고 싶은 것이다. 그가 잠시 걸음을 멈추고 선 그 자리에서 영수네 사철나무 담장안까지 들어갈려면 보기만해도 숨이 차는 산허리로 거기엔 벌써 첫여름이 먼저와 기다리고 있었다. 한뼘 빈터도 마다하고 들어선 판자집 그리고 부리나케 얹은 스레트 지붕사이로 뚫린 골목길은 길게 산허리를 칼로 자르듯이 주욱 그어졌다. 시궁창 건덕지가 골목 한가운데서 잿빛으로 타고, 코끝으로 스미는 흙내음이 발 닿는대로 물씬거린다.
—여, 네가 어쩐일로 여기까지.
—뭐가 이렇게 높은곳에 붙어사니. 어디 찾아낼수가 있어야지. 전에도 한번 와 보기는 했지만.

―바로 저 위 아닌가. 같이 가지.

이웃에 갔다 온다는 영수를 만나 그의 식물원을 찾을 수 있었다.

―그런데 넌 뭐 도둑을 맞았다면서, 뭘 얼마나 잃었다고 법석을 떨었니?

―말 말게, 학교두 집어치구 땅이나 파서 나무나 가꿔볼려구 했던게 재수가 없을라니깐.

전에 보던 그 팔팔한 성미는 가셨고 좁은 이마가 새까맣게 그을렀어도 조그만게 오똑한 코는 여전했다.

마당 한귀퉁이 감나무에 쇠줄로 매달린 개가 입 냄새 다루는 손질은 잠시도 쉬지 않는다. 한눈아래 바레 들어내며 영열대고 마당 어귀에 심겨진 묘목을 곰상스는 황금빛으로 번쩍인다. 눈아래 굽어보이는 크고 작은 건물이며 우굴거리는 인파들쯤은 멀리 미루어둔 이들 태면 하나의 성(城)으로 되어있다.

―넌 세상 잡패들과는 어울리지 않아도 되는 성주란 말이지.

―글쎄 그 성주네 집에 도둑이 들었으니…….

―이게 종려나문데 5년동안 길른게 기껏 이정도지만 이걸 6백주나 밤새 훔쳐갔으니……. 거기 마루로 좀 올라 앉자구. 학교퇴직금이랑 그새 저축해둔 돈으로 저기 저 태산목하구 이쪽 연산홍을 길렀는데

삼분의 이나 몽탕 털려버렸으니 세상에 해먹을게 없어.

―말하자면 그것마저 도둑이 들어 초연할 수 없었단 이군.

담배를 피어물며 영수는 흙문은 손으로 코를 닦는다. 껴면 흙자국이 콧잔등을 그었다.

허긴 이쯤으로 자빠지지는 않아. 단지 시내로 내려가기싫은 놈에게 사건이 생겨서 귀찮은 것뿐이야. 내가 살길을 이것으로 작정한 이상 다시 월급에 목을 묶지는 않을거야. 저기 뒷산에도 이미 개간을 냈고 여기도 금잔디를 뿌려두었으니 이거 모두가 돈 아닌가.

―둘은 아주 좁은 둔덕길을 밟으며 넓직한 밭으로 올라섰다. 산을 뭉개어 깔아둔 곳에는 공지가 하나도 없다. 밋밋한 산비탈을 깎아질러 돌을 없애고 편편하게 일구어 놓은 밭만해도 이천평이 넘는다는 것이다.

―그래 잃어버린 종려를 뗏으루 메꿀 참인가.

―일루 와봐, 여기 하우스속에 춘국(春菊)이 방울을 맺았잖아. 여기서 잃은 만큼을 만회할 참이지.

비닐문을 열어보인다. 하우스마다 화끈화끈 열기가 끼쳐왔다. 감나무 그늘에 매달린 개가 그들을 보자 연신

벌건 입너멀을 드러내고 있다. 울타리로 무성한 사철나무는 두꺼운 별에 잎잎마다 자르르 기름이 흘렀다. 노리께한 햇살은 구토가 날만큼 권태롭다. 영수가 이끄는 대로 골목어구 막걸리 집으로 갔다. 갯가재랑 뱅어회가 거기까지 싱싱하게 올라와 있다. 영수는 막걸리에 사이다를 풀었다. 기품이 주전자 시울에까지 부글거렸다.

―어 시원하다. 동열(東烈)이 소식 들어봤나?
―아니 별루, 그친구 여태 시청에 있나? 요즘도 별난짓 한다던?
―주택계로 옮겼대. 그자식은 반날 사건을 놓구 혼자서 어쩔줄 모르고 싸돌아 다니거던. 그저께 여기 왔더군.

그는 빙긋이 웃으며 영수를 빤히 건너다 보았다.
―제보다 열살이나 더먹은 과부하구 붙었대. 살림을 시작한지 넉달이 넘었다나. 집에선 부모랑 마누라 등살도 그렇구 하여간 쩔쩔매는 꼬락서니 하군…….
―우범적인데가 있긴하지. 상식이구 질서구 마구 뭉게겠다는데는 좋았지. 허지만 제가 한짓에 회의를 느끼고 질질거리는 짓만 없어두 좋은데.
영수는 비뚤어진 웃음을 흘린다. 콧등에 땀이 송날 맺혀 있다.

―그래. 넌 요즘 집구석에 틀어앉아 도라두 닦고 있는거야? 작품은 안써?
―몇가지 정리를 너 해야되겠는데……. 도대체 뭐가 뭔지 정리가 안돼. 역시 뒤로 미뤄두어야겠어.
―자꾸 미루다간 어떻게 되는거 알지? 넌 신문편집엔 아주 적성이 맞았는데. 좀 더 기술을 익혀보지 않구.
―그게 전부일 수는 없어. 단지 내가 할 수 있느냐를 확인해본걸로 족했으니까.
―너 그럼 서울루 튈 생각인가?
―글쎄, 아직 그러고 싶은 생각은 없는데. 넌 이렇게 성주(城主)로 버티고 서있을 참인가? 이따금 시장으로 나가 사람구경이나 허구말야. 넌 그래두 저하게 탈속이나 해주기를 빌고싶어.
―갑자기 심각한 애길하니 술맛 떨어지겠다. 그렇다 치구 너 여가있는 동안이래두 자주 들려. 긴 갑갑한 녀석한텐 안성마춤이니까. 비닐 하우스관리를 배우고 싶다면 막걸리 안사줘두 돼.

그가 「동백비어홀」로 들어갔을 때는 길거리 아크릴 간판에 하얗게 전기가 와 있었다. 밑으로 갈아앉은 홀안은 벌써 어둑한 불빛을 구석구석 토해내고 있다. 하늘색 유니폼으로 갖춰입은 바걸들이 한 곳에 뭉쳐섰다 그가 들어서자 우루루 밀려온다. 제각기 번호표를 붙였으나 한틀에서 구어내것만 같은 여자들이다. 비어홀에서는 손님박스에 앉지않기로 되어있지만 그가 앉은 나머지 세외자를 다 채우고도 모자라 사뭇 지걸여댄다. 혼자서 그는 백주잔을 연거푸 비웠다. 담배불을 그어주는 28번의 긴 손톱밑에 때가 끼어있다. 냄새는 곧잘 멀리까지 풍기는 「타부」향수였다. 두어모금을 빨지못해 기침을 했다.

— 늬들 향수 딴걸루 바꿀수 없어?
— 별걸 다 갖구 야단이셔.
— 저기 현자언니 들어오시네. 언니 여기 손님 찾으셔요.

앉았던 셋이 다 일어났다. 현자는 옷을 갈아입지 않은채로 그냥 앉는다. 역시 「타부」향수에 해바라기 무늬의 원피스였다. 붉은 불빛에 온통 히히덕거리고 웃는 바라기로 뭉개져 이쪽으로 건너왔다.

— 나 옷 갈아입고 올께.

언제나 흔들리지 않고 잔잔한 눈매, 가지런한 결은 많은 것을 안으로 숨기면서 견딜수 없는 굴욕을 짓씹어가는 생활이란걸 느끼면서도 아직 그 오똑하면 서도 잘 자리잡힌 코의 균형때문에 그는 아직 물어보

지 못한 일이 많다. 지난 어느 겨울날 바닷가에서 처음 만난 뒤로 이 비어홀에서 두번째 만나고 부터 그녀의 방열쇠를 가지게 되었다.

— 향수가 너무 짙다구요? 이름이 맘에 들어서 사봤죠. 냄새따윈 그렇게 중요할게 아니었어요. 미신같은거라두 그게 맘에들고 갖고 싶으면 가져보는거죠. 나중에 그런걸 언제 있었더냐는 듯이 까맣게 잊어버릴 때가 와두 말예요.

그러면서 그에게 풍겨준 체취는 자신있는 무엇이건 제나름대로 움직이는 것이었다. 몇번이고 밤을 같이지 내고 그녀가 출근하는 오후시간까지 줄곧 현자의 방에서 시간을 보내도 별로 이렇다할 이야기는 하지 않는다. 어쩌다 그가 멀뚱한 눈으로 현자를 바라보고 섰으면 화장대 거울속에서 말끔히 닦은 현자의 얼굴은 해맑게 웃고 있는 것이다.

— 우린 서로 피곤하잖아요.

그리고는 슈미즈 멜빵이 하얗게 걸린 어깨위로 팔 랑이를 들어보인다. 있어야 할 액모가 없이 희멀건 겨드랑이를 보이고 현자는 키들키들 웃고있는 것이다.

— 그 팔 좀 못내려. 보기싫다잖아.

그는 당장 얼굴을 붉히며 버럭 소리를 지르는 것이 다. 현자는 목으로 끼익 웃음을 넣었다.

— 거기 그냥 제대로 두면 어때서 깎구야 단야. 그게 시커멓다구 술맛없다는 녀석이 있어?

— 이것두 나 나대로의 질서 아니겠어? 지나친 간섭은 안해두 돼, 어차피 난 남의 식성같은걸 보살피려구 이짓하는건 아니니까.

술군들이 꾸역꾸역 찾아들었다. 얘기도 않은 현자의 옆얼굴이 무척이나 매말랐다. 천정에 붙은 메리아가 빙글거린다. 꼽다랗게 팔을 내리고 앉은 현자의 겨드랑이가 궁금한 것이다.

— 나 저기 좀 가봐야겠어.

그녀 저쪽으로 가버리고 그는 혼자였다. 딴 번호의 여자들이 오지 않는다. 옆자리 말고는 거의 자리가 차있다. 맥주잔을 얼굴에 댄다. 몹시나 유리잔이 차겁다. 뒷덜미가 서늘하다. 신문사를 그만둔지 한달이 나고 처음 의식하는 호젓함이 었다. 더도 덜도 말고 상식(常識)의 법위에서 이탈해서는 안된다는 꽉 짜인 틀속에서 움직여야하는 것, 거기다 항시 모든걸 올 통해서만 얘기가 되고 일년에 한번쯤 일어나는 엽기적인 사건이라면 길길이 신이 나야만하고 깨알같은 활자 활자 그속에서 숫자로 짓눌리는 타락, 단 몇백원 이란 지폐로 우열을 강요하는 맹종. 샐러리의 노예근 성 그게 싫어서 그런 탁류속에서 해방된 것이다. 누렇

계 나붙은 신문계시판을 안보아서 한결 살것 같았다. 일체 끊어버리려고 작정한 바깥과의 절연이 그대로 이어지지를 못한 까닭이 무엇일까. 하루라도 누굴 만나지 않고는 못배기는거, 또 여기 이렇게 나와 앉는게 무엇 때문인지를 생각해보는 것이다. 아득히 잃어버린 재산이라도 되찾아만할 시간이다.

— 혼자서 술맛이 나세요? 무척 고독해 뵈는군요. 여자가 맞은편에 주저앉는다.

— 몇번이야.

— 7번요. 저하구 술을 마시면 재수가 좋을지 모르시잖아요. 혹시 여기서 기분 상한 일이래두 있으셔요?

그가 건네주는 맥주잔을 비우고 7번 아가씨는 딴자리로 옮겨앉았다.

— 아아, 아뭇소리 말라구. 그까짓 땅벌레 새끼들쯤은 아무것도 아냐. 청사진 대루가 아니라 그보다 훨씬 근사하게 만들어 놓을테니. 삐꺽 도어가 열리면서 왁자하는 소리다.

— 그저 권선생님만 믿습니다. 하두 요즘 세상엔 시에서 까다롭게 구는데다 그 청부업자란 놈이 말짱 날도적이라서.

한쪽은 혀 꼬부라진 소리라도 괄괄했고 짧은 목소리

(91)

는 나이 든 사내였다.

—야, 27번 어디 갔어. 27번 17번 일루 와라. 거룩하게 마셔볼 참야. 그까짓거 한달 안에 법원 등기까지 내가 맑혀줄 테니까. 이 좁은 시내 바닥에서 건축이라면 뭐든지 권동열(權東烈)이 한테만 거쳐가면 뒷탈이 없단 말야. 안그렇소? 조형.

—오셨어요? 많이 드세요.

현자가 동열이 옆에 앉았다.

—야 미스 27번 이거 오랫만인데, 이것 좀 보라구.

현자는 손을 집어다 제 안주머니로 끌어넣었다. 현자는 그가 앉은 쪽으로 시선을 보낸다. 그의 맞은편에 앉았던 여자가 동열이 앞으로 왔다.

—저쪽 자리 손님이 좀 오시라는데요.

—어디, 저게 누구야.

—아니 난 또 점잖게 보자는 어른이 누구신가 했지. 자아식, 언제 여기 와서 틈어백혔어. 자 한잔 하자구. 너 역시 들은대로 볼시두 타락했구나.

—그것두 신문쟁이 육감인가?

—신문소리 그만 뒤. 나 거기 집어쳤어.

—간 녀보다 더한 속물이 될 뻔했어. 야 27번 그 손님 잘 모셔.

—인젠 사람이 패가는구먼. 조형 많이 드슈.

내 그쪽으로 곧 갈테니

—여전하구군. 너 그럴듯한 소리 들리던데 그거 진짜야?

—쉬, 회계게 20만원사건? 그건 벌써 끝났어.

—그것 말구 과부와 좋아 지낸다며?

—네가 뭘 랐을리가 있나. 좀 복잡하게 됐어. 이런데서 지껄일 얘기는 아냐. 어디서 조용히 얘기하자구.

현자가 소세지 접시를 들고 이쪽으로 왔다.

—술 좀 작작 넣어두지.

그는 호주머니에서 열쇠를 끄집어내어

—이게 있는데 뭘.

—오늘은, 예약이 있어.

하며 어깨를 으쓱해 보인다. 다시 동열이네 박스로 건너갔다.

—너 말야 내일 오후 산호동 연립주택 공사장으로 나와. 요즘 오후엔 주욱 거기 있어. 거기서 정식으로 한잔 하면서 얘기 좀 하자구.

눈을 자주 껌벅이며 어딘가 우울한데를 감추지 못했다.

그는 비어 홀을 나왔다. 자동차들의 빛줄기를 따라 걸어가고 있지만 하여간 그렇게 걷고 있다는 생각뿐이었다. 찻길에서 골목길로 스며들었다. 지나치는 사람에게마다 목례라도 하고싶은 심정이다. 휘청거리는 두 다리는 쉬임없이 움직이고 있다. 그리고 혼자서 중얼거린다.

《내가 속물이다. 더 타락할 수 없이 철저하게 밑바닥에 주저앉았구나. 쓰레기 같이 무더기로 던져놓은 사물늘 속에서 나는 벗어나 있었는데—. 단지 지금은 어디를 딱이 가야할곳이 정해져있지 않다는것 뿐이지. 걸을·잃은 미아가 속물이라면 제스스로를 잊을만큼 나쁜놈들은 편가? 그저 그렇게 바쁜척하는거지. 사실은 그들과 엄청난 차이가 있으니까 그놈들이 속물이다. 난 속물이 아닌 무엇으로 남아 있을지도 모르지》

통금 싸이렌이 울고 있었다.

1968년 사월

正文書林	省文社馬山支社
權正煥	李光淵

(93)

文協重要日誌

1962. 7. 7
1968. 8. 31

1962년

文化人團合운동회

▲七月七日…文協馬山市支部創立總會 馬山商工會議所에서 (會員 一二名 支部長 李石)

▲七月七日…藝總馬山市支部創立總會 (支部長 趙斗南, 副支部長 金洙敎 李水洪)

▲七月二四日…文學및 學術강연회主催 (연사 徐廷柱, 趙演鉉, 金起東) 馬山商工會議所에서

▲七月二五日〜二九日…李善寬, 郭榮七 金靜子 詩畵展을 제일다방에서

▲八月一日…보리수다방에서 正午同人 제一회 作品發表會

▲八月二四日〜二八日…金洙敦, 裵相旭 詩畵展을 外交俱樂部에서

▲一〇月二六日〜三〇日…李石, 李祭夏 詩畵展을 銀河水다방에서

▲一一月四日…馬山女高에서 第一回 藝術座담회 개최

1963년

▲一月一日…金鳳龍 長篇抒事詩『人間曲』을 馬山日報에 연재시작

▲二月一日…尹石重·金廷漢 地方遊說및 좌담회개최

▲三月一一日…白痴同人 제一六회 文學글詩白日場大會및 文學의 밤 개최

▲三月一五日…藝總주최 三·一五기념한의 밤을 美化堂 음악실에서 개최

▲三月二〇日…『馬大文學』제三輯 出刊

▲四月一二日…定期總會 (支部長 留任) 商工會議所에서

▲四月一八日…藝總臨時總會 (支部長 安允奉 副支部長 姜信律, 金海郞)

▲六月一日…馬山大學 開校 一七周年기념「文學의 밤」을 漢星會舘에서

▲六月二二日…吳相淳, 廉想涉및 作故文人 追悼「慶南文學의 밤」主催 漢星會舘에서

▲七月七日…藝總창립 一주년 紀念파티를 콜럼비아 다방서

▲八月二○日…藝總주최 一八회 光復節경축文化祭 三·一五회관에서

▲九月二二日…女苑社주최 地方순회 文學강연회 (연사 朴景利, 朴基媛, 許근旭) 성호국민학교 강당

▲一一月八日…제九회 馬山綜合文化祭한글詩白日場 및 文學의 밤 개최

▲一二月七日…제二회 慶南道文化賞 金

一九六四年

「文學의 밤」을 마치고 — 64年

▲ 一月五日…馬大學報社 主催 「馬大문학」을 위한 간담회를 銀河水다방에서

▲ 一月六日…鄭鎭業 中篇小說 『原始의 太陽』을 馬山日報에 연재

▲ 一月一五日~二三日…新修正同人會 주최 岸裸林詩畵展을 銀河水다방에서

▲ 三月六日…定期총회 (支部長 金洙敦, 副支部長 李光碩)

▲ 三月二七日…文協임시총회에서 分科別 연구발표등을 결정

▲ 四月一八日…文協詩 時調分科委 세미나 (外交구락부에서 創作 六篇을 발표)

▲ 五月一三日~一九日…金鳳龍, 朴生光 詩畵展을 外交구락부에서

▲ 五月一九日…白痴同人 卜在식 「씨死亡」

▲ 五月一九日…한글白日場大會주관, 문학의 밤 개최 (大光예식장에서)

▲ 五月一九日~二五日…鄭鎭業, 南基燮 詩畵展 新新다방에서

▲ 六月七日…문협야유회를 熊東溪谷에서 가짐

▲ 六月八日부터 七月六日까지 문협 「문예살롱」放送 (HLKD)

▲ 六月二七日…문협 小說分科委 세미나

▲ 七月一五日~八月二五日…문협 七~八월「문예살롱」放送 (HLKD)

▲ 九月四日~六日…상남국민교아동 동시화전을 한성다방에서

▲ 一〇月九日…한글반포 五一八돌기념한 글詩白日場大會 주최 於 완월폭포

▲ 一〇月二二日…반성열詩畵展 제일다방 서개최

▲ 一〇月二三日~一一月一日…高眞淑 宋惠秀 詩畵展 於 제일다방

▲ 一一月八日…月例세미나 개최, 아동문학분과 (창작 三篇) 於 外交

▲ 一二月一日~六日…第二回 馬山大學詩畵展 (馬山大문학회주최) 於 신신다방

▲ 一二月一六日~二三일…曹永觀, 陳鍾滿 詩畵展 於 鐘다방

▲ 一二月二三日…馬山大주최 第一回 영남男女高校生 현상문예콩쿨 시상식

▲ 一二月九日…馬山日報社 주최 同祝賀會를 外交구락부에서

▲ 一二月二一日…제일다방에서 新修正同人 제一회 문학의 밤

▲ 一二月三〇日부터 銀河水다방에서 馬大詩畵展 개최

<문예 강연을 마치고>

▲一九六五년

△三月一二日…定期總會 (支部長 林永暢 副支部長 金敎漢) 於 外交
△四月三〇日~五月六日…徐正金 詩畵展 於 漢星茶房
△四月二六日~五月二日…李光碩 제三회 素描展 (그림 李永洪) 於 일신다방
△五月三日~五月九日…金洙暎·吳芝山 詩畵展 於 신신다방
△五月二九日~六月二日…徐伐、吳式完 時調展 신신다방
△九月九日…高眞淑詩集 『꿈에서 깨 내 이야기』 出版紀念會를 돌체다방에서
△一〇月二〇日…臨時總會 (支部長 金敎漢 副支部長 曺秉武) 청다방
△一〇月二二日…第一回 大馬山港都祭于 글시白日場大會 주관 추산공원
△一一月二一日…문학의 밤 한성회관
△一一月二八日~一二月四日…眞眞會서 시화전 개최 漢星회관
△一二月三一日~一月一一日…高和錫 鄭龍 시화전 (白夜、제일)

▲一九六六년

△一月一五日…李石 시집 『南大門』 刊行
△一月二三日~三一日…金春洙、南基燮 詩畵展을 제일다방에서
△三月二〇日…定期總會 (支部長 金敎漢 副支部長 曺秉武) 外交
△四月一四日~一八日…金奉佑、朴高玄 시화전 신신다방
△七月五日 支部長 花人 金洙暎시인 逝去
△七月七日 故 花人 金洙暎 문인葬

▲一九六七년

△三月一二日…定期총회 (支部長 鄭鎭業 副支部長 金敎漢、曺秉武) 제일다방
△六月一四日~二〇日…具王三 시사전 제일다방
△六月二〇日…時調同人誌『律』 三輯刊
△七月五日…馬大學生會 주최 故 시인 一周忌 『追悼문학의 밤』 개최 漢星會館
△七月五日~一一日…故 花人 金洙暎 遺作展 (美協、寫協서 협찬) 제일다방서

(96)

一九六八년

▲一○月二八日～三○日…第二回 馬山港 都祭 한글시白日場大會 주관 馬大교정
▲一○月二九日…문학의 밤 주관 한성회관
▲一一月八日～二○日…都光義、襄基俊 시화전 (友情 出品 高和錫) 사랑방다방
▲一二月二三日…鄭鎭業 第六回 慶南道 문화상 수상 祝賀會 예총이 主催 外交방
▲二月二三日…徐仁淑 수필집 『타오르는 촛불』 出版紀念會 主催, 喜다방
▲二月二八日…定期총회 (支部長 金敎漢 副支部長 李光碩) 外交서
▲三月二○日～二六일…朴奴石 詩畵展을 제일다방에서
▲五月一七日…「昌信의 밤」(李殷相、金容浩씨 來馬) 한성회관
▲六月五日…예총 임시총회 (支部長 安允奉 副支部長 李珍淳、襄德煥、李光碩) 비둘기다방
▲六月五日…現代문학사 馬山連絡委員會 구성 (代表 鄭鎭業)
▲六月一七日…예총주최 秋蒼影 시집 『五月한낮에』 出版紀念會 동성다방
▲六月二六日…第一女中高 주최 金芝연 現代문학지 小說薦了 (「山影」) 祝賀會 제일다방
▲七月九日…幹事會열고 「고향의 봄」노래비 建立을 決議 항원다방
▲七月九日～一三日…美協주최 故 金洙敦「追悼詩畵展」제일다방
▲七月一○日…馬大、文協주최 故 金洙敦「追悼文學의 밤」제일다방
▲七月一○日…藝總主管 金洙敦 詩碑건립발기인大會 제일다방
▲八月二日…李元壽 동요 「고향의 봄」노래碑建立推委결성 馬山商工會議所
▲八月五日…「律」時調文學 同人誌 四輯 刊行
▲八月三○日…會誌「文協」 編輯完了

歷代支部長團

在任期間	支部長	副支部長	事務局長
1962. 7. 7	李　　　石		李　光　碩
1963. 4. 12	李　　　石	李　光　碩	〃
1964. 3. 6	金　　洙　敦	金　敎　漢	염　기　용
1965. 3. 12	林　永　暢	〃	〃
1966. 3. 20	金　　洙　敦	曹　秉　武	〃
1966. 10. 20	金　　敎　漢	金　曹　秉　敎　武	〃
1967. 3. 12	鄭　　鎭　業	李　　光	〃
1968. 2. 28	金　　敎　漢		

會 員 名 單

會　員	分野	連絡處	備　考
鄭 鎭 業	詩		詩集『風葬』 名譽支部長
全 基 洙	〃	馬山 商業 高校	詩集『殘雪』『祈願』 幹事
金 敎 漢	時調	馬山 女 高	『時調文學』誌 65年薦了, 支部長
李 光 碩	詩	慶南毎日新聞社	61年 現代文學 추천, 副支部長
金 根 淑	〃	玩月 國民 學校	詩集『별과사랑의意味』
秋 蒼 影	〃	文化 放送 局	詩集『五月한낮에』
金 容 覆	〃	한국일보晋州지사	
都 光 義	〃	昌信中高校	毎日新聞 詩 當選
金 羲 岩	〃	馬山 高校	불교新聞 詩 當選
高 和 錫	〃	경남매일신문사	
朴 大 變	時調	馬山 女 中	새교육 時調文學誌 발표
金 洪 坤	詩	馬山 大學	
文 昌 鎬	兒童文學	城湖 國民 學校	幹事
曺 秉 武	評論	第一女中高	64年 現代文學 薦了 幹事
朴 秀 奎	〃	昌信中高校	
張 雄 鐸	小說	大光企業社	現代文學 薦了
文 기 榮	〃	馬山中學校	
金 芝 연	〃	第一女中高	68年 現代文學 薦了
신 상 철	〃	馬山 高校	幹事
이 종 석	〃	馬山 女 高	
염 기 용	〃	경남매일신문사	事務局長
丁 宇 鳳	外國文學	馬山 大學	幹事
徐 仁 淑	隨筆	李丙道첫과	隨筆集『타오르는 불꽃』 幹事
吳 淑 子	〃	회원국민교	
金 玲 順	〃	〃	
金 永 泰	〃	馬山 大學	
朴 福 欽	〃	馬山 東 中	

(98)

文學出版一覽　　　（馬山）

題　目	內　容	發行年度	發　行　所
▲馬山 文藝 俱樂部	純漢文文藝誌	1913.11	馬山文化俱樂部
▲朝鮮童謠曲集	李 一 來 著	未　詳	
▲無　　　　窮	同　人　誌	1945.10	無　窮　會
▲南　　　　窓	〃	1946. 4	龍　馬　會
▲風　　　　葬	鄭 鎭 業 詩集	1948	
▲金　海　平　野	〃		
▲第 二 處 女 地	詩 同 人 誌	1952.10	第一文化社
▲浪　漫　派	同人誌 5輯		浪漫派同人會　5집까지
▲낙　　　타	〃　　4輯	1953	낙타동인회　4집까지
▲青　葡　萄	〃		青葡萄同人會
▲땀과 장미와 詩	金 泰 洪 詩集		
▲　窓	〃		
▲목　　　　슴	金 南 祚 詩集		
▲별과 나무아래서	朴 洋 詩 集		
▲響　尾　蛇	李 元 燮 詩集		
▲石　　　　榴	金 世 翊 詩集	1953	
▲憂 愁 의 皇 帝	金 洙 敦 詩集	1953. 2	大韓文化社
▲召　燕　歌	〃		
▲구 름 과 장 미	金 春 洙 詩集		
▲　　旗	〃		
▲第　一　詩　集	〃	1954. 3	文　藝　社
▲　　늪	〃		
▲世 界 名 詩 選	金 春 洙 編	1954	山　海　堂
▲現 代 詩 鑑 賞	〃		〃
▲부다베스트에서의 少女의 죽음	〃		
▲韓 國 詩 形 態 論	金 春 洙 著		
▲馬山文總會報	機關誌 第1號	1954. 5	文總馬山支部
▲國際青年馬山會報	〃　第1號	1954. 5	國際青年馬山會議所
▲木　　　　蓮	朴 哲 石 詩集	1954. 9	嶺南文學會
▲道　　　　程	故卞在寧遺稿詩集	1954. 9	樹影追悼會
▲向　　　　上	同　人　誌		向上同人會
▲白　　　　痴	〃		白痴同人會
▲同 人 詩 集	同 人 詩 集		人間文友會
▲黑　象　牙	同人誌 創刊號	1954.12	黑象牙同人會
▲体　溫　帖	〃　第1輯	1954.12	馬高文藝班
▲봉　　　　황	〃　第1輯	1955. 8	在馬宜寧學友會

(99)

題　　　目	內　　　容	發行年度	發　行　所
▲雪　　　　山	동인지 第2輯	1955.12	馬山佛敎學生會
▲文　化　馬　山	機關誌 第1號	1956. 2	馬山文化協議會
▲木石의 노래	金相沃詩集	1956. 5	靑羽出版社
▲詩　研　究	金聖旭編	1956	
▲까　마　귀	朴哲石詩集	1956. 6	서울甲辰文化社
▲馬山 文化 年鑑	1956年版	1956. 6	馬山文化協議會
▲봉　　　　황	同人誌 第2輯	1956. 7	在馬宜寧學友會
▲雪　　　　山	〃　　〃	1956.12	馬山佛敎學生會
▲황　　　　흘	文德守詩集	1956.12	世界文化社
▲雪　　　　山	同人誌 第3집	1957. 3	馬山佛敎學生會
▲詩　　　　心	同 人 詩 集	1957	人間文友會
▲溪　　　　流	同　人　誌	1957	修　養　會
▲文　化　年　鑑	1957年版	1957.10	馬山文化協議會
▲出　　　　帆	同人詩集　1輯	1958. 8	出帆同人會
▲文　化　馬　山	機關誌 第2號	1958.11	馬山文化協議會
▲꽃속에 묻힌 집	金相沃詩童謠集	1958.12	靑羽出版社
▲文　化　馬　山	機關誌 第3號	1959.10	馬山文化協議會
▲夏　　　　草	李石詩文集	1959.11	弘　志　社
▲새　　　　터	同　人　誌	1960	새터모임
▲馬　大　文　學	〃　　3集	1962.12	馬山大學文學會
▲　〃	〃　　4集	1963.11	〃
▲情炎의 序章	具 庸 鎭著	1964. 5	馬山日報社
▲밤과 사랑의 意味	金根淑詩集	1957	
▲晩　　　　鍾	同人誌 第4集		晩鍾同人會 4집까지
▲無　花　果	〃　 第5集		無花果同人會 5집까지
▲六　　　　時	同　人　誌		六時同人會
▲新　修　正	〃		新修正同人會
▲詩　　　　心	〃		人間同人會
▲人　　　　間	〃		〃
▲　　驛	〃		驛 同 人 會
▲南　大　門	李石詩集	1966. 1	東國出版社
▲꿈에서깬내이야기	高眞淑詩集	1966. 9	
▲타오르는 촛불	徐仁淑 隨筆集	1968. 2	江山文化社
▲五月 한 낮에	秋蒼影詩集	1968. 6	文元出版社
▲　　律	同人時調集第4輯	1968. 8	「律」時調文學동인회

(100)

定款

韓國文人協會 馬山市支部

第一章 總則

第一條 〈名稱〉 本會는 韓國文人協會 馬山市支部라 稱한다

第二條 〈目的〉 本會는 文學藝術의 發展에 寄與하며 藝術의 權益을 擁護하고 鄕土文化發展에 이바지함을 目的으로 한다

第三條 〈所在地〉 本會의 事務局은 馬山市內에 둔다

第二章 會員

第四條 〈會員〉 本會의 會員은 本會의 目的을 贊成하고 規約을 遵守할수 있는 旣成文人과 同人 그리고 文筆活動을 하고있는 文人으로서 構成된다 但 本會에 加入하기를 願하는 者는 會員두사람 以上의 推薦을 얻어 幹事會의 承認을 얻어야한다

第三章 機構

第五條 〈總會〉 本會의 總會는 在籍會員 過半數 以上의 出席으로서 成立한다

第六條 〈定期總會및 臨時總會〉 本會의 定期總會는 每年 一月中에 支部長이 이를 召集하고 臨時總會는 會員 過半數 以上의 要求가 있거나 幹事會의 要求가 있을때 支部長이 이를 召集한다

第七條 〈決議方法〉 總會의 決議는 出席會員 過半數 以上의 贊成으로 하되 可否同數일 경우에는 支部長이 이를 決定한다

第八條 〈任員〉 任員은 支部長一人 副支部長人一 幹事若干人 監事二人을 總會에서 選出한다 但 名譽支部長人에 둘수 있다 幹事는 單位分科委員會에서 一名식 選出한다

第九條 〈幹事會〉 幹事會는 支部長 副支部長및 幹事로서 構成한다

第十條 本支部의 幹事會는 다음 事項을 決議한다

① 總會에서 支出한 豫算및 決算에 關한 事項
② 事務局長 任命에 關한 事項
③ 新入會員 加入에 關한 事項
④ 其他會員에서 委任받은 事項및 支部企劃運營에 關한 事項

第十一條 幹事會는 支部長이 이를 召集하고 그 議長이 된다 但 幹事過半數의 要請이 있을때에도 이를 召集한다

第十二條 〈任期〉 任員의 任期는 一年으로 하고 再選될수있다

第十三條 〈事務局〉 本會의 會務를 整理하기 爲하여 事務局을 두고 局에 局長一人을 두되 幹事會의 同意를 얻어 支部長이 任命한다

第十四條 〈分科委員會〉 本會에 다음 과같이 分科委員會를 둔다

① 詩·時調分科 ② 小說分科 ③ 評論分科 ④ 兒童文學分科 ⑤ 隨筆分科 ⑥ 戱曲·씨나리오分科 ⑦ 外國文學分科

第四章 財政

第十五條 〈歲入〉 本會의 財政은 會員 會費 贊助金 國庫補助金으로 이를 充當한다

第十六條 〈決算〉 豫算決算은 監事의 監査를 거쳐 總會에 報告承認을 얻는다

第五章 懲戒

第十七條 本會의 規約에 違背되는 일이 있거나 本會의 名譽를 毀損시킨者에 對하여 懲戒는 幹事會의 議決로서 이를 懲戒하고 그 顚末을 接受한다

第五章 附則

第十八條 本定款에 明記되어있지 아니한 事項은 通常例에 準한다

※ 一九六二年七月七日起草
一九六四年三月六日 第一次改正
一九六五年三月十二日 第二次改正

(101)

編輯後記

○…몇년전부터 벼루어오던 文協의 회지『文協』창간호가 세상에 첫선을 보인다. 막상 마지막 페이지가 적혀지는 이해 소리는 20여 회원들의 구슬진 努力과 精進의 結晶들이 서로의 따근한 体溫을 맞부비는 소리로 느끼고 싶다.

○…쓸시만 받고 있던 地方文學의 깃발을 소리쳐 높이 울리고 이로써 馬山의 文學은 그 豊饒했다면 風土에 비옥한 거름이 되어질 自負와 우리는 쉬지않는 作業으로 文學本領의 使命을 엄숙히 履行하는 것으로 삼고싶은 것이다.

○…詩와 時調에도 풍성했지만 小說과

수필분야에도 다른 장르 못지않게 많은 作品을 얻었고 한가지 아쉬운데가 있다면 全會員들의 原稿를 골고루 받아실지 못한 점, 編輯의 不誠實로 많은 自責을 느낀다. 바쁜중에도 격려와 寄稿를 해주신 金春洙、趙仁奎、趙斗南씨 그리고 判奎師團長님께 감사하며 題字를 해주신 黃河水씨 컷과 表紙를 만들어주신 李永洪씨 그리고 충분한 資料를 내주신 安允奉 藝總支部長 두루 가슴 뿌듯하게 感謝한다.

○…끝으로 이만큼 馬山文壇을 가꿔주시고 떠난 園丁 故花人 金洙敦先生의 명복을 빌며 그 징표로 詩碑建立을 하루바삐 서두를것을 좁은 紙面에나마 적어두고싶다.

〈基〉

선명한 印刷·出版

경남매일신문 출판부

電話 四七〇五番

（非賣品）

文 協　創刊號

1968年 9月 20日 印刷
1968年 9月 28日 發行

發行所　韓國文人協會
　　　　馬山市支部
發行人　金　教　漢
編輯人　廉　基　珞
印　刷　馬山印刷所

祝 創 刊

馬山紙業社
代表 鄭二龍

昌原郡廳
郡守 楊兌植

馬山商工會議所
會長 崔載衡

李丙道齒科

金漢東産婦人科

祝 創刊

社團法人 **韓國藝術文化
　　　　團体總聯合會**

馬山市支部長　安　允　奉
副支部長　李珍淳　裵德煥　李光碩

文協	音協	舞協	寫協	美協	劇協	映協	國協	演協
金教漢	李璟愛	金海郎	姜信律	李水洪	裵德煥	위헬리	具會龍	李鍾琬

文協 1971

文協
1971・2집

문화인쇄소
102면

第二輯

韓國文人協會馬山市支部

〈祝〉

「文協」續刊

馬 山 市 廳

市　長　李　南　斗
副市長　全　慶　釗
總務局長　安　井　洙
產業開發局長　姜　暾　徹
文化公報室長　黃　道　珍

□ 祝 □

〰〰〰〰〰〰〰〰
〈文協續刊〉
〰〰〰〰〰〰〰〰

馬山市敎育廳

敎育長　鄭　鎭　孝
管理課長　鄭　太　烈
學務課長　盧　泰　淵

馬山商工會議所

會　長　崔　載　衡
副會長　李　元　吉
〃　　崔　賛　烈
事務局長　成　鎬　鳳

白　洸　本　舖

燒酎工場　馬山市將軍洞5가7의6
☎　4488　2829　6600

淸酒工場　馬山市弘文洞9
☎　4444　4455　5515

마산시 수성동 88

배대균 신경정신과 의원

의학박사 전문의 배 대 균

(T) 4606

이병도칫과

마산시 창동 158

원장 이병도

(T) 2969

□ 祝 □

패백실 (예단실) 무료 제공

예식장 (화)(원) 사진관

主 崔 啓 星

마산시 중성동 33의8

(T) 3 6 7 9

〜〜〜＜文 協 發 展＞〜〜〜

생화・조화・화환・목조각・실내장식・정원설계

樂 園 꽃 집

代 表 채 정 권

(T) 4 1 0 8

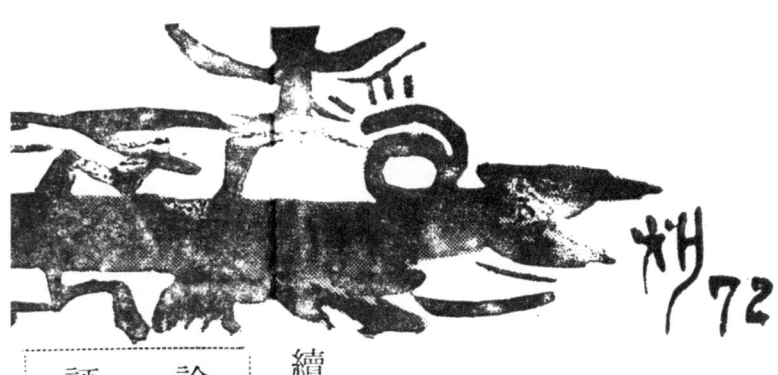

文 協

第 二 輯

표지화・컷 …… 채정권
題 字 …… 黃河水

評 論

續刊辞「文協」誌를 續刊하면서 … 申尙澈 (14)

文學作品의 번역(寄稿) …… 裵德煥 (16)

서머세트모-옴이란 사람 … 정자봉 (34)

「白潮」에 담긴 韓國의 浪漫 … 權道鉉 (28)

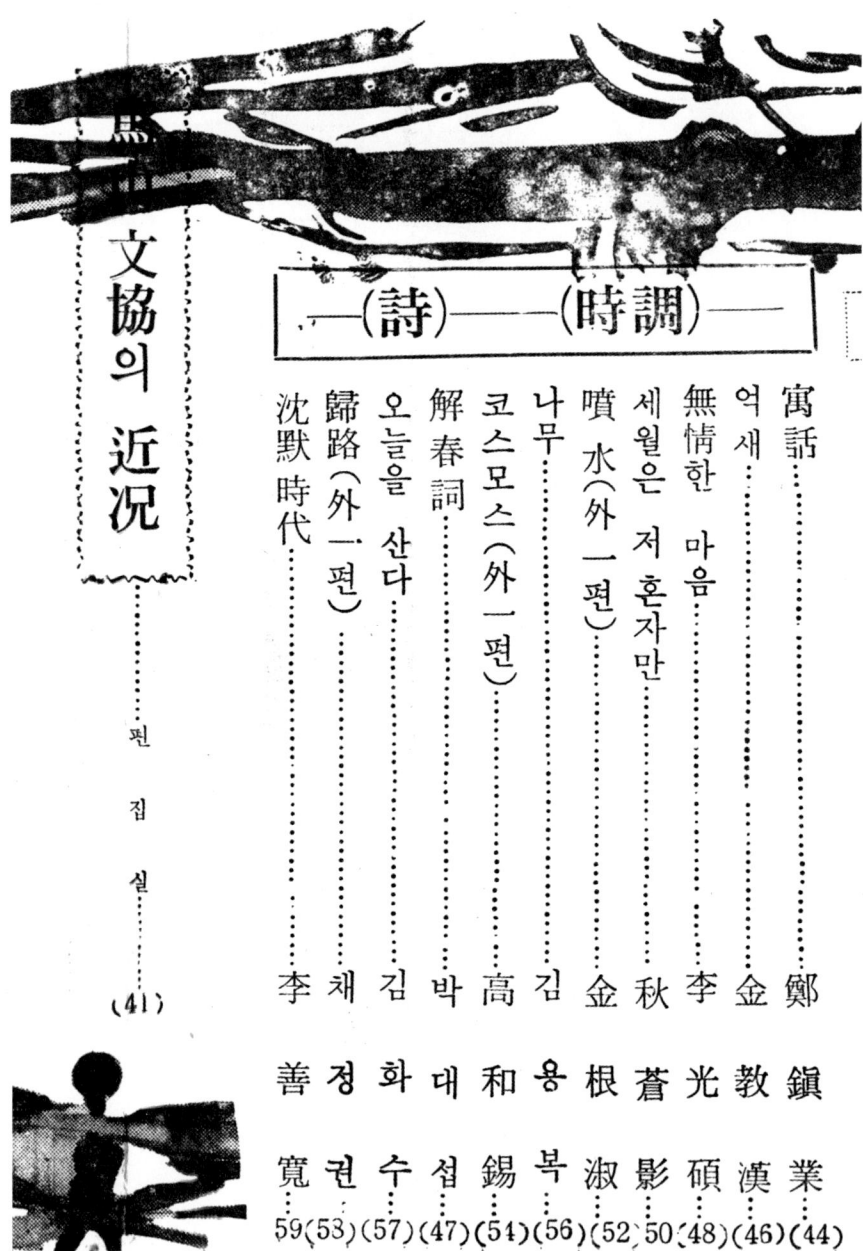

── (詩) ── (時調) ──

寓話	鄭鎭業 (44)
억새	金教漢 (46)
無情한 마음	李光碩 (48)
세월은 저 혼자만	秋蒼影 (50)
噴水(外一篇)	金根淑 (52)
나무	김용복 (56)
코스모스(外一篇)	高和錫 (54)
解春詞	박대섭 (47)
오늘을 산다	김화수 (57)
歸路(外一篇)	채정권 (53)
沈默時代	李善寬 (59)

文協의 近況 ……… 편집실 (41)

隨筆

- 促成栽培
- 博物舘의 女人
- 山頂의 意味
- 불타는 포인세티아 앞에서 ………… 吳淑子 (67)
- 가을에 생각나는 사람들
- 思索의 園丁
- 기차 속에서
- 돌(乭)

全基洙 (60)
徐仁淑 (61)
金永泰 (64)
吳淑子 (67)
문창호 (70)
朴福欽 (75)
김영순 (76)
정해인 (76)

寄稿

- 讀書論 …………… 金炳達 (72)
- 술과 나 …………… 박동준 (73)

歴代 文協의 機構 …………………… 편집실 (二三)

文協 馬山市 支部 定款 …………… 편집실 (一〇二)

회원명단 …………………………… 편집실 (一〇一)

백일장 입상자 명단 ………………… 편집실 (一〇〇)

□ 小 說 □

저녁이 되기 전에 …………… 문 기 영 (83)

開閉 …………………………… 申 尙 澈 (78)

(번역)壁으로 드나드는 사나이 寄稿임 … 봉 길 (90)

편집후기 …………………………………… 편집실

<항아리 있는 시내 (화원사장 제공)>

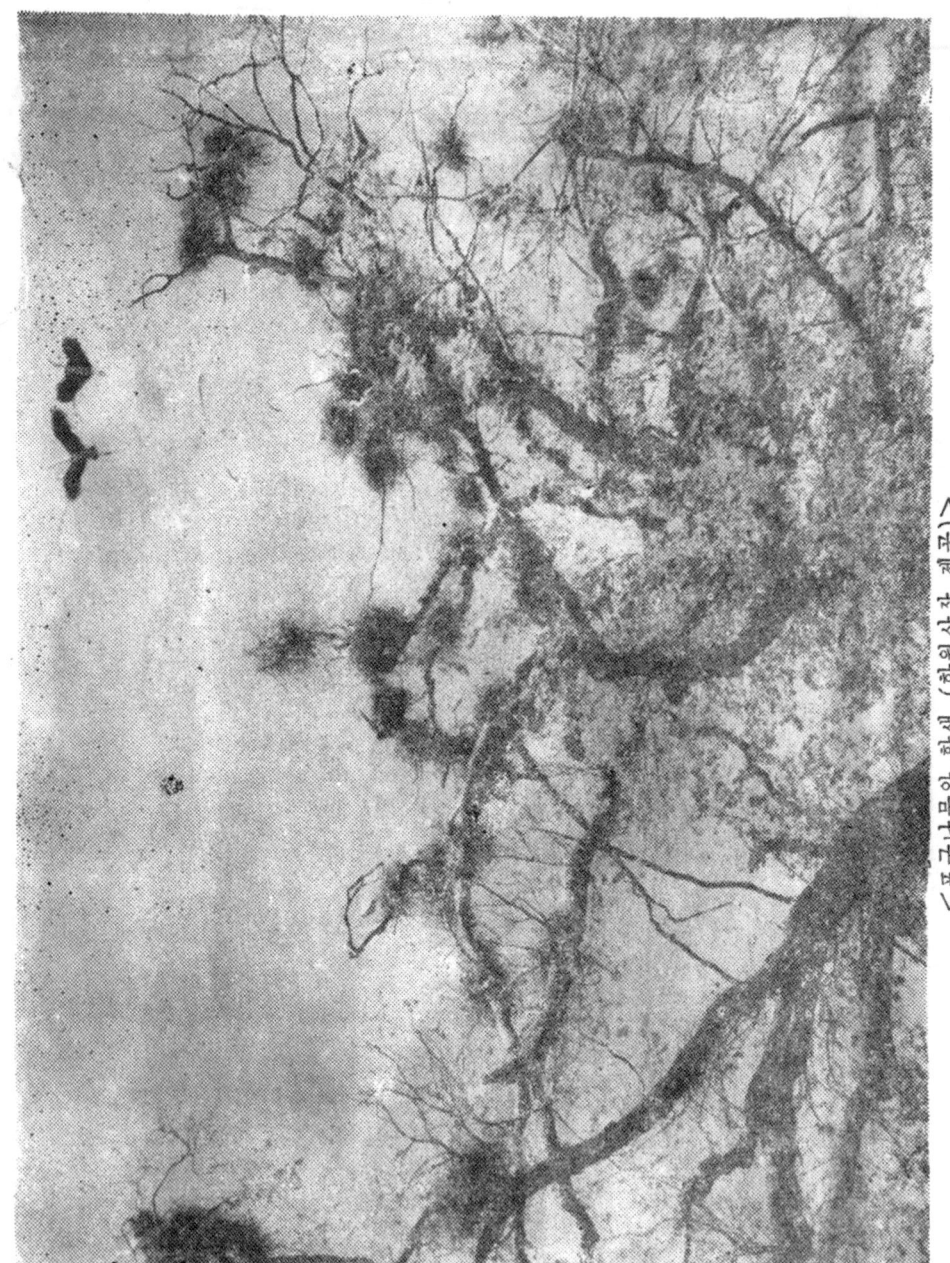

〈포구나무의 횡세 (허련사 창 제품)〉

文 協

二 輯　　　1971

韓國 文人 協會 馬山市 支部

□ 續刊辞 □

「文協」誌를 續刊하면서

비상 사태가 선언되고, 대연각이 불타 버리는 심각하고도 어수선한 一九七一년의 막바지에 와서, 우리의 회지 『文協』을 속간한다.

회지 『文協』은 一九六八년 가을에 창간되어 이후 二년에 걸쳐 나온 『경남 문학』 一·二집의 모태가 된 셈이지만, 금년 들어 여러 가지 어려운 사정으로 인해 『경남 문학』의 발전이 어렵게 되면서, 『文協』 二집의 속간을 서둘게 된 것이다.

중앙 문단이 비대해지고 조직화되면서 지방에서 자란 문인들이 속속 봇짐을 싸는 현실이지만, 고장 문단을 지키는 유명 무명의 문학 동호인들이 여기 마음을 쏟고 피를 흘려 하나의 『화원』을 가꾼 것이다.

무학산을 등에 지고 합포만을 가슴에 안은, 서정의 고장 우리 마산은 일찌기 많은 문인이 배출된 『시의 항구』였거니와 우리는 이 전통의 바탕 위에 더 크고 아름다운 꽃을 피울 수 있도록, 열심히 물을 주는 부지런한 원정(園丁)이 되어야겠다.

『文協』을 지원하기 위해 옥고를 주시기도 하고 경제적 뒷받침이 되시기도 한 여러분께 우리의 감사를 드린다.

一九七一년 二月

한국문협 마산시 지부

지부장 신 상 철

〈寄 稿〉

文學 作品의 飜譯

裵 德 煥

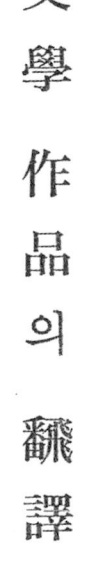

▲머 리 말▼

文學 作品은 音樂・美術・舞踊 等의 藝術分野에 屬하는 作品과는 달라서 言語를 그 媒材로 하고 있는 藝術 作品이기 때문에, 飜譯이라 하는 복잡하고도 多難한 作業이 必然的으로 要請되는 바이다.

用하고 있는 言語란 것이 『바벨』의 塔을 쌓기 몇 몇 萬年 前부터 서로 달라 있었을 거고, 現在에 있어서도 지구상에는 二千 以上의 方言이 있다고 보면, 만약 未來의 어느 時点에 이르러 「에스페란토」運動이 그 理想的 目標를 達成하게 된다면 모르되, 그렇게 되지도 못하고 또 그렇게 될 수도 없는 現實에 있어서는, 文學作品에 對한 飜譯이란 問題는 언제까지나 꼬리를 물고 뒤따르게 되는 일인 성싶다.

번역을 할 때에 있어서 부딪히게 되는 가장 곤란한

問題는 두말할 것 없이 「언어」라는 障壁이다. 번역에 뜻을 가지는 사람은 于先 二個의 言語에 對한 해독 能力과 表現 能力이 越等해야 할 것이다. 理想論을 펴자면 二個의 言語가 同時에 自己의 母國語처럼 되어 있어야 하겠다. 또 번역을 하는 사람은 原作家의 피와 땀이 맺힌 藝術作品에 對하여 겸허한 態度와 自己의 번역을 읽을 많은 讀者를 예상하는 양심이 切實하게 要請되는 바이다.

文學作品의 번역은 또, 自然科學이나 社會科學에 關한 論說을 번역하는 것과도 問題가 다른 点이 있다. 簡單하게 말해서, 文學作品에는 「위트」「휴우머」「에토스」「파토스」, 그리고 온갖 言語의 修辭가 마치 반죽이 잘된 빵처럼, 혼연일체가 되어 있은즉, 한 言語를 媒材로 한 絕妙한 藝術作品을 다른 言語 世界에 이식

번역과 言語

번역의 첫 단계는 甲의 言語를 乙의 언어로 바꾸어 표현하는 것이다. 다시 말하자면, 甲의 언어를 사용하는 國民이 甲의 언어의 어느 한 句節 또는 단어를 읽고 느낄 수 있는 감각 感情과 同一한 感覺 感情을, 乙의 언어를 使用하는 國民에게 줄 수 있는 句節 또는 단어를 乙의 언어에서 찾아 내어 이것을 文字로 表現하는 技術이 번역이라 하겠다. 말인즉 容易한 듯하나 實은 이 点이 번역의 一次的 難關이라 하겠다.

于先 이 難關을 어떻게 극복해 나가느냐가 번역자에 賦課된 큰 問題인 것이다. 그러나 이러한 關門에도 대충 세 가지의 서로 다른 類別이 있을 수 있다. 첫째, 언어 계통이 同一한 언어 끼리의 번역, 이것이 通過해야 할 關門은 비교적 넓다. 둘째, 語系가 비교적 가까운 언어 끼리, 셋째, 語系가 완전히 異質的인 언어 끼리 이렇게 언어 계통의 寸數가 멀어질수록 關門은 차차로 좁은 門이 되어 간다. 이러한 어계에 綠由되는 번역의 難易度

를 구체적으로 예를 들어서 叙述하겠다.

一、語系가 同一한 境遇.

영어와 독일어는(물론, 영어ㅡ독일어 보다 더 가까운 언어, 예를 들면, 독일어ㅡ「덴마아크어」같은 것도 있겠지만, 이 方面에 關한 지식도 文獻도 없기 때문에 논외로 할 수밖에 없다) 같은 「게르만」어에 속하고 있을 뿐아니고, 이 두 언어는 옛날로 거슬러 올라가면 갈수록 그 유사도가 높아서, 지금부터 約 二千五百年前에 있어서는 오늘날의 慶尙道 方言과 전라도 방언보다 더 가까울 程度였다. 그 동안 千五百年이란 세월이 호르고 또 지금부터 約 九百年 前부터는 政治的 變動으로 因하여 불란서어가 英國에 대량으로 移住하게 되었지만 그 根幹이 되어 있는 말들은 獨逸語와 類似한 것이 許多하다. 이와 같이 英語도 많은 변혁을 겪게 되었어도 血族關係가 짙은 언어 끼리에 있어서의 飜譯은 언어가 서로 異質的인 境遇에 비해서, 얼마나 수월하게 進行될 수 있는가 하는 例를 다음에 들어 보겠다. (使用한 文獻은 「먹밀런」版 「세익스피어」全集, 「쉬킹」敎授編輯 「먹밀런」版 「세익스피어」全集 獨逸譯, 正音社版 「세익스피어」全集, 原文, 獨日譯, 우리말 번역의 순서로 引用한다.)

Long live the King! (「헬미트」 부 一장)

Lang lebe der König! 국왕만세!
Frailty, thy name is woman.!(「햄머트」一막 二장)
Schwachheit, dein Name ist Weib!
약한 자여, 그것이 여자이던가.
To be, or not to be : that is the question :
三막 一장)
Sein oder Nichtsein, das ist hier de Frage :(「햄머트
사느냐 죽느냐, 이제 문제로군.
The rest is silence.(「햄머트 五막 一장)
Der Rest ist Schweigen. 이제 가벼, 남은 짐 정적뿐.
Not that I loved Caesar less, but I loved Rome more.
(「쥬리어스 • 씨이저」三막 二장)
Nicht weil ich Caesarn weniger liebte, sondern weil
ich Rom mere liebte.
부이 아니요, 내가 도오마를 더 사랑했기 때문이다요.
When shall we three meet again
In thunder,
lightning, or in rain?(「맥베스」一막 一장)
Wann kommen wir drei uns wieder entgegen,
Im
Blitz und Donner oder im Regen? 언제 우리 셋이
다시 만날까, 청둥할 때, 번개칠 때, 혹은 비오실 때?
To be thus is nothing; But to be safely thus.
(「맥베스」三막 一장)

Das so zu sein ist nichts; Doch sicher so zu sein.
왕이 되는 것도 소용없는 일이다, 그것이 안전한
것이 아니면.
To bed, to bed.!……give me your hand, What's
done cannot be undone.(「맥베스」五막 一장)
Zu Bett, zu Bett! gib mir die Hand. Was geschehn
ist, kann man nicht ungeschehn machen. 침실로 가
쉬세요, 가 쉬세요. …손을 이리 주세요. 될 일은 될
일입니다.
Do you see this? Look on her, look, her lips, Look
there, look there !(「리어王 五막 三장)
Seht Ihr dies? Seht sie an, seht ihre Lippen, Seht
hier, seht hier! 이것이 보이냐? 제애를 보다, 저
입술을, 저기를, 저기를 봐.
Demand me nothing:what you know, you know :
From this time forth I never will speak word.(「오셀
로」五막 二장)
Fragt mich um nights mehr : was ihr wiszt, das
wiszt ihr. Von dieser Stund' an rede ich kein Wort.
물어볼 거 없읍니다. 그만큼 아셨으면 돼지 않앖이
까? 지금부터는 일을 열지 않겠습니다.
Wouldst thou withdraw it? for what purpose, love?

~ 18 ~

But to be frank, and give it thee again. (로미오 와 쥬리엩] ―막 三장)

Wollt' du ihn mir entziehn? Wozu das, Liebe?
Um unverstellt ihn dir zurückzugeben.

그러면 예쁘세를 도로 찾아 가지겠단말씀인가요? 그전 에 내정 빼문인가요? 아껴없이 한번 더 당신께 드리러고요.

See where he is, who's with him, what he does :
(엘토니)와 [크페오와트티] ―막 三장)
Sieh, wo er ist, wer mit ihm was er tut :
어서, 누구와, 무엇을 하고 계신지, 가르고 오너라.

Shall I compare thee to a summer's day? (쏘네트18)
Soll ich dich einem Sommertag vergleichen?
네 그대를 한여름날에 비겨 볼가?

以上의 例는 극히 一部分만 간추린 것인데, 四百年 前의 영어를 오늘날의 독일어로 번역한 것이 원어와 類似한 語句의 許多함을 보여줄 뿐아니라, 독자에게 거의 同一한 관념과 感覺을 주고 있는데 比해서, 이것을 語系가 전혀 다른 우리말로 옮긴다는 作業이 얼마나 至難한 課題인가를 正音社版의 譯文을 보면, 譯者들의 그 고심한 흔적에 依하여 能히 짐작할수 있을것 이다. 더우기 여기에는 또 한가지 困難한 問題가 있다. 마지막 例文(쏘네트)十八)에서 볼 수 있듯이, 英國과 독일은 地理上으로 다 같이 北歐地方에 屬하고 있기 때문에, 英國 사람들이 summer라 하는 말에서 느끼는 계절 감각과 독일 사람들이 Sommer라 하는 말에서 느끼는 계절감각은 거의 同一한 것인데, 이것을 우리말로 「여름」이라 하기에는 어색한 점이 많다. 우리가 우는 것도 꽃이 滿發하는 것도 英國과 독일에 어서는 Summer—Sommer인데, 우리 나라에 있어서는 뻐꾸기와 꽃은 아무래도 「봄」을 聯想시키게 된다. 따라서 女人의 아름다움을 묘사할 때에 있어서, 이것을 Summer・Sommer에 比한다 하면, 英國이나 독일에 있어서는 이것이 아주 適切한 表現이 되겠으나, 우리 말로 「그대를 여름날에 비겨 볼까?」한다면 이것이 果然 女人의 아름다움을 묘사할 수 있는 올바른 표현이라고 首肯이 갈 수 있을 것인가. 물론 이러한 點은 어계에 關聯된 問題는 아니겠으나, 翻譯을 할 때에 있어서는 이러한 낱말 하나에 關해서도 容易하지 않는 問題가 뒤따르게 된다는 것을 附言해 두고 싶다.

二, 語系가 비교적 가까운 경우.

이 경우에 屬하는 例는 많이 들 수 있을 것이로되, 筆者가 所有하고 있는 文獻만으로 局限시키기로 하겠다. 첫째로 들 수 있는 예는, 古代의「그레시아」문학 작품을 英譯 또는 독일역하는 것이다.「호메로스」의 「일리아드」와「오뒤세이」를 英譯한 것을 보면,「A·랑」氏「S·부쳐」氏「S·버틀러」氏 세 사람의 飜譯이 散文譯으로 되어 있다.「호메로스」의 그 偉大한 서사시를 이렇게 산문역으로 하는 데는 그만한 이유가 있다고 본다.「호메로스」의 詩는 그 詩形이「헥사메트론」이라 하는 强弱弱調의 六小節이 一行으로 되어 있는데, 現代의 영어는 이러한 詩形으로 서사시를 운문으로 번역하기가 거의 不可能한 것이다. 不可能을 不可能으로 알고 차라리 산문역으로 해서 原詩의 내용을 傳達하기에 그치고 그 外形을 의형율을 重視한 운문역이라 한 사람이 없는 바는 아니다. 十八世紀의 詩人「A·포우프」는, 十二年이란 歲月을 苦生하면서「호메로스」의 詩를 英詩로 번역해서 當時의 金額으로 九千「파운드」라는 엄청난 돈을 벌게 되었는데, 이 번역시에 對해서 古典學者였던「R·벤틀리」는 다음과 같은 批評을 加했다.「아름다운 詩올시다.「포우프」氏, 허지만 그걸「호메로스」의 詩라 해서는 안 되요.」(It is a Pretty Poem, Mr. Pope:but you must not call it Homer.) 이러한 觀點으로 해서, 語系가 同一한 언어끼

리에 있어서는「괴에테」의 英譯이나「세익스피어」의 독일역에서 볼 수 있듯이, 詩를 詩로 번역하는 作業까지도 可能하다 할 수 있겠으나, 語系가 比較的 가까운 언어끼리에 있어서도, 산문의 번역은 容易할지 모르겠으나, 詩의 번역에 있어서는 그 外形과 내용 중 어느 하나를 택하고 다른 하나를 버려야 할 問題에 直面하지 아니할 수가 없을 것이다. 같은「호메로소」를「H·포스」가 독일어로 번역한 것을 보면, 이건 完全한 운문역으로 되어 있고, 그 시형마저「호메로스」가 使用한「헥사메트론」과 同一한 것으로 되어 있다. 독일어는 그 언어구조로 보아서 이 强弱弱 六小節 시형을 써서「호메로스」의 詩를 번역할 可能性이 있다는 것은,「괴에테」의「로오마 哀歌」(Romische Elegin)만 보더라도 首肯이 가는 바이지만,「포스」氏의 이 운문역이, 英語 산문역에 比해서, 어느 정도 原詩의 내용을 살리고 있느냐에 관해서는, 筆者의 能力으로는, 측량할 길이 없으나, 다만 이러한 운문역도 試圖되어 있다는 事實만 指摘해 놓고 싶다.

다음에 例를 들고 싶은 것은「단테」의 英譯이다.「단테」가 使用한 언어는 中世 이태리어로 영어와는 比較的 가까운 語系에 屬한다. 이것을 所謂「神曲」이란 詩의 번역을 例로 해서 한번 검토해 보기로 하자.「C·

E・노오튼」氏는 산문으로 「L・빈욘」氏는 운문으로 번역하고 있는데, 운문역에 있어서는 「단테」가 사용한 三운법(terza rima)의 시형이 完全에 가깝게 살려져 있다. 운문역의 처음 九行까지에 所要된 낱말은 전부 七十七語인데, 여기에 해당되는 산문역의 語數를 세어보니 이것 또한 七十七語다. 그런데 하나는 완전한 산문이다. 번역도 이쯤 되면, 可히 神技라 할 수 있겠다.

日本語와 우리 말은, 여러가지 論議가 있음에도 불구하고, 比較的 가까운 語系에 속한다고 말할 수 있을 것이다. 그러나 일본어를 우리 말로 옮기는 作業도 그렇게 용이한 노릇은 아니다. 筆者는 ―筆者 뿐만아니라 筆者와 같은 연령에 있는 多數의 韓國人이 그렇겠지만― 三十歳에 이르기까지는 일본어가 오히려 모국어였던 비운을 가졌기 때문에, 일본어에 對한 感覺은 거의 完全하리라는 妄想을 하고 있으나, 日本文學의 어느 한 작품을 들고 이것을 우리 말로 하나의 文學作品이 되게 하려는 作業을 생각해 본즉, 難關이 한두 가지가 아님을 是認하지 않을 수 없다. 于先 漢字로 적힌 人名・地名 따위의 固有名詞의 음독법부터, 이밖에도, 속어 은어 기타 여러 方面에 관한 사전, 文獻 등이 大量으로 要求되어지겠고 예를 들면 五百「페이지」가량되는 小說 하나를 번역하기 위해서 하루하루를 完全히 여기에다 쏟아 넣더라도, 最小限 一年이란 歲月은 필요할 성싶다. 물론 이렇게 한다고 해서, 그 번역에 自信이 있다고 뽑낼 수야 없겠지만, 우선 우스꽝스러운 誤譯만은 避할 수 있지 않을까 한다. 다만 한 가지 附言하고 싶은 것은 筆者가 경탄해 마지않는 뛰어난 번역이 ―金素雲氏譯, 朝鮮詩集, 日本 岩波文庫 五三〇一・五三〇二― 있는가 하면 근래의 出版物에는 야릇한 것들이 많다.

三、語系가 완전히 다를 경우.

이 경우에 있어서의 번역이란 작업은 지극히 곤란하겠고 때에 따라서는 불가능할 것이다. 例를 들면「유톱諸國」의 언어와 동양어 사이의 번역인 것이다. 더구나 시를 시로 번역한다는 노릇은 어떠한 妖術을 쓰지 않고서는 불가능하리라 斷言하고 싶다. 다음에 이러한 要術에 속하는 번역의 一例를 들어 보겠다. 이것은 두보의 五言絕句를 英國 사람이 번역한 것인데, 全文을 싣은 책을 紛失했기 때문에, 필자가 탄복한 나머지 記憶해 둔 둘째 줄인 「承」의 行과 네째 줄 「結」의 行의 譯文만을 적어 보겠다.

江碧鳥逾白　　山靑花慾然

今春看又過　何日是歸年

今春花慾然은 이렇게 번역되어 있다.

The mountains blue and the flowers want to burn
When it will be the day of my return.

이렇다. 譯文에는 原詩가 말하고 있는 內容이 남김 없이 담겨 있을 뿐 아니고, 漢詩의 韻인 「然」과 「年」이 英詩의 각행 (rhyme)으로 表現과 return에 있어서, 英詩의 各行 [五言]이 英詩에 있어서는 弱強調 「五절」(iambic Pentameter)로 代置되어 있다. 神技에 가까운 번역이라 하겠다. 다음에는, 우리 나라 鄕歌를 영어로 번역한 것을 들어 보겠는데, 譯者가 누구인지는 아직 모르겠다.

善花公主主隱　선화 공주님은
他密只嫁良置古　남 그스지 얼어두고
薯童房乙　서동방을
夜矣卯乙抱遣去如　밤에 몰 안고 가다.

Princess Sonhwa
Hoping a secret marriage,
went away at night,
With Mattung in her arms.

이 英譯은 아무리 好意를 가지고 읽어 봐도 英詩는 아니다. 各行의 첫 글자가 큰 글자로 되어 있으니 詩가 아니냐 할지 모르겠으나 그렇다고 이것이 詩가 된다면 英詩처럼 쓰기 쉬운 것이 또 없을 거다. 이러한 것은 번역이라 하기보다 一種의 作亂이라고 評할 수밖에 없다. 鄕歌 뿐이 아니고 우리의 詩歌나 漢詩나 英詩와는 전혀 體質이 다른 것을, 英詩처럼 번역하려면, 「호메로스」나 「단테」의 散文譯처럼, 아예 산문역을 目標로 해서 작업을 試圖해 보는 것이 좋겠다. 그러나 이러한 野心을 가진 사람의 외국어에 對한 能力은 그 나라 사람들이 可히 신을 벗고 逃亡을 갈 程度가 되어야 하겠다. 요컨대 어계가 완전히 다른 언어끼리의 번역이란 지극히 곤란한 作業이란 것만 말해두고 싶다.

번역의 기교

이 問題에 관해서는, 번역을 시도하는 사람의 主觀에 따라 各樣 各色의 기교가 豫想될 수 있겠으나, 여기에서는 필자 자신의 見解만을 記述하기로 하겠다.

一, 어학적인 正確性.

甲의 언어 가운데서 어떠한 개념에 대응하는 언어를, 乙의 언어 가운데서 찾아내는 과정이 번역의 첫째 계단이라 한다면, 무엇보다도 우선 甲의 언어가 지니고 있는 정확한 개념을 파악하는 것이 번역 기교의 急先務인 것이다. 개념이 구상적인 경우에 있어서도 문제점이 많은데, 이것이 추상화되면 問題는 자못 복잡해진다. 一例를 들면, 英國 격언에 *Every Jack has his Jill*이란 것이 있는데, 이걸 가령 「모든 잭크는 그의 질을 가지고 있다。」이렇게 우리 말로 번역해 놓는다면 어떻게 될까? 아마 中學生도 웃을 것이다. 좀 더 연구를 해서 이 격언이 지닌 개념을 正確하게 파악하고나 하면, 결국 이말의 뜻은 『아무리 못난 사나이라도 제짝은 있는 법이다。』이렇게 된다. 그러나 이것을 번역이라 할 수는 없다. 여기에 번역의 기교가 발휘되어야한다. 이 격언이 지닌 개념에 대응하는 언어를 우리말 가운데서 찾아 내어야 한다. 마침내는, 「헌 짚신도 짝이 있다。」「짚신도 제 짝이 있다。」「따위의 말을 찾아 넬 수 있을 것이다. 그렇다고 해서 이것이 완전한 번역이라 하고 태연할 수는 없다. 완전한 번역이란 거의 불가능한 일이다.

二、번역 문체의 창초。

世間에 直譯이니 意譯이니 하는 말이 있는데, 이러한 만 自體부터가 벌써 우습다. 아무리 直譯을 한다고 해서 '*Good morning!*'을 「좋은 아침!」하고 *Merry Christmas!*를 「명랑한 성탄절!」할 수가 있으랴. 그런

데 이와 비슷한 번역이 흔히 눈에 뜨인다. 西洋文學의 작품을 번역한 것을 보면 무엇인가 말이 적혀 있기는 한데, 도시 무슨 말인지 고개를 기웃뚱거리고 한참 생각해 본 것이어야 말듯이 짐작이 가는 것들이 있다. 各國 原文에 충실하다 하는 작품 중에 이러한 것이 많다. 原文이 가지고 있는 思想의 精髓를 우리 말로 표현하는 것이 번역이라 할진대는, 우선 우리 말 자체가 제대로 되어 있어야 하지 않겠는가? 그렇기 때문에 우리 말을 우리 말답게 다룰 能力이 없다고 自認하는 사람은 아예 번역에서 손을 때야 하겠다. 理想的으로 말하면 독특한 번역文体를 創造할 수 있는 能力이 있어야 하겠다. 오랜 研究와 독자를 대상으로 하는 良心的이고 誠實한 努力만이 이 問題를 해결할 수 있을 것이다.

三、文化的 背景의 差異。

언어를 같이하는 한 나라 안에 있어서도 生活樣式 風俗・宗敎 등이 다 조금씩 差異가 있는 例를 보는데 언어가 서로 다른 社會 끼리의 文化的 背景의 差異는 더 말할 나위도 없다. 어느 나라의 독특한 文化的 背景에 緣由되는 언어를, 그 나라와는 歷史도 風土도 衣食住의 樣式도 宗敎生活도 다른 딴 나라 말로 어떻게 번역하느냐는 커다란 難關이 아닐 수 없다. 가까운 예를 하나 들어 보겠다. 우리 나라에도 紹介된 바 있는

日本作家 川端康成氏의 「雪國」을 보자. 대뜸 題目인 「설국」부터가 우리 말로 번역하기에 困難한 問題를 提示한다. 日本이 지닌 地理的 歷史的 條件 밑에서 日本사람들이 가지고 있는 이 「雪國」(ynkiguni')라는 말에 對한 槪念을 그냥, 그대로 漢文的인 槪念만 가지고 있는 우리 말로도 「설국」하고 處理될 수가 있을까? 小說의 첫머리에 「國境」이라는 말이 있는데 이건 더욱 困難한 말이다. 이 말을 Kokkyo라고 발음하면 우리말 國境(국경)과 같은 뜻이 되겠지만, 불행히도 川端氏의 이 小說에 있어서는 Kunizakai라고 發音해야 된다. 따라서 日本 말 國境(Kunizakai)와 우리말 國境(국경) 사이에는 槪念의 差異가 많다. 日本이란 社會의 文化的 背景을 조금이라도 알고 있는 사람은 이 國境(Kunizakai)란 槪念을 곧 把握할 수 있겠지만, 日本이란 말 가운데서 이 槪念을 찾아내는 作業은 決코 容易한 일이 아니다. 「E·G·사이덴스테커」氏는 이 小說을 英譯함에 있어서 boundary(경계선)이란 말을 使用해야 한다. 結局 번역이라 하는 것은 完璧을 期할 수는 없는 노릇이고, 어느 程度의 近似値를 찾아서 妥協을 보는 수밖에 없는 것이라 하겠다.

四, 譯文에 있어서 말의 加減.

譯文에 있어서 原文에는 없는 말을 加味하기도 하고,

그 反面 原文에 있는 말을 省略하기도 하는 따위의 번역 技巧도 豫想할 수 있다. 이러한 問題에 關해서는 S·베켓氏가 좋은 例를 提供해 주고 있다. 「베케트」氏는 「아일랜드」사람이지만 少時부터 佛蘭西語를 공부하고 佛蘭西 女子와 結婚해서 佛蘭西에서 生活하고 있기 때문에, 이 사람에게 있어서는 英語와 佛蘭西어가 同時에 母國어라 해도 過언이 아니다. 그는 불란서어로 En attendant Godot (고도를 기다리며)라는 戱曲을 쓰고 이것을 자기의 손으로 英語로 번역해서 Waiting for Godot라 했다. 同一한 사람이 쓴 불란서어 原書와 英語 번역판 사이에도, 어느 정도 언어의 加減이 있음을 볼 수 있다. 번역이라 하는 作業이 결코 낱말 의 하나 하나가 對應되어서 말초신경만 消耗시키는 것이 아니고 그 낱말의 前後關係를 잘 살펴서, 낱말이 담격 있는 文章 전체의 정신을 올바르게 옮기는 데에 그 技巧의 妙가 있음을 알려 주는 좋은 본보기라 하겠다. 「베케트」氏의 이 作品을 보면, 人間이 하는 어떠한 言語 動作, 예를 들면 욕지거리나 폭력을 加하는 일 에 있어서도 이것을 英語로 표현할 때와 불란서어로 할 때에는 낱말 自體뿐 아니고 그 표현 방식에도 차이가 있음을 알 수가 있다. 卑近한 例를 들면 우리나라

폭력배들은 싸움을 할 때 흔히 박치기를 하는데,이「박치기」라는 말이 어느 외국어로 번역이 될 경우를 한번 생각해 보자. 영어나 일본어에는 박치기에 該當되는 말이 없다. 물론 영어나 일본어를 할 때에 머리로 공을 받는 일이야 있겠지만 이것은 蹴球를 決코 싸움을 할 때에 쓰는 박치기라는 말은 아니다. 이 말을 번역할 때에는 번역되는 언어를 쓰고 있는 國民의 風習을 잘 考察해야 하겠다. 이러는 날말에만 구애되어서、머리를 써서서 他人에게 폭력을 加한다는 式의 번역을 했다가는、그러한 풍습을 모르는 國民들은 理解를 못하고 空然히 어리둥절하게 될 것이다. 이와 같이 역문에 있어서 말을 加減해야 하는 번역의 기교는 번역에 從事하는 사람의 力量을 저울질 할만한 問題性을 지니고 있다 하겠다.

誤譯과 誤譯의 原因

일본어에 能通한「벨기에」의 神父이며 언어 학자인「W·A·그로오터어스」氏의 증언에 依하면、日本에서 출판된 文學作品 번역의 거의 大部分이 오역으로 가득 차 있다 한다. 그 中 몇몇 作品은 마치 오역의 展示場처럼 되어 있다는 것이다. 물론 오역도 그 程度에 따라 여러가지 類別이 있겠다. 하늘을 땅이라 하고 山을 바다라 하는 따위는 論議할 必要조차 없겠지마는、그

限界에 이르러서는 分明한 誤譯인지 拙劣한 번역인지를 따지기가 곤란할 境遇도 있을 줄 안다. 다음에 誤譯의 原因이 된다고 생각되는 몇가지 事項을 들어 보겠다.

一、二重 번역에서 오는 오역。

여기서 二重 번역이라 함은 原作品을 原文에 依해서 바로 번역하지 않고 이미 어떠한 언어로 번역된 것을 그 번역판을 또 어떠한 다른 언어로 번역하는 것을 말한다. 이러한 의미로 생각한다면 二重뿐이 아니라 三重 四重의 번역도 豫想할 수 있겠다. W·A·G氏의 말에 依하면,「안네·프랑크」가 쓴「少女의 日記」를 영역판 (Anne Frank The Diary of a young Girl)으로부터 日本말로 二重 번역하는 동안에、最初의 六「페이지」까지에 明白한 오역이 四十個나 된다 한다. 그 중에서 영역 自体가 犯한 오역이 十三個 있는데 이것이 또 日本譯에「忠實하게」引繼되어 있다 한다. 그리고 영역판을 일본어로 오역한 것이 十二個、나머지 十五個는 脫落된 것、都合 四十個의 오역이 僅少한 지면 가운데 담겨 있다 한다. 和蘭語인 原文을 二重 번역하면서 犯하여진 많은 오역 가운데는 다음과 같은 것도 있다 한다. 便所에서 發生하는 오역인 다음「구린내」가「光景」으로「自信이 없다」는 말이「남을 信賴할 생

각이 부족하다」로 되어 있다고 指摘하고 있다. 그러나 이중 번역도 해야 할 경우에 있어서는, 번역하는 사람이 적으도 二個 또는 三個의 외국어에 能通해서, 각국어의 역서를 상세하게 비교 檢討하는 努力을 아끼지 아니해야 할 것이다. 그렇게 하는 것이 原作者에 對한 禮儀가 아닐까?

二, 歷史 地理 풍습 等에 關한 知識의 부족에서 오는 오역.

이 문제에 關해서 例를 들자면 거의 限이 없겠으나, 日本 作品을 우리 말로 옮긴 것들 中에서 줏은 것 몇 개만 들어 보기로 하겠다. 下田奉行 (시모다 부교오) 라 하는 말은 下田(시모다)이라 하는 고장을 管轄하고 있는 奉行(부교오)라 하는 官職 또는 이 官職을 가지고 있는 사람의 이름을 뜻하는 말인데 이것이 「게다 호오꼬오」라는 사람의 이름으로 通用되어 있고, 安房守(아와노까미)는 「야스후사마모리」로 되어 있는 것을 본다. 일본어 文學作品을 번역하겠다고 나서는 사람은 于先 日本의 歷史 地理 풍습 等에 關한 知識이 풍부해야 하겠다. 더구나 漢字로 적힌 고유명사의 발음 같은 것은 日本 사람 일찌라도 여간 이 方面에 能通한 사람이 아니고는 도저히 엄두도 못낼 것이 許多하기 때문에, 번역의 붓을 들기 前에 조금이라도 미심적은 것이 있다면 하나 하나 原作家에게 問議해야 할 것이고, 또 이렇게 하는 것이 조금도 부끄러워할 일이 아닌 성싶다.

三, 聖書에 對한 知識이 없어서 생기는 오역.

이러한 오역은 西洋 文學의 作品을 우리 말로 번역할 경우에 흔히 일어날 수 있는 問題다. 예를 英文學에서 들면, 英文聖書에 對한 知識이 없으면, 번역은 커녕 우선 해독도 못할 作品이 거의 大部分이라 하겠다. 뿐만 아니라 英文聖書(一六一一년판) 自體가 英文學의 가장 重要한 고전 中의 하나인 것이다. 四書五經의 知識이 없이 中國文學을 論할 수 없는 바와 같이, 英文聖書를 모르고는 도저히 英文學에 접근할 수가 없을 것이다. 聖書가 일상 영어 및 文學作品 가운데 引用된 分量은 限이 없을 程度로 많다. 聖書의 어귀를 그대로 따와서 作品속에 引用한 것도 있고, 聖書가 말하고 있는 故事 思想 等을 완곡하게 引用한 것도 있다. 지면도 없으니까 잘라 말해 두겠거니와, 聖書에 對한 知識이 없이 西洋文學의 작품을 번역하려는 것은, 羅針盤 없이 船舶이 大洋에 航海를 시도하려는 것과 비슷하다 하겠다.

四, 출판업자의 收支計算에서 오는 오역.

大多數의 출판업자들은 출판을 해서 나라의 文化發

번역이라 하는 作業의 必要性과 重要性이 있다. 완벽에 가까운 번역은, 細心한 注意와 時間만 있으면 이루어질 수 있지 않을까. 粗惡하고 졸렬하고 값싼 二重 三重의 잣갑을 製造하는 따위의 行爲는 엄히 糾彈을 받아야 하겠다. "앙드레지드"말에、「괴에떼」는 나이 七十이 넘어야 「페르샤」말을 硏究해서 「페르샤」의 시를 독일어로 번역했다 하고、「톨스토이」역시 나이 七十이 넘어서 「그레시아」말을 공부해서, 新約聖書 四福音書를 「러시아」말로 번역했다.

이 위대한 천재들도 한편의 작품을 번역하기 위해 장구한 時日을 두고 연구하고 또 연구하였던 것이니 이것을 거울 삼아 이제는 우리도 무질서와 혼란으로부터 벗어날 때를 알아야 하겠다.

着實한 노력을 계속해서 번역문체를 확립하여야 하겠고 번역문체를 확립함으로써 우리나라 文學活動에도 공헌하는 바가 있어야 하겠다. 번역을 通해서 우리말의 어휘를 보다 풍부하게 하는 데 기여해야 하겠다. 日本만 보더라도, 명치시대 이후의 일본어 어휘가 明治時代 以前에 비해서 월등하게 풍부한 것은 다 飜譯文學者들의 功勞라 한다. 한 나라의 文化는 다른 나라의 文化와의 交流 없이는 絶對로 發展하지 못하는 것이다.

展에 貢獻하겠다는 精神보다는 우선 돈을 벌어야 하겠다는 생각이 앞서고 있고 또 그렇게 되는 것이 無理도 아닐 성싶다. 그러나 그 中에는 좀 너무 甚한 것이 있다. 더구나 우리 나라와 같은 경우에 있어서는, 남보다 하루라도 먼저 번역해서 출판하는 사람이 임자다. 번역이 잘 되고 못 되는 것보다 하루 빨리 출판하는 것이 問題다. 이러한 事情 밑에서 출판업자들은 번역하는 사람들의 영덩이에 채찍을 加하게 되고, 명색 붓을 든다 하는 사람들은 自己 原稿를 퇴고할 時間的 餘裕조차 가지지 못하는 예가 許多하다 한다. 이러한 짓을 출판업자들의 拙速主義라 하겠는데, 이 졸속주의와 배금주의에서 오해 또한 無數할 것이다. 어느 번역물에서 본 것인데, 「生의 生命」이란 말은 分明 「小生의 生命」 即 「나의 목숨」이란 뜻일 텐데 이것이 「삶의 목숨」으로 번역이 되어 있다는 것은 틀림없이 이러한 졸속주의가 빚어낸 오역일 것이다.

맺 는 말

人間 情緖의 모든 구석 구석이 묘사되어 있는 문학작품을 읽을 때, 이것을 原文으로 바로 味讀하는 것이 이상적인 독서라 하겠다. 그러나 이것은 일부 少數의 어학도에게만 허락될 수 있는 일이다. 文學作品은 萬人의 것이지 결코 少數人의 독점물은 아니다. 여기에

(筆者 : 예총 지부장, 영문학)

「白潮」에 담긴 韓國의 浪漫

露雀을 中心으로

□ 權 道 鉉 □

筆者는 여기에서 「白潮」派 詩人의 한 분이었던 露雀의 詩世界를 吟味 감상한 다음 당시 「백조」의 새로운 낭만풍을 더듬어 보고자 한다.

「白潮」는 一九二二년 露雀·春城·월탄·稻香·尙火春園·회월·빙허 등의 同人으로 構成된 純文藝誌로서 겨우 三號밖에 出刊되지 못한 극히 短命한 誌齡이긴 하였으나, 우리 韓國文壇 초기 낭만주의 운동의 가장 中樞的인 몫을 다한 雜誌임에는 틀림없다. 이것보다 一년 앞서 낭만풍을 감고 나온 詩專門誌 「장미촌」이 一號만 나온 일이 있는데, 이가 곧 「白潮」의 母胎 역할을 담아 온 것이다.

이 「장미촌」은 自由詩의 새 運動으로 시작, 상아탑, 수주·춘성·월탄·회월 등이 構成員으로 出航한 우리 最初의 詩誌였다. 이 때 상아탑이 주간의 위치에서

맹렬한 활동을 개시했다. 이로 인해 出版업자 高敬相의 出資로 一九二○년에 「廣益書舘」에서 發行된 文學同人誌 「폐허」를 通하여 퇴폐적인 상아탑의 낭만적인 要素가 바로 「장미촌」의 主潮的 傾向이 되었던 것은 엄연한 사실이다. 그러나 「장미촌」은 「폐허」의 퇴폐식과는 아주 달리 당초부터 저으기 낭만적인 意識으로부터 출발한 것이다.

우리들은 人間으로서의 참된 고민의 촌에 살아 왔다. 우리들이 밟아 나가는 길은 고독이 끝없이 펼쳐진 쓸쓸한 설원이다. 우리는 이 곳을 개척하여 우리 靈의 永遠한 얼을 장미촌의 훈향높은 神과 人間과의 慶賀로운 화혼의 향연이 얽히는 材를 세우려 한다. 우리는 이 곳을 다못 우리들의 젊은 靈의 永遠한 열탕같이 뜨거운 맘과 또는 철화같은 高度의 정열로써 개척하여 나갈 뿐이다. 장

미 장미, 우리들의 손에 의하여 싹나고 길러고 또한 꽃피 우려는 장미……。

 이것은 「장미촌」의 표지 중앙에 게재된 同誌의 宣言 으로서 『靈의 永遠한 平和와 安息을 얻을 장미촌」, 「 神과 人間과의 慶賀로운 花婚의 향연이 얽히는 촌」이 라는 이러한 추상적인 文句들로 同宣言이 상징 示唆하 는 것은 실로 낭만적 天眞性이 아닐 수 없다. 이같은 宣言은 더욱 수주의 글에서 明白해진다.

 극도로 곤비한 人間의 영혼은 쉬지 않고 「정신의 운둔소 」를 찾는 것이다. 그리하여 人間의 意識과 감각을 차차로 볼 수 없는 「形象」에, 즉 物質界에서 정신계에 나아가 보 지 못하는 形象에 목을 쟁하여, 듣지 못하는 음향에 耳를 정하여, 맡지 못하는 훈향에 비를 張하는 것이다。 物質界는 有限하나, 정신계는 無限하여 언제인지는 모르 나, 이 世界에 난 大變化이니 最後의 來日이 오리랴. 모든 단결은 후승과 같이 끊어지고, 모든 組織은 사구와 같이 무너지며, 모든 도덕은 매연과 같이 쓸어지고 말리라. 하 나 정신계의 住民은 과거의 추억에 살아 現在의 愛에 살며 未來의 예감에 산다.
 그러나 과거, 현재, 미래를 통하여 살 수 있는 生命이야 말로 우리가 살려고 또 살아야만 할 宿命的 生命이다.

 이것은 「장미촌」창간호에 실린 수주의 글이며, 또한 「장미촌」을 讚한 글이다. 『過去의 追憶에 살아 現在의 愛에 살며 미래의 예감에 살겠다』는 태도는 同誌에 게 재된 전작품에 「貫된 共通性이기도 하다.
 「장미촌」의 이같은 낭만적인 傾向이 강한 集團構 成으로서 나타난 것이 「白潮」였다.
 (1) 「장미촌」의 半無意識的 낭만주의에 비하면 「白 潮」는 그것이 全誌面에 넘쳐 흐르도록 의식적인 낭만주의의 왕성을 극했다.
 (2) 前者가 四六版 二〇餘面의 보잘것 없는 잡지 로서 겨우 一호밖에 내지 못한데 비하여 後者는 四六 倍版 一五〇餘面으로 내지 三호까지 간행되었다.
 (3) 「白潮」는 수주를 除外한 「장미촌」의 전동인에 다가 다시 露雀、稻香、尙火、오천원、빙허 등의 다른 많은 同人을 포섭하여 人爲的으로도 풍부했 던 까닭에서 우리는 「白潮」가 「장미촌」보다 훨씬 優位에 있는 것을 能히 알 수 있다.

 이 「白潮」의 낭만주의가 西歐의 近代 낭만주의 운동 과는 그 質이 다르다. 西歐의 近代 낭만주의 운동은 고전주의에 對한 反抗으로서 出發한 것이 그 重要한

特徵이지만「白潮」의 낭만주의는 反抗할 만한 어떤 대상도 없는 막연한 낭만 의식의 發露였다. 다시 말해서 「백조」의 낭만은 고전주의에 反抗하고 일어선 西歐의 그것과는 그 뜻이 다르다. 이는 反抗보다는 새 出發의 氣分的인 素朴性이 더 强했던 것으로서 마치「페허」誌가 가졌던「데카당스」의식과도 같은 것이었다.

고전주의자「보아르」의「진리가 아니면 미가 아니면 진리가 아니다」라는 말을 거부하고 우리는 과감히「미가 아니면 진리가 아니다」라는 말을 절대로 지지했던 것이다. ……이 땅의 주조가 낭만과 상징 그리고「데카당스」에 흐르게 된 것은 우리들이 정치적으로 압박을 받게 되는 환경 속에 댄들앉고, 또한 三一運動을 치른 뒤에 오는 절망이 자연히 이 길로 우리의 젊은 문학도를 끌고 들어가게 만들었으며, 모두가 恨이요, 哀愁요, 자포자기요, 유미 탐구뿐이었다.

「백조시대의 회고」(월탄의 글 一九二九년, 문예지. 三月號)

이상 월탄의 글에 미루어 보아 우리는 당시「백조」에 것들인 낭만의「무우드」를 능히 규지할 수 있다. 바꾸어 말해 보면,「백조」의 文學이 이다지도 슬프고 병적이었던 것은 의적으론 三一運動의 실패가 우리에게 안겨다 준 絶望의 시대적 影響이요, 내적으론 現實을 떠난 感傷的인 人生觀 乃至 世界觀을 가지고 있었기 때문이라는 것을 필자는 여기에서 다시 한번 闡明해 둔다.

다음으로 시인 洪사용을 간단히 소개하겠다. 그는 一九〇〇년에서 一九四七년, 마흔 여덟 살이란 아까운 不惑의 年齒에도 불구하고 그만 그의 고질인 폐환으로 한 생애를 너무도 아깝게 마쳐간 낭만 시인이었다. 그는 경기도 水原 태생이며, 雅號는「露雀」이다.

그는 一九二二는「백조」의 同人으로서 극히 감상적이고 향토적인 서정시를 발표함으로써「백조」派 시의 낭만적 분위기와 애상적 기질의 一面을 알뜰히 드러낸 시인이다. 그는 시의 手法에 있어서 특이한 力量을 유감없이 발휘한 중요로운 作家이다. 필자가 여기에 紹介하려는「나는 왕이로소이다」는 그의 대표작으로 널리 이 세상에 알려져 있으며, 다른 여러 作品에서와 마찬가지로 눈물과 感傷의 背景과 素材를 오직 자기의 傳記的인 生과 향토적 전습과정에까지 끌어올린 뚜렷한 個性의 시인이다.

그러면 필자는 다음 그의 시「나는 왕이로소이다.」를 읽고 나서 간단히 음미감상해 보기로 하겠다.

나는 왕이로소이다. 나는 왕이로소이다. 어머의님 가장 어여쁜 아들 나는 왕이로소이다. 가난한 동구의 아들로서…

그러나, 十王殿에서도 쫓기어 난 눈물의 왕이로소이다.

『맨 처음으로 내가 너에게 준 것이 무엇이냐?』 이렇게 어머니께서 물으시면은

『맨 처음으로 어머니께 받은 것은 사랑이었지요마는 그것은 눈물이더이다.』 하겠나이다. 다른 것도 많지요마는…』

『맨 처음으로 어머니께 드린 말씀은 「젖 주셔요」하는 그 소리였지요마는…』

이것은 노상 왕에게 들리어 주신 어머니의 말씀인데요.

상이 처음으로 이 세상에 올 때에는 어머니의 흘리신 피들 몸에 휘감고 왔더랍니다.

그날에 동네의 늙은 이와 젊은 이들은 모두 「무엇이냐?」고 쓸데 없는 물음질로 한창 바쁘게 오고 갈 때에도 어머니께서는 기꺼움보다도 아무 대답도 없이 속 아픈 눈물만 흘리셨답니다.

발가숭이 어린 왕 나도 어머니의 눈물을 따라서 발버둥질 치며 「으아」 소리처 울더랍니다.

그날 밤도 이렇게 달 있는 밤인데요.
어스름달이 무리서고 뒷동산에 부엉이 울음 울던 밤인데요.

어머니께서는 구슬픈 엿이야기를 하시다가요, 일없이 한

숨을 길게 쉬시며, 웃으시는 듯한 얼굴을 얼른 숙이시더이다.

왕은 노상 버릇인 눈물이 나와서 그만 끝까지 섧게 울어 버렸소이다. 울음의 뜻은 도무지 모르면서도요.

어머니께서 조으실 때에는 왕만 혼자 울었소이다. 어머니의 지우시는 눈물이 젖 먹는 왕의 뺨에 떨어질 때이면 왕도 따라서 시름없이 울었소이다.

열 한 살 먹던 해 五月 열 나흗날 밤, 맨잿더미로 그림자를 보러 갔을 때인데요. 명이나 긴가 짜른가 보려고.

왕의 동무 장난군 아이들이 싱숭스럽게 놀리더이다. 모가 지 없는 그림자라고.

왕은 소리처 울었소이다. 어머니께서 들으시도록 죽을 까접이 나서요.

나뭇군의 산타령을 따라가다가 건넌산 비탈로 지나가는 상둣군의 구슬픈 노래를 처음 들었소이다.

그 길로 응단 우물로 가자고 지름길로 들어서면은 찔레 나무 가시덤불에서 처량히 우는 한 마리 파랑새를 보았소이다.

할머니 산소 앞에 꽃심으러 가던 한식날 아침에 어머니께서는 왕에게 하얀 옷을 입히시더이다. 그러고 귀밑머리

「오늘부터는 아무쪼록 울지 말아라」

아아, 그때부터 눈물의 왕은—어머니 몰래 남모르게 속 깊이 소리없이 혼자 우는 그것이 버릇이 되었소이다.

누우런 떡갈나무 우거진 산길로 허물어진 봉황 둑 앞으로 쫓긴 이의 노래를 부르며 어슬렁거릴 때에……

아아, 뒷동산 장군 바위에서 날마다 자고 가는 뜬구름은 바위 밑의 돌부리는 모른 체하며 감풍역하고 앉았더이다.

얼마나 많이 왕의 눈물을 싣고 갔는지요.

나는 王이로소이다. 어머니의 외아들 나는 이렇게 王이로소이다.

설움이 많은 땅은 모두 王의 나라로소이다.

— 「백조」제三호(一九二二년) —

母性愛에 대한 끈질긴 사랑의 유대는 東西가 같고 古今이 같다. 못난 자기 자식에 대한 어버이들의 뜨거운 愛着은 어디에도 비길 수 없는 귀한 인정의 샘이다. 이 시에 조용히 감도는 「무우드」야말로 실로 뜨거운 눈물과 애달픈 사랑이 함초롬히 젖어 있는 우리들의 느낌인지라, 마치 애상의 색실로 짜여진 비단의 천처럼 매끈하고 싸늘하다. 『나는 왕이로소이다.』어머니의 가장 어여쁜 아들 나는 왕이로소이다.』에서 우리는 母子間에 흐르는 薰薰한 사랑을 滿喫할 수 있다.

그러나 우리는 이 盲目의 사랑 속에 정말 곁으론 드러나지 않는 어버이의 집요한 敎育觀이 確立되어야 하지 않을까 한다. 우리는 申師任堂과 율곡선생님과의 사랑 속에 핀 만세 귀감의 등불을 잊을 수가 없다.

홍사용군은, 詩人中에서도 서정시인이었고, 애상의 詩人이었다. 허튼 주정인 人生과 生活의 회의를 비탄한 홍사용군은「봄은 그대로 가더이다.」에서 애상의 눈물을 뿌리면서「기타」에서 커다란 무덤을 껴안고 울었다. 이와 같이 同人詩人「로맨틱·무우브멘트」의 개척자「심볼리즘」의 부대는 반드시 심볼리즘 詩人이 소유해야 하는 言語의 미적 선택, 치밀한 감정의 표시 미묘한 기분의 감염…등에 주력 하였던 것이다. 그 內容은 퇴폐적이었다…」라고 하였다.

— 회월의 평(一九三三년 九월 東亞日報) —

露雀의 詩가 거의 童心的인 추억과 향수의 감상 시인인데 우리는 백조를 代表한 詩人의 면모을 보는 것이다. 노작의 詩는 애상의 색갈로 엮어어진 哀愁의 화원이었다. 이 시인은 울음의 뜻도 모르고 울게 되고 눈물을 흘리는 것이 노상 버릇이었다. 노작은 감상주의로 그 主調를 이룬 詩人이다.

「신문학 사조사」(백철저)에서

필자는 이상 두 평론가가 露雀을 두고 評한 글을 인용하였다. 참으로 적절한 評이라 본다. 당시 시풍은 우리 시의 대표적인 남만이었다. 그이가 부르며 울어댄 구슬픈 가락 속에 우리는 무엇을 發見해야 할 것인가? 이는 異民族의 통고를 맛본 民族의 哀歡이요, 고달픈 愛國의 合掌이다. 이는 비단 노작만의 시풍도 아니다. 尙火의 「빼앗긴 들에도 봄은 오는가」. 東柱의 「하늘과 바람과 별과 시」 파인의 「國境의 밤」. 東鳴의 「파초」· 陸史의 「청포도」· 「광야」··· 『님만 님이 아니라 기리는 것은 다 님이다. 중생이 석가의 님이라면 哲學은 「칸트」의 님이다.」···라고 읊조린 萬海의 「님」이 다 그러하다.

〈필자∶마산 교대·국문학〉

歷代 執行 機構

총회 일자	事務局長	副支部長	部長	支
1962. 7. 7.	이 광 석		석	이
1963. 4. 2.	〃			
1964. 3. 6.	염 기 용	이 광 석	수 돈	김
1665. 3. 12.	〃	김 교 한	영 창	임
1966. 3. 20.	〃	〃	수 돈	김
1966. 10. 20.	〃	조 병 무	교 한	김
1967. 3. 12.	〃	김교한·조병무	진 업	정
1968. 2. 28.	〃	이 광 석	교 한	김
1969. 2. 25	〃	〃	〃	
1970. 2. 17.	배 복 도	신 상 철	〃	
1971. 2. 12.	고 화 석	서 인 숙	상 철	신

SOMERSET MAUGHAM이란 사람

〈人生의 達人〉

정 자 봉

▲人間에의 흥미

모―음은 大端한 旅行家로 日本·中國·보르네오·말레이, 南洋群島, 南美, 서인도, 諸島 等 발자취를 남기지 않은 곳이 없다고 해도 과언이 아니다.

그러나 모―음은 自己는 Sightseer(觀光客)는 아니라고 말하고 있다. 그가 흥미를 가진 것은 오직 人間이며 人間生活이었다. 文化가 發達된 社會에서는 여러가지 속박이 있기 때문에 人間의 性格도 있는 그대로 나타나지 않았지만, 원시적인 社會에서는 그것이 적나라하게 나타나며, 自由로이 發揮된다. 그가 邊境의 땅을 즐겨 여행한 것은 人間을 觀察하기 위해서였다고 모―음은 말하고 있다.

個個의 人間이란 유니크(Unique)한 것으로 完全히 닮은 두 사람의 人間은 存在하지 않는다. 이것은 어떤 의미에서 眞理임에 틀림 없으나 너무 이것을 지나치게 強調하면 오류를 犯하게 될 것이다. 實際에 있어서 人間은 비슷비슷한 것이다. 모―음은 그렇게 생각하고 있다. 다시 말하면 人間은 비교적 少數의 類型(type)으로 分類될 수 있는 것이 아닌가고 생각하고 있는 것이다.

人間이 少數의 類型으로 나누어질 수 있다면, 旅行을 한다 해도, 어떠한 邊境에 가 본다 해도 거기에 만나는 인간은, 以前에 만났던 인간의 되풀이에 지나지 못한다. 그래서 모―음은 旅行을 그만 두었다. 별다른

~ 34 ~

모―음은 18歲時 醫學校에 들어간 일이 있다. 런던의 St. Thomas Hospital 이다. 5년 후 졸업하고 醫師의 免許狀을 맞았다. 그러나 醫師가 되지 않고 作家가 된 셈인데, 그는 醫師가 患者의 病徵狀을 보는 것처럼 人間을 冷酷하게, 멀찌감치 밀쳐 놓고 바라보는 데가 있다. 이것은 醫師로서의 경험 때문이라기보다는 모―음의 生來의 性格 때문이지만 아물든 醫學生 시절의 經驗은, 作家로서의 모―음에게 커다란 도움을 주었다. 다시 말하면 病에 걸린 人間은 異境에 있는 人間과 마찬가지로, 적나라하게 그 性格을 나타내기가 쉬웠기 때문이다. 모―음에 있어서 病院은 「보르네오」와 같은 역할을 했다. 모―음은 1918년 44才 때 肺結核으로 그곳은 「스코틀랜드」의 「사나토륨」에 들어 갔다. 그리하여 그곳은 「말레이」와 같은 역할을 한다.

▲ 모―음의 인간관

모―음은 元來, 인간을 그렇게 信用하지 않는다. 期待하거나 의지할 만한 것이 못된다고 생각하고 있다. 정숙한 여인 속에서 慾情을 맡아낸다. 그리하여 그것을 임상醫師처럼 冷情히 觀察하고, 小說로 그려낸다. 그러나 인간의 生活이 善이다 또는

惡이다라고 딱 분질러서 단정하는 것이 아니라 人間의 生活이란 다만, 이런 것이다, 라고 말하면서 그것을 가르치고 있을 따름이다. 病은, 의사에 있어서, 倫理的인 善도 惡도 아니다. 人間도 마찬가지다라는 것이다.

모―음의 小說은, 以上과 같은 생각을 가지는 人間이 쓴 것이다. 그 小說은 起承轉結의 形을 갖추고 있으며 一貫된 Plot 위에 構成되어 있기 때문에 재미 있는 얘기를 듣는 것처럼 재미있다. 그리고 人間에 對해 여러가지를 가르쳐 준다. 人間에게 너무 期待를 갖지 않도록, 따라서 寬容을 갖도록 가르쳐 준다. 모―음의 文學은 一見 冷酷한 것처럼 보이지만 人間을 용서한다는 것, 다시 말하면 善이 그 궁극적 목적이다. 모―음의 文學은 인생 달인의 文學 또는 Wisdom의 文學이라고 해도 좋을 것이다.

I had no notion of living on a exist in a garret if I could help it. I had found out that money was like a sixth sense without which you could not make the most of the other five.

(만약 될 수 있는 일이라면 다락방에서 빵 껍질을 씹고 살아 나갈 생각은 조금도 없었다. 돈은 六感과 같아서 그것 없이는 다른 五感도 마음껏 활용할 수가

~ 35 ~

없음을 나는 알고 있었다)— The Summing up 제32절

같이면서도 實際로 많은 知識人들이 등한히 하고 놓쳐버리는 지혜이다。임어당은 그의 수필「The Chinese Character」에서「未知生 焉知死」(논어) 라고 한 孔子를 가르쳐 이것이야 말로 人生과 知識 問題에 대한 Practical attitund(實際的 態度)라고 指稱했다.

以上은 죽음이 무엇이냐고 묻는 제자들의 質問에 答하여 공자가 한 답변인데「生을 모르는데 어찌 죽음을 알리오」다시 말하면 우리 人間이 어떻게 해서 생겨 났는지 그 生命의 근원을 모르겠느냐는 뜻인데 죽고난 以後의 일을 알 수 있겠느냐는 뜻이다。이것보다 더 당연하고 실제적인 사고방식이 어디 있겠는가? 이러한 事物에 對한 態度가 바로 Practical attituder며, 이러한 지혜가 바로 Practical wisdom인 것이다。그러나 文學이란 Practical wisdom을 넘은 領域이 있다는 事實을 看過해서는 안 된다。모-음 자신도 자기의 限界를 잘 알고 있다。그는 The Summing up 제22절에서 다음과 같이 말하고 있다.

▲ 훌륭한 自畵像

My sympathies are limited. I can only be myself, and partly by nature, parely by the circumstances of my life, it is a partial self. I am not a sociale

여기서 심장은 人間의 感情에, 머리는 人間의 理性에 비겼으니 원래 人間은 이성적이기보다는 감정적인 動物이기 때문에 感情에 忠實해야 하며 理性에도 지나치게 혁 있었지만 人間의 머리는 아무짝에도 쓸데 없는 해 볼까요。인간의 심장은 있을 만한 곳에 제대로 박였다。「여보, 인간을 어떻게 생각하는가 한 마디로 말에서 만난 어떤 사람의 입을 빌어서 이렇게 말하게 하 (인간에 對해서 내가 도달한 결론을 支那海의 배 안

The conclusion I came to about men I put into the mouth of a man I met on board ship in the China seas. I'll give you my opinion of the human race in a nutshell, brother ; I made him say, Their heart's in the right place, but their head is a throughly inefficient organ

이란 말은) —Ibid 제55절—

지혜를 터득한 사람이다。그런데 그 지혜는 곧 Practic aal wisdom을 말하는 것이므로 이 실제적인 지혜를 갖는 사람은 그 수가 그리 많지 않다. 事物을 현실적으로 볼 수 있는 眼目이 바로 그것인데 이것은 一見 평범한 것

以上에서 보는 바와 같이 모-음은 人生에 충실하기 때문에 性에 충실해야 한다는 뜻이다。

— 36 —

person. I cannot get drunk and feel a great love for my fellow men. Convivial amusement has always somewhat bored me. When people sitting in an ale house or rifting down the river in a boat s start singing I am silent. I have never even sung a hymn. I do not much like being touched and I have always to make a slight effort over myself not to draw away when someone links arm in mine. I can never forget myself. The hysteria of the world repels me and I never feel more aloof than when I am in the midst of a throng surrendered to a violent feeling of mirth or sorrow.

(나의 共感에는 限界가 있다. 나는 내 自身일 수밖에 없다. 그리고 一部는 선천적으로 다른 一部는 生活의 환경 때문에 그것은 편파적인 자기인 것이다. 나는 사교적인 人間은 아니다. 술에 취할 수도 없고 동포인 人間에게 대단한 사랑을 느낄 수도 없다. 술좌석의 즐거움이란 것에는 언제나 약간 싫증이 났다. 사람들이 선술집에 앉거나 「보트」를 타고 강을 내려가거나 하면서 노래라도 부르기 시작하면 나는 입을 다물고 있다. 나는 찬미가를 불러 본 일도 없다. 나는 사람들에게 만져지는 것을 그리 좋아하지도 않고, 남이 나의 팔에다 자기팔을 걸어 오거나 할 때에는 내 팔을 빼내지 않기 위해서 언제나 조금 노력을 하지 않으면 안될 지경이다. 나는 아무리 해도 내 자신을 잊어 버릴 수가 없다. 세상의 「히스테리」에는 불쾌감이 일어나고, 기쁨이나 슬픔의 격렬한 감정에 사로잡혀 있는 군중가운데 있을 때처럼 고독하게 느껴 본 일은 없다.」정말 훌륭한 自畵像이다. 아무렇지도 않는 듯이 이렇게 자기 자신의 性格을 묘사하기란 그리 쉬운 일이 아니다.

Though I have been in love a good many times I have never experienced the bliss of requited love. I know that this is the best thing that life can offer, and it is a thing that almost all men, though perhaps only for a short time, have enjoyed. I have most loved people who cared little or nothing for me, and when people have loved me I have been embarrassed. It has been a predicament that I have not quite known how to deal with. In order not to have their feelings I have often acted a passion that I did not feel, I have tried, wii's gentleness when possible, and if not, with irritation, to escape from the frammels with which their love bound me. I have been jealous of my inde-

~ 37 ~

*pendence, I am incapable of complete surrender. And
s, never having felt some of the fundamental emotions
of normal men, it is impossible that my work should
have the intimacy, the broad human touch, the animal
serenity which the greatest writers alone can give.*

▲ 그의 限界性

　모―음에는 Book and you 라는 著書가 있다. 文學名著解說과 같은 것인데 이것을 읽어보면 모―음이 卓越한 鑑識眼과 취미를 갖춘 독서가라는 것을 정말 잘 알수 있다. 모―음만큼 信賴할 수 있는 독서 案內人도 드물다. 그리고 모―음 自身이 갖지 못하는 大作家의 資質을 이 책 가운데서 칭찬하고 있다. 「라파이엘」夫人 (Mme de Lafayette)의 「La Princesse de Cleves」는 기혼녀가 貞潔을 지키는 男子에게서 느끼는 괴로운 愛情과 싸워서 誘惑과 情熱을 남편에게 털어 놓는다. 모―음은 거리면 男便 아닌 男子에게서 느끼는 괴로운 愛情과 싸우는 일이 容易할 거라 생각하고 그 男子에 對한 誘惑과 情熱을 남편에게 털어 놓는다. 모―음은 거기서 이렇게 말하고 있다. 「男便은 훌륭한 人格의 所有者로 아내를 믿고, 아내는 自己를 배반할 수 는 것을 잘 알고 있었다. 그러나 人間이란 약한 것이라, 그는 自己의 意志에 反하여 질투 때문에 피로와 한

（연애를 해 본 일은 여러 번 있었지만 보답을 받은 사랑의 기쁨이란 것을 맛본 일은 한 번도 없다. 사랑이야 말로 인생이 제공해 줄 수 있는 최고의 것이고, 아마 짧은 동안이긴 하겠지만 거의 모든 사람에 향락해 왔던 것이라고는 나도 알고 있다. 내가 대단히 사랑한 사람도 있기는 했지만 그들은 나를 거의 또는 전연 좋아하지 않았고, 반대로 사람들이 나를 사랑할 때에는 이번에는 내편에서 어리둥절하였다. 그것은 어떻게 해야 좋을지를 전연 몰랐던 난처한 경우였다. 그들의 감정을 상하지 않게 하려고 나는 때때로 느끼고 지도 않은 정열을 일부러 내 보이는 수도 있었다. 그들의 사랑이 나를 정말으로 속박하고 있는 그속박에서 벗어나려고, 될 수 있으면 온건하게 그렇지 못하다면 초조해 하면서 애써 본 일도 있었다. 자기의 독립성을 잃어버리지 않겠다고 나는 노력하였다. 完全히 몸을 내맡

～38～

그가 指摘한 大作家만이 줄 수 있는 「친밀감」, 넓은 인간적인 정감」에 바탕하기 때문이다 大体로 독자는 모ー음의 小說을 읽고 있을 때는, 實은 小說을 읽고 있는 것이 아니라 世間智를 배우고 있는 것이며, 小說에서 感動을 받는 것이 아니라 어떤 人生의 지혜를 배우고 있는 듯한 느낌을 받는 것은 결코 우연한 일이 아닌 것이다.

이것이 바로 모음의 限界点인데 가령 人間이란 결국 몇 개의 類型으로 分類할 수 있는 것이며, 비슷비슷한 것으로 人間에게 A라는 前提條件이 있다고 하자, 그러나 A 應을 이으킨다는 道程, 「自然스런 過程」은 個個의 경우에 있어 풍부하고 복잡한 음영(陰影)을 그리는 것이다.

一流의 小說이란 그 道程의 한 발자욱 한 발자욱에서 독자에게 끝임없이 新鮮함을 느끼게 한다. 그 程道은 어디까지나 自然스럽고 또 新鮮한 것이다. 모ー음에 있어서는 A이면 B이다하고 끝맺음을 하는 경우가 많다.

그러나, 어떤 男子가 마음의 고뇌 進行過程이 自然스러움이 原因이 되어 점차 타락해 가는 그 진행에는 쉬운 일도 할 수 없을 것이다. 또한 모ー음은 「독자의 마음을 깊이 혼드는 일도 할 수 없을 것이다. 그런 것들은

다. 疑心많고 화 잘내는 불유쾌하기 짝이 없는 人間이 된다. 나는 이 人物이, 마음의 고뇌가 原因이 되어 점차로 타락해 가는 이처럼 自然스런 過程을 다른 小說에서 읽은 記憶이 없다. 이 小說은 독자의 마음을 깊이 혼드는 作品이다. 여기에 主要 人物은 제 各己 自己의 義務라고 여겨지는 것을 다 하려고 바라면서도 自己의 힘으로는 어쩔 수 없는 事情 때문이다. 사람에게서 무엇을 求할려고 할때에는, 그 사람이 할 수 없는 것까지 바라는 일이 있어서는 안 된다는 것이 이 小說의 敎訓일 것이다.

이 小說은 Plot面에서 보면 모ー음이 좋아할 것이다. 여자가 남편 외의 男子를 사랑한다. 남편에게 그것을 告白한다. 거기서 일어나는 갈등⋯ 모ー음이 短篇小說의 主題로 선택하기엔 안성맞춤이다. 그리고 사람에게서 무엇을 求할려고 할때에는 그 사람이 할 수 없는 것까지 바라는 일이 있어서는 안 된다는 것도 모ー음이 좋아하는 것이다. 寬容을 항상 강조하면서 그러나, 어떤 男子가 마음의 고뇌 進行過程이 自然스러움이 原因이 되어 점차 타락해 가는 그 힘에는 겨운 일도 할 수 없는 것이다. 또한 모ー음은 「독자의 마음을 깊이 혼드는 일도 할 수 없을 것이다. 그런 것들은

이는 머리보다는 가슴을 중히 여기는 모ー음이기는 臨床醫가 최대공약수적인 진단으로 人間의 精神生活을 다루는 것처럼.

하지만 그의 가슴에 담겨져 있는 감정의 결핍에서 일어나는 現狀이리라.

풍부한 정감이 결핍한 작자는 아무리 그의 두뇌가 명석해도 이와 같은 한계성이 나타나기 마련인 것이다.

풍부하고 섬세한 정감의 결핍이야 말로 모―옴의 最大의 限界인 것이다.

이 때문에 모―옴에게는 humour가 모자란다. 모―옴의 作品에 humour가 있다고 논하는 사람도 있지만 나는 그렇지 않다고 생각한다.

모―옴의 作品에 나타나 있는 웃음은 機智나 냉소나 풍자로는 불리울 수 있어도 humour는 아니다. 그의 웃음은 그의 관용처럼 언제나 어두운 느낌을 주고 있는 것이다.

그런데 그의 정감 결핍은 천성적인 氣質 때문이기도 하겠지만 조실부모하고 아이를 理解못하는 大端한 俗物이고 폭군적인 백부(그는 목사였다) 밑에서 보낸 그의 매마른 환경에도 큰 원인이 있었을 것이다.

▲ 결 어

그러나 모―옴은 앞서 말한 대로 자기 자신의 이와 같은 한계성을 잘 알고 있었으며 자기힘에 겨운 일을 억지로 하려 하지 않았다. 여기에 모―옴다운 그의 眞面目이 있는지 모르겠다. 또 한편으로 생각하면 이와 같은 그의 限界가 오히려 그에게 「풀러스」가 되었는지도 모른다. 그가 지적한 그 친밀감(the intimacy)이나, 넓은 인간적인 정감(the broad human touch)이 그에게 없기 때문에 독자의 마음을 깊이 흔들어 감동케 할 수 없는 것이 事實이지만 만약 그에게 그런 정감이 있었다면 과연 모―옴 特有의 그 과학자적인 예리하고 정확한 人間觀察이 可能했을까?

친밀감이나 인간적인 정감을 갖는 大作家는 흔히 볼 수 있지만 모―옴이 터득한 그 Practical Wisdom을 갖는 사람은 그 數가 아주 드물어 可히 공자의 그 Practical attitude에 비길 만하다고 하면 필자의 지나친 말이 될까?

〈필자 : 경남대학 교수·영문학〉

◆ 全基洙 第三詩集 ◆

봄 편 지

₩六〇〇원

現代文學社 刊

馬山文協의 近況
― 1970年 이후 ―

1. 서 언

 무학산을 등에 지고 잔잔한 합포만을 가슴에 안은 항도 마산은 일찍 많은 문인을 배출한 곳이다. 이은상(시조) 김용호(시) 이원수(아동 문학) 등 기라성 같은 문단의 중진들이 다 마산에서 시정을 다듬었거니와 그 외에도 문단의 많은 별들이 이곳에서 커 갔다.
 그러나, 한국적 여건은 그들을 고향에 남겨, 마산의 체온과 빛깔을 담은, 지방문학의 에꼬르(ecole)를 형성하지 못하고, 중앙문단으로 거의 이민을 가게 했다.
 다만 정 진업만은 마산에서 나서 마산을 그대로 지키고 있지만 고향은 그에게 『상처뿐인 영광』을 안겨, 의로운 지방 문단의 한 이정표가 되게 했을 뿐이다.
 이런 여건 밑에 놓인 우리 마산 문협도 一九六二년

이 석(李石)에 의해 결성을 본 이래 만 십개 성상의 연륜을 쌓는 동안 어떤 길을 걸어 왔는가는 이미 「文協」창간호에 밝혀져 있기 때문에 一九七○년 이후의 상황만 그려, 보다 나은 자세와 방향을 가다듬어 보려 한다.

2. 구성과 조직

 마산 문협의 회원 조직은 정관에 따라 기성 문인과 동인, 그리고 문필 활동을 계속하는 문학인으로서 회원 두 사람 이상의 추천을 거쳐 간사회의 인준을 얻은 자로서 구성된다. 따라서 회원 중에는 기성 문인도 있지만, 대학을 비롯한 각급 학교에서 문학을 강의하거나 문예를 지도하는 이도 많고, 개인 작품집을 내고 시 화전을 하며, 신문 잡지 등에 작품 활동을 꾸준히 계속하는 사람들도 있다.
 이들 회원은 자신의 전공 분야에 따라 시(시조) 분과, 소설 분과, 평론 분과, 수필 분과, 아동 문학 분과, 외국 문학 분과―희곡・「씨나리오」분과는 회원이 없음―등 6개 분과에서 26명 (남 18・여 8)의 회원이 활동을 계속하고 있는 것이다.
 조직면에서 보면 지부장과 부지부장 및 사무국장으로써 집행부가 짜이고, 각 분과 위원장과 감사 두 명과 함께 간사회를 이루어 수시 중요 사항을 의결하게 되는 것이다. 이와 같이 회원을 늘이고, 조직을 확장시키는 경향은 1960년대 후반부터 계속된 일로서, 문학 인구의 저변을 넓히고 아울러 꾸준히 작품 활동을 자극하는 속에서 보다 나은 지방 문단을 이룩하며 한국문학의 일익을 담당해 보자는 의욕의 표징이라 할 것이다.

3. 작품 활동

「현대문학」「시문학」등 중앙에서 발간되는 문예지에는 전기 수·김교환·서인숙·권도현 등의 활동이 눈에 띠고, 경남 방송·경남대일·상 등 발표기관을 통해 실상철·김근숙 등이 비교적 활발히 작품 활동을 하며 「경남문학」과 「文協」지에 거의 전 회원이 작품을 내고 있다. 그러는 일방 추창영이 주간하는 「동인수필」은 예정대로 2년간 8집을 내는 열의를 보였거니와 이애는 추창영 이외도 서인숙·이광석·신상철·고화석

등 회원이 정기적으로 수필을 내어 방계 활동을 돕고 있고, 김교환·이금갑 등 「律」同人도 그들의 동인지에 시조를 꾸준히 발표하고 있다. 그런데 무엇보다 큰 수확은 60년대 후반에 서인숙, 추창영 두 여류가 수필집, 시집을 출판한데 이어 금년 들어 전기수 기제 3시집 『정진업 작품집』과 『봄편지』를 6월 과 7월에 연타해 냄으로써 쓸쓸하던 마산 문협을 산뜻하게 돋보이게 한 일이다.

4. 지원 활동

문협이 중 문학 행사를 지원함 스스로를 자극하고 후진을 양성하며, 향토 문학 발전에 기여한 행사를 들자면 먼저 두 번의 문학 강연회를 빠뜨릴 수 없다. 하나는 70년 12월 경남대학 강당에서 김윤호·손소희·장호를 모시고, 도광의·김근숙

의 작품 발표를 곁들여 반공 문학 강연회를 가진 일이오, 다른 하나는 71년 3월에 정한모, 곽학송, 진을주를 모시고 71년도 한국 문학의 전망, 문학과 현실 및 한국 문학의 주체성 등의 연제로 강연을 가진 일이다.

그리고 71년도엔「경남문학」 2집 속간이란 거창한 사업에 지처 별다른 활동이 였었으나 형성될 수 서는 정진 금년 들어 춘판기념회 업 작품집 주최한고최 에 없던, 예지와 양지 우영의 /음회 (6월)를 며, 조병무 // 출판기 월) 이상철 를 도왔으며, 이선관 시화전 (10월) 차명홍 시화전 (10월), 강한석 시화전 (12월)등 회원및 비회원의 시화전을 후원했으며, 항도 문화제의 일환으로 한글시 백일장 (11월) 을 열어, 여러 학생들에게 창작 의욕을 고취시키는 일방·신상철은 5년전부터 남녀 고교생으

로 해마다 이어오는「도 트 섬문학 동인회」의 고문으로서 후진 양성에 신경을 쓰고 있다.

5. 결 어

이상에서 마산 문협의 근황을 대략 살펴 보거니와 우리의 이상처럼 당장은 마산문학이라는「에 끌르」가 형성될 수 도 없을것이요, 중앙 문단에서 전에 없던, 예산 분산을 (6월)를 기대할 수 우영의 음지나「문협」 /출판기 「현내 문학을 도왔으지며 또 시화전 (7 관을 통해 시화전 (8 품 활동을

하는 한편 후진 양성을 위해 지원을 계속할 때,「시의 고장」마산에는 오랜 전통의 바탕을 이어 크고 작은 새 별이 속출할 것을 기대해 봄 직하다.

〈편집실〉

詩

寓 話

鄭 鎭 業

구름에게 덜미를 잡힌
太陽 속에서
黃金빛 비는
「파우스트」가 昇天하던 때의 노을처럼
자욱히 내리고 있었지。

흑사병이 지금의 열병처럼
흔하던 때의 일이었지。

나는 색씨감을 求하러
한 마을을 들렸지만
혹시역신은
꼭 딸들만 잡아가서
마을은 통 비어 있었지。

한 마을을 지나가니까
이번에는 딸이 너무 많아서
시집을 못간 살이찐 處女가
M帶를 들고 나오면서
내게 秋波를 던졌었지。

나는 예수가 났다는
말구유같은 그런 곳으로 가서
자위에 더러워진

~ 44 ~

시

「펠티」를 집어 던지고
全裸가 되어서
귈녀와 未來를 約束했었지。

그러나 一男多妻時代라
그 女子만으로 만족할 수가 없어서
나는 또 다른 마을로 흘러 갔었지。

거기에는 마침
女子가 없는 男寺黨 패가 살고 있어서
나는 거기 어울려
道化師와 惡役이 되기도 하고
「니마이매」와 男娼도 하면서
한 歲月을 몽땅 흘려 보냈었지。

그러는 동안에
一妻多男時代로 바뀌는 바람에
나는 그만 女子 천신을 못하고

「페아」처럼 歸鄕을 해서
一家가 사는 마을로 돌아 왔지만
마을로 들어 서지는 못하고
마을 어귀 느티나무 밑에
쭈구리고 앉아서
「파우스트」가 승천하던 때의 노을처럼
구름에게 들미를 잡힌
太陽 속에서
자욱히 내리는
黃金빛 비를 피하고 있었지。
혹시 벼락이 내리지 않을까
不安에 떨면서。

돌이켜 보면 이것은
나의 「동, 키호테」시절의
하나의 우화이었지。

― 時調 ―

억새

金教漢

아래로 노을 깔고, 발돋운 비탈에서
스스로 요람되어 期約없는 바램일레
하늘에 유랑을 告한 이 뜰악에 새벽소리。

산그늘 드리운 곳 바람을 매만지고
이다지도 고고하게 始源을 부르다가
잉태가 破裂해 버린 여기 빛도 머무는가。

追憶이 머러 지는 가을날 草原의 의미
눈을 주고 수긍하는 이별의 언저리에
한 마음 짜갠 이삭은 純白으로 지켰더라。

~ 46 ~

〈時調〉

解春詞

박 대 섭

―― 時調 ――

아슴한 사랑 여울
세상사 돌고 돌아온
몇 굽이 체념인가.

×
×
×

겨우내 마음 호수에
얼어 사뢴 말씀
이 봄도 속살거리는
눈녹잇물 따라서
엉킨 정 오손도손들
꿈을 엮는 색뿌리.

가녀린 보람으로
틔어오는 한 치 땅에
不眠으로 뒤척인
아침에 오는 心散
소망은 버들 강아지에
번져 올 봄날일레.

×
×
×

가만히 젖어드는
어머님의 숨결소리
들리는 듯 퍼지는 듯

無情한 마음
— 이 겨울에 —

李 光 碩

삼백 육십 오일을 좨선해 온

나막신 신은 日月。

새순이 돋고 꽃이 열리고

또 청량한 한 줄기 분수가 오르면

다시 落葉이 지는 가을

마침내 四季의 지붕 밑에

마지막 설야가 잠든다。

하이얀 겨울로 盛裝한

純色의 이마에

樹液이 낭랑한

방랑하는 旅人

이제는 머언 음악 속을

下午의 연정도

진한 「커피」로 다진

茶 한 잔의 時間

악수도 없이 가버린

── 시 ──

그 차거운 뉴스를 가슴에 품고
입김을 불면
오렌지 이슬 젖은 窓에
世界가 일제히 氷花를 그리는
지금은 12月….

손을 줄수록
눈먼 그리움이 되는 思鄕

고독의 한 줌 불씨가
가슴을 치는
눈물 같은 술잔 가득히

그 배추색 바다는 지금도 출렁이고 있을까.

살아 있었던 時間보다는
죽고 있었던 무료가 더 많았던
피곤의 日常

아무 한 일 없는 텅빈 가슴에
悔恨과 같은 바람이 불고

石燈에 밝힌
부처님의 미소에
못다한 永遠의 合掌이
業報를 접는다.

~49~

― 시 ―

세월은 저 혼자만

추 창 영

하마나
잊으리까
눈 감고
생각일랑
그냥
삼켜도

세월은
저 혼자만
흘러서 가고

너는
내 맘에
그냥 남아
피맺힌
아픔으로
살고 있네

꿈이라면
반겨 줄까
밤마다
별을 헤어도

시

잠은 설고　　　　　잔설은 희고
가슴은 메여

너는　　　　　　　찬바람
먼 하늘가에　　　　매운정
비인　　　　　　　볼을 스쳐도
달무리

못잊어　　　　　　피가 더운
오늘도　　　　　　내 가슴에
혼자 걷는　　　　　너는 살아
외진 길목에

　　　　　　　　　사위어 가는
세월만 스쳐　　　　내 목숨
　　　　　　　　　내 목숨의
　　　　　　　　　피보라.

~ 51 ~

― 시 ―

噴 水 (外一篇)

金 根 淑

하늘 向해 치솟는
네 그리움은
꿈어린 무지개

스스로 목을 뽑아
응시하는 촛점은
물보라 지는 水面

微笑 같은 잔물결에
銀白色의 구슬이 수없이 영그는

이 아름다운
밤의 로타리에서
가만히 나래접어
부서지는 물줄기를 헤어 봄이사

네 情話는
하늘 向해 입을 여는
故鄕 잃은 메아리 되어
혼자 외롭다。

가을의 詩

― 시 ―

落葉이 비오듯
쏟아지는 黃昏이면
흙담옆 後園에서 쌓아 보는
내 작은 城

수많은 밀어들이
숨쉬며 고개를 들면
마른 잎 내음에 흠뻑 취한
당신의 미소는 차라리
통곡의 의미

어느 날엔가
어느 葉葉지든 黃昏이었던가

당신과 나 사랑하며
가을의 詩를 외우던
그래서 행복했던 그때는

잠든듯 침묵하는
이 落葉城에
차라리
불길이래도 활활 일어야 하는데

지금
별빛이
몸에 시리다.

시

코스모스 (外一篇)

高 和 錫

시방 하늘이 무너지면서
그 흉상은 宗敎처럼
핏 뿌리를 박고 있었다.

어떤 「유모어」에도 웃지 않고
그런 世紀의 舖道 위로
나불거리는 코스모스여
이제 금방 지난 듯
過去는

먼데

네 가슴앓이 터지도록
오늘의 「커피」잔이 깨지기 전에
연보통에 부지런히 동전을 던져라.

어느 때의
이별이 있을 때
손수건에 쏟아 놓는 인정으로…

시

삶

虛空은 어둠과 별 빛과
그렇게 混合되어
노래를 녹여 흩날리고 있어라.

어두움의 도드라진 가슴
위에로 한참이나 까무라졌다간
상당한 時間 동안
밤의 끝자락에 매어 달려
붉은 빛깔이 運命하는 층층계
아래서
오렌지 꽃 새에 울리는
얄파한 地盤을 딛고

〈에즈라파운드〉의 겨드랑을 빠저
영혼의 공명이
오밤중에 피나는 숙명을 호흡하고
하다간 줄기차서
초록의 망각의 碑를 세우면
창녀의 성금으로
가난한 이름 석자가 새겨진다.

虛空은 가만한 속속삭임으로
江물 흐르는, 어둠과 별 빛과의
합창을 눈물로 안다.

― 시 ―

나무

金 容 馥

〈춘〉

차단된 地心에
回期의 通路를 여는,
하나 고적한
碑가 된다.

光明이 밀어 올린
無垢한 空間.
그 空間을
입김부는 숭고한 창조.
窓마다
슬기로운 언어의
별을 달고
永遠한 生命의
분수로 선다.

〈추〉

열 개의 손.
열 개의 손이
받든 銀빛의 空間.
그 空間을 흐르는
조용한 흐느낌.
기도로밖에는 더
어쩔 수 없는
손、 손의 흐느낌.

〈동〉

황막한 벌판에서
전신이 귀가 되어
燈불을 켜고.

― 시 ―

오늘을 산다

김 화 수

어깨가 무거워
가늘어진 다리지만
하루를 머리에 이고
한사코 언덕길을 기어오르는
아낙네의 발길.

등에 매달린 핏덩이는
태양이 눈부시다고
주먹을 휘두르는데
등줄기 산맥을 타내리는 액체는
홍수되어 흐르는데

댓거리 시장통에서
구마산 선창가에서
딩굴다 밟힌 조개 껍질들의
심장에도

핏빛 노을은 번져 가는가.

그것은 어쩜
타다 남은 모닥불에
우연히 날아 든 「데이·플라인」

어쩌다 발길에 채인 벽에
허리를 다치는 날
낮게 드리운 천정에
구멍이라도 뚫리는 날이면
주루루 쏟아지는 설움에
몸부림 치지만

청색 하늘이라도 배불리 마시며
해바라기 등뒤에서 오늘을 산다.
오늘을 산다.

~ 57 ~

― 시 ―

歸 路（外一篇）

蔡 政 權

歸 路

제各己 自己 몫을 움켜 쥐고
벅석거리는 노점의 한나절.

勝負없는 다툼 끝에
숨을 몰아쉬는 나약한 者여,

歸路를 접어 들면
노을진 들녘은 출렁이는 꽃방석.

貪하게 살아온 者만이
비준에 겨운 休息。

어둠이 스며든 日暮
서글픈 것들이 목구멍까지 끓어 오르오。

終

다른 分身들이 모여 산다는
生活 울안에 雜草만이 우거지고
골동품 모서리 鶴이 半쯤 날아간
빈 처마밑 겨울의 밤이 나리면
冷氣는 가슴 깊이를 잰다。

봄빛이 물든 胎期에 비빈 童子가
꽃밭에 줄을 지어 나와
한 세상을 살아 보자는데
이생이 죽도록 싫어
저승길 수직으로 오르는 할미꽃 지고。

돌담길로 쏘다니다 짝을 잃고 찾아온
惡鬼들에 에워싸여 눈을 감지 못한
者여。

── 시 ──

沈默時代 (Ⅱ)

李 善 寬

葉錢에 울음 우는
出口 없는 골목길은
항시 乾燥되고 있었다.

딱다구리가 쪼아댄 나목으로 하여
종각을 더욱 높게 新築하려는
敎會에서 注文많은 피뢰침을
지고 가는「할레」받지 않은
電工人과

아이 둘을 낳은 눈이 큰 有夫女는
姦通을 하고
선택받은「막달라 마리아」를 推仰하다가
娼女 열 둘을 거느린
抱主가 되어
침묵의 바다 속으로
침몰되고 있었다.

<수 필>

促成栽培

全 基 洙

고도로 발달한 현대 문명의 그 하나로서 「비닐」이라는 것이 있다.

들건대 이 「비닐」은 소금과 생석회를 원료로 하여 만든 化學樹脂로서, 一八三八年 프랑스의 「레그노」가 발명하여, 그 후 독일의 「스타우멘거」에 의하여 공업화되고, 一九二八年 미국에서 농업용 「포리에치렌」으로 개발됨에 이르렀다고 하나, 우리 나라에서 이의 盛行을 보게 된 것은 그다지 오래지 않다. 이 「비닐」의 이용가치는 우리 생활권에서 나날이 높아가고 그 범위는 급격히 확대되어 있다. 시장을 가보면, 각종 상품의 포장용으로 널리 이것이 애

용되는 중에서도 특히 생선 장수 부인네들에겐 안성맞춤격으로 妙用되고 있어 과연 그것은 편리하고 실질적인 포장품이라 하겠다.

농업에 있어서는 이른바 「비닐 하우스」를 짓고 거기서 각종 채소를 촉성 재배하게 됨으로써 사람들은 제철이 아닌 철에 있어서도 토마도니 오이, 딸기, 수박들을 먹을 수 있게 되었다.

이런 일은 옛 농부들로서는 상상하지도 못했던 일일 것이다.

말로만 들어 오던 이 「촉성 재배」를 나는 김해 평야의 일우에 있는 高校에 전근했던 탓으로, 학교의 「비닐 하우스」에서 촉성 재배한 토마도와 오이를 늦겨울에 맛볼 수 있는 기회를 가질 수 있었다.

그런데 내가 맛본 그 토마도나 오이의 맛이 신기로운 別味 같기도 하면서 한편 어쩐지 「假스럽다」는 느낌이 가셔지지 않는 것은 웬까

닭이었던가? 냄새나 맛이 제스러운 것같으면서도 무언가 그 뒷맛에 부자연한 違和感이 감도는 듯한 것을 나는 부인할 수 없었다.

나는 나의 그러한 느낌이 잘못이 아닌가? 나는 오히려 그것을 당연한 것이라고 생각하였다. 대체 모든 과실이나 채소는 각각 제철을 가지고 있는 법이어서 그 제철이 와서야 그것은 제 본성대로의 전부를 발휘하게 되는 것이 변함 없는 자연의 이법이므로, 우리의 味覺도 그 때에야 그 참맛을 경험할 수 있게 되는 것이다.

「비닐 하우스」에서의 촉성 재배는 식물에게 미치는 대자연의 조건을 人爲的으로 만드는 것이니, 그것은 엄밀히 말하여 자연을 僞裝하고 식물의 순수 생명을 기만하는 행위라고 할 수 있는 일이다.

이러한 부자연하고 無理스런 행위는 제 아무리 교묘를 다한다 해도 그 「本」과 「眞」에 如一함이

<수필>

博物館의 女人

徐 仁 淑

능할 수 있는 것인가?

이에서 생각해 볼 것은 「促成」과 類概念인 「速成」과 현대와의 관련이다. 현대는 어찌 보면, 속성주의의 全面的 展開의 시기에 들었다고 할 수 있는 시대같기도 하다.

속도를 위주로 하는 메카니즘의 영향으로 현대인의 사고의 主流는 어느덧 속성 주의로 化해, 식물의 속성 재배, 가축의 속성 배양, 기능공과 기술의 속성 숙달, 각종 건축토목 공사의 속성 준공 등 무엇이나 「속히 이루어지기」를 바라면서 기쓰고 서두르는 것같다.

「속성」은 복잡한 현대 사회에서

「경쟁」을 필연적인 운명으로 치르는 현대인이 취하는 치열한 생존 방법의 표현이라고 본다면, 그런 대로의 이해를 못할 바는 아니나, 이의 시행에오는 처처에서 야기되고 있음을 본다. 그 맹점이 고속도로를 속성한 것이 그 드러난 바 있었고, 주택을 속성한 결과 그 虛点은 비극을 초래하였고, 校舍를 속성하고 보니 그 世 國民들의 생명이 위해에 적면하게 되었었다.

그밖에 각종 상품, 음식물에서도 이 「속성」의 해독은 은은히 스며나 있다.

이제 우리는 「속성」ㅡ 오히려 속을 경계하는 현명한 이성을 발휘서는 안 될 일이라 하겠다.

할 때가 우리 앞에 도래했음을 재인식해야 되겠다.

그런데 현대의 功利主義가 낳은 속성 思潮도 절대로 용납이 안 되는 세계가 엄존하는 바, 그것은 곧 학문과 예술의 세계이다.

학문과 예술만은 그 공을 거듭에 있어서 오랜 세월의 인내와 각고, 그리고 부단한 연찬과 수업이 쌓여져도 대성을 기함에는 가히 부족한 것이다. 오늘날 오히려 이 과업에 志向하려는 이는 모름지기 「속성」을 경계하고 안목을 달리하여 「大器晩成」의 원대한 속뜻을 가져야겠고, 결코 속성의 단꿈에 매혹되어서는 안 될 일이라 하겠다.

오랜 세월을 담은 침착성으로 그곳을 찾는 사람의 마음을 百年이나 넘게 가라앉히고 만다.

내 눈은 한쪽을 눈마개로 가리고 얼굴마저 뚱뚱 부은 꼴로 급하게 서울에 올라 왔다. 돌아 가는 길, 기

十二月의 古宮은 잔디마저 하얗게 앙상하고 인적마저 뜸하다.

바래인데다 해묵은 가지만 남은 채 높고 굵직한 박물관이란 건물이 계적인 불빛만 보고 또 시골의 변

＜수필＞

 화없는 생활을 찾아 가기란 아무래도 내 속에 자리한 유랑적인 피벽이 용서치 않는다.

 빌딩의 그 샷드의 쇠소리, 날카롭게 들리는 문을, 집을 지을 때 반대했던 R친구의 둣생이란 그 女人을 박물관의 유물실에서 만났다. 박물관을 지키며 오드미쓰로 사는 것이 아니냐고 하는 그녀의 눈빛은 티 한점 없이 맑다.

 그 다음날 당장 서울로 올라와야 할 급한 일이 생겼으니—. 영하 10도의 추운 날, 이런 몸과 날카로운 일들이 뒤범벅이 된 가녀린 나의 몸매에도 발작하는 것은 지나간 時間과 오늘의 時間과 未來에 대한 욕심을 여정에 놓치지 않으려는가 보다.

 덕수궁의 古宮, 나를 여지없이 누르고 맥도 못 추게 하는 압박감. 그 속에 오랜 역사적인 것이 있어서 그런가? 유물이 수두룩하게 있어서 그런가? 또한 그것들은 아름다움을 아기가 있고 의젓한 남편이 있다 올까.

둣반한 예술적인 물품이어서 그런지 해서 행복하다는 조건을 들 수도 없는 일이다. 기필코 그 모든 것을 갖춘 박물관이란 거대한 간판 탓인지도 모르겠다. 오히려 짐 무거운 아이들에 홀가분하게 그 더 이상 비극일 수밖에 없다고 때때로 느껴지니 말이다.

 그런 가운데서 그 아름다움에 도취되어 유물을 만지며 연구하고 정리하고 하고, 그런 학문에 종사하며 經濟的인 여유있는 기반과 높은 地位와 고은 미모를 갖춘 女人의 自由스런 生活과 人生, 그것은 오늘날 삶의 內容을 더 깊이 사색하는 女人들의 선망의 대상이다.

 또한 사랑하는 남성이 나타나면 연애를 하게 되겠지만 사랑할 만도 하고, 미성이 영영 나타나지 않는다 해도 的인 허무하다거나 失敗한 인생이라고 탓할 理由도 없는, 世界와 藝術과 知識이 애인이 될 수도 있지

나온 속에 먼눈을 파다 여지없이 관리하고 다듬고 지키며 살아가는 얼굴까지 되었고, 또 이렇게

눈과 코를 다치고 피투성이 얼굴 안고 영영 울다 몇 방을 기웠으나

결혼을 한다 안한다를 따지고 가진 생활이고 보면 얼마나 보람되고 멋진 생활이 아닐까 하고 마주 앉아 생각해 보았다. 혼자 사는 게 군이 고독하다는 조건을 들 수 없다. 결혼을 해서

<수필>

결혼을 스스로의 인생에 강요하고 孤獨한 인간의 번뇌를 탈피하려는 도피처가 아닌가 보면 알게 마련이니까.

그 여인은 자신이 만만했고 사는 즐거움에 충만해 있었다. 아이가 많은 나는 여인인데—. 한쪽 눈을 눈마개로 가린 채 그녀와의 작별 인사를 나누는데 힘이 없었다. 자신이 없었다.

그러나 展示場에 들어가서 百濟의 武寧王陵의 유물을 감상할 때는 두 눈을 부라려 떴다.

아름다움을 점령하고픈 그 욕망 앞에는 삶에 자신이 생기고 힘이 생기는 것일까? 한쪽 눈의 가리개마저 집어 던졌다.

천연색으로 찍은 사진의 그 벽화 앞에 발을 멜 수 없는 도취경, 오랜 역사 속에 변화된 색갈의 오묘함, 조형미, 그 능숙하고 빈틈없이 쌓아 올린 한 조각 한 조각의 꽃무늬의 벽, 그 속에 자리했다는 것이 골동품이 지닌 마력이 아닌가

石獸며 왕관이며 金製귀꿀이머 뒷꽃이 등이 몇번인가 놀라게 했다. 그런 매력을 좀은 아는 내가 보또한 도자기 전시장에서고려청자, 이조 백자 등을 감상하면서 과연 어찌 미친 사람같이 날뛰지 않을 수가 있단 말인가 나를 따라 다니던 친구가 자기장에 돌아와서(야! 사람들이 도자기를 보지 않고 네 하는 꼴을 보느라 야단이더라) 하고 웃을 정도였으니—.

그처럼 동으로 서로 위로 아래로 보고 색갈과 모양 그 시대와 역사를 캐고 거기에 그려진 진사, 철사, 염부의 그림 등을 한점 한점 보노라면 시간은 과거에서 현재에 먼 미래까지 가고 내 人生에 남은 歲月까지 함께 점령하지 않았을까. 거뜬히 해가 지고만 고궁엔 문지기가 빨리 나가 달라고 독촉하듯 서 있다.

그 女人은 그 박물관의 女人은

살아 있는 유령처럼 텅 빈 박물관에 겨울밤이 빨리도 내리고 있었다.

~ 63 ~

<수 필>

불타는 「포인세티아」 앞에서

吳 淑 子

　거리엔 「크리스마스」 캐로ㄹ이 조용히 흐르고 있다.

　오가는 사람들은 무언가 좀 들뜬 것같기도 하고 엄숙하기도 한 表情들이다.

　「코드」깃을 세우고 거리를 걷다가 「쇼윈도우」에 비친 自身의 모습을 바라본다.

　거리에 버려져 바람에 나뒹구는 휴지 조각처럼 동분서주하며 時間에 쫓기던 한 해였다.

　빙글빙글 돌아가는 상점가의 현란한 「크리스마스 카아드」에서 쓸쓸히 말구유에서 태어나신 救世主의 모습을 머...에서

　울려 본다. 말 못하는 짐승들이 구세주의 탄생을 축복해 주던 참으로 고요하고 엄숙한 밤이었을 텐데……. 꽃집 앞을 지나다 보니 「포인세티아」가 불꽃처럼 타고 있다.

　그린 「크리스마스 카아드」를 담임 선생님께서 이 「카아드」를 교실 뒤 벽에 붙여 주셨을 때의 기쁨을 십 수년이 지난 오늘 날까지 잊을 수가 없다.

　중학교 合格 통지서를 받은 어느 추운 일요일 아침에 나는 어머니를 따라 성당엘 갔다. 십자가에 못박히신 「크리스트」가 제단 중앙에서 신음하고 계시는데 제대 위엔 빠알간 「포인세티아」 화분이 양옆으로 놓여 있었다. 그 앞에서 미사를 드리시는 신부님은 하늘에서 내려 오신 天使처럼 신비스럽게 느껴졌다. 그 후 나도 敎理를 배워 「성탄절」을 맞아 앞에서 영세성사를 받았다. 는 제대 앞에서 영세성사를 받았다.

　병원에서 환자들을 돌보시던 代母님 께서 꽃과 같이 아름다운 마음씨를
처럼 활활 타 오르는 「포인세티아」를 네모로 접어 빠알간 크레용으로 「축 성탄」이 라고 쓴 뒤, 빠알간 크레용으로 「축 성탄」이 로 고요하고 엄숙한 밤이었을 텐데 세 티아가 불꽃처럼 타고 있다. 인정과 사랑이 메마른 쓸쓸한 세 모의 거리에서 「포인세티아」가 나에게 아름다운 추억과 꿈을 불러 일으켜 준다.

　국민학교 4학년 때인가 보다.

　나와 가장 친한 벗이 보내준 「크리 스마스 카아드」에서 나는 이 꽃을 대하곤 참 묘하고 신기한 꽃이라고 생각했었다. 빠알간 꽃잎이 손바닥 처럼 펴져 있고 그 아래론 새파란 녹색의 잎이 잘 조화되어 무척 사랑 스럽게 보였다.

　「난 아직 이런 꽃을 본 적이 없 는데…」

　고개를 갸우뚱거리면서 「크리스마스」 는 이 꽃과 무슨 관련이 있나 보다 다고 생각했었다.

　그런 후부터 해가 바뀌어 「크리스 마스」

<수 필>

갖고 살길 바란다는 기원과 함께 꽃전설 책을 선물로 보내 주셨다.

나는 제일 먼저 「포인세티아」의 꽃말을 찾아 보았다.

「크리스머스 플로워라」라는 애칭을 가진 꽃으로서 서구에선 「크리스머스·이브」의 꽃으로 불리우기도 한다. 타는 듯이 붉은 이 꽃잎은 「크리스트」의 희생의 피를 상징하고 있기에 「크리스머스」의 빛깔이 라고 타는 듯한 붉은 이 빛깔이 바로 우리가 알고 있는 붉은 꽃잎이 실은 꽃이 아니고 꽃은 잎의 가운데 아주 작은 방울 같은 것이 며 이 붉은 잎은 잎으로 변하여 지하고 있는 덕분으로 등산의 기회 구엽이지만 「포인세티아」꽃으로 사랑하는 것을 애교로 보아 줄 수밖에 없단다. 10년이면 강산도 변한다는데 난 오늘 난 또 제대 앞에서 그날의 「포인세티아」를 대한 채 무르푹 꿇고 앉았다.

山頂의 意味

金　永　泰

172cm 신장에 76kg의 체중을 유지하고 있는 덕분으로 등산의 기회 마다 마누라의 정성어린 준비를 받아 마다. 등산을 하면 살이 빠지 히 산정까지 오를 수 있는 좋은 코스도 있고 신체기능이 좋아진다는 등산에 드는 비용이나 마누라의 조금도 아낄 줄 모른다. 하기야 역으로 해석하면 너무 일찍 과부가 되는 것이 창피해서인지

도 모르겠다만….

금년 들어 시작된 「교직원 산악회」의 회원들과 함께 무학산을 비롯한 인근의 등산 코스를 오르내렸다. 체중이 줄어있는지 신체기능이 좋아졌는지는 나도 모르겠다. 그러나 나는 등산을 할 때마다 「山頂」에 대한 새로운 의미를 생각해 보곤 한다. 현대 言語學의 까다로운 意味論을 끌어들이지 않더라도 복잡화하는 現代文明에 발맞추는 語辭들의 意味變化와 分化는 급속도로 發展되고 있다. 이러한 意味變化에 따른다면「산정!」이란 개인 生命의 最後가 아닌「出世의 정점」이란 의미를 부여하고 싶다. 단풍이 발갛게 물든 산을 오른다. 앞사람이 개척한 길을 따라 무난히 산정까지 오를 수 있는 좋은 코스 있고 계곡이나 등성이를 따라 가시덤불을 헤치고 길을 만들며 산정까지 오를 수 있는 난코스의 험한 길도 있다. 개척된 길이나 협한 길이나를 막론하고 어느 시간에는 시

＜수 필＞

간의 차이야 있지마는 반드시 산정과 같은 성인도 있겠지만 범부도 세상에는 많기도 하지만, 설사 산정을 정복하였다고 하더라도 곧 오르게 된다.

계곡을 따라 오르는 미개척의 코스를 택한 사람들은 먼저 산정을 오르는 것과 같이 사람들이 출발하여 산에 수없이 있는 것과 비교될 수 있겠나. 下山의 길에 접어드는 것처럼 뒷사람이 산정에 올랐을 때에는 그는 벌써 下山의 길에 있다. 그러니 산정에 먼저 올랐다고 뽐낼 것도 없다. 누구나 다 자기가 택한 산의 마루에는 오르게 마련이니까.

리가 무척이나 부러울 것이다. 그러나 뒤에 오른 등산객들이 산정에 여 출발하는 것과 같이—세상을 살아갈 때에는 먼저 오른 자들은 아갈 것이다.

먼저 下山의 길에 들어선다. 산정을 향하는 등산인처럼 늦게 오르나 일찍 오르나 출발자는 어느 시간에는 반드시 산정에 오름과 같이 이 사람들은 각자의 理想에 도달하게 되는 것이다. 등산길에는 달음질 하여 올라 있는 후진들을 찬양해 주며 살아야 한다. 누구는 올라 보지 안했나 식의 비꼼은 금물이다.

一日 코스의 등산길에서 이 산정에 머무는 시간은 극히나 짧다. 下山길에도 좋은 길을 택할 수도 있고, 미개척의 길을 택할 수도 있다. 어떤 때는 미개척의 길을 택하여 〃링-반데롱〃으로 심한 고생을 하는 수도 있고 예기치 않는 불순 기후를 만나거나 失足하여 생명을 잃는 일도 있겠다마는 결국 등산가는 下山하게 되는 것이다. 또 산에는 세계의 지붕이라는 〃엘레베스트〃도 있고 조그마한 산들도 수없이 있겠지만 한 나같이 공통된 것은 산정이 있다. 공자, 예수, 석가 단 방법을 가리지 않는 무례한 도이

＜산정의 意味＞ 출발시의 산록과 산정과 하산시의 산록. 이것은 어쩌면 人生의 후반도 회고하며 下山하는 것처럼 人生의 정점과 出世의 정점을 向한 발걸음에 무리가 없어야 하겠다. 내가 오늘 산정은 아직도 아득하다. 내 등산 배낭 속에 남은 물은 많다. 꾸준히 올라야겠다. 앞을 보며 천천히 걸어야 한다. 뛰다가는 오히려 조난의 우려가 있다. 자기의 명예와 이상을 향해서는 수서둘지 않고. 내 동반자와 함께.

〈1971. 12. 7〉

<수필>

가을에 생각나는 사람들

문 창 호

붉게 물든 담쟁이 하나 둘 낙엽일 때 우리는 소위 대용 부속 국민학교라는 곳에서 한 달 동안 교육 실하하는 포도 위를 걸으며, 깊어가는 가을을 가슴 가득히 숨쉴 때 훌쩍 습을 했다. 내가 배치된 학급은 인려간 세월따라 내 곁을 떠나 버린 하 제 코흘리개를 면하려는 2학년 어많은 사람들 가운데 마음 한 구석 느 뿐이었다.
에 웅크리고 있던 영상들이 하나씩 말뿐인 의무 교육 때문에 2부제떠 오른다. 수업에 콩나물 교실이었다. 80명 넘는
내 자신이 보잘것 없는 평범한 샛별같은 눈동자들은 무거운 가방을소시민인 탓인지는 몰라도, 이 사 메고 학교에 나왔어도 일년내 담임람들은 나에게 뭔가를 생각하게 하 선생의 다정한 손길 한 번 스치기는고 일깨워 준 사람들이며, 내 가슴 커녕 온정 어린 손길 한 번 받기에 젖어 있는 사람들이긴 하지만, 어려운 형편인 것같았다. 담임도이름 높고 권세 높은 그런 사람은 아 그 많은 잡무에 시달리면서 2부제닙니다. 두 줄로 서서 환송하는 사이를 지
십수년 전 내가 사범학교 졸업반 나면서 악수를 나누고 교문을 나서
나 차분히 아이들 붙들고 지도할 수 는데 가장 말썽꾸러기 철이가 뛰어

있었겠는가 말이다. 치맛바람 따라 성적 우수하고 귀엽게 생긴 아이들 뒤치닥거리만도 나쁜 눈치였다. 공부도 못하고 가정도 넉넉지 못한 말 썽꾸러기들은 뒷자리에 앉아 있었다. 우리 교생들은 뒷자리에 책걸 상을 두고 있었으니 그들과 가깝게 얘기하고 지도할 수 있는 기회가 많았다. 머리도 쓰다듬고 칭찬도 해주고―

그들은 우리가 처음 왔을 때보다 몇 갑절 활기를 띠고 똑똑하고 명랑해졌다. 한 달 동안 얼마나 그들과 정이 깊이 들었던지 실습을 마치는 날 송별식에는 개구장이들이 〝선생님! 안 가시면 안 됩니까?〞하는 인사와 와락 터뜨리는 울음 소리가 온 교정을 뒤덮었다. 우리 실습생 모두도 눈시울이 뜨거워졌고 목이 메였다. 본교 선생님들이

~ 67 ~

＜수 필＞

"선생님, 이것 가시면서 엿 사 잡수이소"

하고는 내 손에 무언가 꼭 쥐어 주고는 웃으면서 달아났다. 펼쳐 보니 꼬기꼬기 구겨진 때묻은 10환 짜리 지폐 한 장이었다.

얼마나 그들이 사랑에 굶주리고 있는가를 느꼈다. 교육은 사랑이라는 신념과 보람을 찾을 수 있는 직업이라는 신념을 낳게 한 철이를 잊을 수 없다. 나는 소극적이고 내향성인 성격 탓인지 매사에 활발하고 명랑한 친구들을 부러워했었다.

사법학교 시절, 같이 하숙하던 윤이란 친구는 친구들의 궂은 일은 도말아 하며 즐거워하는 정의감과 의협심이 강한 친구였다. 그런 성격이면 무슨 일이든지 못해 낼 것 같지 않은 열성이 있었다. 여름 방학이 끝나고 다시 만난 며칠 후, 친구는 밤에 갑자기 코피를 많이 쏟고 넘어졌다. 아무리 해도 지혈이 되지 않아 급히 대학 병원으로 옮겨졌다. 그런 대로 순서가 있고 계단이 있는 건데 성실히, 그 계단을 한 발짝씩 올라가야 하는 거지, 쉽게 포기하거나 권태를 느껴서는 안 되는 건데ㅡ. 친구들 놀라게 해서 미안해ㅡ."

의사의 응급치료를 받기는 했으나 너무나 많은 출혈을 했다. 수혈과 ㅡ시간 정도 지났을까? 그는 핏기 없는 얼굴을 하얗게 질려 양팔을 옆으로 뻗고 늘어져 신음하며 반쯤 죽어 있었다.

나는 그때 내 인생에 처음으로 인생의 허무함을 통감했다. 조금 전까지 해도 "유우머"와 재치있는 대화를 나누던 그가 그렇게 죽으 가다니……

너무 허무했다. 너무 무기력했다. 너무 보잘것 없었다. 인간이란 존재가ㅡ. 알고 보니 열을 전에 수술한 콧병이 잘 못되어 출혈한 것이어서 며칠 만에 회복은 되었다.

그 후 그는, 졸업을 얼마 앞두고 하며 죽음의 문턱에서 다시 살아나 껄껄 웃었다.

그는 착실히 인생의 계단을 오르고 있다는 소식을 가끔 듣는다.

나는 한 가지 일에 열중하지 못하는, 다시 말하면 한 가지 일에 좀 미쳐 버리지 못하는 자신을 가끔 원망한다.

그러니 뭣하나 똑똑히 하는 것도 없고 못하는 것도 없는 그런 위인이다.

그런 점에서 잊지 못하는 친구가 하나 있다. 그는 일찌기 박태선 장로교를 믿었다. 학교에 다닐 때도 마지막 등록금을 내지 못해서 자살을 기도했다. 그렇게 궁하면서도 그는 그런 터를 조금도 내지 않았다.

"인생이란 별것도 아니긴 하지만 자주 교단에 올라서서 박태선 장로교를 설교했기 때문에 친구들 사이 애는 아예 "박태선"으로 통했다.

<수필>

천년성에 한 달 동안 교육 실습을 떼먹고 교우 졸업을 하고 시골 학교에 발령을 받았다. 그곳에서 그는 학교 일에 성실할 뿐만 아니라 지극히 아이들을 아끼고 사랑했다.

뿐만 아니라 박태선 장로교 선교회지 열평 밤짓한 흙담 초가집이었다. 시달리면서도 월급을 모아, 틈틈이 교회에 나가서 예배를 보고 돌아와 저녁에 신도들을 모아 놓고 전도를 했다. 매일같이, 새벽 기도며, 학교일이며, 눈코 뜰 새 없는 나날이 흘러 일년이 계속되는 동안, 영양 섭취도 제대로 못하고 했으니 몸은 말이 아닐 정도로 쇠약해졌다.

결국은 폐결핵이 3기 4기로 접어들어 피를 쏟고 쓰러졌었다. 그러나 그는 있는 힘을 다하여 계속 기도하고 전도했다.

주위 사람들이 병원에 입원을 하지 않았다. 그래서 우리는 초저녁이 지나서 약 교육이라 해도 듣지 않았다. 시온성에서 나온 만병 통치약 카 시골에서 라벨을 먹으면 낫는다면서 고집불통 이었다.

드디어 그는 하나님의 부름을 받 나는 소월의 사랑의 밀어들을 속 그렇게 믿음과 교육에 미쳐 버렸 내게 들려 주기도 하고 가르쳐 주 던 그 친구가 기도 했다.

"너도 한 가지 일에 좀 미쳐 보 넓은 백사장의 모래알만큼이나 많 라"고 타이르는 소리를 듣는다. 은 이야기와 꿈들로 아롱진 사랑의 이런 이야기에, 이 가을에 내게 밀회는 달콤하고도 가슴 벅찼는데― 사랑을 가르쳐 준 그 여인을 빠뜨 그 여인은 내 곁을 떠나고 없으니 릴 수 있겠는가. 늘씬한 키에 갸름 그녀를 생각하며 그날 부르던 소월 한 코하며 검고 슬픈 눈동자에 션 의 노래나 한 수 읊어 볼까?
목소리로 잔잔하게 밀려오는 게 웃어 넘기던 한 여인. 우리는 그곳 근처 학교에서 몇 년 근무하 　　　（맘 캐이는 날）
고 있었으니 시골 사람들은 어두 운 밤길에서 만나도 걸음걸이만 보 　　오실날
면 나와 그 여인을 어른이고 아 　　아니 오시는 사람
이들이고 모두 알아 보는 형편이니 　　오시는 것 같게도
남몰래 밀회하기에 여간 곤란을 겪 　　맘 캐이는 날

어느덧
해는 지고
날은 무저네.

（71, 11, 20 ≪문학의 밤≫ 발표작）

<수 필>

思索의 園丁

朴福欽

自然에 挑戰한 너는 현란하고 육중한 기계 탑을 세운 메리트로 文化人이라는 서훈을 받았다. 매연은 斗穀의 人心을 축출하고 소음은 휴머니즘을 잠식했다.

낭만의 詩人 李白의 전유물로만 여기던 달에 애리성이 울렸다. 리하여 달은 詩人의 품에서 科學者의 손으로 移轉登記되어야 한다고 야단법석을 떨었다. 너는 素材가 신비경에 있다고 생각한 것은 知性人의 無識이다. 기실 노변 곡에 어느 陵線에서 하루의 지친 피로를 풀려느냐? 너가 부르는 마주에 짓밟힌 無名草에도 主題의 形象化가 가능하다는 것쯤은 文化人의 常識이 아닐까? 달의 베일이 科學의 힘에 의하여 벗겨졌다고 할지언 정 이것들이 있다고 생각하는가? 달의 콧노래에는 전녕 경계의 仙境의 보는 육성의 발로가 아닐까?.

정 달과 文學이 離愁의 손수건을 나누게 될 줄을 너는 알았던가? 이 얼마나 교만한 속단의 불행이 되고 또 천율을 느끼고 있는 야에 너의 잠자리에서 곰곰히 생각해 보라. 支柱없이 흐느적거리다 가 綠色의 安息에 비자를 박탈 당하고 급기야 不條理의 톱니바퀴에 서 終焉의 오열을 고해야 할 너가 아닌가?…

개나리봇짐을 다이야몬드 반지만큼이나 貴重하게 여긴 낭만 詩人 김삿갓만 가는 기계탑의 위용에 責任지울지 모른다. 有情, 非情, 연민과 활달, 參東와 疎外 우월과 劣等의 회오리바람이 牧者여 지금쯤 어느 계곡 어느 陵線에서 하루의 지친 피를 마주 로서의 人間, 양자의 一致에서 人間의 虛無感을 一時的이나마 초월해

「前略… 우리도 그치지 말고 萬古常靑하리라.」 퇴계 先生은 人間의 究竟的 念願을 이와 같이 노래했다. 自然, 나약한 순간자 로서의 人間, 양자의 一致에서 人間의 虛無感을 一時的이나마 초월해

잠을 수 없는 교차로에서 벼랑길을 걷는 장님보다도 더 조심성있게 걸지 않으면 안 되는 너는 無爲의 神經을 얼마나 곤두세웠던가. 세계를 얼마나 감구하였던가? 는 奇異한 文明의 私生兒와 기계의 배설물 公害의 서슬에 얼마나 희생이 되고 또 천율을 느끼고 있는 지 白雪이 소리도 없이 내리는 심야에 너의 잠자리에서 곰곰히 생각해 보라.

　　　　　＜수　　필＞

「山中問答」의 達觀한 人生觀

十王에 항거할, 自然의 非情을 피부로 느끼면서도 이를 他山之石으로 할 것인가? 그리고 너는 良心의 標준을 어디다가 두고 삶을 營爲해 가는가를 自問自答해 보라.

질책할 絕對者는 어느 양달진 곳에 여기지 못하고 過慾의 호주머니에 귀 기울이지 않는고? 영겁에서 白日夢에 취해, 오열의 종소리 만지작거림은 무슨 연유인가?

비하랴면 人生은 포말이요 微塵이다. 그렇다고 방종과 자학과 퇴폐에 젖어 삶을 팽게칠 수 없는 일. 채면과 염치, 合理化와 正當化의 거창한 간판을 달고는 속살 過分의 物慾에 혈안이 되어 보학을 장동속에 유폐신킨 지도 이미 오래다.

너는 기계문명의 侍女로서 人間의 존엄성을 헌신작처럼 버릴 것인가? 너의 病든 윤리판을 기계문명의 罪過로 돌릴 것인가? 너는 언제까지나 메카니즘의 질곡에서 벗어날 수 없고 不安의 도가니 속에서 아비규환을 해야 할 運命의 所有者인가? 짓밟힌 휴머니즘은 저 十月의 눈 푸른 창공에서 보헤미안처럼 배회하다가 허탈감에 빠져 영영 소생의 영약을 求할 수는 없는가?

人間의 尊嚴性은 기계문명 앞에서도 高貴한 人間의 歷史만을 점철해야 할 運命이던가? 한밤에 일어난 통곡도 유부족이다.

너는 사행적 오락을 도락으로 삼고 있지 않는가? 너는 너의 數理的 염업여길 것인가? 그리하여 現代人의 피로를 씻는다고 답할 것인가? 말초적인 향락에 도취한 너는 그래도 人生을 보람있게 산다고 自負하는가?

옥수수 한 자루를 나누어 먹던 후덕한 人心 그것은 할머니품에서 들던 傳說같은 얘기다. 利와 物慾의 씨름판에는 오늘도 불탕기는 白熱戰이 벌어지고 있다.

努力의 댓가가 있듯 양심의 보상을 絕對者 앞에 속죄하기 前에 明鏡止水의 양심을 所有하도록 너의 內的 充實을 期하라. 가난한 마음은 윤리와 道德을 포용하기 힘겹다는 엄연한 사실을 알라·너의 양심은 부앙하여도 참피함이 없는가? 事理分別에 앞서 너는 올바른 判斷力과 냉철한 비판을 지닌 知人인가를 自省해 보라·너는 高價한 장식품을 唯一의 자랑으로 여기지 말라·그리고 마드로스 파이프에 내뿜는 담배 연기가 뭇 사람의 선망의 대상이 아닌 줄 알라·적반하장. 케올의 수명이 결코 걸지 않음을 너는 잘 알고 있지 않는가? 너는 너의 位置를 再確認하고 五慾의 문턱에서 발을 멈추어 너나름의 계명을 각되 邪心없는 동공을 가지라. 그리고 上衣의 옷깃이 넓어짐에 無關하라.

을 각축전에서 敗北의 고배를 마신 虛榮將軍의 손에는 항서의 필적이 역력하다. 너는 한치 남직한 敗將軍의 수염에서 人生의 오뇌를 배우지 않으련가? 값싼 權術을

<寄稿> <수 필>

讀書論

金炳達

버린 自我의 發見에 있다。 人間은 실로 쉽게 忘却하는 動物이기도 하다。우리는 왜 요사이 젊은이들과 거리를 느끼는가?。그것은 요사이 젊은이들이 우리들 젊은 시절과 근본적으로 다른 것이 아니라 우리들이 우리의 젊은 시절을 잊어버린 까닭이다。개구리는 올챙이 시절을 쉽게 想起하지 못한다。개구리로 하여금 책이 시절의 기억을 되가질 수 있게 하는 것은 남의 글을 통해서 自身의 모습을 비쳐보는 일이며, 그 속에서 自我를 再發見하는 일이다。 어쩌다가 出世를 한 사람이 교만해지는 것은 잊음이며, 가난하게 살던 前의 自我를 잊음이며, 가난을 모르는 것은 가난한 한 때의 自己를 잊음인 것이다。이렇게 잃은 自我를 남의 글 속에

讀書란 남이 쓴 글을 읽는 것이 생각을 하는 것이다。 나는 글 속에서 우는 것이며、글 속에서 웃기도 하고 왕성한 知識慾에서 우는 것이다。책 속에서 아름다운 女人을 만나 속삭이기도 하고、멀리 사냥을 가기도 하고、王이 되기도 하며、漁夫가 되기도 한다。가을 보내기 맞이하기도 하고、가을 보내기 한 다。영원히 가버렸음으로 해서 더욱 안타깝게 느껴오는 그리움이 있기도 하고、내일의 꿈이 있기도 하다。수백 년을 거쳐 내려온 古典은 萬人의 스승이며、누구나와의 對話의 相對者가 되며、다시 우리들 다음 世代의 심금을 울릴 것이다。글을 읽는 나의 또 기쁨은 잃어

글을 읽는 나의 기쁨은 先人과의 對話를 나눔에 있다。실로 나의 깊은 一世紀 前의 톨스토이를 네휴류도프를 통해 만나서 카츄샤를 만나 속삭이기도 하고, 2世紀 前의 햄렡 도 하고、따라 나서는 것이며、 롯데와 熱戀하는 것이다。나는 베르테르를 통해서 만나서 과 더불어 깊은 갈등에 싸여 苦心하며、두보와 더불어 떠나온 故鄕

~72~

<寄稿>

술과 나

박 동 준

내가 언제부터 술을 마셨는지 확실한 기억은 없으나, 선친께서 술을 좋아하셨고, 형님 또한 술을 즐겼던 이유로 집안에는 늘 가양주가 마련되어 있었다.

두 분 모두 단명하셔, 선친은 51세요, 형은 40도 못 사셨다.

선친은 한학을 연구하시고 한시문에 능통하셨으며 시창을 잘하셨다. 과객이나 지기를 만나면 으례 주안상이 마련되고 지필묵이 등대되어 한시가 창작되고 이어 낭랑한 목소리로 한시창이 시작되는 것이었다.

형님도 그러하셨다.

두 분 풍류를 전수 계승하여야 할 것인데, 박복한 탓인지 핵심을 잃고 나머지만 물려받은 셈이다. 생리적으로 술을 마실 수 있는데, 시문에는 준백치다. 조물주의 사기라 하기엔 너무나 무책임한 소치요, 후천적으로 노력이 부족한 탓이라 하지 않을 수 없다. 그러나 만분다행으로 자작시는 아니지만 시창은 제법 흥내를 낼 수 있어 주석에서 흥을 돋우기도 한다.

그런데 그 알맹이에 대한 아쉬움은 늘 나를 고독하게 한다. 만시

<수필>

다시 되찾아야 하는 것이다. 남의 글이라는 거울을 통해서 정확히 자신을 비쳐 볼 일이다.

글을 읽는 나의 또 다른 기쁨은 無限한 사색의 기회를 얻음이다. 글을 읽음으로써 미쳐 생각이 이르지 못했던 새로운 것에 대해 사색의 기회를 가진다. 人間은 그가 대단한 天才가 아닌 限, 人生의 모든 일을 경험할 수도 없고 生의 모든 일을 상상할 수도 없다. 人間의 능력 밖에 있는 일은 굉장히 많은 것이다. 장님이 코끼리를 이야기하듯 生의 일부분만 보는 우리의 눈을 더욱 크게 뜨게 하는 것이다. 글의 내용이 自身의 見解와 같고 다름으로 苦心할 필요는 없다. 自身의 생각과 같을 때는 同感의 기쁨을 느끼고 自己의 생각을 재확인할 일이요, 自己 생각과 같지 않을 때는 無限한 사색을 통한 辨證法的 發展을 期待할 수 있을 것이기 때문이다. 역시 나는 기쁨을 얻기 위해 책을 읽는다.

(馬山中 校監)

〈수 필〉

지탕을 불음하지만 새로운 각오와 투지가 수반되어야 하겠다고 다짐한다. 10여 년 전 따분한 일과를 마치고 동료와 어울려 자주 주점에 드나들었다. 정신적인 속박에서의 해방감을 아울러 만끽하면서 인정이 오고 가고, 인생 철학이 논의되고, 기고만장하여 천상천하 유아독존 그대로였다.

수주의 신년송에 "벗이 심방하여 통술을 준비하여 약수터에 가 실컷 마시고 비를 맞고 하산 도중 옷이 흠뻑 젖었으므로 옷을 벗고 노송 아래 매어 둔 황소를 타고 알몸으로 장안 대도를 활보하였다"는 심취된 상태 그것이었으리라.

송강의 장진주사 "한 잔 먹세 근여, 또 한 잔 먹세 꽃 꺾어 산(算)놓고 무진무진 먹세 근여…"。의 심정과 흡사하며, 이백이 그리던 두보를 받야산 주점에서 만나 주로 담론하던 호탕한 경지 그것이었다.

그런데, 요즈음 나이 탓인지 또는 세태의 탓인지 나의 주도에 대한 재점토를 하지 않을 수 없게 되었다. 그 이유 중의 하나는 막대한 시간 낭비다. 마실 때의 시간과 미취 혼몽 상태의 시간이 아까와진다. 또 하나는 취중에 저지른 실수, 후회 막급인 실수는 보상할 길이 없다.

평소에 얌전하던 사람이 그럴 수도 있는가, 의심할 정도로 술이란 괴상한 마력이 있는 것이다.

그러나, 단주하고 싶은 생각은 없다. 이목구비가 정연한 남자로 열에 아홉은 술을 마실 수 있는, 것이 남성의 특권이다. 다만 술로 하여 내 인생에 보탬이 되도록 할 수 있으면 좋겠다。 유한한 인생에 금욕과 극기로 일관한다면 너무나 삭막하다. 욕구와 불만을 발산시킬 수 있다면 확실히 술도 인생에 있어서 정신적 청량제라 할 수 있지 않겠는가? 그러던 벗을 만나 회포를 풀 때 확실히 술

은 매개체가 될 수 있다. 남들은 평양 감사를 지내고 고관에 오른다 하더라도 한 잔 술로 인생을 즐긴다는 유유자적한 정 수동의 멋을 탐낼 수는 없다 하더라도, 인생이 있는 곳에 술이 있어 많은 위안을 주는 것은 사실이다. 다만 주광이 되어서는 안 된다.

불우헌의 상춘곡에 "명사 좋은 물에 잔 씻어 떠오는 이 도화로다." 하며 닥치는 대로 치고 박는 형이요, 둘째는 골아 떨어지는 형이요, 세째는 노래부르고 즐기는 형이다. 나는 세째 형을 닮고 싶다. 술에 취했을 때 사람은 세 가지 유형으로 나뉜다. 첫째는 광기가 심하여 거움을 누리고 싶다.

〈馬山 女高〉

<수필>

기차 속에서

김 영 순

"아우성 소리, 그 비좁은 속을 헤집고 물건을 팔러 다니는 사람 약 보하는 법인데. 비뚤어져 보이는 청년들의 오만불손 어느 학교고, 응? 좀 보자. 그 한 태도, 나는 절로 상이 찌푸러지 렇게 배웠나?"
고 짜증이 나고 더욱 피곤해지 그러면서 여학생들을 빤히 쳐다 있는 것을 어쩔 수 없었다. 니까 순진한 시골 학생들은 기가 질 리고 부끄러워 고개를 폭 숙였다.

어슬어슬하게 땅거미가 질 무렵의 자리 양보하는 미덕을 누구보다 잘 복잡한 통근차 속이었다. 내가 서 알고 있지만 워낙 비좁고 피곤하니 있는 앞뒤 좌석엔 추위와 피곤에 까 앉아 있는 것이리라. 새벽에 추 지친 어린 여학생들이 무거운 가방 위에 멀면서 기차에 매달려 오고 지 을 무릎에 놓고 저들대로 집으로 쳐 다리를 이끌고 어두워져서야 집 간다는 기대와 즐거움에 조잘거리고 으로 가는 어린 학생들. 또 다른 있었다. 남자 한 사람이

시간적으로 이 차는 가까운 시골 "학생들 어디까지 가나? 응? 좀 에서 찬거리를 사러 나온 사람들, 같이 앉아 가자"세 사람씩 꼭꼭 비린내를 풍기는 생선 장수들, 또 하는 소란스런 소리와 함께 풍체 다른 가지가지 상인들로 그야말로 좋은 젊은 남자 4, 5명이 내가 서 짐과 3등 인생들이 모두 함께 타 있는 곳까지 와서 쓱, 둘러 보 고 가는 그러한 차이었다. 니 서슴없이 내 앞의 조무래기 여 쿠퀴한 냄새, 찌그러진 의자, 먼지 학생들을 보고 "여기 앉으세요." 하면서 내 옆에 투성이 영겨주춤 서들 주었다. "아! 됐다. 나도 옛날에 통학한 너 먹을 좀 보여 줘 봐라. 회들 선배다. 좀 그래야지. 손 주사 이리 오소!"

"아, 좀 들어 갑시다." 이쪽으로 좀 나갑시다."

기차가 덜커덩하고 어떤 역에서 더니 내리는 사람이 하나도 없는데 타야 할 사람과 짐들이 창밖으로 너무 많이 보여서 더욱 짜증스럽고 괜히 화가 났다.

"아이구우~ "

느릿느릿 굼벵이처럼 기어 가던

,야! 학생들· 자리 양보하는 미 덕을 좀 보여 줘 봐라. 그러한 학생들은 어른들한데 자리를 손 주사 이리 오소!"

<수필>

돌(乭)

정해인

저 쪽 끝에 있는 청년들 큰소리로 부른다. 그 비좁은 사람들 속을 뚫고 그 남자가 또 왔다, 모두들 그 어린 여학생들을 일으켜 세우고 억지로 앉아서 딴청부리는 그 당당함이 여! 참으로 한심스럽고 꼴 불견인 그것도 부족해 청년들은 탁한 공기 속에 담배 연기를 내 뿜고 유치한 잡담을 하다 못해 마침내는 무엇 때문인지 서로 욕설을 하고 나중에는 멱살을 지르고 쥐고 손찌검을 했다. 그렇게 도도히 어린 학생들을 일으켜 세우고까지 친구를 끌어 앉히던 우정도 헛되게 말이다. 저 어린 학생들은 이러한 남자 어른들을 보고 어떤 생각들을 하고 있을까? 춥고 지친 다리로 몇 시간을 서서 가는 고통이 얼마나 더 할까?

도덕을 부정하는 사람들. 자기가 정에서 아들 딸들에게 무엇을 어떤 것을 가르칠 것인지?

우리 서로 협력해서 좀더 행복할 이 즐거워하는 공기돌 놀이를 곤잘 하곤 했는데 길이 든 5개의 돌이 중 학교에 입학한 후부터는 듬뿍지면서 어느 사이에 책상 속으로 들어 앉아 버린 돌이다. 굳이 애착이 가지런 광경은 한사코 아니요, 그렇다고 필요없는 물건이니 내다 버려야 하겠다고 할 만큼 관심도 없는 돌이다. 값 비싼 대리석이나 회귀한 품종으로 사람들의 총애를 받으면서 거만하게 군림할 고고한 돌이지만 한 갖 흔해빠진 길바닥에 돌이 십오 년을 나와 함께 자라 왔으니 무척 생명이 긴 편이다.

어쩌다가 서랍 속이 헐거워져 열 때 굴어 다니는 소리를 듣는 수가 있다. 이런 때엔 가끔 손에 쥐고 굴려 본다. 어렸을 때에는 5개의 돌 맹이가 손에 버거워 한 웅큼이나 되 던것이 이제는 손 안에 폭 쓰여 쥐게 되는 것이다. 그러니까 아마 국민학교 5학 년 땐가 보다. 난 그 또래의 애들이 마치 갓난아이의 보드라운 손을

할 수 있는 협조를 저들에게서 어떻게 바란다는 것일까?

어린 싹아, 지금은 비록 괴롭더라도 어째씨던 열심히 배워 귀하고 유익한 신념으로 의치며 측은한 마음을 달래어 보았다.

저런 광경은 한사코 떠다 본다거나, 마음 속으로 하겠다고 할 만큼 관심도

＜수　필＞

쥐었을 때 깃는 흡족한 맛을 느끼게 된다. 처음에는 울퉁불퉁 있던 것이, 가지고 노는 동안 때가 묻어 반질거리고 까무잡잡하게 된 돌, 더럽고 가난한, 그러나 아빠진 작은 배신 정도에는 묵묵히 참고 견디는 어질기만 한 내 동족,

한꺼번에 밀어 닥친 서구 문명에 갈피를 잡지 못하고 마구잡이로 삼켜 버리면서 의국 영화에서만 보던 갖가지 손짓 발짓과 표정으로 어깨를 으슥해 보이는 제스추어는 구수한 우리 고유의 것과 우적한 인간미를 마구 밀어 버리고 마니 깔고 목마르기만 하다.

허기야 요즘 아이들은 피아노 쉽이다 무슨 교습이다 해서 어른들보다 더 바빠졌고 여가도 테래비나 그외 고급 문명오락에 눈을 돌리지 공기돌 따위는 아예 관심도 없다. 아무 짝에도 필요 없는 내 상속의 돌메이, 보살펴 주지 않아

도 무럭무럭 자라주는 발 벗은 농글거리는 이들을 보고 난 가슴 뭉클한 말을 잊었다. 3년을 꼬박 두어 몇 년전 농촌 학교에 근무할 당시 가정방문을 했을 때다. 자기 집이 너무 멀고 험하니 오지 말라는 애가 다 질 무렵에 산을 부끄러웠다.

냉온방 장치가 잘 된 응접실에 앉아 차를 대접하는 점잖고 거만한 욱 중한 집 분위기에 위압감과는 너무도 다른, 따뜻한 대접을 난 지금도 잊을 수가 없다. 방학이 되어 집에라도 가게 되면 서랍 속에 돌을 발견하고 주인이 없었던 그 동안에도 묵묵히 박혀 있던 돌이 대견하고 반가워질 게다. 아무도 찾아 주지 않고 관심을 안 가져 쥐도 묵묵히 땅을 받들고 다스리며 사는 내 동족이나 보잘것 없는 책상 속에 돌이나 버릴 수 없는 자신의 얼굴이 아니고 무엇일까? 제 자리에 불만없이 살아가는 구수한 농촌의 촌부에게서 잃어 버렸던 고향을 찾는 것과 같은 향수를 느끼면서 난 다시 돌을 집어 넣는다.

두 번이나 넘어 찾아 갔다. 대문(?)앞에 다다르자 부모 뒤에 서 있던 내 반 아이는 총알같이 뛰어 나가는 것이 아닌가. 난 아마 나를 피하여 달아 나는가 보다 생각하고 부모와 애기를 나누고 있으니 한 삼 십분 뒤에 아이는 얼 굴이 빨갛게 상기된 채 온 몸은 땀 투성이로 되어 가지고 손에는 사이다 한 병과 과자 한 봉지를 들고 숨을 몰아 쉬고 있었다. 그때야 불안하게 앉아서 못 가게 말리던 부모의 생기가 나서 부랴부랴 상을 차 내 앞에 놓고 권한다. 집이 힘해서 이제껏 가정방문 온 선생님이 없었다면서 나도 안올 줄 알고 마중을 안 나갔다고 좋아서 싱

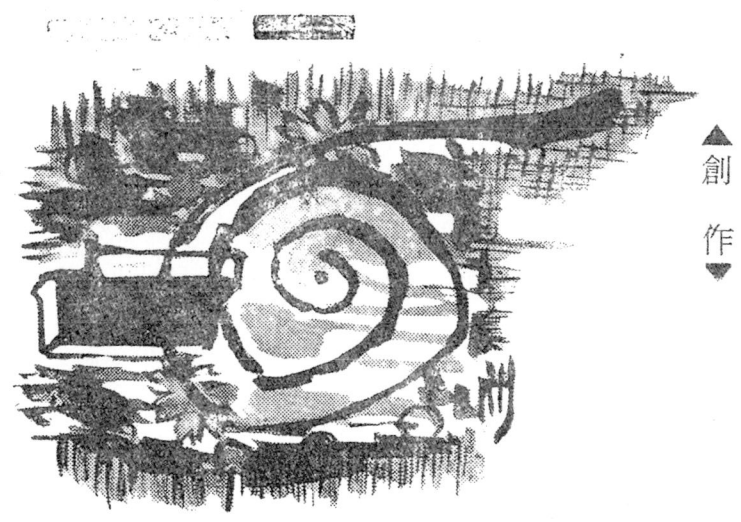

▲創作▼

開閉

申尙澈

하늘은 잔뜩개비를 흩날리며 잔뜩 상판을 찌푸리고 있었다. 윤섭은 아까부터 이층 창측에 서서, 식장쪽으로 발길을 돌리는 하객들이 옷을 털며 들어서는 것을 보고, 짓궂은 날씨를 원망하고 있었다. 포근한 날씨가 아니면 차라리 탐스런 함박눈이라도 내렸으면 좋으련만, 무슨 심술로 날씨가 달성을 부리는가 싶었다.

오늘은 윤섭이가 장가를 드는 날— 식은 11시로 예정되어 있었지만 예정시간을 십여 분이나 지난 지금에서야 한창 사람들이 몰려 들고 있었다. 친한 사람, 안면만 있는 사람, 낯선 사람들이 신랑과 신부를 위해서, 또는 그 가족을 위해서, 아니면 단순한 체면치레 때문에 이렇게 찾아 오는 가운데서 윤섭은 진작부터 친구 형길의 얼굴을 기다리고 있었다.

그는 국민학교 시절부터 대학을 마칠 때까지 줄곧 같은 학교를 다닌 둘도 없는 친구로서, 적어도 그만은 윤섭의 결혼을 진심으로 심축해 줄 것으로 믿고 있기 때문이다. 더구나, 서울로 보낸 청첩을 받고는 꼭 참석하겠다고 편지까지 보낸 그였으니까……

"이제 곧 시작하시네"

　언제 대기실로 들어왔던지 사회를 맡은 친구놈이 어깨를 툭 치고 나간다.

　윤섭은 흰 장갑을 끼고 옷을 고쳐 잡으며 식장으로 나갔다. 바로 그때 입구쪽으로 들어서는 한 젊은이가 손을 내밀었다. 형길이었다.

"축복한다"

　둘은 손을 흔들었다.

"와 줘서 고맙다"

　그 순간 여러 사람들이 자기를 쳐다 보는 집중적 시선을 느끼면서 윤섭이 발길을 돌리려는데 형길을 따라 들어오던 아가씨가 상냥한 웃음을 머금고 윤섭을 쳐다본다.

"행복하시길 빌겠어요. 저 혜희예요"

　윤섭은 아찔했다. (알지도 않았는데 그 여자 어떻게 이먼 곳까지 왔을까?) 윤섭은 어색하게 웃으며 고개를 숙여 목례를 한 후 여러 사람들의 눈길을 헤치면서 주례 앞으로 걸어갔다.

　이윽고 신부가 곁에 서고 결혼식은 진행되는데 윤섭은 신부 미경과 서울 아가씨 혜희와를 생각하며 삼년 전의 겨울을 추억하고 있었다.

　그날의 서울에도 눈이 내리고 있었다. 그러나, 그 눈은 오늘같은 진눈개비가 아니고, 서정을 담뿍 실은 함박눈이 내리던 날, 그러니까 그 날은 윤섭이가 대학을 마치던 해의 마지막 겨울 방학을 맞아 귀향하던 날의 일이었다.

　그즈음 윤섭은 혜희도 만나고 미경이도 좋아하고 있었지만, 누구에게도 자신을 못 가지고 있을 때였다.

　그날, 미묘하고도 난처한 사태가 벌어지기 직전까지의 두 사람에 대한 상태는 이런 것이었다.

　혜희와는 어느 날밤, 신촌 한적한 교외 화사하게 내리비치던 노송 나무 아래서 불쑥 키스를 요구하다 거절을 당한 뒤라, 스스로 만나기를 기피하고 있던 터고, 미경이와는 그날밤 같이 경부선을 타고 함께 귀향길에 오르기로 약속이 돼 있던 참이었다.

　혜희는, 이불이랑 짐꾸리기를 막 마친 오후 2시쯤 되었을 때다.

"학생, 여자 손님이 오셨어요"

　수도꼭지에서 빨래를 하고 있던 하숙집 아줌마가 손을 앞치마에 훔치면서 방문을 연다.

"들어 오라 하시죠!"

"그렇잖아도, 그런 말을 했더니 기여 밖에서 빙 자던데요."

아줌마가 뺑그시 웃으며 다시 수도켜느로 간후 그는 대문쪽으로 나갔다. 으레 미경이가 왔을것으로 알고 대문을 밀쳤지만 대문 밖에 눈(雪)을 맞고 선 아가씨는 헌출한 키에 한복을 즐겨 입던, 얼굴 갸름한 미경이가 아니라 학생복에 모자를 즐겨 쓰며 시원스런 눈매와 도톰한 입술이 인상적인 혜희였다.

"같이 이떻게, 혜희씨가?"

"눈을 맞으며 걷고 싶어서요." 혜희는 전과는 달리 어딘가 수줍어하고 어색해 하는 표정으로 말했다.

"그럼 기다려요, 옷을 입고 나올께."

윤섭은 미경이가 표를 사러 가면서 들릴지 모른다는 생각이 마음에 걸렸으나, 주섬주섬 옷을 걸쳐 입고 다시 대문을 밀쳤다.

그러나 거기에 서 있는 아가씨는 혜희가 아닌, 한복 차림의 미경이었다.

그때 당황해 하면서 혜희와 미경이의 거리를 견주어 보던 자신의 모습을 생각하면, 윤섭은 지금도 얼굴이 화끈해진다. 어쩌면 혜희가 지켜 보는 앞에서 예식을 올리고 있는 지금의 심정과 비슷하다 할까?

식은 사회의 진행에 따라 주례가 주례 말쏨을 하고 있었지만, 윤섭은 또 그때 생각을 이어갔다.

그때 혜희는 50여 미터 밖 골목이 꺾이는 곳에서 모자를 쓴채 눈내리는 하늘을 쳐다보고 있었고, 미경은 당황해 하는 윤섭을 물끄러미 바라보고 있었던 것이다.

"아, 미경씨였군요, 막 나갈 참이었는데, 들어 오시죠."

"역에 가는 길입니다. 7시 40분 역에서 뵙겠어요." 미경은 걸음을 재며, 혜희가 눈 내리는 하늘을 치켜보고 선 옆을 지나 골목길을 접어 들었다.

윤섭은 그제사 발걸음을 옮겨 혜희에게로 갔다. 혜희가 앞서고 윤섭이 뒤를 걸어 눈오는 거리를 지나 평소에 드나들던 다방으로 들어섰다. 혜희가 메모지 꽂힌 쪽으로 눈짓을 하기에 윤섭이 따라 섰더니, 거기엔 "윤섭께"라고 쓴 혜희 글씨의 메모가 있었다.

"6시 10분 전에 나와 11시까지 기다렸읍니다. 윤섭씨께 마음을 연 혜희가" 그걸 보자 1주일 전, 편지로 6시까지 "전원"으로 나와 달라던 혜희의 요청을 의식적으로 묵살해 버린 자신의 행위가 여간 난처하지 않았다. 그렇다고 의도적으로 그랬지만, 그러기가 무척이나 괴롭고 안절부절한 일이었다는 사실을 실토할 수는 없었다.

윤섭이 혜희를 따라 구석진 자리에 앉으면서 말했다.

《아, 그날 그렇게나 기다렸군요. 전, 그간 며칠 동안 강원도에 갔다 왔더니 그새 혜희씨의 편지가 와 더군요.》 물론 거짓 변명이었다.

《그럼 왜, 다시 연락을 않으셨죠?》 유심히 윤섭을 쳐다보며, 혜희가 다잡아 물었다.

《참, 그걸 못했었군요.》 윤섭이 머리를 긁적이고 있었지만, 그보다 한 달 전, 자신의 진실된 요구를 무찬하게 뿌리치던 혜희가 자신에게 바짝 매달려 오는 것을 보자, 윤섭은 이상하고 야릇한 흥분을 느끼고 있었다.

그날 혜희와 윤섭은 어디로 가자고 약속도 없이 무작정 걸었는데 둘은 이화 대학 옆을 빠져 조그만 개울을 지나 야산(野山) 중턱에까지 걸었었다.

노송 나무 몇 그루 아래 달빛 아래 그림처럼 선 곳 잔디 밭에 나란히 앉았다. 무언가 많은 얘기를 나눈 뒤였다.

《혜희씨, 노송 나무가 지켜 서고, 그 위로 달빛이 쏟아지는 이 분위기의 의미가 뭐냐니까? 이건 바로 우리에 대한 축복입니다.》

《어머, 정말 멋져요.》

《전, 혜희씨 곁에서 언제나 혜희를 지키는 기사가 되고 싶읍니다.》

《그래요? 저도 그랬으면 좋겠네요.》

달빛 때문인지 몰랐다. 아니 그보다 더 확실한 건, 아까 개울을 건널 때. 손을 내어 밀자 서슴없이 잡아까 먼 혜희의 호응과 그때 느낀 짜릿하고 신선한 촉감 때문인지도 몰랐다. 윤섭이가 나란히 앉은 혜희의 허리께로 손을 돌리자, 그녀는 얼굴을 피하며, 완강히 입마춤을 거절했던 것이다.

그러던 혜희가 다섯 시간을 넘어 기다리다, 스스로 열도를 높혀 눈이 쏟아지는 골목을 물어서 하숙까지 찾아와 윤섭을 불러 낸 것이다. 노송 나무 아래서, 그토록 청순하고 아름답던 혜희, 만나기를 스스로 기피하던 그 동안만 하더라도 얼마나 그립고 아쉽던 연인이었던가? 그러나 웬 일인지, 윤섭은 그녀가 갑자기 시덜해지며, 천덕스럽게 느껴지는 것을 의식하고 있었다. 미경이와의 약속 때문일까, 아니면 다른 이유 때문일까를 생각하고 있을 때였다.

《윤섭씨, 아까 그 아가씬 누구죠?》 혜희가 찻잔을 들면서 다부지게 물었다.

《그 아가씨 말이지, 고향 처녀 다녀 왔읍니다. 내가 먼저 윤섭은 그의 두번째 거짓말을 태연히 내뱉았다.

《그랬었군요, 그런 걸 공연히…》

하고 한결 안도의 표정을 엿보이며, 윤섭께 바싹 마음을 쏟던 그 아가씨가 다방을 나와, 함박눈이 쏟아지던 거리를 걸으며, 오늘만은 서울을 떠나지 말아달라고 애원에 가깝도록 붙들었지만, 그는 혜희를 뿌리치고 서울역으로 가고 말았다.

미경이가 모자 쓴 아가씨가 누구냐고 물으면, 혜희에게 하던 말과 꼭 같은 역설을 하리라 마음먹고서….

그날 밤, 미경이는 평소처럼 평범하나마 재미있는 많은 대화를 하면서도 끝내 모자 쓴 아가씨가 누구냐는 말은 묻지는 않았었다. 밤중을 지나서 미경이가 창측에 기댄 채 잠이 든 모습을 보고, 저 쑥맥같은 아가씨는 혜희를 잠시 보았던가, 아니면 보고도 못 본 채하는 걸까를 생각해 봤다. 보도 못 본 채했다면, 그건 무슨 의밀까? 아예 혜희의 존재를 안중에 안 둔 것인지, 아니면 혜희와의 사이가 이떤 것이든 상관할 바 없을 정도로 윤섭을 평범하게만 생각한다는 뜻일까…?

윤섭이가 이런 생각을 하며 미경이의 잠든 모습을 지켜보고 있을 때 그들이 탄 열차 안은 갑자기 수라장이 되었다.

그것은 앞 시간의 열차가 떨어뜨린 기름 탱크를

들이받으면서 불을 낸 사고로서 잠깐 동안 불길이 열차 안을 스치는 것으로 곧 안정이 되었지만, 열차가 급정거를 했을 땐 윤섭이 벌써 미경의 손목을 잡고 출구까지 나와 있었다.

그런 이외의 사고가 둘 사이를 한발 더 가깝게 만들긴 했지만, 졸업을 하고, 윤섭이가 고향 가까이 내려오면서, 혜희나 미경이는 다 같이 편지로써 서로의 마음을 교환할 수밖에 없게 되었다.

날이 갈수록 혜희의 글은 뜨거운 것이었고 미경에게는 글은 여전히 담담한 그대로였다. 그건 미경에게는 혜희처럼 노송 나무 있는 달빛 아래 잔디밭이 없었기 때문인지도 모를 일이요, 다섯 시간을 기다리는 착잡한 과정을 거치지 않았기 때문인지도 모른다.

윤섭은 그런 미지근한 미경의 태도 속에서 새로운 가능을 찾고 싶었던 것이다.

가족 대표가 하객들에게 인사를 마치면서 평생에 한번뿐의 결혼식은 끝났다. 「웨딩마취」가 울러퍼지는 속에서 윤섭이가 삼 년 전의 꿈에서 깨어나 식장을 살펴쓰을 때 혜희는 벌써 열였던 마음의 문을 닫고, 식장을 나간 후였고 바깥에선 여전히 진눈개비가 흘날리고 있는데 혜희 옆에 앉았던 형길이만이 연신 윤섭을 바라보며 벙실거리고 있었다.

□ 創 作 □

저녁이 되기 전에

문 기 영

세째 수업 시간이 끝났읍니다.
『덕수! 선생님께서 너를 부르신다.』
『나를?』
『응.』
급장의 이 말에 어느 정도 작으는 하였으나, 그렇지만 가슴이 덜렁했읍니다.
그야 그럴 수 밖에.
오늘 아침밥을 먹고 난 후에, 으레이 오늘 주겠다고 약속을 하였기에, 월납금을 달라고 아버지께 말씀을 드린 것이, 오늘의 이런 일이 일어날 것이라고까지는 생각이 안 갔읍니다.

×   ×

『오늘이 며칠인데 볼쏘 월사금을 주라는 기고 응?』

『오늘이 이십 일일이지오. 이십 일 날 주시겠다고 아버지가 지난 번에 말씀하시지 않으셨어요? 그런데 어제는 공일이 되어서 오늘 말하는 것입니다.』

『무어? 공부도 하지 않는 녀석이 만날 돈, 응? 공부를 하지는 않고 응?』

아버지의 얼굴 빛을 보니, 그다지 좋은 해결책이나 지을 것도, 뻔한 것을 덕수는 알았읍니다.

그러나 오늘날까지 매월의 공납금을 제 납부 기일에 완납한 일은 전혀 없을 뿐더러 다달이 월납금 때문에 오늘같은 일이 있었으므로 무엇 그다지 특별한 일이라고는 생각하지 않았읍니다.

그러나 오늘 따라 아버지의 역정이 정도에 지나치다고 생각했읍니다.

『이놈, 나는 하늘 천자 한자 몰라도 이 동네에서 똥개나 끼고 산다. 공부한 놈들을 보면은 한 놈도 잘되는 놈 못 보았다. 그래 가지고서도 무슨 돈을 달라고 하느냐? 응? 돈을 달라면 첫째 공부를 남한테 지지않게 하여야 되지 않나 응?』

『아버지! 그 말씀 너무 무리하신 말씀입니다.』

『무엇 공부하라고 핵교에 보내 놓으니까, 공부도 하지 않고 놀고 멘기는 것이지. 그러니까 성적이 나쁘지. 그래 놓고 돈! 돈?』

『아버지! 부지런히 공부할 것이니 월납금만은 오늘 꼭 주십시오』

『무엇? 이놈 오늘 학교에 가서 당장 퇴학 원서를 내어서 너는 산에 가서 나무나 해서 팔아서 반찬이나 사 묵고 하지, 요새는 한문도 안 배우고 「가 갸 거 겨」만 배우니 그런 것은 집에서도 배울 수 있을거야, 핵고고 무엇이고 치워라. 응!』

아버지의 고성은 점점 높아지더니 아버지 자신의 성에 북바치어서 동네가 시끄러울 정도까지 되어 버리려는 것입디다. 옆에서 묵묵히 앉아 듣고만 계시던 어머니도 아버지의 성미를 너무나 잘 아시기 때문에 끝끝내 아무 말도 하시지 않으셨읍니다. 아버지의 고집이 이만 저만이 아니며, 정말 너무나 심한 것을 온 집안 사람들은 잘 알고 있기 때문입니다. 그러나 덕수 역시 입장이 이만 저만 곤란하지 않았읍니다.

그것은 덕수 학급에서 덕수와, 덕수 외에 단 둘만이 납부금을 바치지 않았으니 말입니다. 오늘만은 꼭 납부하겠다고 선생님과 군게 약속까지 하였기 때문입니다. 어머니의 눈짓으로 책 가방을 들고 간신히 집을 빠져 나왔으나, 어쩐지 학교에 갈 기분이란 조금도 나지 않았읍니다. 물론 과거에도 옥신각신한 일이야 몇 번이야 있었지만, 오늘같이 너무나 시끄럽게 한 일은 처음이기 때문입니다.

덕수가 대문간을 나올 무렵에는 등덜미를 후려갈기는 것같이 귀걸리는 아버지의 말소리가 악담으로 변하여졌읍니다.

『오늘은 꼭 이놈을 퇴학시켜야 해, 오늘 퇴학을 시키로 내가 학교에 갈 것이다 응.』

덕수는 새퉁스러운 마음을 지니고만 있었읍니다. 그러니까·덕수의 아버지가 학교에 오실 것을 이미 덕수는 각오하고 있었으며, 이 이상 아버지께서 귀찮은 소리를 듣기조차 싫었읍니다. 그것은 또 덕수 자신이 공부를 안 한다는 것도 아니고, 학교 일에 소홀히 하며, 자신의 양심에 가책을 느낀 일도 없으며, 이 이상은 자신도 차마 잡자코 있을 수가 없다고 덕수는 느꼈읍니다.

이미 엎질러진 물과 같다고 덕수는 여겼기 때문입니다.

　　　　×　　　　×

이윽고, 교무실에 들어선 덕수는 그래도 놀라지 않을 수 없었읍니다.

그야 그럴 수밖에.

담임 선생님 옆에 가만히 앉아 계시는 아버지의 얼굴을 보았기 때문입니다.

『선생님, 부르셨읍니까?』

『응』

덕수는 아버지의 얼굴을 보자, 한번 더 다시 굳게 각오를 했읍니다.

〈쾌히 퇴학을 하기로〉

애원을 하여 오늘의 위기를 모면한다손 치더라도, 또 며칠도 안 넘겨서 오늘같은 일이 닥쳐 올 것은 뻔한 사실임을 덕수는 너무나 잘 알고 있었기 때문입니다.

『덕수!』

『……』

덕수는 범죄자의 심정을 이해하게 되었읍니다.

덕수는 아무 죄도 짓지 않았으나, 이미 선생님 앞에서는 어쩔 수 없는 죄인이 되어버린 태도였읍니다.

『덕수는 공부도 하지 않고 또 집안 형편이 곤란하여서 아버지께서 지금 오셨어. 그래서 덕수는 학교 생활을 그만두게 하신다니 덕수는 알고 있지?』

『……』

덕수는 아무 말도 하지 않았읍니다.

이미 사형 언도가 내린 바에야 발버둥을 쳐도 아무런 소용이 없다고 느꼈기 때문입니다.

그러나 덕수는 덕수대로 할말이 있었음도 뻔한 사실

입니다.

서산에 넘어가는 해도 산에 걸렸을 때에는, 중천에 떠 있을 때보다 그 빛이 더욱 강하게, 온 세상을 눈부시게 비친다는 사실을 생각하였습니다.

죽어 가면서도 숨이 끊어질 때까지 발악을 치듯이, 큰 소리 한 마디라도 못할 것이 무엇이냐고 느껴졌습니다.

『선생님!』

『응.』

『아버지 앞에서 이런 말씀 드리기는 죄송스럽습니다만.』

『아니, 무엇인데…?』

덕수는 왈칵 설움이 앞서서 눈물이 쏟아졌습니다. 덕수의 눈앞이 캄캄하여졌읍니다.

선생님 책상 위의 이름모를 꽃나무도 축 늘어져 오늘의 덕수 심정을 이해하는 듯이 보였읍니다. 선생님의 얼굴도 아버지의 얼굴도 두 갈래 세 갈래로 보였읍니다.

덕수는 힘있게 주먹을 불끈 쥐었읍니다. 새로운 각오를 하였기 때문입니다.

『선생님! 그 동안 신세 많이 끼쳤읍니다. 제 아무리 지금 이야기한들 무슨 소용이 있겠읍니까마는, 저는

불효자였읍니다. 아버지의 뜻에 너무나 어긋나게 하였어요.』

『덕수─! 덕수 자신의 잘못을 알 수 있는가? 만일 있다면 내가 아버지께 애원이라도 해 보지. 응, 어때?』

선생님은 덕수 아버지의 얼굴을 힐끔 바라보면서 말씀하셨읍니다.

선생님은 덥석 덕수의 손목을 잡고서,

『울 필요가 어디 있어, 응? 사내 대장부가 학교 퇴학 정도로써 울다니…….』

『선생님, 오늘 나의 울음은 진실한 울음입니다. 왜 울지 않겠어요? 나는 오늘 실컷 울겠읍니다. 선생님의 말씀은 고맙습니다만 이미 나는 각오를 했읍니다. 선생님께 꿋이 학교를 물러나서 나대로의 새로운 설계를 세워 출세할까 합니다.』

『……』

덕수는 말씀하시는 선생님보다, 옆에 아무 말없이 앉아 계시는 아버지의 심정에 이해가 가지 않았읍니다. 덕수의 생각은 귀끔스러운 느낌이 들었읍니다. 그만큼 덕수는 태연자약한 태세였읍니다.

『선생님! 선생님은 덕수를 아주 몹쓸 자식이라고 말씀하실 것입니다. 왜 내가 공부 안 한다고요? 숙제를 언제나 안 해올 때가 있었읍니까? 선생님! 선생님! 돈

~86~

없다고요? 예? 잘 알겠읍니다.

아버지가 쓰실 돈은 있어도 내 월납금 바칠 돈은 없을 것입니다.」

「……」

덕수는 아버지의 얼굴을 볼 겨를도 없었읍니다. 말을 마치기 무섭게 덕수는 교무실을 뛰어 밖으로 나왔읍니다.

한시도 잠자코 아버지 앞에서 머물고 있을 수가 없었기 때문입니다. 덕수는 거리로 나와 걸어 가면서 생각을 했읍니다.

「나는 어디로 가는가.」

「아니 무엇을 하는냐?」

그 길로 덕수는 외삼촌이 경영하는 해산물 회사에 들렸읍니다. 덕수는 자기 눈을 의심하지 않을 수 없었읍니다.

그것은 외삼촌 책상 위에 보이는 돈 때문이었읍니다. 학교를 그만두고 집 방구석에 처박혀 있을 수는 없지 않나? 그렇다면 어디로 가는냐? 이런 생각이 일자 덕수는 본의에서 벗어난 일을 저지른 것입니다. 돈을 호주머니 속에 넣었읍니다. 덕수는 그 길로 나와서 선창가에서, 우두커니 저 머나먼 수평선을 바라보았읍니다. 길을 잃은 갈매기의 모습과도 같았읍니다. 높은 산에 아롱거리는 구름과 갈매기, 출렁출렁 출렁거리는 파도 흰 연기를 뿜으면서 어디로 가는지 덕수의 눈에는 모두가 이상하게 보였읍니다. 점심을 먹지 않았건만 배고픈 줄도 모르고, 선창가 어느 창고 모통이에서 바다물만 바라보면서, 덕수는 또 생각했읍니다.

「내가 왜 이렇게 되었느냐?」

「나의 신세가 이렇게 되었음은 오로지 아버지에게 그 책임이 있는 거야」

「아— 무식한 아버지를 가진 내가 죄야」

「지금쯤은 외삼촌도 돈이 없다면서 야단일 거야」

덕수는 게적지근한 느낌이 앞섰읍니다.

「아— 나는 죄인이야, 죄인!」

호주머니 속에, 돈을 꺼집어 내 보았읍니다. 팔천원이라는 돈ㅣ 덕수는 돈 때문에 학교에도 못 가고, 우두커니 여기 무엇하러 있는가를 생각해 보았읍니다. 생각하는 덕수의 눈에는 자신도 모르게 눈물이 어리어 있었읍니다.

「부산 방면으로 갈까?」

「그렇다. 나는 첫째 배워야 산다. 배우자. 그렇다면 학교에 가야 된다.」

「그러나, 학교는 어느 학교 어느 곳으로 가는냐?」

덕수는 힘을 내어서 바다를 보고 힘차게 교가를 불

러 보았읍니다. 가냘픈 희망을 발견했기 때문입니다. 덕수가 부르는 교가를 듣고 한반 학생인 정일이가 나났읍니다. 정일이는 선창가의 판자집에 거주하는 학생이었읍니다.

「덕수 아냐? 나 정일이야」

「아- 정일아!」

이미 황혼이 깃들기 시작했읍니다. 바다 위의 갈매기도 어디로 가는지 한 마리 외로이 날고만 있었읍니다.

또 덕수는 설움이 솟았읍니다. 고기 잡는 배인지 자기들의 보금자리를 찾아서 바쁜듯이 떠나고만 있었읍니다. 아버지와 어머니는 한 일을 주고 받을 것이라고 생각하니, 갑자기 덕수는 더욱 자기가 불행하다고 느껴졌읍니다.

「덕수야! 너 오늘 왜 조퇴했니? 아니 그런데 너 책가방을 여기까지도 가지고 다니는 것을 보니 무슨 일이라도 있었니?」 덕수 앞에 놓여져 있는 책가방을 보면서 말하였읍니다.

「정일아! 나는 몹쓸 자식이 되었단다. 나는 사실 오늘부터 학교를 그만뒀어!」

「무엇?」

정일이는 놀라지 않을 수 없었읍니다.

「우리집 아버진 참으로 구두쇠같은 아버지야! 도저히 이해가 없어. 내가 중학교 이학년까지 다닌 것이 용해. 그간의 피로움이란 이루 말할 수가 없었어. 월납금등으로 한달에 서너 번은 온 집안이 들썩들썩했어, 그래 나는 나 자신도 모를 만큼 앞일이 막연해」

덕수는 왈칵 눈물이 솟아나 왔읍니다. 정일이의 눈시울에도 눈물이 어리어 있었읍니다.

「정일아! 나는 이미 우리 아버지, 우리 어머니 그리고 내 동생들을 그리고 친구 모두를 포기한 몸이 되었다.」

덕수의 말하는 얼굴에는 무엇인지 아름다운 순진함을 발견할 수 있다고 정일이는 느끼었읍니다. 그것은 덕수가 정일이와 너무나 친할 뿐더러, 서로 이해할 수 있는 처지고, 정일이가 덕수에게 말을 하면, 알아 들겠끔 할 수 있는 자신이 정일이 한테는 있었읍니다.

「덕수! 좌우간 우리집으로 가자. 벌써 어둠이 닥쳐오니 집에 가서 이야기하자. 응.」

「아냐, 나는 이미 범죄자야 정일아.」

덕수는 호주머니에서 돈을 꺼집어 내면서 하는 말이었읍니다.

정일이는 물끄럼이 돈을 바라볼 뿐이었읍니다.

「나는 이미 몹쓸 자식이 되었다. 어제의 덕수가 아니……덕수는 목이 메여 말을 잇지 못했읍니다.

「아버지께 말하여 같이 용서를 빌자, 응?」

덕수는 한편 반가우면서 한편 공포감이 앞섰읍니다.

정일이가 선생님을 모시고 온 것은 뻔한 사실입니다.

집에 다녀온다면서 사라진지 한시간 넘게 되어서 돌아왔읍니다. 이어서 선생님이 들어 왔읍니다.

정일이 집에서 저녁밥을 먹고 난 후에, 정일이가 일어난 것은 전기불 없이는 걸을 수 없는 때였읍니다. 기적 소리가 들리는 선창가에서, 덕수와 정일이

「덕수, 덕수는 왜 그리 단순하냐?」

선생님은 빙글빙글 웃고만 계셨읍니다. 정일이도 웃고 있는 것같이 덕수는 여기었읍니다.

「덕수! 네가 큰 오해였어」

덕수가 너무나 공부를 안 해서, 아버지와 담임 선생님 이 일을 계획했다는 이야기였읍니다.

교무실에서 달아 난 후, 곧 행방을 아버지와 담임 찾다가 막연하여 여태껏 덕수집에서 식구들과 같이 선생님이 걱정을 하고 있던 중에, 정일이가 와서 덕수의 이야기를 들었다는 말이었읍니다.

「선생님, 그러나 저는 이제는 뚜렷한 범인이올시다.

저는 당연히 학교 규칙을 위반하였읍니다. 퇴학을 당할 만한 범죄를 범했읍니다.」

「무엇인데?」……

「외삼촌의 돈을 훔쳤읍니다. 그것은 내가 집에 있을 수도 없어, 정처없이 떠나고자 한 끝에 저지른 일입니다.」 선생님은 덕수의 마음을 알 수 있었읍니다.

덕수가 착하고 순진함을 여태껏 잘 알고 있었기 때문입니다.

그저 고개만 혼자서 끄덕끄덕하시는 선생님 이었읍니다. 이윽고 아버지가 찾아 왔읍니다.

「이 몹쓸 녀석아!」

「아버지, 죽을 죄를 지었읍니다. 용서해 주십시요.」

「아냐, 내가 너를 너무 업신여긴 탓이야」

「아버지, 이제부터는 아버지의 기분을 상하지 않게 노력하겠읍니다.」

「정일아, 너의 아버지는 안 계시냐?」 덕수 아버지가 정일이를 보고 하는 말이었읍니다.

「예, 어디 나갔읍니다.」

「아 그래. 그럼 선생님, 저 막걸리집이라도 갑시다」

「아니, 시간도 늦었으니 그만 일어납시다.」

덕수를 데리고 정일이 집을 나왔을 때엔 통행 금지를 알리는 예비 싸이렌이 울리고 있었읍니다.

~89~

▲ 번역 소설 ▼

壁으로 드나드는 사나이
〈LE PASSE-MURAILLE〉

原作 · Marcel Ayme
譯著 · 임 봉 길

「몽마르뜨르」의 「드브샹」가(街) 七五번지 二호에는 「뒤떠외르」이라는 비상한 재능을 가진 사람이 살고 있었다. 그는 아무 거리낌도 느끼지 않고 벽으로 드나드는 놀라운 능력을 가지고 있었다.

그는 유서 등기부(遺書登記部)의 삼등 서기로 있었는데, 항상 코걸이 안경을 끼고, 수염을 기르고 다녔다. 겨울에는 버스를 타고 사무실엘 나갔으며 여름에는 창이 달린 모자를 쓰고 걸어서 다녔다.

「뒤떠외르」은 그가 마흔 세 살이 되었을 때 이상한 능력이 있다는 것을 알게 되었다. 어떤날 저녁 그는 그가 살고 있는 초라한 독신자 아파트의 현관에서, 장시간의 갑작스러운 정전 때문에 문앞에서 더듬거려야만 했다. 그런데 잠시 후 전기가 들어와서 보니 그는 자기가 사측, 층계 사이에 끼여 있는 것을 알았다.

~90~

방문이 안으로 채워져 있었기 때문에 그는 얼마간 어떻게 된 영문인가 생각해야만 했다. 이성으로는 도저히 상상할 수 없음에도 불구하고 방에서 나올 때처럼 벽으로 그냥 들어가 보기로 작정했다.

그는 그가 원해서 얻은 것도 아닌 이 피상한 능력이 좀 거추장스러웠던지, 그 이튿날인 토요일에는 자기 주일을 이용하여 동네 의사를 찾아갔다. 그리고는 자기의 경우를 설명했다. 의사는 그의 말이 사실이라는 것을 확인하고는 진찰을 했다.

그는 병의 원인을 갑상체의 수축벽 나선형경화로 단정했다.

의사는 그에게 극도로 피곤하도록 과로할 것과 쌀가루와 반인반마(半人半馬)의 호르몬과의 혼합물인 「사가뻐렛프」를 일년에 두 개씩 먹도록 지지했다. 첫번째 정계를 먹고 나서 「뒤떠외르」는 약을 책상서랍에 넣고는 다시 그 약에 대하여는 생각하지 않았다. 과로에 대하여 말하자며는, 그의 공무원 생활은 전혀 피로를 느낄 만한 그런 일이 아니었다. 신문을 읽고 우표를 모으는데 허비하는 시간도 그리 그의 정력을 소비하게 하지는 않았다. 그렇기 때문에 일년이 지난 뒤에도 그는 여전히 벽으로 드나드는 능력을 지니고 있었다. 그렇지만 그는 모험에는 별로 흥미를 느끼지 못하고 또 상상력을 동원하여 어떤 일을 꾸며내는 데는 그리 탐탁치 않은 성격이어서, 부주의로 인한 경우가 아니고서는 한 번도 이러한 능력을 써 본 일이 없었다. 자물쇠를 쓰지 않고 그것도 문을 통하지 않고 그냥 집으로 들어간다는 생각은 아예 일어나지도 않았다. 만일 이상한 사건이 일어나지 않아 그의 생활을 흔들어 놓지 않았던들 아마도 그는 자기의 재능을 발휘해 보려는 생각도 하지 않은 채 그냥 그대로 늙어 갔을 것이다.

그가 근무하고 있는 등기소의 과장인 「무롱」씨는 다른 직책을 맡아 전근해 버리고 솔잎 같은 콧수염을 기르고 말을 딱딱 끊어 하는 「레퀴예」씨라는 사람으로 바뀌었다. 새로 온 과장은 첫날부터 가는 사슬이 달린 코안경을 끼고 검은 턱수염을 기르고 있는 「뒤떠외르」를 매우 못마땅하게 생각했다. 그를 마치 거추장스러운 고물로 대하는 태도를 취했다. 그러나 더욱 중대한 사건이 그 과에 대한 상당한 개혁을 단행하겠다고 마음 먹었다는 사실이었다. 그것은 그의 부하들의 평온한 분위기를 충분히 교란시킬 만한 일이었다. 벌써 「뒤떠외르」는 이십년 전부터 아래와 같은 양식의 글을 써 오고 있었다.

『본인은 금월 모일부 귀함의 회답으로서 이 서신을

쓰게 됨을 말할 수 없는 영광으로 생각하나이다…」
이런 양식의 서두를 『몇일자 귀하의 편지에 대한 회답으로 이 글을 씁니다.』라는 퍽 미국식 냄새가 풍기는 투로 양식을 바꾸어 놓으려고 한 것이었다.
「뒤떠외르」은 이런 식의 편지체를 익힐 수가 없었다. 항상 써 오던 습관으로 인해서 그는 어쩔 수 없이 본래의 전통적인 방법으로 되돌아 오고 말았다. 그 때문에 더욱 더 과장으로부터 미움을 샀다. 이제 유서 등기소의 분위기는 그에게 침울한 것이 되어버리고 말았다. 그는 늘 걱정을 하면서 출근했고, 저녁이면 으레 잠들기 전 십 오분 동안은 생각하는 버릇이 생겼다. 과장은 그가 개혁하려는 일에 대하여 반항적인 의사(意思)를 품고 있는 「뒤떠외르」을 더욱 밉게 보는 자기가 근무하는 과장실 옆에 어두침침한 방으로 이동시켜 버렸다. 그 방에는 복도에 닿아 있는 낯고 좁은 문을 통해서 들어가도록 되었었는데, 그 문 위에는 대문자로〈속 시원히 처리〉라고 써 붙여져 있었다. 「뒤떠외르」은 이런 말할 수 없는 모욕을 체념으로 받아 들였다. 허지만 집에서 신문을 뒤적이다 어떤 처참하고 피비린내 나는 기사를 읽고는 그 희생자가 바로「레퀴에」씨인 것처럼 자신도 모르게 생각하고 있는 것을 느끼고는, 놀랐다.

어느날 과장은 편지 한 통을 들고 들어 오면서 빽빽 고함을 지르기 시작했다.
『이 졸열한 편지를 다시 쓰란 말이요! 우리 과의 명예를 좀먹는 이 거치장스러운 편지를 다시 쓰란 말이요!』
「뒤떠외르」은 한번해 보려 했으나「레퀴에」씨는 우뢰같은 음성으로 그의 나쁜 버릇을 물고 뜯는 진드기로 취급하고는 참았다.「레퀴에」씨는 나가기 전에 손에 쥔 편지를 꾸겨서 그의 얼굴에다 내 던졌다.「뒤떠외르」은 점손했다. 그러나 자존심이 있었다. 그는 일어나서 그의 방의 방 쪽으로 나타나도록 가만가만 조심스레 들어갔다.「레퀴에」씨는 그의 사무 책상에 앉아, 아직도 분이 덜 풀린 손으로, 그가 청찬해 마지 않는 어떤 과원의 서류 가안문 속에 찍힌「쿰마」를 다시 옮겨 있을 때, 그는 눈을 들어 자기 사무실에서 누가 기침하는 소리가 난 곳을 쳐다 보았다. 그는 짐승의 머리를 잘라 박제를 만들어 벽에 붙여 놓은 것같은「뒤떠외르」의 머리를 발견하고는 너무 놀라 까무러칠 번했다.

더군다나 그 박제는 살아 있었다. 그의 머리는 가는 쇠사슬이 달린 코안경 너머로 그애게 증오의 눈초리를 던지고 있었다. 또한 그 박제 머리는 말을 하기 했다.

『여~이, 당신은 악질패요. 지독한 깡패란 말이요.』

너무 겁에 질려 입을 벌린 채 「레퀴엠」씨는 이 유령에게서 눈을 돌릴 수가 없었다. 마침내 그는 의자에서 일어나 복도로 뛰어나가 옆방으로 달려갔다. 「뒤따외」르는 손에 펜대를 잡은 채 평상시와 마찬가지로 부지런한 자세로 앉아 있었다. 과장은 하도 어이가 없어 한참 동안 그를 쳐다보고는 몇 마디 중얼거리고는 제 방으로 돌아왔다. 막 다시 자리에 앉자마자 머리는 또 다시 벽을 뚫고 나타났다.

『여~이. 당신은 악질패요./지독한 깡패란 말이요.』

이날 한나절 동안에만도 그 무서운 박제 머리는 스물세 번이나 나타났으며, 그 이후로는 날마다 같은 횟수로 나타났다. 이러한 장난에 재미를 붙인 「뒤따외」르는 은근한 과장에게 욕만 지껄여대는 것으로 만족하지 않았다. 그는 은근한 협박조의 말을 지껄여대기 시작하였는데, 그 예를 들자면, 무덤에서 울려 나오는 듯한 목소리에다 소름이 끼치는 웃음을 섞어 이렇게 소리질

렀다.

『늑대 귀신, 늑대 귀신! 늑대의 털! (웃음소리를 낸다.) 으~올빼미 뿔이 빠질 만큼 소름이 끼치는구나! (웃음소리를 낸다.)』

이러안 전율이 도는 소리를 들으며 불쌍한 과장은 한층더 얼굴이 핼쑥해졌고, 더욱 숨이 막혔으며, 머리카락은 쭈빗이 곤두섰고, 등에는 땀이 줄줄 흘렀다. 첫날에는 한 「파운드」가 줄어 들었다. 다음주부터는 모든 사람이 금방 알아 볼 정도로 말라 버렸으며, 「포오크」로 국을 떠먹고 순경보는 거수경례를 하는 버릇이 생겼다. 그 다음 이 주초엔 구급차가 그를 정신병원으로 실어 갔다.

「레퀴예」씨의 압박에서 해방된 「뒤떠윌」은 「본인은 금일 모일부 귀함의 회답으로써 이 서신을 쓰게 됨을…」하는 그의 전통적인 편지투로 되돌아 갈 수 있었다. 그럼에도 불구하고 그는 만족을 느낄 수 없었다. 그의 마음 한 구석에서 무엇인가 불만을 제기하고 있었기 때문이었다. 그것은 벽으로 드나드는 일, 바로 그 차체인, 어쩔 수 없는 새 요구였다. 예를 들자면 아마도 그는 아무 꺼리낌 없이 그 요구를 만족시킬 수 있었을 것이다. 사실 그는 실제로 그렇게 했다. 허지만 비상한 능력을 가지고 있는 사람

이 그런 평범한 일에 오랫동안 흥미를 느낄 수는 없는 일이다. 더군다나 벽으로 드나드는 일 그 자체가 한 목적이 될 수는 없는 일이다. 그것은 어떤 모험의 시작일 뿐이고, 그 시작은 계속과 전개를 요구하고, 결국엔 어떤 보상을 요구하게 되는 것이다. 「뒤떠윌」은 그러한 것을 충분히 깨달았다. 그는 자기 마음 내부에서 팽창해 가는 욕구, 자기 완성과 자신의 초월에 대한 격증하는 욕구, 그리고 벽 뒤에서 부르는 것같은 일종의 어떤 향수를 느꼈다. 불행히도 그에게는 목적 의식이 결여되어 있었다. 그는 신문을 읽음으로써 그것도 사람들이 명예롭게 생각하고 있는 정치란이나 「스포츠」란에서 어떤 암시를 얻으려고 했다. 허지만 그러한 기사는 자기와 같이 벽을 뚫고 다닐 수 있는 능력이 있는 사람에게는 아무런 계기도 만들어 줄 수 없다는 것을 깨닫고는 이내 더욱 많은 영감을 줄 수 있는 다른 것으로 옮겨 어떤 영감을 찾으려 했다.

「뒤떠윌」이 첫번째로 행한 도적 사건은「빠리」우편에 있는 어떤 큰 은행에서 일어났다. 그는 열 개가 넘는 담과 벽을 통해 들어가 몇 겹으로 된 철제 금고 속에 있는 은행권을 자루에 가득 채우고 그곳에다 ∧가루∨라는 가명을 쓰고는 빨간 분필로 아름다운 싸인을 함으로써 도둑 표시를 했다. 그것은 그 다음날 모든 신문에 그대로 복사되어 실렸다.

이 ∧가루∨란 이름은 일주일이 채 지나기 전에 놀라운 명성을 얻기 시작했다. 그처럼 묘하게 경찰을 골탕먹인 이 천재적인 도적에게 일반은 많은 찬사를 아끼지 않았다. 그는 또 밤마다 은행이나 보석상 혹은 부자집을 드나드는 행적으로 그의 존재가 전재함을 일반에게 알렸다. 「빠리」에서나 지방에서나 자신의 영과 육체를 이 비상한 ∧가루∨에게 말기고 싶어하는, 열렬한 욕망을 가지고, 어떤 상상을 하지 않는 여자는 한 사람도 없었다. 유명한 「뷰르디갈」의 「다야몬드」도난 사건이 있은 후로는 일반에 일어났던 「빠리」은행 강도 사건과 같은 주일에 일어났던 그의 공황 상태에 도달했다. 내무부 강관은 사표를 냈고, 그 때문에 유서 등기소 소장의 좌천도 초래되었다. 그 동안에「빠리」최대의 갑부 중에 하나가 된「뒤떠윌」은 그의 사무실에서는 여전히 착실했다. 「아카데미」공로 훈장 수여 물망에도 오르고 있었다. 그는 아침마다 그는 유서 등기소에서 맛보는 즐거움이 있었는데, 그것은 그의 동료들이 자기의 지난밤의 행적에 대하여 논평을 가하는 소리를 듣는 것이 있다.

『∧가루∨는 놀라운 인물일세. 그는 초인이고 천재야.』하고 그들은 말하는 것이었다. 이러한 찬사의 말을 들으면서 「뒤띠욀」은 팬히 수줍어서 얼굴이 달아 올랐고, 사슬이 달린 코안경 너머로 그들에게 감사의 눈길을 보내며 감사와 우정으로 빛났다.

어느 날 이러한 서로의 공감하는 분위기에 자신 만만한 신뢰감을 갖고는, 도저히 이제는 비밀을 간직하고 있을 수는 없는 일이라는 것을 확신했다. 수줍은 마음을 억지로 누르고는 「프랑스」은행 강도 사건을 실은 신문을 둘러싸고 모여 있는 동료들을 쳐다보며 겸손한 목소리로 선언했다.

『여~이, 이 사람들! 그 〈가루 가루〉란 바로 날세!』

그칠 줄 모르는 웃음 소리가 「뒤띠욀」의 비밀을 고백하는 이야기를 환영했다. 그는 곧 〈가루 가루 가루〉란 별명이 붙었다. 저녁 때가 되어 퇴근할 시간이 되면 그의 동료들은 그를 끊임없이 놀려댔으므로, 그에게는 인생이 덜 아름다와 보이게까지 되었다.

며칠 후 평화의 거리에 있는 어떤 보석상에서 〈가루 가루〉는 방범대에게 체포되었다. 그는 현금 「박스」에다 「싸인」을 했다. 그리고는 금으로 된 묵직한 큰 잔으로 여기저기에 있는 진열장을 두들기면서 권주가를 부르기 시작했었다. 그에게 있어서는 벽으로 들어가서 방범대쯤 피해버리는 것은 쉬운 일이었을 것이다. 그러나 모든 상황으로 미루어 보아, 그는 잡히기를 원하고 있었으므로, 아마도 그의 동료들이 그의 고백을 믿으려 하지 않으므로 해서 그를 분하게 만들었던 그 동료들을 놀라게 할 양으로 그가 체포되었으리라 믿어 볼 만하다.

이튿날 동료들은 신문의 제일면 「톱」기사에 「뒤띠욀」의 사진이 실린 것을 보고는 너무 놀라 입을 다물 수가 없었다. 그들은 이 천재적인 친구를 일찍이 알아 보지 못함을 분통히 여겨 자신들의 턱에 턱수염을 기름으로써 그에게 경의를 표시했다. 또한 동료들 중에 어떤 사람은 후회와 그에 대한 존경심으로 해서 친구나 친지들의 지갑이나 가보로 물려 오고 있는 시계를 훔치기까지 했다.

아마도 독자들은, 불과 몇 명의 동료들을 놀라게 할 요량으로 경찰에 체포되는 것같은 경솔한 행동을 비상한 재능을 발휘할 수 있는 사람이 행한다는 것은 좀 어울리지 않는 일이라고 생각할런지도 모르지만, 사실 어떠한 행동을 하는데 있어서 명백하게 의지가 개입되는 일은 그리 흔하지 않는 것이다. 「뒤띠욀」은 자신이 체포되면서 그것이 자신의 오만한 복수욕에 굴복하는 것이라고 믿고 있었지만, 실은 운명의 비탈길을 미끄러져 내려 오고 있는 것뿐이었다. 벽으로 드나들 수 있는 사람이 감옥열 가지 않았다면, 사실 진짜 인생의 맛을 모를 것이다. 「뒤떼윌」이 「쌍떼」교도소에 수감되었을 때 그는 운명이 그에게 너무 관대하다고 생각했다. 벽의 두께는 그에게 있어서는 진수성찬 같은 것이었다. 그가 수감된 바로 다음날 간수들은 수감자들의 금시계를 걸어 놓은 것을 보고는 너무 놀라 입을 다물 수가 없었다. 시계는 임자에게 반환되었는데, 그 다음날 시 그 시계는 교도소장의 서제에서 빌러내 삼총사의 제 일권과 같이 ∧가루∨의 감방 머리맡에서 발견되었다. 「쌍떼」교도소의 간수들은 이제 모두 지쳐 있었다. 또한 간수들은 어디에서 날아 오는지조차 설명할 수 없는 발길질을 그들의 영덩이에 받는게 아니라 로들 투성되었는. 옛말처럼 벽에 귀가 있는다고 서 발이 달린 것 같았다. ∧가루∨가루∨를 투욱한 지 일주일쯤 되었을 때, 「쌍떼」교도쇼 소장은 자기 책상 위에서 다음과 같은 편지를 발견했다.

『쌍떼』 소장님 귀하, 본인은 금월 十七일자 우리들의 회담에 대한 회답과, 또 작년 五월 十五일자 귀하가 지시한 일반 공문에 대한 회답을 쓰게 됨을 무한한 영광으로 생각하나이다. 본인은 지금 삼총사 二권을 다 탐독하였기에, 오늘밤 十一시 二十五분에서 十一시

三十분 사이에 탈옥할 것을 알려 드립니다. 소장님께서는 본인의 간곡한 경의를 받아 주시는데 인색하지 않기를 바라나이다. ∧가루 가루∨.

그는 그 날밤 물샐틈 없는 감시망을 뚫고 十一시 三○분에 탈주했다. 다음날 아침 이 소식이 일반에게 알려지자 일반의 열광은 대단했다. 그 동안에 「뒤떼윌」은 새로운 강도질을 함으로써 최고의 영광을 얻고 있었지만, 숨으려고 애쓰지도 조심하지도 않은 듯이 태연히 「몽마르뜨르」거리를 활보했다. 탈옥한 지 사흘째 되던날 그는 「꼴뺑꾸우르」거리 ∧희망∨에서 정오가 되기 조금 전에 그의 친구들과 같이 「레몬」을 떠운 흰 포도주를 마시고 있다가 체포되었다.

「뒤떼윌」은 다시 「쌍떼」교도소로 압송되어 세겹의 자물쇠로 채운 어둑컴컴한 방에 감금되었다. 그는 그날 밤으로 탈주하여 소장이 사는 「아파트」로 가서는 소장이 그의 친구들을 재우는 손님방으로 들어가 잤다. 다음날 아침 아홉시쯤 「뒤떼윌」은 아침을 가져오라고 식모에게 초인종을 누루고는, 급보를 받고 달려온 간수들에게 아무런 대항도 하지 않고 그냥 침대에서 잡혔다. 모욕을 당한 소장은 감방문 앞에다 감시초소를 세우고는 한 조각의 빵으로 식사를 시켜 그를 골탕 먹였다. 그날 12시 경쯤 되어 「뒤떼윌」은 교도소

옆에 있는 식당에서 점심을 먹고는 「커피」까지 마셨다. 그리고 나서 그는 소장에게 전화를 걸었다.

『여보세요! 소장님 지금 나오는 길에 소장님 지갑을 집어갖고 나온다는 걸 깜빡 잊었읍니다. 죄송합니다만, 제가 발이 묶여 꼼짝 못하고 있으니 누구를 보내서 계산 좀 해 주시겠읍니까?』

화가 머리 끝까지 난 소장은 자신이 몸소 달려가서는 「뒤떠윌」에게 욕설과 협박을 했다. 「뒤떠윌」은 그날 밤으로 탈주하였다. 그리고는 다시 돌아오지 않았다. 그는 작은 사슬이 달린 코안경을 네모 태 안경으로 바꾸고, 검은 수염을 깎는 조심성을 보였다. 또 그는 「캡」을 쓰고 「콜프」 바지와 굵은 네모 무늬의 양복을 입었다. 그는 「쥬노」 거리에 있는 조그마한 「아파트」에 자리를 잡았다. 그곳은 그가 맨 처음 체포되기 전 그의 동산의 일부와 그가 좋아하고 있는 물건들을 옮겨 둔 곳이었다. 그는 이미 자신의 명성에 대한 소문에 싫증을 느끼기 시작했고, 「쌍떼」교도소에 수감되었을 때부터 벽으로 드나드는 일에 흥미를 잃어가고 있었다. 제아무리 두꺼운 벽도, 아무리 단단한 벽도 그에게는 한낱 종잇장에 불과했고, 둔중한 「피라밋」에나 뚫고 들어가 보았으면 하는 마음이 생겼다. 「이집트」여행 계획을 추진시켜 가면서, 한편 우표 수집과 영화와 「몽마르뜨르」를 관통하는 긴 산책로를 거닐며 소일하는 아주 평온한 생활을 하고 있었다. 그의 변장은 아주 썩 잘된 것이었으므로 수염이 없고 네모테 안경을 쓴 그가 그의 결을 스치고 지나가도 그를 알아 보는 친구는 아무도 없었다. 그런데 그의 친구인 화가 「쟝뿔」만은 동에게 생긴 변화는 무엇이고 그의 눈을 속일 수는 없었다. 어느날 아침, 그가 「아브르부아르」거리 한 모퉁이에서 「뒤떠윌」과 딱 마주쳤을 순간 그는 은어로 이렇게 말하였다.

『이봐, 자네가 사냥개를 따 놓으려고 신사로 변한 걸 난 알고 있네.』

이 말은 보통 우리가 쓰는 말로는 이런 뜻이었다. 『자네가 경시청의 형사들을 속이려고 신사로 변장했다는 것을 나는 알고 있다.』

「뒤떠윌」은 중얼거렸다.

『자네가 용케 나를 알아 보네그려.』

이 사건으로 말미암아 「뒤떠윌」은 속히 「이집트」여행을 서두르기로 작정했다. 같은 날 오후의 일이었다. 그는 15분의 간격을 두고 두 번씩이나 「르삐그」거리에서 만난 금발 미임을 사랑하게 된 것은…. 그로

인하여. 그는 곧 우유팩 수집과 「피라밋」을 잊어버리고 말았다. 그 금발 머리의 여자는 대단한 관심을 가지고 그를 바라보았다. 그것은 「뒤떠월」이 「콜프 바지」와 네모테 안경을 쓰고 있었기 때문이었는데 이러한 차림은 그 당시의 여자들에겐 상당히 어필한 차림새였다. 또한 이것은 그를 「칵테일」과 「쉴리포니아」의 밤을 상기케 하는 것이었다. 불행하게도 그 금발 미녀는 난폭하고 질투심이 강한 남자와 결혼 생활을 하고 있다는 말을 「뒤떠월」이 들은 것은 화가 「장뿔」에게서였다. 이 의심 많은 남편은 방탕한 생활을 하고 있었는데 저녁 열 시부터 새벽 네 시 사이엔 정기적으로 아내를 방에 가두고 열쇠를 두겹으로 잠그었으며, 덧문을 자물쇠로 잠가 꼼짝 못하게 하였다. 낮에는 아내를 엄중하게 감시하였으며 「몽마르뜨르」 거리까지 그녀를 쫓아 나오는 일도 있었다.

『자식은 밤낮 개처럼 쫓아 다닌단 말일세. 다른 사람이 그의 목서 초를 따는 것을 무던히도 질투하는 열간이 같은 자식일세.』

그렇지만 「장뿔」이 이렇게 알려 주어도 「뒤떠월」의 연정은 더욱 불타 올랐다. 다음날 「똘로제」 거리에

서 어떤 젊은 여자와 지나치면서 그는 우유파는 가게로 따라 들어갔다. 그리고 그 여자가 우유를 살 차례를 기다리는 동안 그는 존경하는 마음으로 문을 잠그는 것, 또 못된 남편, 열쇠로 문을 잠그는 것, 그리고 덧문, 등등 이러한 모든 것을 알고 있으나 그날 저녁으로 그 여자의 방으로 찾아 가겠다는 말을 했을 때, 그 여자는 얼굴을 붉히고, 그가 들고 있던 우유 항아리는 떨렸다. 또한 눈은 감동되어 약하게 한숨 지었다.

『아~ 그렇지만 그것은 불가능해요.』

그 혁란스런 날 밤 열 시경에 「뒤떠월」을 「노브뱅」거리에 서서 튼튼한 담을 감시하고 있었는데, 그 담 너머로는 조그만 집이 있었고, 풍향기와 굴뚝만이 보일 뿐이었다. 이 담에 붙어 있는 문이 열리고 한 남자가 나와서는 조심스레 열쇠를 잠그고는 「쥬노」거리로 내려갔다. 「뒤떠월」은 그 남자가 멀리 내리막길 모퉁이로 사라지는 걸 보고도 열까지를 더 세었다. 그리고는 곧 달려가서 그녀가 들어 있는 방으로 들어갔다. 그 여자는 그를 열광적으로 맞아 들였으며, 그들은 한 시간이 지나도록 서로 사랑을 했다.

이튿날 「뒤떠월」은 심한 두통을 느꼈다. 그리 대수

롭지 않은 것이었으므로 이 때문에 그녀와의 사랑을 미룰 생각은 없었다. 그날 우연히 서랍을 열다 흩어져 있는 정제를 발견하고는 그 중에 한 개를 아침에, 다른 하나를 오후에 먹었다. 저녁때쯤 두통은 덜했으며, 그녀를 만날 흥분 때문에 그를 잊었다. 젊은 여인은 지난 밤의 짜릿한 추억에 마음을 조리며 그를 기다리고 있었다. 그들은 그날 밤에는 새벽 세 시까지 사랑을 엮었다. 방을 나올 때 「뒤띠윌」은 집의 담과 벽을 통과하면서 허리와 어깨에 뿌듯한 마찰감을 느꼈다. 그러나 분명히 저항감을 느낀 것은 담을 뚫고 들어 가면서였다. 그는 움직일 수는 있었지만, 움직일려고 힘을 쓸 때마다 끈적끈적해져 가며 더욱 밀도가 짙어지는 물질 속으로 빠져 들어가는 것처럼 생각되었다. 그의 몸 전체가 벽 속으로 완전히 들어간 후에 그는 그 이제는 더 나아가지 않음을 알았다. 공포에 떨며 낮에 먹은 두 개의 정제를 생각했다. 「아스피린」이라고 생각했던 그 정제들은 그가 지난해에 의사에게서 지어온 「사가삐렛트」였다. 이 약의 효과가 그의 이틀밤의 피로 효과에 겹쳐 나타난 것이었다. 「뒤띠윌」은 벽 내부 한복판에 엉켜붙은 것처럼 되어 있었다. 지금 그는 그 속에 돌로 화석이 되어 있다. 빠리

의 소음이 가라앉은 시각에 「노르뱅」 거리를 방황하는 몽유병 환자들은 무덤 저편에서 들려오는 듯한 은은한 소리를 듣곤 하는데 그들은 이 소리가 「몽마르뜨」 언덕 네거리에서 불어 오는 바람소리로 알고 있다. 그것은 그의 영팡스러웠던 생애의 마지막과 짧았던 사랑의 아쉬움을 슬퍼하는 〈가루 가루〉 「뒤띠윌」의 목소리이다. 쓸쓸한 겨울밤이 되면 화가인 「쟝뿔」은 기타를 울려 메고 「노르뱅」거리 은은한 소리가 들리는 곳으로 가서 사로잡혀 화석이 되어 있는 불쌍한 사람을 위해 한 곡조 노래를 튕기는 일이 있는데, 이때 언 손가락으로 튕긴 음률은 마치 맑은 달빛 방울처럼 돌의 심장을 파고 든다.

〈역자·마산고교〉

鄭鎭業 作品集 ① ②

₩ 各二〇〇원

신 조 문 화 사 간

백일장 입상자 명단 (문협 마산시 지부 주관)

71·11·16·

부별	일반대학부	〃	고등부	〃	중학부	〃	초등부	〃
종별	시	산문	시	산문	시	산문	시	산문
글제	혈맥	다리	소금	祭日	솔밭	계단	고무신	가랑잎
장원	·	·	조동래 (마상고 2년)	송재홍 (마산고 3년)	정진희 (마여중 3년)	최상석 (창신중 3년)	강순옥 (성호교 6년)	이현옥 (합포교 6년)
차상	·	·	조제순 (마여고 1년)	임영애 (제일여고 2년)	김수경 (마산여중 2년)	전혜영 (마산여중 3년)	주경미 (성호교 5년)	조혜자 (회원교 6년)
차하	이등재 (대성동1가 5의1)	조달옥 (경남대 1년)	고서경 (마산고 3년)	이기윤 (마산고 2년)	전정숙 (마산여중 2년)	주국돈 (창신중 3년)	김정희 (월포교 6년)	송향화 (성호교 6년)
참방	·	·	고평석 (창신공고 2년) 이경애 (제일여고 2년)	문계주 (마산고 1년) 이학영 (마산고 1년)	홍순옥 (마여중 3년) 김정애 (마여중 3년)	박상복 (중앙중 3년) 김민정 (마여중 1년)	하순옥 (산호교 5년) 석진국 (무학교 6년)	김경미 (중리교 6년) 전도영 (산호교 6년)

※ 장려 : 중학 시부 윤진보(마산중 3년) 초등부 지부 박향숙(회원 5년) 외 4명
　　　　　　　　　　　　　　　　　　 산문부 박혜련(월포 6년) 외 4명

會 員 名 單

회원명	분야	연락처	전화	비고
鄭 鎭 業	시	교원동24의17		風葬・「정진업작품집」고문
金 甚 洙	〃	진영 농고교	(T) 4142	시집「殘雪」「祈願」「봄편지」
金 敎 漢	시조	거제 저세포중	(T) 7434	「시조문학」지 65천료
李 光 碩	시	경남매일신문사	(T) 4339	61년「현대문학」추천・감사
金 根 淑	〃	무학국민학교		시집「별과 사랑의 意味」
추 창 영	〃	마산문화방송국	(T) 7687	시집「5月 한낮에」
김 용 복	〃	한국일보마산지사		
高 和 錫	〃	경향신문마산지사	(T) 7278	사무국장
朴 大 愛	시조	마산 여중		
김 홍 곤	시	경남 대학	(T) 5630	
金 和 水	〃	성지 여고		
채 정 권	〃	「낙원」꽃집	(T) 4108	
이 선 판	〃	창동64	(T) 6258	
文 昌 鎬	아동문학	창신 중학	(T) 7268	간 사
權 道 鉉	평론	마산 교대	(T) 8015	간 사
문 기 영	소설	중앙 중학		간 사
신 상 철	〃	경남 대학	(T) 4078	지부장
김 영 선	〃	창신 중학		
丁 字 鳳	외국문학	경남 대학		간 사
徐 仁 淑	수필	「이병도」첫과	(T) 2969	「타오르는 촛불」부지부장
吳 淑 子	〃	회원국민학교		
김 영 순	〃	무학국민학교		
金 永 泰	〃	경남 대학	(T) 8187	
박 복 흠	〃	마산 상고		
裵 福 道	〃	경남 매일	(T) 8218	
정 화 자	〃	창신 공고		

~ 101 ~

定款

韓國文協馬山市支部

제1장 총 칙

제1조 〈명칭〉본회는 한국 문인 협회 마산시 지부라 칭한다.

제2조 〈목적〉본회는 문학예술의 발전에 기여하며 예술인의 권익을 옹호하고 향토 문화 발전에 이바지함을 목적으로 한다.

제3조 〈소재지〉본회의 사무국은 마산 시내에 둔다.

제2장 회 원

제4조 본회의 회원은 본회의 목적을 찬동하고 규약을 준수할 수 있는 기성문인과 동인 그리고 문필 활동을 하고 있는 문인으로써 구성한다.

제3장 기 구

제5조 〈총회〉본회의 총회는 재적 회원 과반수 이상의 출석으로써 성립 한다.

제6조 〈정기총회 및 임시총회〉본회원의 정기총회는 매년 一월 중에 지부원 과반수 이상의 요구가 있거나 감사회의 요구가 있을 때에 이를 소집한다.

제7조 〈결의 방법〉총회의 결의는 출석회원 과반수 이상의 찬성으로 하되 가부동수인 경우에는 지부장이 이를 결정한다.

제8조 〈임원〉임원은 지부장 一인, 부지부장 一인, 간사 약간인, 감사 二인을 선출한다. 단 명예 지부장을 둘 수 있다. 간사는 단위 분과 위원회에서 一명씩 선출한다.

제9조 〈감사회〉감사회는 지부장, 부지부장 및 간사로써 구성한다.

제10조 본지부의 감사회는 다음 사항을 결의한다.
① 총회에서 위임한 예산 및 결산에 관한 사항
② 사무국장 인준에 관한 사항
③ 신입회원 가입에 관한 사항
④ 기타 총회 운영에 관한 사항

제11조 간사회는 지부장이 이를 소집하고 그 의장이 된다. 단 간사 과반수의 요청이 있을때도 이를 소집한다

제12조 〈임기〉임원의 임기는 一년으로 하고 개선될 수 있다.

제13조 〈사무국〉본회의 회무를 정리하기 위하여 사무국을 두고 국장 一인을 두되, 간사회의 동의를 얻어 지부장이 임명한다.

제14조 〈분과위원회〉본회에 다음과 같이 분과위원회를 둔다. ①시·시조분과 ②소설분과 ③평론분과 ④아동문학분과 ⑤수필분과 ⑥희곡·씨나리오부과 ⑦외국문학분과

제4장 재 정

제15조 〈세입〉본회의 재정은 회원의 회비, 찬조금, 국고보조금으로 이를 충당한다.

제16조 〈결산〉예산 결산은 감사의 감사를 거쳐 총회에서 보고 승인을 얻는다.

제5장 징 계

제17조 본회의 규약에 위배되는 일이 있거나, 본회의 명예를 훼손시킨 자에 대한 징계는 간사회의 결의로 이를 징계하고 그 전말을 제6장 부 칙

제18조 본정관에 명기되어 있지 아니한 사항은 통상래에 준한다.

편 집 후 기

▲「文協」2집이 세상에 나간다.

11월 10일의 임시 총회에서, 뜻을 모운 후 65일만에 그 열매를 이룬 것이다. 본래 예정보다 20일이 늦다. 해를 넘기는 결과가 되었지만, 71년노의 명패를 달고 세상에 나간다.

▲본래 계획은 마산에 있는 분의 글은 물론 경향 각처에서, 활약하는 마산 출신문인의 글을 대거 수록함으로써 보다 새로운 「文協」을 꾸밀 생각이었다. 그러나 시일이 촉박한데다·때마침 세모의 바쁜 때라 한분도 이에 응하는 분이 없어 여의ㅎ지 못하였지만, 결과적으로는 오히려 순수한 회지 「文協」이 된 것이라 자위해 본다.

설·수필·평론 등 전 분야에 걸쳐 고루 편집을 한 수 있었은 점도 다행한 임이었다. 마산문협의 장래를 위해 기쁘해도 좋을것같다.

▲교정을 잘못본 것도 있지만 활자의 부족으로, 한자를 한글로 고친 것도 많고, 글체가 틀린 것, 풀어 쓴 것, 독일어와 불어에 움라우트 등을 빠뜨린 것등이 있음을 알리고 글쓴 이들과 읽는 이 여러분의 깊은 이해를 빈다.

▲「文協」을 보시고 좋은 점은 격려해 주시고. 나쁜 점은 질책하시어 알차게 키워 주시길 기대한다.

▲끝으로 「文協」이 나오기까지 경제적 지원을 해 주신 여러분과 옥고를 기고해 주신 분, 그리고, 별 이득없이 책을 인쇄해 주신 문화 인쇄소 한 선생님께 감사를 드린다.

▲짧은 기간이었지만, 거의 전 회원이 원고를 내는 성의를 보였다. 시·소

⟨편집실⟩

文 協
─제 2 집─

인 쇄: 1971년 12월 30일
발 행: 1972년 1월 15일
발행소: 한국문협마산시지부
편집및
발행인: 신 상 철
편집
위원: 고 화 석
문 창 수
김 원 호

인쇄처: 문화인쇄소 T 8894
(마산시 장군동 4가 25)
대표: 한 원 구

同人隨筆
제 8 집
마산동인수필

─ (속) (축) (간) ─

사단법인 한국 예술 문화 단체 총연합회

마산시 지부장　배　덕　환

부지부장　강신률·신상철

사무국장　배　재　환

국협	극협	무협	문협	미협	사협	연협	영협	음협
김형대	배덕환	이필이	신상이	박상홍	강홍신	조신률	김오시	조용찬

(세로쓰기 이름: 김형대 / 배덕환 / 이필이 / 신상이 / 박상홍 / 강홍신범 / 조신률 / 김오시규 / 조용찬)

馬山文學
第三輯

馬山文學
1974 · 3집

부산제일인쇄
152면
값 200원

㊗

馬 山 市 廳

市　　　　長	李　南　斗
副　市　長	劉　甲　貞
總　務　局　長	朴　晶　守
開　發　局　長	鄭　洪　模
文化公報室長	朴　正　鍾
企　劃　室　長	黃　泰　祚

―――（馬山文學三輯發刊）―――

馬 山 商 工 會 議 所

會　　　　長	李　元　吉
副　會　長	宋　昌　復
〃	李　光　珠
事　務　局　長	李　相　斗

祝

國會議員
李 道 煥
馬山・鎭海・昌原地區

國會議員
崔 載 九
忠武・固城 統營 巨濟地區

三星라디에터 工業株式會社

社長　高　眞　奎

電一本社
총무과・3066
업무과・5066
중역실・6066

張內科醫院 醫學博士 張炳夏 T・3431	市民外科醫院 醫學博士 鄭鎭澤 T・2816

三都旅客

代表理事：韓國俊

T． 社・7240
　　自・3604

三省藥局

局長：李 碩 範

T．7733・7388

| 마산시 창동 9 호동소아과의원 원 장 李洪基 T·2898 | 마산시 남성동142 김영수産婦人科醫院 醫學博士 김영수 T·2814 |

女性經濟人聯合會

理 事 裵 貞 稔

馬山市 午東洞 23-19
T. 3098

디저니 베이비 하우스

主 朴 昌 勳

馬山市 倉洞 160
T. 5333

마산시 창동 158

이병도칫과

원장 이병도
T·2969

마산시 수성동 88

배대균신경정신과의원

의학박사
전문의 배대균
T·4606

마산시 동성동 245의 3

慶南新進車動車株式會社

代表理事 金 泰 修
T. 6956 · 6957

教養人의 道場

馬 山 書 道 學 院

院 長 沈 哲 浩
마산시 추산동 76

馬山文學 (제3집) 目次

題字・沈 哲 浩
表紙畵・李 寧 秀
本文컷・李 海 燕

|発刊辞| 馬山文學 三輯을 내면서 …………… 申尙澈・14
|激勵辞| 自主的 意欲에 拍手를 보내면서 …………… 趙演鉉・16
|序詩| 神의 弟子들은 …………… 鄭鎭業・18

〈評論〉 想像畵에 投影된 印象 …………… 權道鉉・22

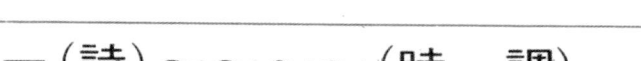
―（詩）～～～～（時　調）―

雪夜	金教漢‥26
切願叙説（五）	朴平周‥27
겨울 戀歌	李金甲‥28
畫帖	李光碩‥29
민들레	秋蒼影‥30
봄날 아침의 詩	金根淑‥32
K氏의 辯明（外一篇）	李善寬‥34
겨울 印象	金玉英‥36
野性	朴大燮‥37
바람	金和水‥38
祭日의 밤	蔡政權‥39
여름	이상철‥40
戰争과 平和（寄稿）	車明弘‥42

머리 위의 보슬비 (童詩) ······· 이창규 · 45

隨筆

美人曲의 사연 (寄稿) ········· 崔載九 · 48
위대함의 일상적인 영상 (寄稿) ··· 裵大均 · 50
可觀海印寺 ················· 金永泰 · 52
政治라는 말 ················ 文昌鎬 · 54
排泄 (寄稿) ················· 金亮漢 · 56
無題 ······················· 김영선 · 58
빗속의 回想 ················ 安貞子 · 59

歷代文協支部의 機構 ·········· 편집실 · 25
文協 馬山市 支部 定款 ········· 편집실 · 61
會員 名單 ··················· 편집실 · 152

小說

- 暗窟行 ································· 申尚澈 ··· 62
- 단간방(寄稿) ······················· 신현길 ··· 71
- 어느 女人의 告白 ················· 문기영 ··· 84
- 연쇄반응 ······························ 박지윤 ··· 99
- 버스를 세운 女子 ················· 남광현 ··· 106
- 거미줄(번역) ························ 鄭鎭業 ··· 122

희곡

- 안경(번역·寄稿) ···················· 李相喆 ··· 126
- 허수아비 ······························ 한기환 ··· 138

(童話)

- 복이와 장난감 ······················ 이창규 ··· 147

편집후기 ································· 뒷표지

文協 馬山市 支部가 主管해서 세운 花人 金洙敦 先生 詩碑 (山湖公園)

山湖公園에서의 除幕式 點景 (1974. 4. 28)

除幕式 點景 (主催側 代表人事)

詩碑 後面

詩碑 앞에서의 記念 撮影

● 詩碑 建立時 도와 주신 분

花人 先生 詩碑 建立을 前後해서 도와 주신 여러분을 여기에 밝혀 그 감사의 뜻을 깊이 새깁니다.

※ 헌금해 주신 분

- 이선관(馬山文協·　　　　　) 五百원
- 배복도(馬山文協·慶南每日) 五百원
- 정화자(馬山文協·　　　　　) 五百원
- 오승희(馬山文協·봉강교) 五百원
- 김영선(馬山文協·聖旨女高) 五百원
- 박지윤(馬山文協·　　　　　) 五百원
- 조두남(마산예총·의사) 五阡원
- 김형대(마산예총·　　　　　) 五阡원
- 남기섭(마산예총사진문화사) 參阡원
- 한기환(慶南大·　　　　　) 貳阡원
- 김홍곤(慶南大·　　　　　) 貳阡원
- 박두효(慶南大·　　　　　) 貳阡원
- 이배석(慶南大·　　　　　) 壹阡원
- 이도환(國會) 壹阡원
- 윤창동(윤싯과) 壹阡원
- 유택열(진해예총·　　　　　) 貳阡원
- 이일봉(진해예총·　　　　　) 五百원
- 강종철(진해예총·　　　　　) 五百원
- 황선하(진해문협·馬山女商) 五百원
- 이기태(진해문협·　　　　　) 壹阡원
- 김홍기(진해문협·　　　　　) 壹阡원
- 김화수(馬山文協·聖旨女高) 五百원
- 박대섭(馬山文協·馬山商高) 五百원
- 김근숙(馬山文協·중리校) 五百원
- 김용복(馬山文協·한국일보) 五百원
- 이광석(馬山文協·慶南日報) 五百원
- 박명주(馬山文協·馬山女商) 五百원
- 이금갑(馬山文協·馬山警察署) 壹阡원
- 문기영(馬山文協·中央中) 壹阡원
- 문창호(馬山文協·ㅁ信中) 壹阡원
- 권도현(馬山文協·馬山敎大) 貳阡원
- 채정권(馬山文協·慶南大) 貳阡원
- 김영태(馬山文協·馬山大) 貳阡원
- 김교한(馬山文協·馬山中) 貳阡원
- 서인숙(馬山文協·古藝堂) 五阡원
- 신상철(馬山文協·慶南大) 壹萬參阡五百원
　　　　　　　　　　　　외 삽지 출부감

- 정주진(진해문협·　　　　　) 五百원
- 전기수(진해문협·鎭海中) 五百원
- 고영규(진해문협·　　　　　) 壹阡원
- 최훈(진해문협·　　　　　) 五百원
- 박창강(마산미협·　　　　　) 壹阡원
- 박소은(마산미협·　　　　　) 五百원
- 황원철(마산미협·馬山敎大) 五百원
- 박홍법(마산미협·馬山女商) 壹阡원
- 박홍석(마산미협·馬山高) 壹阡원
- 진종만(마산미협·　　　　　) 五百원
- 강신윤(마산사협·　　　　　) 壹阡원
- 한하균(마산예총·　　　　　) 壹阡원
- 송태학(극협마산지부·馬山女商) 壹阡원
- 김일규(마산예총·　　　　　) 壹阡원

※ 돌에 글을 새겨 주신 분

- 정만근(마산시교원동)

※ 술을 보내 주신 분

- 이성근(마산주류협회) 탁주六斗

※ 축전을 보내 주신 분

- 이경순(晋州)
- 설창수(晋州)

馬 山 文 學

第 三 輯

1974

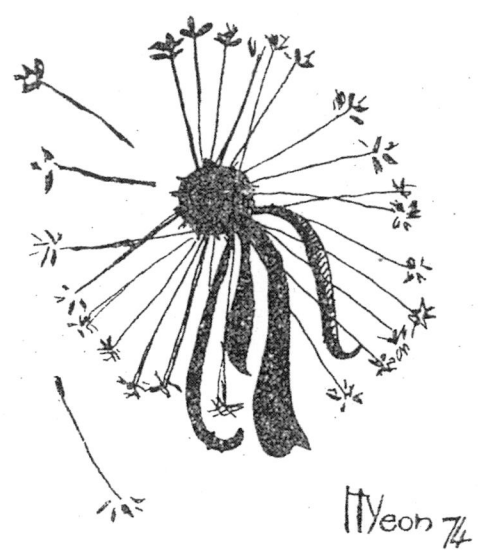

韓國文人協會 馬山市 支部

《發刊辭》

「馬山文學」三輯을 내면서

한해 동안 會員들의 作品活動을 마무리하고, 새해의 더 큰 발돋움을 이룩하려는 취지로 진작 會誌 發刊을 서둘러 왔었다.

그러나 원고가 예정대로 제출되지 않은데다, 用紙品費와 價格引上 파동이 겹친 탓도 있고, 그보다도 執行部의 기동력이 부족했던 것 등이 原因이 되어 해를 넘기고 한 달 반이 지내서야 「馬山文學」 三輯을 내게 되었다.

우리 會誌는 一九六八年 가을에 創刊된 「文協」이 一輯이요, 이후 二年에 걸쳐 「경남문학」 一·二輯으로 發展시켰다가, 一九七二年 初에 다시 「文協」 二輯을 續刊하고 한해를 걸러 이번에 三輯을 내면서 會誌名을 「馬山文學」으로 바꾼 것이다.

「馬山文學」 三輯에 收錄한 作品은 거개가 會員의 것이요, 非會員일 경우에도 단 한 분의 例外가 있을 뿐다 馬山 사람들의 글이니, 이 册이 馬山文

學의 總和라 일러 큰 잘못이 없다.

한 가지 아쉬운 점이 있다면 서울 부산 등지로 移徒는 갔다 하더라도, 馬山이 낳은 馬山 出身 文人들의 글을 다 게재해 내는 데까지 擴張시키지 못한 점이라 할 것이다.

아무쪼록 우리 會誌가 地域社會는 勿論 全國에 널리 퍼져 精神風土 改善에 重要한 一翼을 담당하게 되고, 이것이 보태어져 韓國의 文藝振興에 寄與하는 바가 많기를 願하면서, 이것이 계기가 되어 行政當局이나 韓國文協이 地方文壇에 對한 關心이나 支援이 새롭게 커지고 우리들 스스로 더욱 분발하는 結果를 낳기를 期待해 본다.

그 동안 「馬山文學」 三輯 發刊을 爲해 玉稿를 주시기도 하고, 경제적 후원을 아끼시지 않으신 여러분께 우리 모두의 感謝를 드린다.

一九七四年 三月

韓國文人協會 馬山市 支部

支部長 **申 尙 澈**

《激勵辞》

自主的意欲에 拍手를 보내면서

趙 演 鉉
〈韓國 文人協會 理事長〉

文協馬山支部에서 이 책이 나오게 되는 것은 나에게는 두 가지 즐거움이 됩니다. 하나는 文協을 代表하는 사람으로서의 즐거움이요, 다른 하나는 馬山은 내 故鄕과 같은 곳이므로 同鄕人으로서의 즐거움입니다.

文學活動에 서울과 地方의 區別이 있을 수는 없는 것이지만 發表機關이 서울에만 集中되어 있는 現實的 狀況은 地方에 있어서의 文學活動에 決定的인 打擊을 주고 있읍니다. 文協馬山支部는 이러한 現實的 狀況

— 16 —

을 克服하는 한 方法으로서 이번에 이 책을 마련한 것이라고 생각합니다. 會員 여러분들의 自主的인 意欲에 拍手를 보내는 바입니다.

아무쪼록 이 책을 통하여 馬山支部會員 여러분들의 和睦과 親善이 보다 더 이룩되고, 우리 文學의 水準과 特性을 더욱 높이고, 더욱 빛내 주는 좋은 作品들이 많이 發表되기를 祈願합니다.

이 책은 이 한권으로서 그칠 것이 아니라 特定된 期間을 두어 계속해서 刊行함으로써 이 책을 꾸민 最初의 抱負와 意志가 한결같이 永續되기를 부탁드립니다. 精進은 持續으로서 實行되고 持續은 結實을 가져올 것입니다.

늘 꾸준하시기를 바랍니다.

〈序 詩〉

神의 弟子들은

鄭 鎭 業

舞鶴은
알피니스트들의
아침 트레이닝에 合格地요,
舞鶴의 오솔길은
長壽를 祈願하는
脂肪族의 原色林이다.

山새도 둥우리를 옮긴
舞鶴山頂에 올라
바라는 것은
바이칼 湖水 같은

舞鶴의 정정한 山그림자는
商標와 바뀌어
馬山의 象徵이 될 수가 없다.
唐나라 使臣
孤雲이 合骨浦 살다
伽倻山에 들었다 했을 뿐
孤雲과 舞鶴의 連關은
野史도 아닌 한낱 傳說은
住民의 登錄證보다도
영검이 없다.

— 18 —

長方形의 바다.

千年 바다는
물으로 變해 가는

寡婦가 된 少女의
울음을 울고 있지만

遡及하면
갈매기는 몇 百代의 後孫

가녀린 그 絶叫로는
바다의 悲憤을
달랠 수가 없다.

日女를 片慕하던
白沙 靑松의
月浦 海水浴場에는
鐵路의 平行이 있을 뿐
火車의 煤煙으로

달은 李守一의 눈물인양
朦朧해 볼 수가 없고

自由港은
入住客의 不夜城
指數와 反比하는
內國人의 賃金은
外國人의 總收의
몇 %나 될까?

그러기에
內國人의 睡眠은
대낮에도 퍼부어
蘇大成이가 된다.

잠만 자던 告知者
蘇大成이 일어나듯
勤勉한 男女工은

일어나리라.

그러나 한번 생각하자.
일어나는데 必要한건
어디 그것뿐이겠는가?

빵 그 以前에
사랑하는 人間이
먼저 너의 啓發과 叡智를
애타게 기다리며
살아 나왔다는 것,
酋族이고 部族이고
氏族이고 民族이고 간에
母權이고 男根崇拜이고 간에
情만 있으면
우리는 싸우지 않고
살아 나오지 않았었나?

下層에서
기름지게 살겠노라
아우성치는 도둑질 속에서
굶주리면서도
眩氣에 노오래지면서도
사랑과 情을
가슴마다 옮겨 싣는
女計理士의 義齒보다 못한
異色族이
아직도 남아 있음을
너는 有史以來의
奇蹟이라 놀라겠는가?

至上 至高의 命令으로
神의 弟子의 資格으로
쓰는 者 피나게 쓰고
노래하는 者 노래하고

그리는 者 그리고
춤추는 者 춤추고
五廣大는 五廣大대로
지화자 가락에 두드리는 者 두드리고
렌즈는 暗黑을 告發하고
天然色으로 눈을 즐기고
나팔부는 者 나팔불어
살이 오른다.
春風 駘蕩
天地는 온통
藝術 文化의 上層骨髓에
群烏一鶴
最後까지의 良心에
물이 오른다.

肥大症에 걸린
自由港의 불빛은
千年 바다로 나가 죽은
靈魂을 弔喪해 줄 것인가?

달이 李守一의 눈물인양
朦朧한 月浦 海邊에서
바다 아닌
眞實로 市民의 살아 있는
靈魂을 손질하는
神의 弟子들은
여기 健在하다。

想像畵에 投影된 印象

― 七三년도에 發表된 問題詩 五篇

□ 權　道　鉉 □

現代詩는 뭐니뭐니해도 우선 讀者들로 하여금 鮮明한 印象을 주게끔 그 詩의 構圖(措辞)와 適切한 詩語의 操縦으로써 想像의 正鵠으로 命中되어야 한다. 詩人은, 銳利한 눈으로 自然과 事物을 깊이 透視하여 그 深層部의 이모저모를 可視의 世界까지 깡그리 끌어 올릴 수 있는 力量을 發揮해야 하고, 저 맑은 강바닥에 반짝이는 차돌마저 건져낼 수 있어야 한다. 가멸은 팬터지는 詩的 印象을 깊이 천착할 수 있으며, 濃度 짙은 原色으로 채색되어 詩人의 想像畵로 投影되는 것이다.

文德守의 「前兆」(詩文學 2월호)는 現代意識을 다시 한번 조심스럽게 테스트하고 있다. 劫의 虛寂으로 묻혀 간 먼지끼낀 舊約聖書 속에 흐르는 「前兆」의

시니피앙에서 우리는 너무도 깊은 팬터지를 조종하고 있는 이 詩人의 能熟한 솜씨와 날카로운 예지를 發見할 수 있다. 誘惑의 魅力으로 表象된 수천 마리의 뱀으로 연결된 계곡의 弔橋(suspension bridge)는 분명히 현실처럼 걸려 있는. 물과 물 사이, 계곡과 계곡 사이에 마구 줄달음치며 건너 갈 수 있는 종요로운 다리 위를 深山幽谷의 野獸들이 마구 줄달음치며 投影된 것이다.

지금 어느 한 쪽의 世界가 반쯤 허물어지고 있는지도 모른다.

우리는 現代人의 困憊한 모습을 다시 한번 눈여겨

보면서 雜多한 유혹을 물리치기 위해 그 무서운 苦惱를 찍고 우는 것이다. 나는 이같은 奇拔한 詩想을 뮤우즈는 보는 이로 하여금 思索깊은 맑은 있으며, 여기에서 우리는 現代人의 里程表를 다시 발견하는 것이다. 역시 現代詩는 노래하는 맛보다 생각하는 맛으로 기울어지고 있으며, 2次元의 平面美보다 3次元의 입체미를 닦고 있다. 우리가 이 詩에 흐르고 있는 이미지의 입체 볼륨을 줄여 보면 이는 역시 線으로만 남겨지는 可能의 로우프다.

金晳圭의 「능금껍질」(現代文學 10月號)에서 우리는 豊盛한 가을의 이미지와 村老의 忍從으로 얼룩진 피로한 모습과 이 종요로운 땀으로 매달린 능금을 발견할 수 있다. 발갛게 물든 능금껍질의 표상은 보기 좋은 自然이 되어 이 詩人의 詩神으로 散策하면서 빛바랜 季節의 후미로 춘살같이 밀려나고 있으며 흐르는 세월이 무척이나 원망스럽듯, 먼 미래를 熱望하는 착한 눈동자는 더욱 귀엽다.

칠팔월 늦은 장마의 어느 여우볕에서도 마르던
젖은 삼베옷 소매는 해도 구름도 덮는다.
아직은 뜨거운 씨앗들이 모여 팽이질을 하는 마을

지루하게 질척거리는 칠팔월 늦장마에도 착한 農夫의 손길은 쉴새없이 바쁘게 움직이고, 오히려 가을 가을을 아름다리 열망하면서 추호의 투정도 없다. 다만 흐르는 세월만을 아쉬워하고 있는 길은 탐스럽게 익은 능금으로 投影되고 있다. 그토록 변덕스러운 날씨에도 불구하고 生의 撮理에 좇아서 執拗하게 매달려 있는 능금은 가을의 청명한 햇빛으로 보기 좋게 익어간 것이다. 그러므로 이같은 능금껍질이 아무리 하잘것없이 길바닥에 버려져 있어도 그 맛있는 알맹이를 보호한 表皮로서 남아 있으며, 그 알맹이는 먹은 이의 체내로 溶解되면서 값있는 생명의 자양으로 길이 남을 詩人의 表象이다. 이것이 農夫의 쩌들인 얼굴과 덮은 손등으로 투영된 능금껍질이다.

그리고 이 詩人이 구사하고 있는 詩語는 他의 추종을 不許하리만큼 번득이듯, 날카롭고 새롭다. 「여우볕」(天笑), 「단근질」(烙刑), 「초주검」같은 詩語의 구사에서 느끼는 맛이란, 非凡의 平凡이요 거슬리지 않는 破格的 質量이다.

金宗文의 「反響」(現代文學 3月號)은 神奇하고

恍惚한 팬터지를 現實의 窓口로 끌어당기면서 事象을 잘 描出하고 있다.

嚴石이 이루는 계곡에
나의 思念이 숨박질치며
흐름이 가득 출렁이고
깊이 내려가 닿는 始原의 숲

이 얼마나 颯爽한 표현이며 산울림을 아주 적절히 드러낸 描寫랴! 이 詩情에 고여 있는 조용한 反響은 조금의 구김살도 없이 펄럭이는 旗幅처럼 매끈하다. 群俗을 쓸어버리고 安穩한 自然의 품에 안겨 童心의 이랑으로 남실거리는 反響의 波長은 먼 太古적 음향으로 포개면서 새로운 생명감을 닦아내고 있다. 詩語를 굴리는 手法이나, 措辭를 조종하고 있는 실력은 매우 능숙하며, 한 얼의 고도 맺히지 않고 시 원히 풀어지는 詩魂은 푸른 江心으로 헤엄쳐 간다. 芮鍾淑의「심심한 事件」(詩文學 5월호)、말이 없는 계곡의 山寺는 언제나 自然頌을 또렷이 말아 가면서 깊은 靜寂을 海綿의 水分처럼 빨아들이고 있다.

저 숲 寫實의 가지 끝
외롭기 알맞게 올라앉은 솔방울 하나
事物을 透視하는 이 詩人의 날카로운 눈길은 차겁게 번득이고 있으므로 외롭게 앉아 있는 솔방울 하나에도 신경을 쏟으면서 고요한 山寺의 정경을 스케치하고 있다.

木器 씻는 신중도 한번은 보고 왔겠는데
나와 나눈 심심한 對話에는
그런 緣故를 알 수 없으니

이 얼마나 無聊한 山中의 寂寞에 던지는 마음의 波紋이랴! 특히 이 詩의 에필로그는 더욱 그 詩情이 맑고 생각의 餘裕가 높아서 좋다.

새는 지금 무엇이고 當惑케 할 수 있으나
아직 흔들지 않은 새의 餘裕는 높다.

참으로 이 같은 詩的 表現은 좀체 그릴 수 없는 秀作이다. 아무리 새 몇 마리가 날아간다 해도 이 우람한 山寺의 靜寂은 어찌 할 수 없이 계속 남아 있는 있다.

것이 아닐까! 외롭게 걸려 있는 가지 끝의 솔방울의 호젓한 맛에다 이 詩人의 심심한 事件을 投影시키는 팬터지가 좋다.

金初蕙의 「不協和音」(文學思想 9월호), 빛바랜 계절의 후미로 사정없이 밀려 난 生活의 落伍兵은 오늘도 끊임없는 손끝의 경쟁을 조으며, 생활을 조종한다. 악착스러운 삶에의 몸부림에 反比例하는 事象에 對해 겨누어 쏘는 화살은 끝내 피를 흘리는 상여로 난간 책, 비바람의 우울한 소리에 짓눌려 천개의 목소리로 메아리진다.

　허무를 쏘는 화살 속에
　熱望이 주렁주렁 열린
　다습던 손은

　실로 알맞는 詩的 驅使에 不協和音의 背理的 이미지를 유감없이 投影시키고 있다. 어쩌면, 世上事는 이 不協和音으로 되뇌는 곤비한 몸짓이 아니랴! 깔끔한 詩語를 굴리며, 알맞는 措辭 속에 번득이는 스프리는 이 詩幅을 더욱 조용히 밀어가고 있다.

　끝으로 李光碩의 「素描」(現代文學 3월호)도 작업장의 無垢한 獨白을 잘 그려낸 秀作임을 附記해 둔다. 〈馬山教大教授・評論家〉

歷代 文協 支部의 機構

支部長	副支部長	事務局長	總會 日字
이　　　석		이　광　석	1962. 7. 7
〃		〃	1963. 4. 2
김　수　돈	이　광　석	염　기　용	1964. 3. 6
임　영　창	김　교　한	〃	1965. 3.12
김　수　돈	〃	〃	1966. 3.20
김　교　한	조　병　무	〃	1966.10.20
김　정　진	김교한, 조병무	〃	1967. 3.12
김　교　한	이　광　석	〃	1968. 2.28
〃	〃	〃	1969. 2.25
〃	신　상　철	배　부　도	1970. 2.17
신　상　철	서　인　숙	고　화　석	1971. 2.12
〃	〃	〃	1972. 1. 5
〃	〃	문　창　호	1973. 1.25

<時調>

雪 夜

金 敎 漢

허허로이 바라보는 내 앞의 벌판에는
차라리 바람조차 숨을 죽인 紛亂인데
새도록 다스려 보면 鮮血 더운 김인 것을…。

山도 내도 빛을 사려 너욱 밤을 알겠는데
솔잎에 금이 지던 저 하늘이 내리구나
枯木은 說話를 걸고 지켜 섰는 눈망울。

이렇게 지친 痕迹도 너그로운 어귀에 서면
어느새 고요로이 銀燈 달고 잇는 他關
한 자국 놓을 때마다 그지없이 실는 맘을…。

멀리서 들려 오는 어느날의 河曲 소리
높은 것 낮은 것도 포옹으로 잠기는데
누구든 깊은 곳에서 감춘 말이 있겠는가。

<時調>

切願叙說(五)
—仙人掌記—

朴 平 周

逆理로 등을 기댄
望鄕의 山河에선

피 쏟고만 싶던
切願의 斷崖이기

이 天地
가나안의 淨土,
어디에서 찾을까.

모질게도 타는 情에
꽃 열자 이울고

기어이 恨을 안고
굳어버린 가시몸

想思에
긴 목을 빼고
合掌으로 지샌다.

<時 調>

겨울 戀歌

李 金 甲

하늘도 빛이 바래
먼 발치에 비껴 섰고

바람은 또 왜 이리
설레이고 있는가

구름 밖 머물고 있는
뻔득이는 그림자

肉身을 解体하여
영혼을 부추기는

바다는 그 語法대로

잦아 드는 呻吟 소리
언젠가 열릴까 저 門
멀고 있는 裸木들—

西天에 젖는 노을
깃 사려 아픈 情을

몇 세월 待春의 날을
迷路에 지켜 선 채

아득히 발 딛는 소리
바람결에 지운다.

< 詩 >

畵 帖

李 光 碩

수풀 사이로

새순처럼 빛나는 크레파스

올겐 건반을 누르는

「牧神의 午後」…….

촛불 밖으로 어둠을 미는

強烈한 生動의

生成의 한뼘 領土 끝까지

초록색 바다가 활활 탄다.

차운 空間을 입술에 물고

새가 잠시 멈춘

투명한 하늘 한녘

무너진 四季의 빈뜰에

떨어지는 言語의 빗방울

그 빗방울 새로 머리를 드는

뜨거운 풍경

처음이며 마지막인

生涯의 빛나는 모순이

다시 한번 활활 타오른다.

< 詩 >

민들레

秋 蒼 影

바람난 여자의 술잔만큼이나
철철 넘쳐서
술잔에 제가 철철 넘쳐서
길바닥에 퍼질고 앉아 미쳐 있다가
새벽녘 제 헛소리에 제가 놀라
짐짓 옷깃을 치세우고 종종 걸음을
칠 때!
태양은 뒷통수에서

관용을 베풀고
민들레 씨앗은 어디쯤에 움이 트는가
허영에 바람찬 사나이의 오기만큼이나
허영에 제가 둥둥 떠서
세계지도를 낱낱이 암기를 할 때
헛기침에도 목이 갈려 냉수를 마시겠지만
일몰은 찬란한 연민을 베풀고

— 30 —

< 詩 >

민들래 씨앗은 어디쯤에
꽃순을 맺는가 ─.

오밤중에 옷벗는 인욕이 아니라,
칼을 품는 원한이 아니라,

노닥거리는 문어의 달가지처럼,
허물허물 풀어헤친 헤파리처럼,
우리의 머리카락이 방치되어서는
아니 되겠는데
바람난 여자의 술잔을 비우고
허영찬 사나이의 콧수염을 뽑아 버리고
일출과 일몰의 의미를 익혀야겠는데,
도살장 대기실의 체념이 아니라,

「참」이므로
믿어야 하는
조용한 혁명이 필요한데
민들레 꽃씨는 솜털을 달고
바람에 실려서 떠돌겠지만
그래도
노오란 꽃을 배태하여
방긋방긋 희열하는
원초의 사랑은 숨어 있는가.

一九七二 겨울

< 詩 >

봄날 아침의 詩

金 根 淑

싸늘한 겨울을 忍苦한
너 意志의
나무여.
너는
안으로 안으로
새 生命을 잉태한 즐거움으로

환하게 웃어야 한다.
그렇게도 겨울 바다를 걷게 하던
내 平行線의 사랑이여
너는 나를
봄날 아침에 이렇게 서게 해 준
보람으로 하여

< 詩 >

이제 바람되어 날아라.

돌아선 사람과도
악수를 나누고

가슴 깊숙이 버려졌던
스스로의 거울을 찾아 마주하는
봄날 아침이여.

太陽은 우리로 하여금 웃음짓게 하고

이웃들이여.
우리는 순한 비둘기 눈매하여
하늘을 바라보자.

그리하여
陽地에서 소꿉놀이 하듯
도란도란 사랑하고픈 삶이여,

산다는 것도 때로는
커다란 기쁨이거니.

< 詩 >

K氏의 辯明 (外一篇)

李 善 寬

용서 하십시오.
나도 옛날에는 正義派였읍니다.
그런데 지금은
부모가 있기 때문입니다.
처자식이 있기 때문입니다.
형제가 있기 때문입니다.
직장이 있기 때문입니다.
친구가 그렇게 하기 때문입니다.
정치가가 그렇게 하기 때문입니다.
장사치가 그렇게 하기 때문입니다.
종교가가 그렇게 하기 때문입니다.
예술가가 그렇게 하기 때문입니다.
판검사가 그렇게 하기 때문입니다.
의사가 그렇게 하기 때문입니다.
이 사회가 그렇기 때문입니다.
현실이 그렇기 때문입니다.
이웃의 양빰을 때려야겠읍니다.
내 한쪽 빰을 맞았기 때문입니다.

< 詩 >

춤

— 우리 민속 춤을 보고 —

그렇게 춤을 추십시오.
햇빛이 따사합니다.
혈맥이 돌고 있읍니다.

당신을 바라보면
내 민족의 역사를
기억하게 합니다.

이제야 알았읍니다.
단풍잎으로 물들은 엽전이
그렇게 귀하게 보이는 것은

박꽃 내음으로 가득찬
초가로 언제가는 돌아가렵니다.
그 곳은 가이없는 향수의 바다

수난 속의 자란 죽순의
어머니 열이 담긴
내 조상의 손길입니다.

이제 구름이 지나간 가슴 안으로
눈물을 걷우어야겠읍니다.
진정 그대로 춤을 추십시오.

< 詩 >

겨울 印象

金 玉 英

겨울 女子의 눈(目) 속에
마른 보릿대 밟는 소리
아침마다 속눈썹이 눈 속으로 빠진다.

그렁 그렁 떠오르는
등불빛 속에
不完全名詞의 섬들이 떨어져 있고
마른 보릿대 밟는 소리 하나
노을처럼 번진다.

살이 튼 言語들이
눈발 속에 묻히고

유리창 너머
씻어버린 손이 바깥을 보고 있다.
섬들이 바람에 불리고 있다.
차가운 속눈썹 사이로
자꾸만 등불이 지워지며 켜지며
어둠이 밀려와 드러눕는다.
어둠이 뒤챌 때마다 얼어붙은 땅 위에
마른 보릿대 밟는 소리
토막
토막
떨어지고 있다.

< 詩 >

野 性

박 대 섭

침침한 内室에 앉아
짚어보는 풍금 소리가
그다지 흥을 돋구지 못할 때,
순수의 하늘거림 속으로
문득 오늘로 下降해 내릴 때,
생각이 나래를 펴다가
가끔가다 사는 재미를 빼앗기고
煩悶이 한 옥타브 높게
高速道路를 질주할 때,
서른 살 고갯마루에서 잠길에라도
내 우둔한 처신이
희미한 달빛에 재인식될 때,

그리고,
구접스런 職場에서
간신히 몸을 빼어
퇴근길에 오를 때,
늦게 입대한
군복 걸친 竹馬故友를 만나
악수를 교환할 때,
파도처럼 파도처럼
구르고 싶은 生氣
내 신비의 心性이
祝祭에 허덕이는 층계의 時間

< 詩 >

바 람

김 화 수

I

골목길을 돌아나온 바람이
어느 대문 앞을 서성이다가
길을 잃었다.
어느새
바람은 둔갑을 하여
흔들리는 내 창문을 걷어차고 들어와서는
고장난 금반을 마구 두들기며
실없이 킬킬대며 웃더니
장난감 인형을 안고
한참이나 수작을 부리다가
미친듯이 거울 속으로 들어가 버린다.

II

엽전 구멍을 기어나온 바람은
전신주에 매달린 연꼬리를
사정없이 찢어 놓고 있었다.
길을 잃어 계절마저 상실한
어느 폐혈에서
해일을 가슴턱까지 불러 일으키더니
팽팽한 세월만을
잡아당긴다.

祭日의 밤

蔡 政 權

< 詩 >

지푸랭이에 휘감겨
소리없는 울음을 밤새 쏟아 놓고
四更이 접어 드는데,
윗 喪主가 조으는 눈섭으로
떠오른 亡靈들이
香불에 섯거치는 祭酒에 담겨
돌아오는 바쁜 걸음을 하고
헛 기침도 하며, 창호지를 울리고 섰다.
이 중에
三代祖父가 座上이다.

대문짝을 활짝 열어 재치고
마당을 쓸듯
祭床을 물리고 난 後

문설주를 흔들고
울고 있는 少年을 본다.
열 일곱 나이에, 고사리 손이 되어
불에 타 죽었다던
祖父의 兄弟 중 셋째 분이
대문 밖 떨고 섰는 겨울밤.

설사
산 者와 죽은 者의
가림하는 길 위에
첫 닭이 운다.
어린 孫子 놈은
祭밥에 얹혀 배탈이 났다.

< 詩 >

여 름

이 상 철

아버지는 어디로 갔을까

끼룩끼룩 갈매기 울던 선창가,

죽순처럼 솟아나던 피를 뿌리고

원통히 원통히 빨갱이로 휘몰려

아버지는 어디로 끌려 갔을까.

뒷산 대밭이 타던 날,

선산이 짓밟혀 없이지던 날,

< 詩 >

산으로 달아난 삼촌은
소학교 마당에 숯덩이로 드러눕고
어머니는 혀를 물어 논둑에 쓰러지고
아아 자운영 꽃잎에 눈물을 닦아내던
그 여름은 개구리도 울지 않았다.
캬칵 뱀새끼 한 마리 울지 않았다.
기막혀 쏟아지던 소나기는
삼촌의 가슴 속 불티를 식히고
떨어진 사내들의 팔뚝들이
뽕밭의 거름으로 살아
핏물 같은 노을 속을 돌아다니던
그 여름을 알고만 있다
오오 나는 말없이 알고만 있다.

◇散文詩◇

戰爭과 平和
―나의 生活이 주는 廣場의 意味―

車 明 弘

나는 반역하고 싶다.

내 침대의 설합을 열고 그 안에서 眞紅의 「크레파스」를 꺼내어 채색하고 싶다. 하늘을, 온통 무너져 내릴 것 같은 하늘을 채색하고 싶다.

항시 광장에는 「서커스」가 있었다.

나비넥타이의 사내들은 나팔을 불었고, 저마다의 溫室로 꽃을 꺾으러 뛰어갔던 여인들은, 한낮이면 마음껏 화려한 衣裳을 떨쳐입고서 옷깃마다 꽃을 달고 모여 들었다.

날마다 철마다 광장은 붐볐다.

사람들은 마냥 모여들었고, 그리하여 광장에는 제비뽑기와 「콩쿠르」와 가장무도회와 「서커스」「서커스」를 벌여 놓으면서 時間을 환송했다.

< 詩 >

내가 좋아하는 나의 사촌들도, 그리고 나도 광장을 사랑했다. 나의 사촌형 하나는 「트럼벳」을 잘 불었고, 그 사촌형 덕분에 우리들은 광장의 아가씨들로부터 비교적 환영을 받았다.

時間은 갔다.

전쟁이 있었고 그 사촌형은 출정해야 했고, 환송식 날 처음으로 나는 포도주를 마셨다. 전쟁에 나간 그 사촌형은 죽었고, 전사 통지가 오던 날은 추운 겨울이었고 그날 광장에는 새 市長의 취임식이 있었다.

우리는 주점으로 들어갔다.

주점의 작은 窓門으로는 광장의 盛大한 음향들이 마구 쏟아져 들어왔고 나와 나의 사촌들은 맹열히 술들을 마셨다. 헐어빠진 판자틈새로 스머드는 찬바람 때문에 오들오들 떨면서 술을 마셨고 석양이 되었을 때, 사촌들은 함빽 취했고 나는 얼어죽을 지경이었다.

사촌들은 내게 술을 권했다.

어쩌면 참으로 엄숙해 보이는 그런 얼굴로 나의 술잔엔 술이 가득 부어져 있었고 작은 창문으로 비껴 비추이는 석양이, 술잔 속에 가득찬 夕陽을 마셔 버렸다.

< 詩 >

―전쟁이 끝났을 때
나는 이미 유명한 술 주정뱅이로 化하고.

사촌들은 合資해서 큰 회사를 꾸몄으며 나는 달려가 술값을 구걸한다. 체면도 家門도 그 흔해빠진 학벌도 팽개치고 술값을 구걸하고 마구 狂態를 부린다. 사촌들은 혀를 끌끌 차고, 나는 그런 그들에게 반항한다.

술이 취하면 歷史의 陽地에서 마음껏 춤을 추고 싶어라. 前衛의 춤을―. 광장으로부터 풍악소리를 들으면서, 이 가을의 나는 역사의 그늘에 앉아 있다. 내가 살아온 만큼의 어둡지도 밝지도 않은 歷史.

저 엄숙한 광장의 풍악소리,
역사가 흘러가는 소리,
그 江에서 나의 선박은 自爆을 강요받는다.

나는 반역하고 싶다.
내 침대의 설합을 열고, 그 안에서 내 內部를 헐어 채색하고 싶다.
하늘을, 온통 무너져 내릴 것 같은 하늘을 채색하고 싶다.

<童詩>

머리 위의 보슬비

이 창 규

금붕어 연못이
보슬비에 웃읍니다.

귀가 간지러워
머리칼을 잡고
매달립니다.

똘똘 말린 옥구슬이
머리 위에서
떨어지면
꽃바람이 얼른 받아 갑니다.

금붕어 연못에
보슬비가 들여다 봅니다.

탑이 서고
돌을 주워다 놓은 자리에는
나무가 어지럽습니다.

동글 이마 맞대고
용궁을 보면
줄타고 떨어지는 동그라미를
금붕어가 받아 물고 달아납니다.

〈수필〉

蒐集에의 길

徐 仁 淑

무엇을 蒐集하든 그것은 일종의 앓음인지도 모르겠다. 精神的으로 많은 것을 가지고 싶고 또 좋은 것을 가지고 싶어서 끙끙 앓는 것과 物質的으로 재력이 한도가 있기 때문에 소유하지 못하는 앓음이 있기 때문인 것이다. 또한 自己의 소원대로 어느 물품을 소유했다 해도 거기서 벌어지는 경악과 불만과 만족과 도취에 흥분하는 수집에의 앓음은 孤獨하여 피로우며 험악한 길인 것이다. 돌을 수집하는 사람, 손수건을, 향수를, 그림, 도자기 등 그 사람의 취미에 따라 각각 다르며 그 수집을 중도에서 그만두는 사람이 있는가 하면 일생 동안 계속하는 사람을 허다하게 볼 수 있는 것이다.

그리하여 취미로 시작했던 것이 職業이 되는 수도 있고 또 그 길에 전문가가 되는 사람도 있으며 취미로 차곡차곡 모은 것이 저도 몰래 상당한 資産이 되는 일을 우리는 흔히 보아 왔다. 어쨌든 수집을 안하는 사람보다 自己의 취미에 능력에 따라 무엇인가를 연구하여 모아 간다는 것은 얼마나 보람있는 생활의 빛 예지를 동원하기 위한 때문이다. 그 博物館 속에서의 나는 原始人도 되고 最高의 귀족이 되어 그려 청자의 의자에 앉아 청자 잔으로 차를 마시는 즐거움을 느껴 보기도 한다. 텅 빈 박물관, 또닥또닥 내 발자욱 소리만이 진동되는 空間 속에서 나는 온갖 역사의 흐름을 들으며 몇 千年을, 몇 百年을 사는 초인간이 되는 것이다. 그리하여 그 많은 것을 보고, 듣고 느낀 부푼 가슴을 古宮에 하나 놓인 벤취에 앉아 나 자신을 찾는데 한동안 시간을 소모하게 되는 것이다. 그토록 많은 것을 어언간 나의 歲月을 10年 남짓 바쳐 온 古美術品 수집에의 길에서 나는 아직 소유하지 못하고 보지 못한 물품에 대한 욕구 불만에 가슴이 답답하다. 그것은 남은 나의 歲月이 얼마 남지 않음은 안타까움과 재력이 한도가 있는 억울함과 구하는 것 줄 모르고 체념할 줄 모르는 야욕이 인간이 지닌 본능적인 소유욕이 그칠 進步와 향상을 가져다 주는 화살인 것일까. 그것이 사람에게 불만이 그래도 도사린다. 그것이 얻지 못한 불만이 기쁨과 더 많은 것을 얻는 意志를 키울 수도 있으며 자기가 必要한 것을 가지기 위해 다 절약하여 연구하고 배우고 애를 태우는 일이 많은지 모르겠다. 그렇게 하여 얻은 물건에 대한 애착심이야말로 生活에의 가치를 알고 사는 時間의 소중함과 그 意味를 실감케 하는 것이다.

이 필요하며 한번 실패했을 때 그 意志는 꿋기있는 노력을 주는지 모른다. 거기엔 끈기있는 노력을 해야소하고 조용히 돌아서는 체념에의 찾아가는 것은 거기 있는 그 모든것을 내것으로 감상하여 무엇인가 지녔던 불만에 동원하기 위한 때문이다. 그리하여 機會가 있을 때마다 博物館을 되는 일이 너무도 많은 無知 때문인 것이 되는 수도 있고 또 그 길에 전문가가 이 손에 잡히지 않는 서러움과 또 전혀

— 46 —

〈수필〉

끝없이 불탈 때 엄청난 사건을 저지르는 원인이 되지 않을까 싶다. 그래서 戰爭은 인류의 비극인지도 모르겠다. 그러나 엄밀히 따져서 이 세상의 어느 것 하나 자기 것이 아닌 것이 없으며 그렇다고 자기가 이 세상의 것을 영원히 소유할 권리가 있느냐 말이다. 다만 살아 있는 얼마나 이 세상의 것을 만끽하고 호흡하며 생각하느냐가 문제가 되지 않을까.

어쩌다 수집이 저도 몰래 광적으로 불이 타는 것이다. 그 불길은 이 세상 누구보다 피롭고 외로운 사람으로 변하게 하는 것이다. 너에게 없는 것, 보다 나은 것, 보다 아름답고 희귀한 것을 구하기를 발할 때 밑도 끝도 없는 소유욕은 황홀이 따른다기에 참으로 안 가지고는 견딜 수 없는 그것들에 의한 엄청난 도취에의 충족은 어디에 비할 수 있으리요.

우리 祖上들이 생활 용품으로 썼던 이 토록 예술적일 수가 있으며 아름답고 해학적 〈諧謔的〉이며 영원성을 지닐 수 있느냐 말이다. 바로 우리 조상들은 예술품 속에서 살았고 예술품을 사용한 우수한 민족임을 증명하여 주는 것이다. 옛 농 위에 얹어진 하얀 항아리 하나. 언제 어디서 날라 왔는지 모를 등글기만 하는 모습으로 태양빛과 분별할 수 없는 색깔로 선과 선의 연결을 이루며 훌연히 200년 전을 이야기하는 너, 이

이제 나는 그 放浪했던 미술품 수집에 그 길에서 放浪人처럼 헤메는 것이다. 그, 보다 아름답고 희귀한 것을 구하는 것이다. 앞으로 갈 수도 주저앉아 뒤돌아갈 수도 없는 지난 세월을 돌아다 본다. 결코 후회는 하지 않는다. 다만 글을 쓰는 소중한 時間을 놓쳐 버린 안타까움이 있지만 그 세계와는 다른 또 하나의 世界를 체험한 보

람하여 이조 백자 항아리. 그것은 이 祖國을 상징하고 이 민족의 순박하고 어질었던 사실을 증명하여 주지 않는가. 흰빛을 이용하고 흰빛깔로 태양의 숭배를 의했던 민족을 대신해 주는 저 항아리는 지구 밖 우주가 없는 곳에서도 한국의 예술품이란걸 누구도 알아 불

이 많은 것을 가져 보기도 했다. 다른 수집과는 달리 古美術品 수집의 길은 타고난 美的인 감각과 美學的인 수련이 必要한 것이기에 거기에 따른 희비쌍곡선이 많이 벌어지는 이상야릇한 세계인 것이다. 그러나 하나의 깨어진 사발에도 역사적인 사회성과 아름다움의 미치게 하던 수집품을 두고 가는 순간이 라 하는데 그 眼力의 마지막은 그렇게 리라.

蒐集, 그것에의 마지막 종착역은 眼力

李石 第三詩集

鄕間의 달

發行·現代文學社

값 700원

— 47 —

〈수 필〉

美人曲의 사연

崔 載 九

松江의 美人曲을 외우노라면 그 외 다부진 집념과 그 호젓한 사연에 갑자 절로 머리가 숙여진다.

구태여 政治的인 社會的인 갖가지 偏見에 편승하고 싶지도 않다. 하물며 그 때문에 色目을 따진다는 것은 그야말로 새삼스러운 일이다. 다만 일찌기 공부한 國文學을 잊지 못해서 마음이 싱숭하면 그저 외워보는 「松江歌辭」라서 그렇다고 해 둔다.

松江의 美人曲을 외우노라면 그 외 다부진 집념과 그 호젓한 戀君에 갑겨 절로 머리가 숙여진다.

더구나 政治的인 社會的인 사연을 들추고 싶지는 않다. 더구나 社會的인 갖가지 偏見에 편승하고 싶지도 않다. 하물며 그 때문에 色目을 따진다는 것은 그야말로 새삼스러운 일이다. 다만 일찌기 공부한 國文學을 잊지 못해서 마음이 싱숭하면 그저 외워보는 「松江歌辭」라서 그렇다고 해 둔다.

특히 謫居에도서 美人曲을 읊조린 松江이었다. 휘물아쳐 오는 心火를 鵑兒酒로 달래 머 翠微와 마주앉아 우두커니 杜甫의 心象을 되새긴 松江이 望京華」한 杜甫의 芝谷에서 燕飮으로 無임을 그리는 고운 마음에 구김이 질 수 도 모르겠다. 어떻든 상관은 없다.

아니, 노래를 즐겨 부르는 직성 때문인지 들 수 없다. 그 혈뜯는 소용돌이에서 물 들 수 없다. 그 혈뜯는 소용돌이에서 물

사실 松江의 노래는 꼬집는 원망이 아니라 혼자 외롭게 애태운 냉가슴의 하소다. 곰곰히 헤아리는 안간힘의 錄化다. 물론 그 사무친 사연이 거짓이라 녀기는 설도 있다. 임을 향한 丹心을 개철하기 위한 헛기침이라 오히려 깎아내리는 옹고집들도 더러 있다.

그러나 그러기에는 그 껵여 넘어가는 가락이 너무도 참스럽다. 버림을 받은 제로는 그 심사가 하도 따가와 종이가 는데야 도리가 없다.

儒敎의 도사림으로 쳐겨진 李朝人에게 있어서 임군은 그야말로 하느님이었다. 숫제 꼼짝달싹도 말라는 階層은 더욱 요지부동이었다.

그래서 松江은 杜甫의 代表作 「登岳陽樓」의 聯句 「老去有孤舟」로 壯元한 전형적인 孤臣去國춤으로 信을 저버릴 松江 의 江은 아니었다. 따라서 그 시퍼런 서슬에서도 눈 하나 까딱도 안한 松江이요. 그 현사의 막바지에서도 먼저 제 옷짓을 여美人曲이지만. 次元부터가 아주 나라다. 그런 까닭에 꼭같은

따라서 昌平 芝谷에서 燕飮으로 無저 「先天下之憂而憂, 後天下之樂而樂」을

〈수필〉

몸받는 바탕부터가 판이하다. 시시한 원망에 앞서 自責을, 겨루고, 諦念에 앞서 自慰하는 여유가 남달랐다. 차라리 죽어 먼저 못먹은 古人이요, 따가운 양달밭을 서 범나비를 자처하고, 오히려 굿은 비를 바랄망정 임을 탓하는 외통이 아니었다. 스스로의 허물을 나무래며 三省의 뒤안길을 택한 松江이었다.

누어 생각하고 일어 앉아 헤아리니 내 몸의 지은 죄 뫼같이 쌓였으니 하늘이라 원망하며 사람이라 허물하랴. 설워 풀쳐 헤니 造物의 탓이로다.

아무리 조바셨자 쏟찌른 물임을 안 松江이라 속절없이 눈을 감았다. 이 사무친 병은 扁鵲의 神術도 소용이 없었으니 철에 따른 愁心을 가두다 못해

淸光을 쥐어내어 鳳凰樓에 붙이고져
樓 위에 걸어 두고 八荒에 다 비치어
深山窮谷 접낮같이 맨드소서.

라는 絶唱을 단숨에 남겼던 것이다. 밤낮 치없는 大明天地를 바라는 松江의 진심, 그것은 經世濟民을 天分으로 다짐한 松江의 티없는 그림자다. 일찍이 「得衆動天」을 외치는 現代의 理念에 비겨 사뭇

男女의 사설로 아롱진 「思美人曲」이나 따른 임 생각을 노래한 「續美人曲」은 그 소담스런 본이어서 임가집을 금방 나무해져 나의 빗나가는 몸가짐을 금방 뭉클하게 한다. 高陽新院에까지 메아리지는 종로의 잉경 소리에 임의 玉音을 그렸고, 흐르는 강물에 임의 龍顔을 뵈었던 松江이었다. 따라서 鐵原의 다락에서도 三角山 第一峰이 임인 양 눈에 어리어 비쳤고, 임이 제신 서울에로가 아닌, 東海로 흘러버리는 三陟의 냇물을 南山으로 돌려 대지 못해, 몸부림과 맘부림이 잦아 대듬,

眞珠館 竹西樓 五十川 모든 물이
太白山 漢江의 木覓에 다아가니
차라리 漢江의 木覓에 담아가고져.

한 진국이다. 그러니까, 政治家 松江보다 歌聖 松江의 이름이 거기에 맞는다. 이 뜨거운 충성은 응달 벽랑에 시들은 눈쌀을 찌프리게 한다. 그 모진 시달림에

의 가라앉은 獨白을 읊었던 것이다. 툭하면 「一覽衆山小」를 외쳤던 松江이다. 그러나 듯대로 되지 않는 것이 世事요, 人事말미암아 人生의 보람은 彼我의 葛藤으로 生活은 高低가 결단났던 것이다. 나는 美人曲에 반한 政治의 初年生이다. 오늘의 利害로 어제가 갈리고 어제의 도타움이 오늘의 사연으로 흐려지는 世態에 곧잘 풀까지 같이 살린 三日雨를 바랐던 것이다. 이 대쪽 같은 居仁行義의 보람은 서도 의 것하게 몸과 마음을 헤아린 松江

높을시고 望高臺 외로울사 穴望峰
하늘에 치밀어 무슨 일을 사뢰리라
千萬劫 지나도록 굽힐 줄 모르는
다. 어와 너여이고 너 같은 이 또 있는가.

毘盧峰 上上頭에 올라본 이 긔 뉘신고.
東山 泰山이 어느야 놉돗던고.
魯國 좁은 줄도 우리는 모르거든
넓거나 넓은 天下 어찌하여 적단 말고.

라는 오롯한 自負를 토하게 했던 것이다. 그러나 松江의 오기라고 마냥 獨存은 아

〈수필〉

위대함의 일상적인 영상

裵 大 均

의 美人曲을 常吟하는 보람이 여기에 다 락같다. 가도 가도 往十里의 앞길이다.

이 영원한 숙제로 말미암아 나의 삶은 어제도 무척이나 고단했다. 美人曲에 어설킨 사연, 그것은 비단 美人曲에 담긴 운外道의 넋을 사로잡다니, 정말 松江의 美人曲은 家訓「敬天愛人, 治家治世」의 버力을 믿는 때문만은 아니다. 저 處染常淨의 가르침을 되새기기 위한 가늠대로 신하며 지금도 南行車 안에서 가맣이 人曲을 외워 헝클어지는 心思를 몰래 누르는 심정, 아마 이것도 팔자소관인 모른다. 일찌기 「訓民歌」로 道民을 다스린이다.

〈필자: 國會議員〉

松江이었다. 그 始終이 如一한 松江의 간장을 배운 탓에 나의 삶은 한결 새로와진다. 비록 치우쳤지만 떳떳치 못한 삶을 항상 나무랐던 松江을 배운 것이 이렇게로 여기에 현대인의 고민 즉 사회와 개인 간의 갈등이 시작된다.

생물학적으로 인간은 자연의 한 부분이다. 인간은, 대부분의 동물 세계와 같이 군생동물이다. 메를 지어 살게 되므로 그곳에는 그들 스스로가 만들어낸 규율 즉 사회가 이루어진다. 오늘날 사회는 쓸 수 없을 만큼 복잡해졌고 따라서 가치 기준도 매우 다양할 뿐더러, 또 그 기준이 인조적일 것이기에, 좋고 나쁘고 많고 적고 옳고 그르고를 개인이나 집단을 평가하게 된다. 그 심판은 동일인에 양가성 (兩價性)적 평가를 일으킬 수 있다. 여기에 현대인은 또하나의 이중고통의 시련을 겪어야 한다. 만약 한 아이에게 두 아이는 끝내 미쳐버릴 것이다.

모가 서로 상반된 교육을 시도한다면 그 아져서 인간은 대자연의 한 존재임이 부사회가 발달되면 될수록 구속이 더 많나 하나의 주어진 산물로서 그 존재로로지 「조개껍질 속의 삶」이 될 수 없으며 오그러니까 한 개인일지라도 「하나의 섬」이 테두리 안에서 태어나고 자라며 살아간다.

사람은 누구나 사회적 산물이다. 심리학적 용어를 구태여 빌린다면 「현실」을 도피하고 「자기 통찰력」을 상실한 사람은, 일정한 정신병자라야겠지. 다면 공상과 환상의 세계에서 살아가는 사회는, 작은 가정에서부터 전세계에 이르기까지, 윤리 도덕을 위시해서 법률에 이르기까지 일정한 틀을 전제로 그곳에다 아이는 끝내 미쳐버릴 것이다.

나타내면서 살아간다. 사람은 사회를 떠나서 살 수는 없다.

알맞게, 인간을 기르고 있다. 그렇다면 여기에 문제가 있다. 사회는 유한성으로 오늘날처럼 자유롭고 개인주의가 발달된

〈수필〉

사회는 일찍이 없었다고 말하고 있다. 이 위해서, 참된 대화가 필요하다. 너와 나 그러나 「아놀드 토인비」는 인간 현상을 것은 마치 인간이 자연으로 유대를 가지 와의 대화는 「만남」으로써 이루어진다. 매우 낙관적으로 보았다. 그는 인간사회 는 듯하나 반대로 자살율이 가장 높은 왜냐하면 인간은 원래 대화의 동물이기 를 「정신적 자유행위」에서 나온 불후의 명 나라일수록 자유가 많고 개인주의가 발달 때문이다. 그러나 우리 귓전에는 뜨거운 저라고 찬양했다. 이것은 인간의 운명에 된 사회임은 눌랄 것이 없으며 이 또한 입김이 서린 낱말들이 이미 없다. 또한 대한 책임을 본인(인간) 스스로가 지고 있 사회의 이원성적 갈등을 웅변해 주는 좋 단어(시끄럽고 어리고 건설적)는 많으 다는 「싸르뜨르」의 실존철학과 뛰어 넘을 은 예가 될 것이다. 나 참된(우정 어리고 건설적)대화를 위해 수 없는 장벽을 보게 되었지만, 인간의

물론 인간 소외는 여기에서 그치지 않 서가 아니다. 여기에 「풍부한 가운데의 윤리적 연대성이나 개개인의 능력과 인격 는다. 사회는 특히 문화적으로 한동안은 빈곤」이라는 현대인의 또 하나의 모순이 이 완전히 존중되는 고차원적인 인격화 일상성(CONSISTENCY)을 갖고 있다. 생긴다. 사람과의 대화를 잃어감은 자신 (SUPER PERSONALIZATION)를 부르

그 일상성은 문자 그대로 나날이 변함이 의 존재의미와 발견을 저버린 것이나 다 짖는 진화론과 「떼이아르」의, 인간은 명 없고 행동은 하고 있지만 새로운 「모티브」 신에게마저 대화를 저버린 것이 된다. 예로운 임무를 맡도록 나같이 초대받은 는 없고 말은 하고 있지만(의사소통) 마치 인간은, 정신생활을 윤택하게 하고 지 존재라는, 낙관적 사상에 귀를 기울일 만 공장에서 대량생산 과정을 거쳐서 나온 혜롭게 살기 위해, 지식을 배운다. 많은 하다. 복잡한 사회속에서 사람 개개인은 편리한 용어인 그저「적당히」「얼버무」하는 공식들은 사물을 설명하는 데 편리한 도 기계의 한 부속품같이 되기 아니라 오히 것이 편하기 때문이다. 이곳에서 이지만, 사회가 주어진 필연적인 이원성 려 다양하게 하는 것이기에 집단이 크고 마련이다. 그저 「적당히」「얼버무」하는 때문에, 인간은 사물을 이해하는 데 장애가 된다. 복잡해질수록, 개인에게 더 많은 기회를 바로 여기에 대부분의 사람들은 주저않게 여기에 인간은 학문의 세계와 생활세계간 제공하고 각자의 고유한 소질과 재능을 그 사람의 창의력과 개성은 뚜꺼운 안개 에 질식이라도 할듯, 심각한 갈등을 일 개발하여 이에 따라 자신의 재능과 개성 속으로 가리어지며 이른바 현대인의「매 으킨다. 현대인의 과음, 과식, 질병, 공포등 을 최고도로 발휘할 수 있음은 단 하나의 너리즘」이 바로 그 소산이다. 은 좋은 예가 될 것이다. 현대인의 요행이며 기회이기도 하다.

현대인의 소외감은 두꺼운 일상성에서 현대를 「노이로제」시대, 「노이로제」는 치 신과의 진정한 친교는 후세에 길은 멀 욱 가중된다. 인간은, 창조적 정신활동을 현대인의 병이라 함은 과연 무색하지 않 현대인의 요행이며 기회이기도 하다. 위해서, 두꺼운 일상성의 껍질을 벗기기 고 험난하지만) 고 험난하지만)

— 51 —

〈수 필〉

학문세계와 생활세계와의 불연속성은, 물이 일고 있는 진화의 물결의 첨단에서 다. 나는 교훈을 주는 이가 아니고 또 그 하다. 그는 「나의 명제들은 위로 올라서기 위해 계단으로 사용하고 그리고 난 후에는 나의 명제들을 던져 버려라」고 그의 주의 사회화의 발생을 기원했다. 그는 한 젊은 벗에게 보낸 편지에서 나와 방향을 암시해 주었으며 「위대함의 일상적 영상」으로 인류에게 명제를 안겨 놓았다 (필자 : 의학박사)

「비트겐쉬타인」의 명제들에서 지워질 만한 인류가 모두 함께 있다고 「페이아르」 런 사람이 되기를 원하지도 않는다. 나의 말하면서 완전한 형태의 집단 즉 사랑 사상에서 당신이 원하는 것을 취하여 당 의 공동체, 완전한 개성의 시대, 전체 우 신 자신의 사상을 만드시오」 이처럼 그는 리 모두에게, 일상성의 세계에서, 목적 과 힘있게 반영해 주는 올림판일 따름이 에 있는 사람들이 생각하고 있는 바를 한 다. 음파 같이 반영해 주는 울림판일 따름이

일정한 틀에 인간을 맞추기, 사회가 그 토록 많은 구속과 긴장을 주는 것, 인간소 외, 대화의 차단, 풍부한 가운데의 빈곤 등 사회가 지닌 필연적인 이원성에 잠시 쉴곳을 마련한 것이 바로 세계인의 병(노 이로제) (정신병까지 몰고 갈 수 있음)라 면 지나친 표현일까?

진화론자 「페이아르」의 사상에서 인간 의 마지막 진화점을 시사하고 있다. 그는 인간이 겪는 온갖 고통 (사회의 이원성적 갈등에서 생긴 인간의 고통)은 인간의 진 어졌는가? 이쪽 등성이에선 저쪽 계곡이 더욱 곱고 저쪽 계곡에 서면 이쪽 등성이 가 더욱 아름다와 보인다.

일찌기 先人들의 마음을 사로잡았던 海印寺! 海印, 밝은 달이 바다에 그 자태를 담는 듯이 마음이 맑으면 세상의 모두를 관조할 수 있노라는 불법을 따른 연대의식으로 가능하다. 「아직도 한창 밀 있는 사업은 이웃간의 사랑, 자유, 평등, 한 사회는 이웃간의 사랑, 자유, 평등, 연대의식으로 가능하다.

可 觀 海 印 寺

金 永 泰

港口에 서늘한 가을에 위치한 유명한 사찰 중의 하나다. 봄 부터 가을까지 산속의 냉로로부터 들어서는 양쪽 의 산들과 사이를 흐르는 물소리는 말 로는 가운데 계절을 이야기해 주고 이름 모 를 새들의 노래도 철마다 다르게 들려 오 리라. 계곡을 따라 일천 사백이 넘는 가 야산의 중턱에 위치한 웅장한 사찰을 찾 을 수 있다.

海印寺도 경남의 서부 한 사업은 이웃간의 사랑, 자유, 평등, 한 사업은 이웃간의 사랑, 名山大川이 있으면 이름 자태를 담는 듯이 마음이 맑으면 세상의 모두를 관조할 수 있노라는 불법을 따른

〈수필〉

명찰의 이름이다. 도토리, 알밤이 발길에 가마니께서 널리 이해하셨기에 대처승과 있는가 하면 전화 가설을 바라는 위대한 떨어지고, 머루 다래가 익어 가는 해인사 비구승이 공존하고 있는 것일 게다. 그러 스님이 계시는 곳도 있고 통행세를 내야 와 가야산, 앙상한 가지들에서 움이 솟는 나 대처승이든 비구승이든 불자는 물욕을 하는 절도 있으니 참말 구구각색이다. 그 봄의 경치도 좋으려니와 찬란한 원색의 삼가라는 계율은 엄연히 존재하고 있 스님의 말씀처럼 전화가 가설되고 전기가 樹海를 이룬 가을이 더욱 絶景이다. 티없 다. 들어가야 신자가 많아지는지는 모르겠다

이 맑은 개울을 건너고 숲사이 길을 따라 지난 봄인가 보다. 인근 宜寧 堵崛山에 해인사의 경우 몇년전만 해도 불 수 없 오르면 갈림길에 서 있는 암자 표지판. 등산을 간 일이 있다. 등산하는 사람들은 는 명찰들이나 도시에서 가까운 山寺에서 암자를 찾아들면 앞을 가로 막고 곧 앞으 山寺가 고향처럼 반갑다. 물이 있고, 보 만나는 아름다운 자연 속에 태고를 숨쉬 로 넘어질 듯한 병풍산은 빈틈없이 잘 조 수를 바라지 않고 티없이 반기는 스님이 는 나름대로의 불쾌감을 자아낼 때가 종 화된 한 폭의 그림이다. 이렇게나 아름다 계시고, 해가 저물면 잠자리를 제공해 주 종 있다.

운 자연을 찾아 피곤한 마음과 몸의 피로 는 인정이 있다. 참말 고향처럼 마른 날인가 이 있는 법당뿐만 아니라 암자들까지 전 를 씻고자 해인사를 찾는 사람들. 도시의 그날이 사월 초파일 다음 날인가 기가 들어가고 전화가 가설되어 있다. 그 소음에 예민해진 신경과 뭇인간들이 토해 기가 된다. 山寺에 도착한 일행이 마른 것으로도 부족하여 더 큰 새멘트 전주가 낸 입김에 누렇게 퇴색된 핏기 없는 얼굴 목을 축이고 수물에 물을 담았다. 스님에 운반되고 고압전선이 농여질 날이 멀지 들을 대자연은 말없이 반겨 준다. 게 인사를 여쭈었다. 오고 가는 애기에서 않단다. 관광객 유치를 위해 국립공원으

작설하고, 석가모니께서 세상을 제도하 「요새는 교통이 좋아서 차가 절앞까지 들 로 개발된다고 한다. 관광객은 물론 부처 시고자 설법을 하실 때 모든 인간에게 물 어오고 전화 가설돼야 손님이 있지, 우 님께서도 길 가시기 좋게 되겠다. 법당에 욕을 금지시켰음은 五戒의 二不偸盜로도 리같은 절은 잘 안됩니다」하는 그 위대 한 스님의 말에 나는 무엇인가 회의를 느 몇백 불도의 형광등이 켜져 있다. 조 충분히 알 수가 있다. 일반 衆生에게는 끼면서 등산길에 오른 일이 있다. 모 금 있으면 목탁소리도 녹음으로 새벽을 물론 佛者들은 더욱이나 五戒의 계율을 양 산 내원사의 뒷산 천성산에 오를 때 경내 알릴 수 있다. 아람드리 통나무로 암자를 지키도록 하셨을 것이다. 또한 대처승과 관광을 하지도 않고 통행세(?)를 1인당 짓고 방을 만들어 많은 해인사 관광객을 비구승의 分敎에도 「시대조류에 맞는 율 50원인가 지불한 일이 있다. 유치할 수 있다.

은 처사로다」라고 말씀하셨는지 [꼭슬짓] 고향처럼 향수를 느끼게 하는 山寺가 하셨는지는 모르겠다만 아마 자비로운 석 원시자연으로 돌아가고 싶은 인간의 마

〈수필〉

政治라는 말

문 창 호

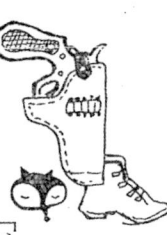

「정치」란 말의 뜻은 한글학회 시은 새 「저 친구, 정치를 잘한다.」
「저 친구는 정치 수완이 좋아.」
난 정치를 할 줄 몰라서 큰 일이야.

정치를 잘해야 영전이 되고, 소위 출세를 한다고들 말한다.

안 되는 일도 정치를 하면 되고, 될 일도 정치를 안 하면 안 된다고들 한다. 그래서 이 나라에서는 「정치」라는 말이 아주 영롱한 개념으로 되어 통용되고 있음을 생각하고 종종 쓴 웃음을 흘리곤 한다.

한글 사전에 다음과 같이 풀이되어 있다.
① 나라의 주권자가 그 영토, 인민을 다스리는 일
② 나라의 모든 기관이 그 직에 한다고들 말한다. 일을 처리함.

그러나 언제부터인지는 알 수 없으나, 「정치」라는 말이 아주 영롱한 개념으로 되어서 이 나라에서는 「되는 일도 없고 안 되는 일도 없다」는

10여년 전에 병역 의무를 필하기 위해 나는 사범학교를 졸업하고 교직에 있었다. 군번을 받아 「교보」를 받게 돼 있었다. 그 의 단기 복무를 제출하면 ○○ 기 때문에 단기 복무원을 제출했기 니 서류 미비로 「교보」가 안 된다는 것이었다. 이유는 사범학교 졸업 증명서를 내 야 하는데 졸업증이 사본이었기 때문이란 다. 그러나 알고 보니 돈을 주고 적당히 「정치(?)」를 하면 된다고들 하던데 나는 어슬프게도 정치를 못했었다. 입대 전에 학교로 발송돼 온 공문에는 분명히 졸업

전기로써 산길을 밝히는 것은 고맙고 반 다.〈1972년, 10월, 13일〉

음, 기계문명은 무척이나 인간을 의뭉스럽게 하려한 호텔을 두고 산사를 찾는 사람들의 마음은 결코 밝은 형광등 아래의 부처님을 빌려 오지는 않았을 것이다. 깜박이는 촛불과 은은히 들리는 목탁소리를 들으며 피로한 심신을 달래고 싶을 게다.

가야산의 아름다운 단풍, 계곡을 흐르는 물소리, 바람소리, 산새들의 노래소리 가 멋진 화음을 이뤄 정말 아름다운 海印 寺의 絶景이 형광등의 불빛과 전화 벨소리로 빛을 잃지 않을까 두려워진 다.

나는 새로운, 타락된 개념의 정치에 두 이 정치를 잘못해서 고생을 하고 괴로 움을 맛보기도 하고 바보가 되기도 하고 손해를 보기도 했다.

정치란 바로 ① 권모술수 ② 부정 ③ 뒷 거래 ④ 불신 등 악명의 대명사로 타락하고 말았다.

가왔겠지만 법당에까지 밝은 전등을 원하는 자는 없을 것이다.
이율배반적 속언이 만연하고 있었다. 권태를 느끼게 하고 있다. 번화한 도회,

— 54 —

〈수필〉

증 사본을 해도 된다고 돼 있었다. 악랄한 수법으로 사람을 골탕 먹이고 수임(?)을 보겠다는 계획적인 패씸한 처사로 생각되었다. 그러나 다행히 입대시 서류 미비로 일반 군번을 받은 사람은 다시 병무청에 단기 복무원을 제출하여 「교보」로 전역시키는 기회가 있어서 나는 「교보」의 혜택을 받게 될 줄 알고 있었는데 제대날이 가까와 왔는데 통 소식이 안 났다. 연대 본부에 알아 보니 제대 특명이 안 났는데 사단에서 사무착오로 이번 달에는 안 되고 한 달 후에야 제대가 된단다. 억울하고 서글픈 심정을 달래며 기다리기로 했다. 그런 어느날 집에서 아 버님이 면회를 오셨다. 그날 저녁 영외 어느 주막 집에서 아버님과 함께 자게 되었다. 아버님은 내일 당장 제대시켜 데려 가겠다고 하셨다. 나는 그리 쉽게 될 일이 아니라고 설명했다. 아버님은 만약의 경우에 다시 단기 복무 전역원을 낼 수 있도록 필요한 모든 서류와 증빙 자료를 준비하여 보자기에 싸들고 일주일 전에 집을 떠나 친척 부탁한 끝에 겨우 내 인사카드를 찾아가지고 고의적으로 회피하고 만나 주지를 않았다. 조금은 던이 있는 상사를 찾아가 담당자나 제대 특명 담당자들을 만나려 했다. 사단 부관부에 가서 인사 기록 카드 까지 한 겨울 휘몰아치는 눈보라를 맞고 먼서 터벅터벅 걷는 심정은 분통이 터졌 다. 10km나 떨어진 사단 본부 무하고 있었다. 강원도 양구에 있는 X사단 모 연대에 근 도내 편지를 받고 무척 놀라셨다. 나는 제대하여 귀향하기를 기다리시던 부모 님께 속히 병무청, 육본, 1군 사령부에 확인해 보도록 SOS의 편지를 보냈다. 낭패한 생각으로 집의 아버 이었다. 연대 본부에 알아 보니 제대 특명 보」의 혜택을 받게 될 줄 알고 있었다. 그 보」로 전역시키는 기회가 있어서 나는 「교 시 병무청에 단기 복무원을 제출하여 「교 서류 미비로 일반 군번을 받은 사람은 다 사로 생각되었다. 그러나 다행히 입대시 수임(?)을 보겠다는 계획적인 패씸한 처 악랄한 수법으로 사람을 골탕 먹이고 담당자는 엉뚱한 소리로 눈을 부라리며 가서 상의하여 도움을 얻어 육본에 들러 제대 특명이 난 것을 확인하고, 또 다시 원주에 있는 1군 사령부에 들렀다가 오신 인하고 오는 낮 사단까지 들렸다가 오신 이야기를 하셨다. 육본과 1군사의 사 담당자는 친절히 확인증을 해주고 제대 날짜가 지났는데도 사무 처리를 안 한 사 실을 힐책하고 속결을 당부한 메모 까지 써 주시고 차까지 태워 주더라고 하셨다. 아버님은 다음날 아침 일찍 사단으로 가시고 나는 영내로 돌아왔다. 점심때가 채 못 되었을 때 연대 본부에 서 전화가 왔다. 사단에서 오늘부로 제대 특명이 났으니 지금 곧 사단 본부로 오라 는 것이었다. 어리둥절하고 믿기지 않 도 했으나 뛸듯이 반갑고 놀라운 일이었 다. 곧장 사단으로 가서 아버님을 만났더 니 아침 일찍 사단 부관 참모를 찾아가서 군사의 담당자가 쓴 메모지를 내놓고 설 명을 하셨다. 부관 참모는 사실의 전모를 듣고 사무 담당자를 불러 불호령을 내렸다. 즉각 제 대 조치하라고. 생각하면 담당 사병들의

〈수필〉

排泄

金亮漢

어처구니 없는 장난이었다.

선거 때마다 부정부패가 정치인의 장점이 되어왔고, 과감하게 그 일소에 전력하고 있는 모습이 눈에 띄긴 한다.

금년 들어 몇 사람의 정부 여당 고위인사 자제의 병무 부정 사건이 들통이 났다. 그 수법이 어찌나 무법 천지에 묘하고 엄청스러워 열린 입을 닫을 수가 없었다. 그런 거물급 정치인쯤 되면 떳떳하게 병역 의무를 마치게 하고 할 일 하는 그런 도량과 멋이 없는 것이 안타깝고 아쉬운 느낌이었다. 한편 그런 사람들에게 응분의 조치를 내리는 것은 시원하기도 하고, 나라의 기강이 바로잡히는 일이라 밥맛이 좋았다.

孔子 말씀에도 修身齊家 후에 治國平天下라고 했다던가?

『政者, 正也.
子帥以正이면, 孰敢不正하랴』《論語》

정치인이 바르고 정직하고 성실하고 검소한 생활로 국민을 위해 봉사할 때, 조국은 안정되고 평화롭고, 살기 좋은 복지국가로 발전할 것이다.

새해 들어 정부는 더욱 국민에게 봉사하기 위해서 정부는 긴급 조치를 취했다. 하는 자세를 가다듬고, 부정 부패 공무원 사치와 낭비를 일삼고, 저소득층, 일반 서민들의 불평을 더욱 부채질하는 꼴불견을 숙정하는 작업은 조용히 진행하고 있단다. 소비가 미덕으로 통하는 사회를 지양하고 국민 계층간의 격심한 빈부 격차로 인한 국민 계층간의 이질감을 해소해야 한다는 조정 발표했다. 타락된 개념의 정치란 말이 이 땅에서 소멸되는 그날이 하루 속히 빨리 오기를 고대하는 마음 간절하다.

유류 파동으로 인한 세계적 경제 불황과 서민 생활을 압박하는 물가고를 극복하는 자세. 타락된 개념의 정치란 말이 이 땅에서 소멸되는 그날이 하루 속히 빨리 오기를 고대하는 마음 간절하다.

배설 (排泄) 이란다.

말이 辭典엔 어떻게 풀이되어 있는지 모르나 나름대로 풀이해 보면 「몸의 각구멍을 통해 몸밖으로 어떤 물질이 흘러나오는 生理作用」이라고 풀이해 보고 싶다.

인체엔 여러가지 구멍이 있다. 그 구멍을 통해 흘러나오는 生理作用이란 어떤 것이든 한 마디로 「시원하기 이를 데 없」 맛이 결들여서인지 그 시원한 맛이란 비

몸이 쩌푸둥할 때 한증막이나 목욕탕에 가서 땀을 쭉 빼고 나면 몸이 가뿐해지고 시원하기 이를 데 없다. 여름철에 정구를 두어 시간 치고 마치고 시합에서 진 팀에게서 얻어먹는 맥주 한 컵. 이는 땀을 흘린 배설作用에다 찬 맥주

〈수필〉

길 데 없다.

인체의 구멍을 얼굴부터 훑어내려 보자 두 눈이 피부를 뚫고 있다. 여기를 통해서 끈직끈직한 물질이 흘러나오는 경우가 있다.

시원하기 이를 데 없다.

여자의 눈물―

억울한 땐 실컷 울고 나면 시원하다고 한다. 통곡을 해도 좋다.

喪家의 울음소리도 슬프지만 역시 시원한 맛이 있다.

오래만에 만난 상봉과 離別―눈물이 따르고 시원섭섭함이 스민다.

그 밑으로 그보다 규모는 작지만 깊숙이 뚫린 두 구멍이 있다.

그것을 바로 코라고 일컫는다.

수수께끼에 「내려올 땐 천천히, 올라갈 땐 속도가 빠른 게 무엇이냐」는 말이 있다.

엘리베이터도 비행기도 아니다.

바로 코에서 흘러나오는 「콧물」이 정답이다. 아이들의 경우가 실감이 더 날게다. 누런 건 코를 속에 넣다 시원스레 풀

본인은 물론 보는 사람으로 하여금 얼마나 시원한 깜을 주는가―이는 어른의 경우도 없지 않다.

감기들었을 때와 축농증이 있는 사람은 유달리 콧물이나 코딱지 땜에 신경을 많이 쓴다.

연신 콧소리를 내며 킹킹거리다가 휴지로 시원스레 풀어제친다.

듣기는 거북스러우나 푸는 사람은 얼마나 시원하고 개운한지 모른다.

그와 수평 좌우로 한 개씩 자리한 것이 두 귀다. 거기엔 코구멍보다 좀은 두 구멍이 예민하게 자리하고 있다.

네발 짐승의 경우엔 손을 쓰지 않고 움직일 수 있는 기능이 있지만 사람의 경우엔 귀의 生理作用을 위해선 자기 손이나 남의 손이 반드시 가지게 마련이다. 따라

자 않고 마셨다간 내려오고 내려온 걸 소서 남의 손이 가질 경우엔 약간의 흥분과 愛情을 느끼기 마련이다.

그때 보드랍지 못한 종이지만 理髮所 아가씨들이 귀지를 청소해 줄 때의 시원함은 따로 제쳐놓고라도 어머님의 무릎을 벤 채 양지받이 툇마루에서 일요일 한낮에 벌어지는 귀청소 작업엔 때론 아프기도 하지만 어머님의 따뜻한 사랑을 느끼게 한다.

아내의 무릎도 그렇고 시누와 올케의 그 손길도 어떤 애정을 불러 일으키기도 한다.

그밖에 얼굴에서 규모나 비중이 가장 큰 구멍이 입이다.

곤한 잠에 취해서 침이 본인에게는 시원한지 몰라도 못마땅해서 「칵」뱉어 내는 가래침은 순간적이나마 시원하고 통쾌함은 말할 필요가 없다. 하품과 接物도 一種의 배설작용이라 보고 싶다.

毒舌家, 險口家란 말이 있다. 역시 혀놀림이나 입놀림이 보통 수준이 넘는다는 의미를 뜻함인 것 같다.

살아 가노라면 억울하고 답답하고 아니꼽고 치사하고 메시꺼운 경우는 누구나

〈수필〉

無題

김영선

당할 것이다.

이럴 때 自慰方法이 毒舌이요、險口舌 푸념이다.

취중에 내뿜는 약자의 바른 소리 유창한 웅변이나 아름다운 노래소리—이 부르는 사람은 물론 듣는 사람에게까지도 얼마나 시원한 감을 주는지 모른다. 높은 산에 올라가 아랫배에서 뿜어 올려 내뿜는 「여—후」소리

그 밑을 거슬러 내려 가노라면 生理作用을 代辯하는 두 器關이 있다. 하나가 大便기관이요 다른 하나는 小便기관이다.

大便기관의 배설작용은 두 가지로 분류 될 수 있다.

유명한 「閣下! 시원하시겠읍니다」가 그 하나요、다른 하나는 배설 量으로 보나 生理作用의 重要度로 보나 가장 큰 비중을 차지하는 大便作用이다.

두 器關의 生理作用은 性格이 類似한 점이 있어 마치 큰집 작은집 같은 느낌을 준다. 이는 다른 배설작용처럼 아무데서 나 할 수 있는게 아니라 때와 장소를 가려 내뿜는 「여—후」소리

시아버지와 시어머니 앞에서 며느리가 함부로 방귀를 끼어서도 안되지만 여자 가남자 앞에서도 역시 그런 경우엔 민망 스럽기 짝이 없다.

따라서 大小의 배설 작용、다른 동물의 경우와는 달리 따로 장소가 마련되어야 하고 자기 나름대로의 시간을 정해야 하며 세심한 조심성이 필요하다.

시간을 놓치고 매우 다급해졌을 때의 그 作用은 발바닥에서 등줄기、머리끝까지 있는 그대로의 시원함을 다 갖다 준

「만약 이 교단 무악취도 못 느낄겁니다. 위에 말똥을 소복이 쌓아 놓는다면 —뭐、이런 정도겠지요.」 중학 때、도의 선생님께서 하시던 말씀이다. 가끔 이 말씀이 머리에 떠오르곤한 다. 사람이란 놀랄 만큼 순응이 잘 되는 동물이다. 왠만한 일들에는 단련되고 여러분은 아침에 교실에 들어올 때、처음은 좀 더럽다고 소동이 날 것입니다. 그러나 그 다음날이 되면 조금 덜 더럽게 여겨지겠지요. 그렇게 계속하여 한달만 역되어 어쩌면 여러분의 그식하는 것조차 거추장스 럽게 여겨진다. 그러다가도 가끔은 그 생

다. 「누구 부럽지 않다」는 말을 실감케 함은 체험한 사람은 부정치 않을 것이다 이는 참는 정도에 한도가 있기 때문이 리라. 따라서 大衆이 많이 모이는 곳엔 공중변소가 있게 마련이고 그 인간본능인 생리작용의 代金을 없는 서글픈 현상을 실감해야 하는 것이다.

마지막으로 배설작용의 시원함을 역설 할 만큼 한 가지 더 있지만 이 방면에 나보담 훨씬 민감한 돌지의 상상에 맡 기고 배설시간이 되었기에 자야할 시간이 되었기에 記述 略한다. (필자: 수출관리청 사무관)

— 58 —

〈수 필〉

빗속의 回想

安 貞 子

제법 굵은 비 그날도 많은 비였다.

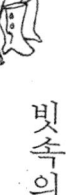

가 窓을 때린 환희에 찬 비였다.
다. 어둠을 삼 모든 사람이 기뻐한 비였다.

킨 적막이 깔리고 밤은 빗소리말고는 아
무런 잠을 이 한번 치고 또 치고 계
도 왜정시대의 무슨 찌꺼기처럼 남은 왜
속치며 窓을 타고 내리는 빗방울은 어면
宿命的인 女人의 피눈물같이 서운한 그
무엇을 갖다 준다. 비를 머금고 좋아라 할
그것도 국립방송의 드라마에서다. 뜨거운 한방울 때문, 동네 어른과 머
신경들이 둔감해져 버렸을까, 1호 택이라곤 없는 가뭄이였다. 묘판을 위한
크기의 깨알만한 오보를 내었다가 6호나 선인장의 매무새만 불빛에 빤짝거리고 있
7호의 정정기사를 내는 매스컴의 창문 밖의 가로등만 이밤의 고요를 희
게 정정기사를 내는 매스컴의 양심 같은 롱하고 있다. 찌는 듯이 더운 날씨가 분
것, 무슨 주간이다, 무슨 행사다, 하며 만해낸 비는 시원하고도 후련하다.
눈이 세우는 광공서의 현수막에 가끔씩 이렇게 가뭄에 지친 大地에 소낙비 내
보이는 틀린 우리 한글, 리듯이 답답하고 갑갑한 나의 生活이 저
비와 함께 씻겼으면 싶다.

그저께인가, 텔레비전에 무슨 연속드라
마를 듣는데 아닌게 아니라 그 말똥철학
이 덜 베여서인지 또 깜짝 놀래 버렸다.
대화 도중, 우리말의 옷감이라는걸 「기지
가 뭐 어떻고—」식의 대문이다. 옷감이나
어른이라는 우리말이 엄연히 있는데, 아직
천이라는 웬말이고, 것이 귀에 붉끈 거슬렸다.
그것도 국립방송의 드라마에서다.

드릴 때마다 깜짝 깜짝 놀라곤하는 좀 성
가신 것이다. —이런 식의 이야기가 되겠
지만,

만 빼지 않았다가 가끔 손가락을 긁
손톱 밑에 가시같아서 빼버리면 시원하지
오는 「양심」이라는 정의, —양심! 그것은
다. 마치 「오발탄」이라는 단편 속에서 나
한 의식들에 쫓겨 숨결이 가빠지곤 한
소한

경우에도 독자들의 반발과 항의가 쇄도하
고 또 책임자들은 상당한 광고비를 들여
서까지 텔레비전이나 라디오를 통하여,
정정 사과한다는데, 우린 아무래도 신경
다이야몬드같이 보인다는 건가!
무슨 그건 말똥같이 보이지 않고
놓았 한달동안 책상 위에 쌓아
이 좀 무디어져 있는 것 같다.
틀릴 말똥을 한자
외국에서는 인쇄물에 단어 한자

할아버지도 엄마도 다른 때 같으면 말
리듯이 내 마구 뒷밭 고추밭으로 비를 맞고 쏟다녔

공 고

"馬山文學" 4輯 發刊을 爲해 다음 요령으로 원고를 모으고자 하오니 會員은 물론 일반인의 많은 기고를 바랍니다.

1. 발간 일정

   1) 원고마감—74년 10월 31일
   2) 원고정리—74년 11월 30일
   3) 편　　집—74년 12월 20일
   4) 인　　쇄—75년 1월 10일

2. 원고모집 요령

   1) 종류：

      小　　說—200자 원고지 70매 내외
      詩・時調—제한 없음
      隨　　筆—200자 원고지 15매 내외
      戱　　曲—單幕物 70매 내외
      兒童文學—童話 40매 내외
      　　　　　童詩 제한 없음
      評　　論—200자 원고지 70매 내외

   2) 자　격

      ① 文協支部會員
      ② 馬山出身現役文人
      ③ 共他 地域社會 文學同好人

   3) 원고 제출처 ｛支 部 長 근무처
   　　　　　　　｛事務局長 근무처

   　　韓國文人協會 馬山市支部

〈수 필〉

만한 처녀가 문밖을 나간다고 답뱃대를 치시며 호통을 치실 땐데, 그날은 예외였었다. 온 洞里가 즐거움과 기쁨에 젖어 물에 빠진 쥐새끼처럼 부산했다. 기쁨을 실어 오는 그날의 우령찬 빗소리, 농촌을 떠나 지어언간 20년, 농촌에 태어난 기쁨을 또한빈 느끼면서 언제나 모내기 철의 비오는 날이면, 至今의 나의 모습은 그때와 다르고 보는 길도 다르지만 그래도 그 시절이 그

리워 환희의 비를 맞아 본다.

오이 채국과 풋고추가 싱그럽도록 가득 찬 양재기가 함지에서 흔들리는 것을 보면서 양손에 든 주전자가 폐나 무거운 것 같이 엄살을 피우며 따라다녔던 중참시중 온 지금 생각해도 마냥 즐겁기만 하다. 귀한집 딸이 못줄을 잡는다고 모두들 칭찬해 주시 때로는 지어언 일도 있었다.

머 많이도 아껴 주셨는데 나는 동네 어른 들의 팔에 다리에 거머리가 붙어 귀중한 왠 일일까.

窓을 치는 빗방울의 의미는 이럴 것 같으면서 어느 한 구석엔가도 아직은 젊어 있다는 것을 자랑하고 싶은 혼자 피 웃어버리고 말았으나 내 마음이 빗방울을의 의미는 이럴 것 같으면서 어느 한 구석엔가도 사리고 있는 우울이 고개를 내미는 것은

피를 흘리던 모습을 보고 몹시 안타깝게 너무나 많은 할 일을 앞에 두고서 추억을 回想한다는 것은 감상적인 일이라고 가슴 조이기도 했었다.

定款

韓國文協馬山市支部

제1장 총 칙

제1조 〈명칭〉본회는 한국 문인 협회 마산시 지부라 칭한다.

제2조 〈목적〉본회는 문학예술의 발전에 기여하며 예술인의 권익을 옹호하고 향토 문화 발전에 이바지함을 목적으로 한다.

제3조 〈소재지〉본회의 사무국은 마산시내에 둔다.

제2장 회 원

제4조 본회의 회원은 본회의 목적을 찬동하고 규약을 준수할 수 있는 기성 문인과 동인 그리고 문필, 활동을 하고 있는 문인으로써 구성한다.

제3장 기 구

제5조 〈총회〉본회의 총회는 재적 회원 과반수 이상의 출석으로써 성립한다.

제6조 〈정기총회 및 임시총회〉본회의 정기 총회는 매년 1월 중에 지부장이 이를 소집하고 임시총회는 회원 과반수 이상의 요구가 있을 때 이를 소집한다.

제7조 〈결의 방법〉총회의 결의는 출석 회원 과반수 이상의 찬성으로 하되 가부동수인 경우에는 지부장이 이를 결정한다.

제8조 〈임원〉임원은 지부장 1인, 부지부장 1인, 간사 약간인, 감사 2인을 선출한다. 단 명예지부장을 둘 수 있다. 간사는 단위 분과 위원회에서 1명씩 선출한다.

제9조 〈간사회〉간사회는 지부장, 부지부장 및 간사로써 구성한다.

제10조 본지부의 간사회는 다음 사항을 결의한다.

① 총회에서 위임한 예산 및 결산에 관한 사항

② 사무국장 인준에 관한 사항

③ 신입회원 가입에 관한 사항

④ 기타 총회에서 위임받은 사항, 지부 기획 운영에 관한 사항

⑤ 지부 기획 운영에 관한 사항

제11조 간사회는 지부장이 이를 소집하고 그 의장이 된다. 단 간사 과반수의 요청이 있을 때에도 이를 소집한다.

제12조 〈임기〉임원의 임기는 1년으로

하고 개선될 수 있다.

제13조 〈사무국〉본회의 회무를 정리하기 위하여 사무국을 두고 국에 국장 1인을 두되, 간사회의 동의를 얻어 지부장이 임명한다.

제14조 〈분과위원회〉본회에 다음과 같이 분과위원회를 둔다. ① 시·시조분과 ② 소설분과 ③ 평론분과 ④ 아동문학분과 ⑤ 수필분과 ⑥ 희곡·씨나리오분과 ⑦ 외국문학분과

제4장 재 정

제15조 〈세입〉본회의 재정은 회원의 회비, 찬조금, 국고 보조금으로 이를 충당한다.

제16조 〈결산〉예산 결산은 감사의 감사를 거쳐 총회에서 보고 승인을 얻는다.

제5장 징 계

제17조 본회의 규약에 위배되는 일이 있거나, 본회의 명예를 훼손시킨 자에 대한 징계는 간사회의 결의로써 이를 징계하고 그 전말을 접수한다.

제6장 부 칙

제18조 본정관에 명기되어 있지 아니한 사항은 통상례에 준한다.

◇創作

暗窟行

申尙澈

 설 강민은 굴 앞에 멈칫 서서 온 길을 뒤돌아 봤다.

 거기엔 평행선을 치닫는 두 선로가 원근법을 정확히 구사한 사실화처럼 가느다랗게 좁혀져 있고, 두 선로가 맞닿을 것처럼 뵈는 지점 오른편에 조그만 이 역사(簡易驛舍)가 쪼그려 앉아 있다. 그보다 오른편으로 얼마를 거슬러 올라가면 초가집 여나믄 채가 옹기종기 산기슭에 엎디어 있는 쓸쓸한 풍경이 거기 있었고 그 쓸쓸한 풍경 속에는 흰 두루마기를 입은 시골사람들이 부산하게 드나들고 있는 것도 눈에 띄었다.

 그는 상가(喪家)가 있는 그 마을에서 조금만 일찍 서둘러 나왔어도, 아니면 좁은 논둑길에서 어린 소년이 이끄는 지팡이를 잡고 더듬거리던 소경 영감을 앞질러 달리기만 했더라도, 기차를 탈 수 있었을 것이라는 생각을 하고 있었다.

 숨을 헐떡이며 역사(驛舍)에 들어서려 할때, 기차

는 요란스레 기적을 울리면서 그 육중한 몸을 이끌고 속력을 더해 가기 시작하고 있었던 것이다.

그는 한동안 역사(驛舍) 안팎을 서성거리면서 망설이지 않을 수 없었다.

방금 나온 상가를 도로 찾아들기도 쑥스럽고 한 일이요, 그렇다고 다음 열차를 기다려 네 시간을 그 자리에 버티기도 지루하고 쑥굴스런 일이었다.

설 강민이 가려는 J시는 직통 거리로 시오리 안팎에 불과한 곳이었지만 그 사이로 해발 칠팔백 미터의 높다란 산이 드러누웠고, 그 뱃속으로 긴 3키로의 굴이 뚫여 있는 것이어서 이 굴을 전용하는 기차편 외에는 별로 사람의 내왕이 없는 곳이었는데 평행선으로 뻗은 선로를 떠받친 침목들을 밟으며 득터득 걸어서 예까지 온 것이다.

고개를 들어 산길을 쳐다봤다. 언덕은 가파르고 태양은 눈부신데 바람은 여간 무덥지근하지가 않았다.

아까 역전에서 뛰어 여기까지 걸어왔는데도 전신에 땀이 베는데, 선뜻 산길에 오를 엄두가 서질 않는다.

다시 굴을 바라봤다. 굴 입구는 국민학교 저학년 때 견학했던 석탄 창고 입구처럼 거대한데 3키로 밖의 출구'는 그저 빠끔히 뚫여 비는 반원이 있을 뿐이다.

그는 산길과 굴속을 번갈아 보면서 한동안 망설이다가 침을 한번 꿀꺽 내리삼키고는 굴쪽으로 발길을 내디뎠다.

굴속을 들어서자 싸늘한 냉기가 엄습해 들면서 전신을 오싹하게 했다. 소름이 끼쳐 옴을 느꼈으나 그는 숨을 한번 내리쉬고는 침목을 하나 둘 세면서 천천히 걸어 들기 시작했다.

무슨 한을 품은 귀신이 뒤쫓아 와 머리카락을 후여잡을 것도 같고, 무서운 살인 강도가 불쑥 옆구리를 찌를 것 같은 방정맞은 잡상들이 머리를 어지럽혔지만, 또닥또닥 천정을 울리며 들려오는 제 발자욱 소리를 의식하면서 어지러운 상념들을 뿌리치고 있었다.

침목을 이백개 가까이 세었을 땐 더는 침목을 셀 수 없을 만큼 굴속이 어두워졌으나, 오히려 마음은 안정을 회복하고 아까 소년이 이끄는 지팡이를 잡고 논길을 더듬거리던 그 소경을 생각하게 되었다.

(이 굴속은 그래도 밝다. 아직은 희멀건 빛이 있고, 이 어둠을 헤쳐가면 바끔히 뚫여 비는 출구 밖의 세계가 있다.) 그는 이런 생각을 하면서 좁은 논둑

율 빠져 나올 때까지 그 소경 영감을 앞지르지 않고 뒤따라 왔던 일은 만번 잘한 일이구나 싶었다.

그 좁은 논길에서 소경 영감을 앞지르는 소행은 외진 밤길을 혼자 걷는 시골 사람을 보고도 헤드라잇을 난사하면서 쏜살같이 지나쳐 버리는 자동차보다 더 비정하고 잔인한 일일지도 모른다. —이런 생각을 하고 있을 때였다.

등 뒤에서 무슨 큰 고함 소리가 나며 강민은 그 자리에 우뚝 서 버렸다.

순식간에 가슴의 고동은 떡방아질을 하고 다리는 후둘후둘 떨려 왔다.

「같이 갑시다아!」

두 번째 지르는 고함 소리를 듣고서야 그는 뒤돌아봤다. 무서웠다. 반원으로 뚫린 큰 입구에 들어선 형상은 키가 큰 건장한 사내가 분명했다. 강민이 뒤돌아서자 그 검은 형상은 껑충껑충 뛰기 시작한다. 저 껑충껑충 뛰어오는 형상의 정체는 대체 무얼까 누구가 생각하더라도 그 정체는 차를 놓친 선량한 시민이 동행을 원해서 달려 오는 것이 거의 틀림없을 것으로 판단할 수 있는 일이다.

강민도 자기에게 무슨 원한이 있어서 이 동떨어지고 캄캄한 굴 속까지 누가 미행해 왔거나 아니면 자기를 해하고, 금품을 앗으려는 악인일 수 있다는 생각은 백에 하나일까 말까 정도밖에 생각되지 않았으나, 그 작은 가능성이 이토록 안정과 침착을 흐트러 놓고 마는 데 더욱 기가 찼다.

입구를 들어설 때만 해도 같이 걸을 동행이 아쉬웠고, 지금도 동행이 진실로 요구되는 그였지만 이렇게 미지의 인간 앞에 겁을 집어먹고 있는 것이 무엇 때문인지 알 수가 없었다.

(어떻게 해야 하나?)

설 강민은 백분의 일의 불길한 생각과 불안을 지워 버리기 위해 형상이 뛰어오는 같은 방향으로 내리질러 도망이라도 쳐 버릴까 하는 생각이 없지도 않았지만, 나이 40이 넘은 지금에 헐레벌떡 뛰어서 명분없는 도피를 감행할 수도 없는 것이어서 그대로 서 있지 않을 수 없었다.

(평소에 교단에 서서 인간과 그 선(善)을 믿어라고 힘주어 떠들던 내가 이렇게 미지의 한 인간이 불신하다니……)

그가 이런 생각을 하면서, 굴속을 들어선 때와 마찬가지로 침을 한번 꿀꺽 삼키고 섰는데 이윽고 그 키 큰 건장한 형상이 닥아왔다.

「동행합시다!」

「예, 그럽시다」

그 건장한 형상이 오른편에 서서 같이 걷기를 시작할 때, 설 강민은 자기보다 얼굴 하나 길이는 더 있는 놈이구나 하는 생각이 들면서, 체격에서부터 자기를 압도하는 위압감 같은 것을 의식하지 않을 수 없었다.

「혼자 걸으셔도 무섭지 않습디까?」

「뭐, 별로요」

그 건장한 형상이 묻는 말소리는 또랑또랑하고 분명했으나 설 강민은 그 대답을 얼버무리고 말았다. 어쩌면 놈이 한번쯤 내 간담을 떠 보는 것인지도 모른다는 생각이 들었기 때문이다.

하나의 긴장이, 신경의 촉수가 머리에서 가슴에 그리고 오른편 어깨와 팔에 몰려 왔다. 설 강민이 가다가 곁눈질을 해 가며 그 건장한 형상의 동정을 살폈으나 그는 그저 묵묵히 걸어가고 있을 뿐이었다. 이따금 뚝뚝 떨어지는 지하수 듣는 소리 외엔 두 사람의 발자욱 소리만이 불협화음을 이루면서 괴괴한 굴속을 울려 주고 있었다.

말이 없으니 서먹서먹하기도 하려니와 방정맞은 생각들이 자꾸 일어서 불안을 느낀 설 강민이 먼저 말을 꺼냈다.

「굴이 너무 어둡지요?」

「그렇군요…… 그러나 차분하고 조용해서 좋잖습니까? 저는 밤길이나 산길 그리고 이런 곳을 좋아합니다」

다시 대화는 끊겼다. (밤길이나 산길 그리고 이런 굴속을 좋아한다니……?) 어쩌면 이 건장한 사내는 불길한 예감을 주면, 백분의 일의 가능성을 실현할 수 있을지도 모를 일이다.

(이 놈은 내 금품을 요구할지도 모른다. 심하면 내 신체나 생명을 해할지도 모른다. 이렇게 자꾸만 걸어 들어가는 것은, 이쪽과 저쪽에서 가장 중간 지점을 택할려고 그러는 것일까? 생각이 여기까지 이르자 설 강민은 주먹을 불끈 쥐었다. 자기가 당할지도 모르는 그 중간 지점에 이르기 전에 내가 먼저 이 놈을 해치울까 하는 생각이 들었다. 그러나 그에겐 칼도 없었고 총도 있을 수 없었다. 그러고도 이 건장한 사내를 제압할 방법이 없을까를 생각해 보면 스스로의 무력밖에 실감되는 것이 없었다.

설이 이런 생각을 하면서 건장한 형상이 걷고 있는 오른쪽에 신경을 곤두쏟고 있는데도 놈은 여전히 묵묵히 걸어가고 있을 뿐이었다.

뚜욱 뚝 천장에서 지하수가 흘러 내리고, 물이 발 끝에 첨벙이는 곳까지 와서 설 강민은 뒤를 돌아 봤다.

앞쪽의 출구가 사뭇 커졌는데 비해서 뒤쪽의 입구가 사뭇 작아져서 출입구의 크기가 거의 같아 보였다 (이 부근이 중간 지점이다. 이 건장한 놈이 나를 잠깐만 쓰러뜨리고 금품을 탈취해서 달아나 버린 다면, 나는 그의 얼굴도 이름도 모르니 놈을 찾을 방도가 없게 된다. 심하게는 이 놈이 나를 죽여 없애 버린다 하더라도 그것우 완전 범죄로 끝나게 될 것이 자명하다. 목을 졸라 죽이거나, 칼로 찔러 비명을 울리게 하거나, 요란스런 총살을 감행 한다 하더라도 여름 한낮 이 깊숙한 굴속에서 일어난 일을 세상이 알 턱이 없다. 태양은 눈도 깜짝 않을 것이고, 초복이 흠칫할 턱도 없다. 그런데, 이 놈이 내 시체를 어떻게 처리할까? 이 굴속 어느 대피소 찾을 길이 없게 될 것이다. 가장(家長)의 시체조차 넣어 버린다면 내 가족들은 한다. 내 육신이 다 썩어 해골만 남게 되기 전에 오늘 의 나같이 요행 이 굴을 지나는 행인이 있어 그 지독한 냄새를 맡고 경찰에 신고하게 되면, 그 때 야 내 죽음이 신문 삼면을 더럽히게 되리라. 이 전

장한 형상이 더욱 잔인하고 대담한 놈이어서 내 시체를 철로 위에 그대로 방치해 둔다면 내 육신 은 세 시간쯤 후에. 이곳을 통과할 기차 바퀴에 갈 기갈기 찢어지고 살점과 뼈조각이 무참히도 흩어 지게 될 것이다. 이내 열차는 서고, 경찰들이 달려와 "후레쉬"를 켜면 이 부근은 처절한 살풍경이 빚어져 있을 게다. 검시도 시체 해부도 불가한 이 주검 앞에서 그들은 추락사로 볼 것이냐, 또는 타 살로 판단할 것이냐, 아니면 단순한 자살로 처리 해 버릴 것이냐?) 설 강민은 이런 진저리치는 망상을 하다가 절레절레 고개를 흔들었다.

(나는 살아야 한다. 살 권리가 있다. 백에 하나 가 아니라, 천에 하나, 만에 하나 있을 법 말법 한 그 흉칙한 가능성이 내게 떨어질 까닭이 없다) 그는 신의 구원을 생각했다. 그리고 막연한 인간 이 아니라 자기 곁에 보고 있는 한 실존과 그 선(善)을 믿고 싶었다.

그러자, 어쩌면 이 건장한 청년도 자기를 피롭혔던 것과 같은 망상 때문에 나, 설 강민을 무서워하고 있는지도 모른다는 생각이 들었다. 설 강민은 그 형상을 쳐다 보며 나직히 그리고 다정스런 음성으로 물었다.

"혹시 밤길이나 산길, 그리고 오늘과 같은 이런 굴속을 걸으면서 무섭다는 생각을 느껴 보진 않으셨 오?"

"……"

건장한 형상은 그 말에는 대답을 않고, 그 자리에 멈칫 서서 설 강민 쪽으로 고개를 돌리면서 다급하게 말했다.

"큰일 났읍니다. 방금 이상한 소릴 못 들으셨어요"

"……?"

"기적 소리 같은 것이 들렸는데……?"

혼잣말처럼 중얼거리더니, 건장한 형상은 급히 땅에 엎디어 철로에 귀를 댄다.

초조해진 설 강민이 엉거주춤 따라 엎디려 하자 건장한 형상이 그를 떠밀며 화급히 소리쳤다.

"기찹니다. 기차가 와요, 앞에서요!"

건장한 형상은 설 강민의 옷소매를 이끄는 시늉을 하더니 되돌아 냅다 뛴다.

설 강민도 뒤따라 뛰며 백미터 경주를 하듯 내달리는 청년의 뒷통수를 향해 소리쳤다.

"대피소를 찾아요, 대피소! 벽에 손을 붙이고 뛰면 푹 들어간 곳이 대피소요"

앞을 달리던 청년이 왼쪽 벽 곁을 뛰기 시작하는 걸 보고, 설 강민은 오른쪽 벽으로 방향을 틀다가 선로에 발이 걸려 그만 뻐덩 넘어지고 말았다.

"찾았오, 대피소를! 여기요, 여기!"

청년의 부르짖는 소리를 들으며 설 강민이 황급히 일어서자 벌써 칙칙거리는 기차 바퀴 소리가 벽과 천정을 울리면서 요란스런 기적이 그 위를 겹친다.

"여깁니다, 여기! 이리로, 이리!" 연신 소리치고 있는, 청년 쪽으로 뛰어가서 설 강민이 쓰러지듯 대피소에 몸을 기대자 굴을 폭파하는 것 같은, 찢어지는 듯한 기적이 울려 왔다.

설 강민은 안도의 숨을 내쉬며 고개를 내밀어 앞쪽을 내다 봤다. 그때 뻐끔히 뚫린 반원구 앞에 기차 머리가 보이는가 하더니 이내 거대한 철문이 닫히듯 앞이 막히고, 독전고를 울리며 기마대가 질주해 오듯 바퀴 소리도 요란스럽게 기차가 돌진해 왔다.

설 강민은 눈을 질끈 감고 양손바닥으로 두 귀를 꼭 막아 버렸다.

그러나 회오리 바람이 휘몰아치듯 기차가 앞을 달리고 한결같이 소란스런 바퀴 소리만이 한 동안 계속된다.

그때 설 강민은 감았던 눈을 뜨고 귀를 막았던 손을 뗐다. 그리고는 곁에 붙어 선 그 청년의 손을 덥석 쥐고 다른 한 손으로 그 손등을 어루만지기 시작했다.

거기엔 뜨거운 피, 따뜻한 온기의 촉감이 있었다. 차가운 냉기와 살벌한 살기를 풍기던 아까의 그 형상은 따스한 혈기와 푸근한 온정을 지닌 한 인간에 틀림없었다.

열차의 마지막 바퀴가 요란스런 소음을 싣고 대피소 앞을 쓸어 가는가 하는데, 기차 머리는 벌써 목쉰 듯한 기적을 외치고 굴밖을 나서면서 그 꼬리를 감추어 버린다.

한바탕 격전을 치룬 전장터처럼 굴속은 더욱 황량하고 피피한 상태가 되었다.

「큰일날 뻔했읍니다」건장한 청년이 먼저 대피소를 나서면서 말했다.

「젊은 양반 덕분에 살았오, 동작이 참 빠르시더군요」

「괜찮읍니다.」설 강민은 한결 가뿐한 마음으로 건장한 청년이 묻는 말에 대답했다. 둘은 나란히 걸어서 기차 때문에 되돌아섰던 지점 가까이 다시 왔다.

「젊기 때문이지요. 그런데 아까 넘어지신 것 같았는데 다치진 않으셨읍니까?」

「밤길이나 산길, 그리고 굴속을 지나면서 무섭지 않더냐고 물으셨죠?」

「예, 그랬던가요……」

「두렵다는 건, 감각을 스치는 기분이고, 두렵게 생각해야 할 뚜렷한 이유가 없지 않습니까?」

설 강민은 청년의 말에 어떻게 대꾸하는 것이 좋을까 하고 한동안 망설였지만, 결국 그는 사실대로 실토해 버리고 말았다.

「실은 나는 당신이 두려웠오, 이 캄캄한 굴 속에서는 사실 사람을 믿을 수가 없었던 것이요」

「아, 그랬읍니까? 저는 이 어두운 굴속을 혼자 가느니보다 같이 걷는 것이 좋을 것 같애서 무턱대고 뛰어왔지요. 아무런 두려움이나 경계심을 갖지 않고 말입니다」

「……」설 강민은 그저 묵묵히 듣고만 있었다.

「저는 인간을 믿습니다. 어려운 역경과 험한 난간을 당할 때일수록 더욱 인간과 그 선(善)을 기대할 수밖에 없거든요」

「나도 그렇게 생각하고 있었오. 그러나 오늘은 은 사정이 다릅디다. 아마 굴이 너무 어두웠던 탓이겠지요. 나는 아까 당신이 나를 해치는 망상에 사로잡혀 안절부절하고 있었으니까요」

「동행이 아쉬워서 저는 무턱대고 좋아 왔었는데요」

「……」

「밖에서 찾아 오던 당신과 안에서 기다리던 내 경우가 다른 것은 이렇게 비유될 수 있지 않을까요? 한밤중에 어떤 용건과 필요를 가지고 낯선 손님이 찾아 왔을 때, 안에서 맞아 들이는 사람은 그가 어떤 사람인지 어떻게 찾아 왔는지를 모르기 때문에 의구심을 갖게 되는 거 아니겠읍니까?‥‥‥설 강민이 난처해진 자기 입장을 변명하자 청년은 또 다구쳐 묻는다.

「그러나, 저는 그 밤에 녹크를 하고 주인의 허락을 받고 응접실에 들어간 손님에 비유될 순 없는 것입니까?」

「불행히도 그 주인은 원체 간담이 작아 공연히 겁을 집어 먹은 것 같군요」

「그런데, 지금은요?」

「기차라는 뜻하잖은 침입자의 돌격이 시작되었을 때, 나는 당신에게서 비로소 전우 의식을 느끼기 시작했었소. 그리고 대피소에서 당신 손을 덥석 잡았을 때, 뜨거운 피, 따뜻한 체온에서 다시 신뢰감을 확인했는지도 모를 일이요」

「‥‥‥」

굴벅 한 곳에서 물이 쫄쫄 흘러 내리는 곳까지 와서 설 강민은 뒤를 돌아보았다. 앞쪽의 출구가 사뭇

커졌는데 비해 뒷쪽의 입구가 오히려 빠꼼히 뚫여 본다. 그때 건장한 청년이 다시 말을 걸었다.

「혹시 종교는 믿습니까?」

「나는 신(神)은 믿지만, 종교는 믿지 않아요. 종교들은 신으로 통하는 길을 각기 제시하고 있지만, 그 길은 어쩌면 다 틀렸거나 잘해야 하나밖에 옳지 않을 것이거든요, 신은 신성하고 초연한데, 그 신을 파는 교직자도 있읍디다.」

「저와는 견해가 다르군요. 저는 증명되지 않는 신의 존재에 대한 확신은 없어도 선하게 살려고 하고 믿음을 심으려 애쓰시는 교직자들은 믿을 수 있을 것 같은데요. 마치 학문과 진리의 길은 멀어도 그것을 깨우치려 애쓰시는 선생님들을 제가 존경하고 있는 것처럼 말입니다.」

「당신은 훌륭한 데가 있군요. 요즘 젊은이들 같지가 않아요. 지혜를 깨우쳐 주지 못하고 지식을 파는 교육자도 많은데, 그래도 당신은 스승을 존경할 줄 아는군요. 당신 같은 제자를 가르친 선생은 보람이 있겠어요」

「별말씀을요」

얘기가 여기까지 이르자 선로가 모렷하고 침목들이 보일 만큼 앞길이 훤히 트이기 시작했다.

협찬자 방명과 금액

「馬山文學」3輯 發刊을 돕기 위해 협찬해 주신 다음 분들에게 감사를 드립니다.

- 예총분담금 ·· 50,000원
- 崔載九(국회의원) ··· 10,000원
- 李南斗(마산시장) ··· 10,000원
- 高眞奎(三星 라디에터 Co 사장) ···················· 5,000원
- 李元吉(馬山商工會議所會長) ························· 5,000원
- 金奬修(慶南 新進 自動車 Co 社長) ·············· 5,000원
- 朴昌勳(디자너 베이비 하우스) ······················· 5,000원
- 韓國俊(三都旅客 Co 社長) ···························· 5,000원
- 裵貞檢(女性 經濟人 聯合會 理事) ················ 5,000원
- 裵大均(배대균 신경정신과 원장) ···················· 5,000원
- 이병도(이병도 치과 원장) ······························· 5,000원
- 李洪基(호동 소아과 원장) ······························· 5,000원
- 김영수(김영수 산부인과 원장) ························ 5,000원
- 張炳夏(장내과 원장) ······································ 5,000원
- 鄭鎭澤(市民外科 원장) ·································· 5,000원
- 李碩範(三省藥局) ·· 3,000원
- 申尙澈(慶南大, 文協) ··································· 30,000원
- 徐仁淑(古藝堂, 文協) ··································· 10,000원
- 文昌鎬(昌信中, 文協) ····································· 5,000원
- 金敎漢(馬山中, 文協) ····································· 1,000원
- 李金甲(馬山警察署, 文協) ····························· 3,000원
- 李光碩(慶南母日, 文協) ································· 1,000원
- 金永禁(慶南大, 文協) ····································· 1,000원
- 박지윤(聖旨女高, 文協) ································· 1,000원
- 金和水(聖旨女高, 文協) ································· 1,500원
- 문기영(中央中, 文協) ····································· 1,000원
- 김옥영(南旨校, 文協) ····································· 1,000원
- 李相喆(第一女中, 文協) ································· 2,000원
- 남광현(第一女中, 文協) ································· 1,000원
- 이창규(月影校, 文協) ····································· 1,000원
- 이선관(倉洞, 文協) ··· 1,000원
- 박대섭(馬山商高, 文協) ································· 1,000원
- 朴平周(馬山女商, 文協) ································· 1,000원

"이제 다 왔군요."

"그렇습니다." 청년은 걸음을 재기 시작했다.

설 강민은 아까 굴을 들어설 때와 마찬가지로 침목을 세면서 곧장 굴밖의 세계를 향해 걸어가고 있었다.

이윽고 굴문을 나서자 갑자기 시야가 확 트이면서 잡고 다시 그 손등을 어루만지고 있었다.

☆

설 강민은 십 여년만에 만난, 옛날 제자의 손을

"앗, 선생님! 선생님이셨군요."

년이 소리쳤다.

설 강민이 눈이 부셔 현기증을 느끼고 섰는데 청

찬란한 태양빛이 폭포처럼 쏟아지고 있었다.

小說

단 간 방

신 현 길

정말 오려고 온 것은 아니다. 그렇다고 뚜렷이 갈 곳이 있은 것도 아니다. 우연히 길에서 만나 가자고 끄니 따라온 것뿐이다. 오래 머물러 있을 곳이 못된다는 것도 잘 아는 나다. 그러면서도 벌써 일주일이 되었다.

제자! 그러나 그런 어슴프레한 인연만 따지고 가 만히 있을 수는 없다. 남녀 칠세 부동석이란 진부한 문귀가 골수에 박혀 있는 탓만도 아니다. 아무리 관 대하게 해석을 하려야 억설인 것만 같다.

「뭐 어떻습니까? 선생님인데」

이것은 혜영의 해석은 될지언정 객관적 표준은 그 렇게 간단할 수는 없다. 누가 꼭 그렇다고 해서가 아니다. 젊은 남자가 과년한 처녀 혼자 살고 있는 단간방에서 침식을 같이 하고 있다고 보는데 이의를 달 아무런 변명도 성립될 수는 없다. 이와 같은 나 의 처신이 떳떳한 일이라고 고집할 필요도 없고, 결

— 71 —

과적으로 반드시 좋으리라고 단언할 수는 더욱 없다.

그 증거로는, 혜영이가 이웃사람들에게 일갓집 오빠라고 어물어물해 둔 것으로도 넉넉하다. 내가 여기 처음 오던 날이 바로 지난 토요일이다. 38선 덕택으로 남쪽 한끝에서 십여 년만에 만난 사제지간이니 그토록 반가왔던 것도 당연한 인정이었으리라. 그러니 저녁 한때쯤 대접을 받기로소니 그리 나쁘게 해석할 필요는 없다. 나도 그만한 교양은 있는 사람이니까.

어떻거다가 국토는 반동강이 났고 불우한 환경 속에 살고는 있으나 그럴수록 질서를 문란케 하는 행동은 삼가야 한다고…… 그러기 때문에 나는 저녁을 먹고 나서도 통행금지 시간이 걱정이 되어 세번이나 혜영에게 시간을 물어보곤 했다. 바로 그 때였다.

「이거 보이소 아랫방 색시」

밖에서 이집의 안주인인 듯한 여인의 목소리가 혜영을 불러냈다. 몇 분 후에 들어온 혜영의 말이다.

「참 잘됐어요 선생님, 선생님 여관 가실 생각은 아예 마셔요, 이 안집 주인 어른이 거제도에 볼 일로 갔는데, 부인과 애기들만이라고 저를 와서 같이 자래요, 며칠 될 것 같다구요, 참 잘됐어요, 선생님」

그런 일단 없었더라도 나는 아예 이 괴로운 방을 신세를 지지 않았으리라. 그러니까 지금으로부터 십여 년 전이다. 서울은 B29가 당장 하늘을 덮을 듯이 술렁거리고 우리집도 소개를 해야 했고 맹세도 했다. 그러다가 얻은 일자리가 W여학교였다. 그 때 혜영이가 아마 4학년인가 그랬다. 그때 그들을 가르쳤다기보다 차라리 같이 놀아 주었다고나 할까, 그런 정도에 불과했다. 그것도 해 겨울을 넘기지 못했으니 약 석 달 동안인가 그랬다. 이 감격의 강산, 새로운 세상, 자유의 도시 그러나 그것만은 아니었다. 「후데이 죠센진」으로 저주받던 나에게는 「불르조아지」, 「인텔리겐차」라는 비

니면 대학의 졸업을 몇 달 앞두고 학도병을 피하여 W시로 소개를 해야만 했다. 그때 나는 동경에서다 집에 와 있으면서 처신하기 어려운 나날을 보내다가 해방을 맞았다. 그 때 나는 너무 좋아서 울기까지 했다. 나는 당시의 일을 이렇게 표현해 보곤 한다.

「염라대왕 손끝에 닿았다가 빠져나온 것 같다」고 그리고 나는 조국을 위하여 봉사할 수 있는 일이라면 아무리 천하고 어려운 일이라도 기꺼이 하겠

약적인 새로운 이름이 붙어 나를 괴롭혔다. 나는 왜 그런지 자꾸 서울이 그립기만 했다. 이와 같이 나의 월남으로 그들과의 인연도 끊어졌다. 이것이 나와 혜영과의 사제지간이 된 실마리요 인연이다. 그날도 우연히 만났다. 시청 앞에서였다. 길을 막 건너려고 할 때다.

「저 실례가 될는지는 모르겠읍니다만 혹시 W시에서 오시지 않으셨어요?」

W시라면 벌써 잊어버린 지 오랜 이역 땅 이름이다. 그렇다가도 듣기만 하면 또, 미칠 듯이 그리운 고장의 이름이기도 하다. 별안간 어떤 젊은 여성에게 받은 이런 질문에 나는 거의 기계적으로 「네」할 수밖에 없었다.

「박 선생님이시죠?」

그녀의 얼굴은 오랫동안 그리웠던 부모나 형제를 만나는 때와 같이 반갑고 다정하고 어릿광이라고나 할까, 그런 것들이 그대로 섞바꿔 나타나는 것이었다.

「네 그렇습니다. 그런데 어떻게 그렇게 저를 자세히……」

「틀림 없으셨군요. 선생님 저를 그렇게도 몰라보시겠어요? 아이 참 선생님은 제자의 얼굴도 다 잊으셨나봐」

나는 편듯 십 년전 붉은 벽돌 교사가 떠오르고 세라복 차림의 발랄한 얼굴들이 생각났다. 그리고 우리는 근처의 조그만 「갈매기」라는 다방에 마주앉아 그간 서로 지내온 이야기로 옛일을 더듬었다. 혜영은 말끝마다 목이 메었다. 더구나 「돌아오라 소렌트」라는 애절한 멜로디가 흘러 나오자 혜영이 울상이 되면서 나가자고 했다. 나도 어디 아픈데나 다친 것 같아 의자에서 벌떡 일어났다. 참으로 오려고 온 것은 아니다.

「선생님 먼 길에 오시느라고 피곤도 하실 텐데 어서 푹 주무셔요」

나는 혜영이가 깔아 주고 간 자릿속에 폭 파묻혔다. 이렇게 하룻밤을 잘 잤다. 이틀째 되던 날이었다. 나는 어젯밤과 같이 자고 있다가 대문 두드리는 소리에 잠이 깼다. 그러나 안방에서 문여닫는 소리가 나고 큰 고무신을 질질끌고 나오는 소리가 나더니,

「아이구 벌써 오시능기요, 이렇게 늦게, 막배로 왔능기요, 통행 시간도 지났을 건데……」

「그놈의 쎄빠질 놈의 배가 중간에서 고장이 나가지고!」

이런 무뚝뚝한 대화가 안으로 사라지자 혜영이 돌아왔다. 나는 자리를 차고 일어났다.

「선생님 누워 계셔요」

「주인이 돌아온 모양이지?」

「네」

 그때 나는 나의 얼굴을 볼 수가 없었지만 혜영의 말만으로도 짐작할 수 있었다.

「아유 선생님 왜 그런 무서운 얼굴을 하셔요, 머 못주무실 테 와서 주무시나요, 이제 보니까 선생님도 참 봉건적이셔, 둥근 세상 둥글게 사는 거죠, 뭘 그렇게 심각하게 생각하셔요, 전 이쪽에서 자면 되잖아요?」

 한국의 주택이 다 그렇고 도시의 방이 의례 그렇듯이, 두 사람 누우면 그만인 손바닥만한 방이다. 그렇이미 통행금지 시간이다. 이제 여관이니 하숙이니 하고 나서면 혜영에게도 인사가 아니다.

 나는 아뭇말도 않고 누워 버렸다. 혜영은 나의 난처해 하는 꼴이 우스운지 생글생글 웃기만 했다. 혜영은 웃목으로 자리를 깔았다. 이 떠블 베드만한 방에 서울로 간 친구가 맡기고 갔다는 세간까지 방을 차지하여 요 두 개가 깔리니 그야말로 꽉 찼다.

「친구가 세간을 두고 가서 귀찮을 때도 있지만 알맞게 쓰일 때도 있구나」

 혜영은 혼잣말처럼 이런 말도 했다.

 사실 이부자리가 있었으니 말이지 그것마저 여유가 없었던들 나는 당장 유치장 신세를 지는 한이 있어도 여관을 찾아 나섰을 것이다. 나는 누워서 내일은 어떤 일이 있어도 다른 방안을 강구해야 한다고 생각은 하면서도 그 구체적인 방안에 대해서는 막연했다. 사실 나는 그날 혜영을 만나지 못했더면 지금쯤 어떻게 되었을지 모른다.

 내가 부산에 오게 된 것은 C 방직회사 총무과장으로 있는 중학교 동창인 R 군을 만나러 왔다. 지금까지 피난처로 정하고 있던 산골 농업고등학교에서 교장의 비교육적 처사에 항의하다가 싸운 끝에 사표를 내던지고 홧김에 달려온 곳이 부산이다. 전부터 R 군이 편지로 한 말은 있었다. 자네가 부산에 나오고 싶은 생각만 있다면 내가 부산서 친구 취직 하나 부탁할 곳이 없겠나? 나의 아내가 고달픈 피난살이에 못이겨 영이 가 버렸다는 편지를 받고 위로의 말과 같이 이런 내용의 편지도 보내 준 일이 있다. 그러나 나는 아무데서나 입에 풀칠이나 하면 되지 별 큰 재주도 없이 도시에 나가 친구에게라도 걱정시킬 필요가 없다고 어디 두고 때를 보자는 정도로 미뤄 왔던 것이다. 그러다가 이번에는 사전 연락할 만한 시간적 여유도 없이 달려 오게 된 것은 오히려 당연한 일이라 하겠다. 오는 날이 공교롭게도 R군이 서울로 출장을 떠난 이튿날이었다.

「하루만 빠르셨더라면 좋으셨을 걸, 어제 아침 통일호로 갔는데요, 아마 한 일주일 걸린다나 보죠, 그러잖아도 박 선생님은 어떻게 지내시는지 모르겠다고 늘 걱정은 한답니다. 그런데 참 부인께선 어떻게 그렇게 박정하게 가셨어요? 살기에 고생이 될수록 서로 돕고 사셔야 할 일이지, 원 참! 그 사모님이 그러실 줄은 몰랐군요, 그래 가서 잘 사시나요? 선생님께서도 어서 재혼을 하셔서 보라는 듯이 어엿하게 사셔야죠」

R군 부인의 말이었다. 그리고 남편이 돌아올 때까지 불편한 대로 기다리고 있으라고는 하지만 부인 혼자 있는 친구집에 여러 날 머물러 있기도 뭣하고 해서 다시 오겠다고 그 집을 나와 거리를 방황하다가 혜영을 만났다. 나로 보아서는 그 때에 혜영이가 구세주나 진배없었다. 며칠이고 여관에 묵으면서 R군을 기다리기에는 나의 빈약한 호주머니와의 논의안 되기 때문이다.

이튿날 아침 나는 나가면 나가는 대로 어떻게

「선생님, 그 친구라는 분이 돌아오시면 가셔요, 이제 기껏한 4, 5일 참으시면 되잖습니까? 제가 대접이 시원치 않아서 그러신다면 몰라두 딴 일로 그러신다면 격정하실 필요 없어요. 가실랍 벌써 가셨어야지 선생님 말씀대로 단간방에서 나서 이제 어딜 가셔요? 그렇게 주무시니까 무슨 일 있어요? 남이 뭐람 어때요?」

사실 혜영의 말은 옳게 앉았다. 가려면 어젯저녁 전에 갔어야 했다. 이제 단간방 문제를 가지고 쿵저러쿵하는 것은 우스운 일이 아닐 수 없다. 나는 차라리 어색하지 않게 일이 잘 되었다고 생각했다. 나는 그날 밤도 그렇게 잘 잤다.

그러나 나는 밤 되는 것이 말할 수 없이 괴로왔다. 날을 거듭할수록 야릇한 기분, 옆에 누워 있는 미모의 혜영이 나는 지금은 이미 남의 사람이 되어있는 전의 나의 아내와 가지런히 누워있는 것 같은 착각을 자꾸 느끼곤 한다. 내가 왜 이런 미친 생각을 하나? 자책도 했다. 어쨌든 나는 이 집에 온 후 하루를 제의한 며칠을 제대로 잠을 이뤄본 적이 거의 없다. 이리 뒤적 저리 뒤적하면서, 그래도 혜영은 곧

잘 자는 것 같았다.

언제나 창문이 훤히 밝아오고 혜영이 조반을 지으러 나가는 뒷모습을 보고야 나는 무사히 지낸 하룻 밤을 운명의 신에게 감사하곤 했다. 혜영이 지어온 조반을 마주앉아 먹고 혜영은 회사로 나가고 나는 간밤에 밀렸던 잠을 낮잠으로 보충해야 했다. 짧은 겨울해는 뜨면서 지는가 싶다. 낮잠 한 잠 자고 신문 읽고 나면 혜영이 회사에서 돌아오고, 긴긴 밤은 혜영이 피난 나오던 이야기로 지루한 줄 몰랐다. 이 것이 나의 한결같은 일과이기도 하다. 혜영의 피난 이야기나 그 후 지내온 이야기라는 것도 결국은 6·25라는 참담한 기록에서 예외일 수 없는 그저 심청이가 선인들에게 끌려가고, 장쇠가 범에게 꼴을 잘리는 이야기 같은 평범한 이야기지만 나는 즐겨 듣곤 했다.

아버지가 자식들 앞에서 총에 맞아 쓰러지고, 친구끼리 총을 겨누고 원수로서 찾아 다니고, 사제지간에 스승을 반동이라고 으르렁대고, 아내와 누이가 외국 군인들의 산 제물이 되어 끌려가는 것을 보고 발을 동동 구르면서도 어쩌지 못하던 불쌍한 족속들이 아니었던가. 호소할 곳도 없고 누구를 탓할 수도 없으니 그들은 피를 피하여 방황해야 했고, 피를 흘리면서 도망질쳐야 했다.

그 피가 승화되고 있는 위에다 이룩해 놓은 사회가 바로 지금 나와 혜영이 처해 있는 사회라면, 이 사회야말로 발악의 승리자들로만 구성된 사회요 현실인 것이다. 이들이 난무하고 있는 무대 위에 어쩌다가 휩쓸려 든 나고 보니 어색하기 짝이 없고 늘 서먹서먹하게 살아야 하는 영원한 "어뜨란제"가 된 것도 당연한 일이리라. 부자연스러워도 서먹서먹해도 살아야 한다는 점에서는 모든 사람이 피를 짜내고, 발버둥치고, 버둥거리는 것처럼 똑같이 피를 짜내도 하는 척은 해야 한다. 그래도 혜영은 그 지내온 척은 하고 있다고 나는 생각했다. 혜영은 그 지내온 이야기를 할 적마다 고인 눈물이라도 다시 보는 것같이 얼굴을 찡그려 가면서 이야기하는 것이었다. 그런 때,

"우리 이젠 그런 얘기는 안 하기로 할까?"

하고 내가 웃으면

"아, 참 내가 또, 미안합니다. 선생님, 공연히 선생님께서 피로와 하시는 말씀만 들려 드려서."

뉘우치곤 했다. 이제는 나도 이똑 같이 반복되는 하루하루의 생활에 제법 익숙해졌다. 그날도 낮잠 잘 시간은 잊지 않았다. 나는 자리를 내려 깔고 자고 있었다. 무슨 꿈을 어수선하게 꾸다가 문 여닫는

소리에 잠이 깼다.

「미안합니다. 선생님, 달게 주무시는데 오늘은 참 빠르지요?」

나는 자리에서 일어났다. 나는 오바를 벗어 옷걸이에 걸고 있는 혜영의 뒷모습을 정신없이 바라보다가 돌아서는 혜영과 시선이 마주쳤다.

「전 요샌 참 사는 것 같애요, 더구나 오늘 같은 날은요」

「왜 하필 오늘이 그렇게……」

「첫째는 선생님이 저의 집에 와 계시구요, 둘째는 토요일이구요, 셋째는 25일이라구나 할까요.」

혜영은 스물 일곱이라고는 생각할 수 없으리만큼 애띠어 보인다. 그 길게 내리덮인 속눈섭, 시원하고 서글서글한 눈, 그리고 흰 얼굴 바탕에 검은 쉐터가 잘 어울리고 언제나 생글생글 웃는 얼굴, 날씬하게 균형잡힌 몸매도 한번 더 쳐다보고 싶게 한다. 나는 혜영을 상당히 미인이라고 생각했다.

「글쎄 토요일이나 25일은 그럼즉도 한데 내가 와 있다는 조목만은 그렇게 간주해서는 안 될 것 같아」

「아이 참 선생님은 어쩌면 남의 기분을 그렇게 섭게 무시해 버리셔요?」

「기분이란 항상 위험한 것이거든」

「참 선생님두, 모르겠어요. 선생님한텐 말을 붙일 수가 없어요.」

「왜?」

「너무 어려운 말씀과 그리고 어려운 생각만 하시니 말씀애요.」

「그러기 선생이지」

혜영은 깔깔대고 웃었다. 해놓고 보니 나도 우스웠다.

「선생님 오늘은 저와 같이 거리에 좀 나가 보실까요? 답답도 하실 텐데」

「어디로?」

「나가셔서 점심도 잡수시고 극장 구경두 하시구 돌아오시게요, 네 선생님, 나가셔요」

「극장! 난 별로 생각이 없는데, 혜영이나 갔다 오지」

「저도 뭐 그렇게 구경 같은 것 좋아하진 않아요, 선생님도 오시고 또 D극장에서 개봉한 영화가 하두 좋다구들 하니…… 선생님 안 가심 저도 안 가겠어요」

그의 말대로 남의 기분을 너무 쉽게 무시해 버리는 것 같아서 나가 보자고 응하기로 했다.

오후의 부산 거리 자동차 사태, 사람 사태, 물건

사태는 언제 보나 다름이 없다. 환도로 인구가 많이 줄어들었다고는 하나 오랫동안 농촌에만 처박혀 있던 나에게는 현기증이 날 정도로 복잡했다. 꼬리를 잇다시피 질주하는 형형색색의 자동차 크락션의 소음, 악마구리같이 들끓는 장사치들의 부르짖음, 생존경쟁의 악착한 노골적인 군상들의 인생화첩을 뒤적이는 것같은 착각을 나는 자꾸 느끼곤 했다. 나는 점심을 먹을때나 구경을 할때나 차를 탈때, 혜영이가 하자는 대로 맡겼을 뿐, 내가 그날 혜영의 호의를 반대한 것이 있다면 돌아오는 길에 어떤 양품점에 들어가서였다.

「이게 괜찮지요?」

　혜영이가 빨간 바탕에 남색 무늬가 놓인 타이를 나의 목에 대보이면서 점원에게 물을 때, 나는 그런것 필요 없다고 굳게 거절했었다.

「부인께서 고르셨는데 어련하시겠읍니까? 자 보셔요 최고급품이 되서 까딱없읍니다.」

　미제 점원이 손톱으로 꼭꼭 꼬집는 것을 보고 나는 밖으로 먼저 나와버렸다. 점원이 혜영을 부인이라고 할 때, 나는 혜영의 얼굴을 보지는 못했으나 (아이구 망측해라 선생님더러) 혜영으로서 그때 당연히 한마디라도 무슨 말이 있었어야 할 것이라고 나는 생각되었다. 혜영은 와이샤쓰와 넥타이를 꾸려들고 나왔다. 나는 (설마 혜영이가 나를)이라는 생각이 들자 혜영에게 나의 아내가 나를 버리고 영영 가버렸다는 말을 한 것이 후회까지 되었다, 어떤 의미로 혜영이가 부족한 점이 있어서나 싫어서는 물론 아니다. 혜영은 차에서 내려서 골목길 가게에서 무엇인가도 또 한 꾸러미 사들고 왔다. 방에는 곧 상이 놓이고, 컵이 오르고, 접시에는 과자가 담기고 했다.

「선생님 오늘 모시고 나가서 대접을 좀 잘해 드리려고 했는데, 선생님께서 퍽 괴로와하시는 것 같고 또 제가 갈 곳 못갈 곳 모실수도 없고 해서 약주한 잔사 왔는데 맛이 어떨지 모르겠어요, 드시고 주무실 텐데 몇 잔 들어 보셔요」

　독한 양주였다. 나는 사양치 않고 두 잔이나 들었다. 나는 혜영이가 따라 주는 대로 받아 마셨다. 나는 전례로 미루어 술을 마시면 잠을 잘 잘 수 있다는 이기적인 생각에서 수면제 대용으로 사양치 않았다. 잔이 거듭될수록 나의 입에서 말의 톱수가 잦아지는 것을 의식하면서도 억제하지 않았다.

「선생님께서 저의 집에 오셔서 이렇게 말씀 많이 하시기는 처음이애요, 참 재미나요, 선생님 낼은 공일이니 오늘 밤새도록 얘기하셔요 네, 선생님」

나는 그냥 생각나는 대로 지껄였다. 그러나 나는 제자 앞에서 실없는 소리는 안 해야 한다고 주의하는 게을리하지 않았다. 인생이니 전쟁이니 하는 데 이르러서 나의 어조는 제법 흥분까지 하는 것을 의식했다. 나는 혜영에게 신세지고 있는 데 끝으로 변명은 안 하기로 했었는데 대해서는 구구한 변명을 하고야 말았다.

「참 나두 너무 혜영에게 폐를 많이 끼쳤어. 무엇으로나 도움은 되진 못하고 오히려― 무어라 할 말이 없군, 아마 낼쯤은 R군도 돌아올꺼야 참 폐가 많았어 그뿐인가……」

나는 말끝을 흐려 버렸다. 혜영의 대답을 듣고 싶어서나 취한 김에 한 번 흐지부지해 본 수작은 아니고 나는 나의 그 때의 심정을 그대로 토로한 것뿐이다.

「선생님 또 그 단간방 걱정이시군요, 친구분이 오셨다면 가 보셔야죠, 그리구 그 단간방 걱정이시라면 아무런 염려하실 건 없어요. 또 선생님인 줄 알면 어떼요. 그 사람들도 다 살기에 바빠서 남의 흥 같은 거 오래 보고 있을 여가가 없어요. 흥을 보다가도 아무 이득이 없다는 걸 느끼면 안 보는 거애요. 그리구 제게 폐가 무슨 폐애요, 특별히 잘 해 드리고 있는거 있어야 말이죠, 친구분이 오셨다면 물라두 안심하시구 언제까지구 계서요.」

고마운 말이다.

「고마워 혜영이, 그 호의는 잊지 않겠어, 그러나 괜히 남에게 오해받을 필요도 없구, 그야 누가 꼭 우릴 오해한다는 건 아냐, 떳떳하게 살 수만 있으면 그렇게 살아야 한다는 게지」

「선생님 말씀두 잘 알아 듣겠어요, 그렇지만 선생님, 이 비비 꼬이고 외틀어지고 뒤틀어진 세상에서 어떻게 바르게만 살겠어요, 이 세상과 작별 안 하는 이상, 먼저 자신을 위해서 다음은 세상을 위해서라도 거짓이 필요하고 또 그렇게 해서 좋은 결과를 맺을 수만 있다면 무엇이 나쁘겠어요, 자신이 손해를 보구, 남의 기분을 잡쳐 주구, 어차피 사람이란 알고 속구 모르고 속구, 속아 살기로 약속되어 있는 것이 아닐까요?」

「……」

「선생님만 해두 그렇죠, 그 바르게만 사사러던 생활태도에서 얻은 것이 뭐애요? 겨우 실적은 아니지만…… 사모님 잃으신 것하구, 선생님두 앞으론 좀더 행동적이고 현실적이 되셔야 해요.」

이것이 모두 수긍할 만한 것이 못된다 치더라도 현실임에는 틀림 없다. 나는 혜영의 한 마디 한 마디가 무섭기까지 했다. 그런 혜영이가 무엇 때문에 이 기억조차 어슴프레한 나에게 지나칠 정도의 은사 대접을 해야 하는가? 하나의 숙제가 아닐 수 없다. 나의 (설마 혜영이가 나를) 이란 생각도 이런 때가 져 보곤 한다.

하도 생소한 곳에서 외롭던 중에 동향인 그의 말대로 운사인 나를 만났으니 현실적인 모든 이해관계를 떠나서 인정을 베풀어 보자는 생각이란 것은 선의로 하는 나의 해석이고 나의 처가 곤란한 생활에 못이겨 딴데로 가 버렸다는 말을 들은 혜영이가 외로운 탓향에서, 더구나 이 살얼음판 같은, 허영의 도시 부산에서 난다긴다하는 부모와 형제를 가지고도 밀려 자빠진 올드미스군을 간취하고, 아직 어느 귀텡이엔가 양심이란 것이 남아 있다가 보다는 어수룩해 보이는 나를 최악의 경우를 대비해서 하는 해석이(설마 혜영이가 나를)이란 또 하나의 해석이다. 이렇게 혜영에게 무거운 빚만 지고 있다가 혜영이가 나에게 가능한 어떤 조건을 내세울 때 어떻게 하겠느냐는 것은 나의 지나친 기우인지는 몰라도 아직 결론짓지 못하고 있는 나다. 그날 저녁도 아무 말 말

「그럼 모시고 지내죠. 뭐 선생님을 안타깝게 찾아 다닐 부모님이 계십니까? 사모님이 계십니까? 제 발 그럴 수 있으리만큼. 좀 용감해지셨으면 좋겠어요. 그것두 타구 난 소질이 있어야 그러는게지 아무나 그렇게 되는 줄 아셔요.」

알아 듣기 어려운 말이다. 나의 소극적이고 비현실적 체질을 격정해 주는 말인가? 아니면 (설마 혜영이가 나를) 따위의 말인가? 그러나 나는 격정해 주는 말이라고 생각했다.

(혜영인 시집은 안 가구?)

소리가 혀끝까지 튀어나오는 것을 꾹 참았다. 나는 주의를 해야 한다고 굳게 결심했으니까, 지킬 것은 지켜야 한다는 삼십 여년간 쌓아온 나의 교양이 허락치 않았기 때문이다. 나는 얼굴이 훨훨 달아 오르고 자꾸 눕고만 싶었다. 나는 혜영에게 자리를 깔아 달라고 했다. 그리고 옷을 벗고 자리로 들어가려다가 쓰러지면서 이불 위에 두 번을 토한 것까지는 알 수 있었으나 그 다음은 얼마나 토했는지 모른다.

― 80 ―

그저 혜영이가

「아이구 선생님 말씀 토해 버리셔요」

하며 등을 두드려 주던 것만 아렴푸시 생각날 뿐이다. 나는 혜영의 부축을 받으면서 부엌쪽 수채에 가서 양치를 하고 나서야 속도 좀 시원해지고 정신도 차릴 수 있었다. 옷 이불할 것 없이 형편이 아님은 물론이다. 혜영은 몇번이나 수돗가를 드나들면서 나의 세숫물을 떠다 주고 토한 것을 닦아내고 했다. 나는 쑥스러운데로 팬츠만 남기고 다 벗기는 수밖에 없었다. 나는 혜영의 코우트를 어깨에 걸치고 한쪽 구석에 우두커니 서 있어야 했다.

「이젠 다 됐어요. 선생님 미안합니다. 잘 하지도 못하시는 술을 안주도 없이 자꾸 권해 드려서」

마치 어린 아이 오줌 포대기처럼 젖은 쪽을 밖으로 나오게 개어 한쪽 구석으로 밀어 놓고 생글생글 웃으며 하는 말이었다. 그리고 이불을 저래 놨으니 어쩌느냐는 나의 말에

「괜찮아요, 빨면 되지요. 그리구 오늘저녁은 제 이불에서 주무시면 되지요」

나는 가슴이 덜컥 했다. (제 이불에서 같이 주무시면 되지요)의 (같이)라는 말은 안 했지만 혜영의 며칠간의 종합적인 언행으로 미루어 보아 그럴 수도

있는 여자라고 생각되었기 때문이다. 그렇기 때문에 나는 혜영의 동정만 살폈다. 도대체 이 손바닥만한 단간방에서 요 두개 이불 한 개를 가지고 남녀(스승과 제자)가 어떻게 긴긴 밤을 넘기도록 자리를 까느냐가 궁금했다. 나나 혜영이나 덮지 않고는 잘 수 없고 깔지 않고도 잘 수 없는 노릇이다.

이제 곧 혜영의 설계여하로 결정될 문제이지만 나는 이 문제를 두 가지 각도에서 생각했다. 요는 다행히 두 개가 있다. 나에게서 자기의 이불을 양보하고 자기는 코우트를 덮고 견뎌 보든가 그렇지 않으면 불가불 (같이)가 되는 수밖에 없다고…… 나는 팬히 설레이는 가슴을 억제하면서 이런 수학적인 계산까지를 하고 있었으면서도 나의 시선은 혜영의 붉은 빰, 하이얀 목덜미, 쉐터 위로 불룩한 가슴으로만 쏠리는 것은 아직 취기에서만 갈지도 아닌 성싶었다. 드디어 나의 이와 같은 의문도 혜영의 민첩한 동작으로 끝났다. 자기의 코우트를 달라는 것이었다.

「전 이거면 넉넉해요. 선생님 제 격정은 마시고 어서 주무셔요」

「그렇지만 새벽녘은 치울 텐데」

「아녜요, 괜찮을 거얘요, 피난 때 그 거제도 유리창도 없는 교실 맨 마루 바닥에서도 잤을라구요」

나는 뎃귀를 더 하저 않는 것이 점잖은 일이라고 생각되었기 때문에 이불 속에 묻혀 버렸다. 그리고 되도록 혜영을 보지 않는 것이 유리하다고 이불 자락을 당겨 얼굴까지 푹 썼다. 그러나 혜영의 이불 속도 적은 부담은 아니였다. 시각을 대신해 후각의 고통이 더 한 것 같았다. 마치 개가 고기 냄새를 맡은 것 같이—, 알콜의 탓이리라, 나의 모든 신경은 바늘 끝같이 날카로와지는 것만 같았다. 나는 눈을 감고 이불을 쓰고 있으면서도 혜영이가 불을 끄고 나의 발길을 지나가는 것, 옷을 바꾸어 입는 것, 자리에 눕는 것까지 죄다 보이는 것 같았다. 나는 일부러 피난 때 겪었던 나의, 가장 애처롭게 느꼈던 장면을 불러 일으키면서 머리를 흔들었다. 그러다가 나는 요행히 잠이 들었다. 그리고 내가 눈을 떴을 때는 서창으로 쏟아져 들어오는 달빛이 창위로 처마 끝을 그리고 있는 것이 밤도 어지간히 기운 성싶었다. 그리고 나는 나와 평행선이 되어 누워 있어야 할 혜영이가 나를 직선으로 하고 15도의 각도로 누워서 나의 이불 속에 하반신을 넣고 혜영의 발이 나의 발에 당아 온기마저 느낄 수 있는 것을 발견했다. 나는 잠깨진 것이 한없이 원망스러웠다.

혜영은 자고 있는지 깨어 있는지 알 수 없다. 그저 흰 얼굴, 덮고 있는 코우트 위로 그릴 수도 있을 만큼 하반신의 곡선이 달빛을 받아 잡힐 듯이 나타나 보이는 것이었다. 나는 가슴이 답답하고 견디기 어려운 일종의 증압감까지 느끼며 자리에서 벌떡 일어났다. 밤은 죽은 듯이 고요한데 이따금 부둣가에서 목맨 기선의 기적 소리가 겨울밤 찬 공기를 뚫고 들려올 뿐이다.

나는 담배를 찾아 물었다. 그리고 혼히 어떤 뚜렷한 자신 없는 일을 앞에 놓고 해보는 그런 변명 비슷한 말을 해본다. (내가 단일 오늘밤 법해서는 안 될 어떤 선을 넘어서 정신적으로나 사회적으로 책임 추궁을 당하는 일이 있다면 그 전 책임은 혜영이가 져야 한다)고. 그리고 지금까지 나를 잡아둔 것, 선생님두 좀 행동적이 되어야 한다던 말들이 엉뚱하게 고막을 울리고 지나가는 것이었다. 나는 어떤 의미로 이 밤이 끝없이 귀중한 밤으로도 생각되었다. 그리고 나는 혜영의 얼굴을 눈알이 빠지도록 굽어 보았다. 그때 추잡을 극했던 몇 분 후였다. 나는 15도의 각도 하고 싶지 않다. 나는 혜영의 얼굴을 상상조차 누워 있는 혜영을, 요채로 끌어 당겨 나의 요에 붙여 접선을 만들어 놓고야 말았다. 그리고 나의 이불을 당겨서 혜영의 어깨에서 발끝까지 덮어 주었다.

혜영은 요 위에 누운 채 나에게 끌려올 때나 이불을 덮어줄 때 조그만 반동도 없었으나 이불깃을 당겨 얼굴을 쓰던 것으로 보아 자지 않았거나 잠이 깨었거나 한 것은 알 수 있었다. 그리고 다음 순간 혜영이가 「선생님」하고 상냥한 목소리로 두 번을 부르는 것까지를 나는 확실히 들었다. 그 상냥한 소리에는 세 음절밖에 안 되는 간단한 말이었으나 그 속에는 수백 마디 수천 마디의 열변과도 바꿀 수 없는 긴 이야기가 생략도 되고 함축도 되어 있다고 나는 생각했다. 인류 역사와 같이 만들어진 윤리니 전통이니 하는 따위 거짓투성이로 쌓아 올린 탑의 밑바닥에서 저절로 울려 나오는 종소리와 같은 것이라고 나는 생각했다.

그러나 그저 그뿐이었다.

나는 혜영과 내가 누워 있는 사이에 경계선을 만들기 위하여 이불 위로 고랑을 파 놓고 벽을 향하여 돌아 눕는 데 성공했다. 혜영은 또 무엇이라고 하는 것 같았으나 나는 두 손가락으로 양쪽 귀를 꼭 막고 있었으니까. 그때 나는 국토가 허리 끊어진 나라의 백성일수록 지킬 것을 못지키면 국토는 영영 붙여질 수 없는 비극의 연속이 있을 뿐

이라고 생각했다.

인간이란 거룩한 동물도 아니고 그렇다고 더럽기만 한 동물도 아니라고 생각했다.

한 마디로 인간이란 비겁은 하나 적응성이 강한 동물이라고…….

아튿날 아침 나는 (선생님 가 보셔서 눈치 봐 가면서 돌아오셔요. 요새 인정이란 그리 믿을 것도 못 되니까요.)

혜영의 목소리를 등 뒤에 의식하면서 R군의 집을 향하여 걸어가고 있었다.

남포동 거리는 어제와 같이 장사치들의 부르짖음 이 시간을 따라 높아가고 있었다.

```
〈近刊豫告〉

朴平周 時調 詩集

接木素描

詩文學社
  刊
```

— 83 —

▼小說▲

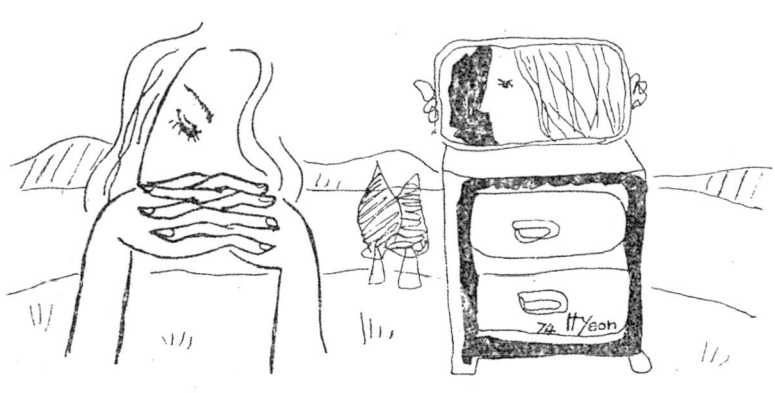

어느 女人의 告白

문 기 영

하루해가 또 지나갔다. 글쎄 며칠 전까지만 해도 그렇게나 지루하던 나날이었는데 요즈음은 하루가 불현듯이 지나가는 것 같다.

지루하고 무료하던 하루하루의 일과 속에 가까스로 변화가 닥쳐 왔다손 치더라도 그것만을 추억으로 되씹고 있기에는 무언가 아쉬움이 앞서서 그저 서성대고 있는지도 모르겠다.

여느 때 같으면 술냄새를 풍기면서 왁자지껄하게 떠들던 경옥이 아빠마저 여태 소식이 없으니 오늘밤도 또 딴전을 피우고 있을까.

그것은 그렇다 치더라도 옆집 길순 엄마마저 들르지 않으니, 그녀는 자기보다 나이가 곱절에 가까운 그 사장 영감 앞에서 사랑을 흉내내고 있는 것일까?

T·V에서 경쾌한 음악 소리가 울려 퍼지고 있지만, 도무지 마음이 안정되지 않고, 일이 손에 잡히지 않으니, 내 모습이 자꾸만 초라해지는 것 같다.

낮에는 훤히 한 줄기 소나기가 퍼붓더니 밤이 들면서 하늘은 활짝 개어 별들이 영롱히 빛나고, 은하수는 맑게 밤하늘을 수놓고 있다.

나는 어떻게 해야 하느냐?

날이 새면 낮 12시에 갈매기 다방에 나가 그 사람을 만나느냐 안 만나야 하느냐를 골똘히 생각하고 있는데 길순 엄마와 그 사장 영감이 히히덕거리는 모습이 자꾸만 눈앞에 아련거린다.

내가 언제부터 길순 엄마를 부러워했느냐? 길순 엄마와는 여건이 다르고 성격상으로도 같을 수가 없는데, 왜 자꾸만 그녀를 따라가려고 하는지 모르겠다. 행복이란 걷잡을 수 없는 신기루 같은 것인데, 성도 이름도 모르는 그 사람을 만나서 어쩌자는 것인지 내 자신 알 수 없는 일이다.

이는 남편 있는 나 같은 여자가 취할 정도가 아님은 물론이다.

그러나 남편 있는 여인이라고 다른 남자와 다방에서 만나 차 한잔 못하라는 법은 없지 않느냐, 생각이 여기까지 미치자, 아무래도 그 남자를 만나야 할

것 같다.

키가 크고 설날서글한 얼굴에 음성이 믿음직스럽던 그 사람이 자꾸만 그리워진다.

어제 길순 엄마로부터 빌어 온 연한 하늘색 치마 저고리를 입어 보았다.

오늘까지 남편 외의 다른 남자를 생각해 본 적이 없던 내가 아니었던가?

그렇지만 길순 엄마는 남편이 며칠만 출장을 가고 나면 쉰이 넘은 방직회사 사장과 모름지기 〈데이트〉 정도는 예사로 하지 않더냐.

물론 길순 엄마는 남편과 머리를 마주 푼 사이가 아니라 남들이 말하는 소실이라고는 하나 여자는 자로서 자기의 맡은 의무는 남편에게 다 해야 되지 않겠는가.

그래도 나는 아직 길순 엄마보다 나이도 일곱이나 아래인 서른 하나인데 과일이 한껏 익으면 시들 듯이 자꾸만 이대로 늙어버릴 것 같은 안타까움을 뿌리칠 수가 없다.

시들어지려는 풀잎에 생생한 물을 주면 시들 듯 가 들어 소생하듯이 시들어서 늙기 전에 새로운 젊음을 되찾을 수 있을 것일까?

나는 아직 시들어지지는 않았지만 한낮의 뙤약볕

에서 시들어지려는 풀잎과 흡사한데 이대로 둔다면 얼마 안가서 저절로 시들어져 버릴 것은 뻔한 사실이다.

아무런 인생의 보람도 없이 얼굴에도 손등에도 자꾸만 주름이 잡히고만 있지 않느냐.

이렇게도 고운 몸과 마음을 송두리째 거의 십 년 동안이나 아무런 환희도 없이 오직 의무적으로 인생의 호흡도 그다지 맞지 않은 한 남자에게만 바치고 있는 것만이 옳은 일일까? 이대로 한 해 두 해의 세월을 넘긴다는 것은 정녕 나 자신이 불쌍하기조차 했다.

그렇다고 남편에게 무엇인가 불만을 꼬집어 낼 수야 없었다.

그러나 나는 지금쯤은 남편을 참답게 사랑하고 있지 않는 것도 사실이요. 남편 또한 나에게 베풀어 주는 정이 너무나 약하다는 것도 분명하다.

그러니 사랑하지도 않는 남자에게 이 고운 나의 전체를 송두리째 바치는 것이 아니라 빼앗긴다는 것은 너무나 허무하고 을씨년스럽지 않느냐 말입니다.

―한 살이라도 젊었을 때에는 왜 이런 생각을 하지 않았을까?―

조용히 생각하면 지난날이 너무나 안타깝고 또 억울하기만 하였다. 지금부터라도 생각을 달리하지 않을 수가 없는 일이다.

그저 남편의 요구에 응하면 그것으로 아내로서의 구실과 의무를 다하는 것으로만 알고 오늘날까지 걸어온 나였으니 얼마나 지난날이 어리석었으며 불행하였는가.

이런 것도 길순 엄마가 아니었더라면 오늘도 아니 한평생 고스란히 모르고 넘겼을 것을 생각하니 길순 엄마가 다시금 고맙기만 하였다.

그럴수록 자꾸만 길순 엄마를 만나고 보고 싶어졌다.

또 길순 엄마와 자주 만나서 인생의 산 보람을 알게 되어 이 세상에 태어난 아늑한 맛도 제법 맛본 것으로 보아 어쩌면 길순 엄마가 꼭 나한테는 구세주같이만 여겨졌다.

길순 엄마의 뿜은 담배 연기가 온 방안을 돌아서 사장 영감의 입으로, 코로 해서 온 전신에 배고 또 사장 영감의 입에서 길순 엄마의 전신으로 스미어서 포근히 두 사람의 호흡을 조절시켜 드디어는 어버리는 이런 것이 「사랑」이다 라고 언젠가 길순 엄마가 내 귀에다가 속삭인 말이 불현듯 떠올랐다.

그만큼 내 생각은 길순 엄마에 비하여 뒤떨어질 뿐더러 그만큼 어리석었는지도 모른다.

나는 다시금 용기를 가졌다.

이제는 생각을 굳게 하였다.

무조건 그 사람을 만나기로 결심하였다.

오로지 내일의 이 기회를 준 조물주에게 감사라도 드릴 생각뿐이다.

거울 앞에 멍하니 서서 지난 날의 후회보다 내일을 내다보며 알찬 미래를 재미있게 맞이하는 것이 급선무라고 굳게 내 마음 속으로 다짐하였다.

치마가 좀 긴 것도 같았다.

거울 앞에 서서 요모조모 내 옷차림을 손질하다 가자고 있는 경옥이의 팔을 약간 밟았더니 푸시시 일어났다.

「엄마! 오데 가 응?」

「아니 내가 밤에 운재는〈언제는〉 가더나?」

「엄마! 시장에 가재? 시장에 가몬 나도 같이 따라 갈끼다이, 아이?」

「그럼 고까 옷은?」

「그저 입어 본 거야」

세 살짜리 경옥이는 울상이 되었다.

부리나케 그 옷을 벗고 경옥이를 부둥켜 안고 자리에 누웠다.

여전히 주마등과 같이 아롱아롱 이름 모르는 그 사람이 〈클로즈·업〉되었다.

역시 나는 행복에 가득 찬 셈이다.

그러나 다시 생각해 보았다.

무엇이 나를 위함인지, 무엇으로 내 자신을 달래야 옳을 것인지 자신도 알 수 없는 수수께끼 같다.

—역시 나는 미쳤구나—

이런 생각을 하면서 내 위치를 내가 겨누었다.

그러나 그저 황홀감에 넘쳐 가슴이 자꾸만 터져 나갈 것만 같았다.

이럴 때일수록 길순 엄마와 대화의 길이 열리면 얼마나 좋을까.

어미의 속도 모르고 그저 쿨쿨 잠자는 경옥이를 보니 더욱 미안스런 생각이 들었다.

시계가 열두 시 자정을 알렸지만 여전히 남편은 돌아오지 않았다.

어제까지만 해도 그저 회사일이 바빠서 경옥이 아버지가 늦게 들어오는 것으로만 여긴 내가 아니었던가.

그렇지만 오늘의 입장은 그렇지 않다. 설사 회사

알 때문에 늦게 들어온다손 치더라도 그렇게 여겨 넘길 수는 없다.

그만큼 내가 이 사회를 알게 되었다는-뜻도 되는 것이다. 글쎄 어느 여관 같은 곳에서 여자들과 지껄이고 있을 것이라고 짐작하지 않을 수 없었다.

아냐 그렇찮을 것이라고 부정도 해 보았다.

이젠 오히려 며칠만이라도 들어오지 않았으면 하고 바라고 있는 것이 옳았을 것이다.

넌지시 그러면서도 내 자신을 솔직히 털어 놓자면 남편은 다음 날 열 시가 넘어서 들어왔다.

사실인지는 몰라도 여전하게 상투적인 말을 펴 놓는다.

워낙 바쁜 회사 일 때문에 못 들어왔다고 변명을 늘어 놓았다.

회사 일이라면 모든 것이 되는 줄만 아는 모양이다.

그러나 나는 따지고 싶지도 않았다.

따져 본들 무슨 소용이 있으리오만 따져 보았자 결과는 뻔한 사실이라고 알고 있기 때문이다.

그러나 내가 오늘 취할 태도에 대해서 약간의 죄책감을 느끼지 않은 것은 아니다.

그러니 당신이 그러면 나도 그런다는 식으로 내 마음속으로 굳게 다짐할 수 있는 기회를 주는 것만 같았다.

남편은 〈샤쓰〉를 갈아 입고 곧 밖으로 나갔다.

될 수 있는 대로 나와의 대화가 없는 것을 남편도 바라는 것 같지만 도리어 내 쪽이 더욱 바라고 있는 것인지도 모른다.

솔직히 말해서 오늘만은 집에 들어오지 말기를 나는 간절히 바라고 있는지도 모른다.

나는 얼굴에 〈콜드〉를 발랐다. 〈화운데이션〉도 발랐다. 그리고 〈파우더〉를 바르고 〈아이세도우〉도 칠하여 얼굴을 다듬고 길순 엄마만 오기를 학수고대했다.

초가을답지 않게 날씨는 흐려져 있었다.

약간 바람이 불어 가을을 재촉하는 듯 내 마음마저 설레게 하였다.

오늘을 위하여 꼭 이 세상에 태어난 것같이 착각을 일으켰다. 그만큼 나는 행복과 공포의 교차 속에서 서성거리지 않을 수 없었다. 길순 엄마와 더불어 몇 번 출입해 본 일이 있는 다방이다.

그런데 오늘은 어찌 혼자서 그것도 잘 모르는 남자를 만나러 불쑥 다방 안으로 들어갈 수 있을까 하여 걱정이 되었지만 역시 이럴 때일수록 길순 엄마가 내 마음을 〈리드〉해 주는 것이 고마왔다.

「경옥 엄마! 시간이 다 되었으니 빨리 나가 봐응?」

어느새 길순엄마가 와서 성화같이 재촉을 하였다.

―그렇다. 망설일 것이 무엇이냐.―

요즘은 피차 못할 말이 없을 만큼 가까와져 내외간의 비밀까지도 서로 이야기를 하지 않았는가 말이다. 그만큼 우리는 서로 믿고 있었다. 어젯밤만 해도 그렇지 않았느냐. 밤새 잠이 안 와서 뜬 눈으로 새웠다 해도 과연이 아니었는데……. 그럴 때마다

―길순 엄마는 지금 무엇을 하고 있을까. 그것은 뻔한 사실이 아니냐?―

나는 혼자말처럼 지껄이고 있었지 않았나. 언젠가 길순 엄마도 사장 영감을 자기 남편보다 더 마음 속으로 기다린다면서 밤새 지껄이지 않던가.

처음에는 듣고 싶지도 않았는데 요즈음은 그 소리를 동경하고 있는 내가 되지 않았느냐.

「봤다 왜. 웬간히 따듬어라 얘.」

길순 엄마는 싱글벙글 웃으면서 농을 걷다. 그럴 때마다 내 가슴은 울렁거렸다. 아마 너댓번은 들었을 것으로 짐작이 되는데 또 길순 엄마는 그 사장 영감과 만날 때의 이야기를 끄집어 낸다. 나한테 마

지막으로 교습을 시키는 셈으로 제법 구체적으로 뇌까린다.

「경옥 엄마! 맨 처음의 인상이 중요하단 말이앙이!」

이런 식으로 또 담배 연기를 뿜으면서 마치 개선장군처럼 너털 웃음 섞인 어조로 더군다나 〈제스처〉까지 쓰면서 혼자 야단을 떤다.

그러나 나에게는 그 말과 하는 짓이 밉지 않았다. 여러 모로 좋은 참고가 된다고 생각되었기 때문이다.

그렇지만 그런 말을 길순 엄마로부터 듣고 나니더욱 그 사람을 만나는 것이 어쩐지 공포심마저 앞서 그저 불안감에 약간 떨렸다.

「오늘은 어쩐지 더욱 예뻐 보인다이」

글쎄 이젠 나도 모르겠다. 될 대로 되어라는 식으로 대문을 박차고 나갔다.

거리의 사람들의 시선이 온통 나에게만 쏠리는 것같았다.

어느새 날씨는 드높은 하늘 아래 쌀쌀한 가을 날씨를 자랑하듯 맑게 개어 있었다.

다방에 들어 섰을 때에는 정오가 약간 못되었다. 다방 안에는 몇 명 되지 않는 손님이 앉아 있었다.

모두의 시선이 나에게 쏠리는 것 같았다.
〈추억의 호숫가〉란 음악이 나의 귀를 찌른다. 임을 잃은 한 여인이 혼자 외로이 지쳐서 호숫가를 조용히 거닐면서 옛 추억을 더듬으며 부르짖는 애절하고 순결한 소녀와도 같은 마음씨가 깃들어 있는 곡인데 집에서 〈라디오〉로 들었을 때보다는 지금의 심정으로는 너무나 대조적으로 들리지 않느냐 말이다.

남녀가 쌍쌍이 몇 쌍 앉아서 웃고 속삭이고 있는 것만이 눈에 띄었다.
그러니까 들어오는 손님도 쌍쌍이요, 나가는 손님도 쌍쌍이다.
〈스페샬·룸〉에서 오손도손하는 꼬락서니가 한편 얄밉기도 하고 또 부럽기도 하였다. 그러면서도 한편은 역시 나도 잘 왔구나 싶은 생각도 들었다.
〈문화의 전당〉이란 이곳이 바로 남녀의 데이트장 소라고 다시금 느꼈다.
저쪽 구석에서는 희희낙락거리는 모습도 보였으며 또 한쪽에서는 제법 심각하게 묵묵히 앉아서 고개만 끄덕이고 있는 모습도 보였다.
그러나 그 사람의 모습은 보이지 않았다.
다방 이름을 잘 귀담아 듣지 못하지나 않았나 하는 의심도 들었다.
약간 불안감이 들었다.
그것은 혹시 안 나타나지나 않나 하는 생각이 들었기 때문이다.
그렇다면 영영 그 사람은 만날 길이 없어져 버리는 것이 아닌가도 싶었다.
그러면서도 나는 그 사람이 오면 무슨 이야기부터 끄집어 낼까 하고 한참 순서적으로 생각해 보았다. 또 불현듯 길순 엄마 생각이 났다.
—경옥 엄마는 너무나 소극적이야. 무어? 세상을 〈엔조이〉해 가면서 살지. 그렇잖아? 오늘이 지나가면 또 오늘이 오니? 그저 인생살이의 맛이란 그저 그런거야, 그런 것. 경옥 엄마도 뻔하니 알면서 호호호—
바로 엊그저께 길순 엄마가 이야기한 말이 떠오른다.
—한번 죽으면 그만이야 그만. 흥, 양심이니 죄책 감이니 그 무엇이니 다 어디에 쓰는 문자니 응? 경옥 엄마는 정말 몰라. 그러니까 경옥 엄마는 바보야 바보!—
확실히 나는 바보다.

바보가 아니고서야 어찌 오늘까지 고스란히 이런 일을 모르고 지내 왔겠는가 말이다.

이러고 있을 때 혹시나 경옥이 아빠라도 불쑥 나타나면 나는 어쩌나 하는 생각이 또 불현듯 일었다. 미처 나는 이런 생각을 못했는데 또 공포에 쌓여 가슴 아 두근거렸다.

밖으로 나가고 싶어졌다. 그러나 길순 엄마 생각이 또 났다.

— 경옥 엄마는 진정 낙오자야 낙오자— 뻔한 소리였다.

나는 꾹 참고 그 사람이 나타날 것을 마음속으로 빌었다.

그러니까 꼭 여드레 전의 일이다.

친정 아버님이 전근이 되셨다고 하기에 아버님도 뵈올 겸 부산가는 관광버스를 탔는데 그 속에서 그 사람을 나는 처음 본 것이다.

그 사람은 내 옆에 앉었었다.

나는 무심히 바깥만 바라보고 있었다.

원래 차멀미를 잘하는 내가 김해를 통과할 무렵에는 못 견딜 정도로 어지러워 속이 뒤집힐 지경으로 견딜 수가 없었다.

드디어는 사경에 빠져 곧 토하고 싶은 충동이 일

어났는데 결국은 참다 못해 옆에 앉은 남자 옷에다 그만 토하고 말았다.

꼭 죽을 것만 같은 생각이 든 것이다. 물론 부끄럽고 미안한 마음보다 첫째는 내가 살아야 되겠다는 일념뿐이었다.

그뿐 아니다.

드디어는 그 사람의 어깨에 기대기도 했는데 심지어는 그 사람을 꽉 쥔 채 견디어 보려고 몸부림까지 친 것이다.

꼭 죽을 것만 같았기 때문이다.

계적지근한 마음을 가졌지만……

남이야 흉을 보든 그것이 문제가 아니었다.

부부간으로 여기든 아니 그 사람이 화를 내어도 할 수 없었다.

그러나 그것만으로 문제는 해결되지 않았다.

나는 오장육부가 뒤틀어지는 것 같아서 급기야는 할 수 없이 구포 다리를 미처 못가서 내리고 말았다.

길 가에 우두커니 앉었었다.

눈을 감고 그저 대지의 공기를 힘껏 마셨다.

싸늘한 가을 바람이 나의 볼을 스칠 때마다 나의 정신이 되돌아 오는 것 같았다.

— 91 —

「아주머니! 어떻습니까, 이제는?」

정신을 차려 고개를 들고 슬그머니 눈을 떴다. 고개를 들고 보니 차속에서 나의 옆에 앉아 있던 그 사람이 내 옆에 우두커니 서서 빙그레 웃으며 말을 하지 않는가.

나는 나의 위치를 겨우 기초차 힐들였다. 부끄럼, 미안함, 죄송스러움, 아니 공포증 등으로 나의 태도를 내가 어떻게 취하는 것이 현명한 방법인가를 생각했다.

꿈인지, 생시인지 해는 뉘엿뉘엿 산 그림자를 짓고 있었다.

누른 벼들이 바람에 나부끼고 있었다. 나는 그저 묵묵히 앉은 채 고개를 숙이고 두 팔을 이마에 대고만 있을 수밖에 없었다. 바쁘게 달리는 자동차의 〈엔진〉소리만이 나의 귀에 들릴 뿐.

「아주머니! 타십시오.」

고개를 돌리니 택시가 길 옆에 서 있었다. 나는 당황했다. 세상에는 고마운 사람도 더러는 있구나. 라고 나는 여겼다.

「괜찮습니다. 너무나 죄송합니다.」

간신히 인사를 했다. 정신을 차려 일어섰다.

그때는 운전사가 〈도어〉를 열고 그 사람은 나를 부축하며 차속으로 인도했다.

부산에도 빨리 가야할 일이고 하여서 고맙기도 하고 부끄럽기도 했으나 나는 차속으로 들어갔다. 부산까지 가면서도 그 사람은 일언반구도 말하지 않고 그저 묵묵히 차장 밖으로만 바라보고 있었다. 나는 부끄럼이 앞서서 아무런 말도 못했다. 시원한 공기가 유리창 너머로 스미어 들어온다. 나는 크게 대지의 맑은 공기를 자꾸 들이마셨다. 속이 이상해짐도 없지는 않았으나 꾹 참고 그럭저럭 무사히 부산에 도착했다.

휘황찬란한 〈네온사인〉에 물들은 부산은 그야말로 이국에 온 느낌을 주었다. 나는 지금 어떻게 내 행동을 취해야 옳을지 모르고 그저 그 사람만 따르고 있었다.

물론 그 사람에게 부끄럽고 무안하고 미안해서 무엇이라고 내 마음속에서 말이 나오지 않았기 때문이다.

「안 바쁘시면 차나 한 잔 하실까요?」

어느 다방 앞에서 겨우 그 사람은 나에게 물었으

나는 고개도 못 든 채 그저 다방 안으로 발을 옮겼다.

담배 연기가 가득 차 있었다.

전축에서 흘러 나오는 애조 띤 유행가가 나의 귀를 울렸다.

정녕 복잡한 곳이라고 여겼다.

무슨 사람이 이렇게 많이 들어 왔는지 모르겠다. 고개를 수그린 채 빈자리에 앉았다. 무슨 말로 인사를 할까 망설였다.

"이젠 속이 좀 괜찮습니까?"

그 사람이 먼저 나에게 물었다.

나는 더욱 미안했다. 부끄러웠다.

"선생님! 정말 오늘 신세 많이 끼쳤읍니다. 저는 마산에 있어요. 실례입니다만 선생님께서는 어디 사시는지요?"

비로소 나는 인사를 했다.

"예, 저도 마산에 있읍니다."

마산의 어디에 사느냐고 묻고 역시 나에게 더 이상은 묻지 않기에 나도 더 이야기를 계속하지 못했다.

그저 내 마음 속으로 고마운 사람이라고만 느꼈다.

〈커피〉를 마시고 곧 자리를 일어섰다.

약간 속이 좋지 않았기 때문이다.

다방 밖에 나와 시원한 공기를 마시니 내 마음은 한결 가벼워졌다.

밝은 거리를 걸으면서였다.

"아주머니! 오늘은 일이 좀 있어서 이만 실례해야겠읍니다. 그런데 혹시 여가가 있으면 마산에서 만날 수 있을까요?"

"……"

나는 한 말로 뿌리칠 수가 없었다.

내 마음이 약해서가 아니라 오늘 너무 많은 신세를 졌기 때문이다.

그러면서도 용기있게 만나 주겠다고는 대답한 답변도 할 수가 없었다.

"오는 19일 낮 12시에 갈매기 다방에서 만날 수 있게 해 주시면 고맙겠읍니다. 그날 만일 바쁘시든지 사정이 있으면 안 나와도 좋습니다. 나는 그날 꼭 그 시간에 그 다방으로 나가겠읍니다."

"……"

"안녕히 가십시요."

"오늘 진정으로 감사합니다."

벌써 일몰시가 약간 지났다.

나는 빠른 걸음으로 친정으로 발길을 옮겼다.

무슨 죄라도 지은 것처럼 저절로 가슴이 뛰었다.

나는 그날 일을 회상하면서 그 사람을 기다리고

였었으나 그는 좀체 나타나지 않았다.

역시 못 올 곳을 왔다는 생각이 들었다. 남자들이란 거짓말을 잘하는 측에 속한다고 혼자 느꼈다.

인생의 보람은 오직 요즈음 비로소 나에게 베풀어진 것 같은데 너무나 허무하게 끝나는가 싶었다.

역시 내 생각이 잘못이었구나 여기면서도 조금만 더 기다려 보기로 했다.

처녀 시절에도 연애 한 번 못하고 자라온 나였다. 천배, 만 배의 용기를 가지고 왔건만 그 사람은 오자 않았다.

여전히 조용히 흐르는 음악은 나의 마음을 더욱 설레게 하였다.

—역시 못 올 곳을 내가 왔구나—후회도 해 보았다.

아냐 그 사람은 꼭 올 것이다.

혼자서 생각에 잠기었다.

꼭 만나 보고 싶다.

이야기도 하고 싶다.

그저 이대로는 돌아갈 수가 없을 정도로 외로왔다.

고독하다.

쓸쓸하다.

나는 이래선 안 되는데 하며 나의 마음을 안정시키려고 노력했다.

바로 오늘이 내가 결혼한 지 꼭 8주년이 되는 날이다.

「어이구 오래 기다렸지요.」

기다리던 그 사람의 목소리에 나는 왈칵 울음을 터뜨릴 것만 같았다.

「안녕하십니까?」

분명히 뒷말은 약간 흐려졌을 것이다.

「죄송합니다. 잠깐 어디 들렀다 보니 그만 이렇게 늦었읍니다.」

「지난번에는 너무나 죄송했읍니다. 참으로 감사 했읍니다.」

나는 지난번과는 달리 고개를 들어서 그 사람의 얼굴을 뚫어져라 바라보았다. 호리호리하며 키는 보통 키보다 큰 듯싶었다. 그 사람도 역시 나를 응시하고 있었다. 그러자 자연 나는 고개를 푹 수그리고 말았다.

종업원이 〈커피〉를 가져 왔다.

「드십시오.」

그저 가슴이 울렁울렁 8년 전에 갓 시집갈 때의 기분같기만 하였다.

무슨 말부터 해 볼까 여겼지만 반면 그 사람도 더는 아무 말도 하지 않았다.

담배만 연달아 피우고 있었다. 연기가 자욱한 다방 안은 여전 음악 소리와 들의 지껄이는 소리에 요란스러울 뿐이었다. 저쪽 구석진 곳에 있는 한 쌍의 남녀는 여전히 무엇이 그렇게 좋은지는 모르되 그저 희희낙락거리고 있는데 우리들은 묵묵부답으로 앉아만 있으니 너무나 대조적이라고 여겼다.

길순 엄마가 머리에 떠 올랐다.

길순 엄마의 각본대로는 도저히 연출이 안될 것 같았다.

그 각본대로 아무리 〈리드〉를 하려 해도 이 출연자가 움직여 줄 것 같지도 않고 나도 도저히 자신이 없었다.

재떨이 위에는 담배 꽁초만 몇 개 뒹굴었다. 무엇 때문에 나를 만나자고 했는지조차 모르겠다. 나도 무엇 때문에 알지도 못하는 사람에게 불려 이곳까지 왔는지조차 모르겠다. 그리고 무엇 때문에 내 자신이 움직였는지 애살스러운 느낌도 들었다.

「아주머니!」 그 사람은 조용히 나를 불렀다. 가슴이 쿵 내려 앉는건만 같았다. 무슨 말을 할 것인가 하는 생각이 들었기 때문이다.

「………」

나는 아무 말도 하지 않고 고개만 들어 그 사람을 주시만 했다.

「바쁘실 터인데 나와 주셔서 고맙습니다.」

그 사람은 나직이 말을 했다.

「아니 괜찮습니다. 실례 말씀입니다마는 선생님은 어디에 근무하시는지요?」

나로선 아주 상냥한 표정으로 아니 조심스런 말씨로 이렇게 물었다.

그러니 길순 엄마로부터의 그 각본의 끈을 푼 셈이다.

「저—」

그 사람의 말 꼬리는 여전히 희미한 것이다. 무슨 말부터 먼저 해야 옳은가를 신중히 생각하는 눈치였다.

「차차 아시겠지요.」

그 사람의 대답은 극히 간단했다. 그리고 결과가 없는 단조로운 말투였다.

「아주머니! 이만 실례해야 되겠읍니다. 모처럼 만났지만 좀 바쁜 일이 있어서 오늘은 실례를 해야 겠읍니다. 또 다음 만날 수가 있을지 모르겠읍니다」 자리에서 일어나면서 이 말을 해 놓고 약간 굴실거리더니 획 밖으로 나갔다.

— 95 —

내가 무슨 말이라도 할 사이조차 없었다.

나는 진정으로 섭섭했다.

팔 년이나 같이 살던 경옥이 아빠와 만약 헤어진다면 오늘 이만큼의 허전함이 울까 하고 생각했다.

나도 나 자신을 모른다.

고독, 허전, 외로움, 적막……。

눈물이 왈칵 날 것만 같았다.

왜 나는 길순 엄마의 그 각본을 쓰지 않았을까 하는 후회가 앞섰다.

나는 우두커니 그 다방에서 묵묵히 앉아만 있었다.

그 사람이 남기고 간 여운을 느끼면서 물끄러미 재떨이 안의 담배꽁초만 바라보고 있었다.

―야, 야, 경옥이 엄마는 너무나 소극적이야, 어쩌면 그렇게 소극적이지 응?―

이런 식으로 나를 빈정거릴 것은 뻔한 사실이다.

나는 이대로 집으로 돌아가고 싶지는 않았다.

그 사람을 찾아 시내를 헤매고 싶은 생각에 가득 찼다.

―그래, 꼭 그 사람을 한번은 만나야 되겠다.―

나는 굳게 내 마음 속으로 다지면서 자리를 떴다.

눈물이 날 것만 같아 서운한 느낌이 들었다. 거리로 나왔으나 내 마음은 안정이 되지 않았다. 어디로 가 볼까 방향도 없이 그저 묵묵히 걸었다. 이대로 발길 닿는 대로 마냥 걷고만 싶었다. 길순 엄마를 만나야겠다는 생각을 하면서도 또 새통스러운 소리를 뻔히 들을 것만 같아 기분이 내키지 않았다. 극장이라도 가 볼까 싶었으나 그것도 내 마음이 내키지 않았다.

갑자기 이 세상에서 산 보람이 없어지는 것 같았다.

온 전신의 힘이 쑥 빠지는 것 같았다. 아무런 욕심도, 그리고 부러움도 자랑도 나에게는 모두가 희미해진 것만 같다.

―그 사람은 대관절 무엇을 하는 사람일까?―

―그 사람은 누구일까?―

나는 어떻게 해서 집으로 돌아왔는지도 잘 모른다. 길순 엄마도 역시 고개를 갸웃거릴 뿐 그 수수께끼는 풀 수 없다고 했다.

요즈음은 〈온리〉라는 것이 있어 몇 날이나 며칠 동안 돈을 받고 임시로 남녀가 엉켜 사는 사람이 있다는 또 길순 엄마의 세대 강의를 들었다. 물론 애정은 없다. 그러나 여자측이나 남자측에서 상대자의 생활을 보장해 주기 때문에 또 다른 사람들보다 그 사람이 낫기 때문에 돈을 내고 산다는 것이다.

 피차에 서로 부담이 없는 좋은 조건이 있기 때문에 이루어지는 형태라고 길순 엄마는 경험자처럼 말했다.

내가 그럼 〈온리〉와 같다는 말인가. 그렇게 생각하니 분하기조차 했다.

―그러나 좌우간 그 사람을 꼭 한 번 만나야 되겠다.

외로움과 그리움이 나를 너무나 피롭혔다.

 그 장미꽃은 보기에는 좋고 예뻐도 그 꽃을 가지려면 그 나무에 달린 가시가 너무나 무섭지 않으냐.

 나는 남편이 있는 가정주부이다. 남편으로 만족하다는 정감을 강력히 긍정해야 했다.

―이러다간 정말 내가 미치지나 않을까?―

―아마도 공연한 몽상이 지나친 것만 같구나―

이러한 몽상이 곧 사라질 것을 스스로 바랬다.

아니 사라져야만 옳을 일이라고 여겼다.

이런 생각 저런 생각으로 며칠이 지났다.

벌써 일주일이 지났지만 어제가 오늘 일같이 여겨져 나는 우두커니 마루에 앉아 그 날의 일을 또 생각했다.

 부산으로 가는 오후 다섯 시 기차가 요란스럽게 지나간다.

 피로운 사람, 즐거운 사람, 사랑을 속삭이는 사람, 이별을 당한 사람, 장사하는 사람, 여행하는 사람……. 가지각색의 인생역마차가 지나가고 있다. 훨훨 떨치고 저 기차라도 타고 어디론가 정처없이 정말 떠나고만 싶다.

「엄마! 편지 왔어예.」

경옥이가 대문으로 들어 오면서 외쳤다.

〈마산시내〉뿐이지 보낸 사람의 주소와 이름이 쓰여져 있지 않았다.

나는 얼른 봉투를 뜯었다.

「아주머니 보세요.

꼭 8년전 내가 학교 다닐 때의 일입니다만 학교를 나와서 아주머니와 결혼할 마음을 가졌읍니다.

 그후 졸업을 하고 이곳 마산에 돌아오니 그 날 아주머니가 결혼하는 날이었읍니다.

나는 터지고 찢어지려는 가슴을 가까스로 안고 돌아서야만 했읍니다.

그러나 아주머니, 아주머니!

잊을 수가 없었읍니다.

 내 평생 꼭 한 번만이라도 조용히 만나 이야기라

도할 기회를 노렸답니다. (중략)

그러나 무심한 하늘은 허락을 해 주지 않았읍니다.

마침 이번에 부산으로 가는 기회에 일부러 아주머니를 따라 내려 간 나였읍니다.

아주머니를 꼭 한 번 만나보고 난 후에 다른 여자와 결혼을 하기로 마음을 가졌었읍니다.

난 결혼하기 위해 내일 다섯 시 기찻편으로 영원히 마산땅을 떠납니다.

8년간 지난 아주머니의 생각을 이 사연으로써 깨끗이 청산함을 마음속에 새기며 삼가 글월을 올립니다.

그 날이 아주머니께서 결혼한 지 꼭 8년째 되는 날이죠.

영원히 행복하시길 빕니다.」

이런 내용이 적혀 있었다.

무려 아홉 장이나 되는 긴 사연의 글귀가 정성들여 쓰여 있었다.

―내일 다섯 시란 바로 오늘 방금 떠난 그 기차 속에―

나의 가슴은 한없이 울렁거렸다.

자신을 잃고 우두커니 편지만 움켜진 채 앉아 있을 수밖에 없었다.

눈물이 나도 모르게 주루룩 두 빰을 적시고 흘러 내렸다.

여름이 지나면 가을이 오듯 대자연의 변화는 참으로 고요하기도 했다.

그러나 나의 심적인 변화는 복잡과 피로움과 아쉬움 속에 이루어진 것이라고 생각했다.

무엇 때문에 길순 엄마의 치마까지 빌어입고 성도 이름도 모르는 남자를 만나러 갔는지 모른다.

멍하니 동쪽 하늘을 우러러보았다.

그 사람의 얼굴이 <스크린>속에 나타나듯 신비스럽게 하늘에 환하니 그려져 나를 보고 손을 흔들며 빙그레 웃고 있지 않는가.

정신을 바짝 차렸다.

손으로 눈을 꼭 감았다.

나는 나를 의심했다.

―여보!―

나도 모르게 그 사람을 소리없이 불러 보았다.

나를 의심하면서도 부끄러워했다.

나는 눈을 떴다.

그리고 그 편지를 나의 입에다 대었다.

아득히 교회의 종소리가 나의 귀에 아련히 들려왔다.

▼ 小說 ▲

연쇄반응

박 지 윤

〈자살이다!〉 순 바보 같은 놈이 아니면 천재의 조상이라고 생각했다. 암놈 뒤를 따라와서는 고스란히 옆자리에 앉아 죽어 가고 있는 저놈들은 도대체 무슨 신앙의 환각인가? 아니면 존재하는 일정한 행위의 패턴을 유전적으로 받아온 목예의 혼미인가? 향수에 빨려드는 생의 비극 속에 어쩌구니 없게도 같은 운명을 되풀이하고 있는 것이다. 저놈들은 참으로 바보 같은 즐거움을 누리고 있는 것이리라. 타살이냐, 자살이냐, 희귀한 놈들이다. 접시 주위를 아슬아슬하게 기어다니다가 앞발을 물끼속에 적셔보고서는 그만 한 발자욱도 옮겨 놓지 못해 대가리를 푹 파묻은 채 꿈벅거리며, 나래만 파르르 떨다가 몸통이 좌우로·뒤우뚱하고 쓰러지는 저놈들의 목숨이 앞으로 몇초 동안이나 지탱할 수 있을까? 전승의 형태를 답습하는 본능이 수학의 공식보다 더 정확한

— 99 —

저놈의 행위는 기필코 자살의 안무일게다. 천재의 예술품을 창조하고 있는 것이라 생각했다.

나는 온종일 방바닥에 엎드려 죽어가는 마지막 임종을 지켜 보고 있었다. 널쭉한 접시 위에 죽음의 향수를 뿌리며, 밥풀로 위장된 파리약이 군데군데 흘어져 있고, 그 유혹의 미궁 속에 시시로 날아와 생명의 신비를 스스로 포기해 가는 저 파리떼의 곡예술. 한갓 미물의 우연으로 돌려 버리기엔 너무나 아름다운 지혜가 있는 것일게다. 밥풀에 현혹된 향수. 거기에 민감한 반응을 조화시킨 파리들이 여기저기서 몰려와 앉아서는 정신없이 미각의 만찬을 즐기다간 순식간에 오금이 말려 들고, 나래만 파르르 떨다 죽어가는 것이다.

저놈들이 말짱한 정신을 두고 지금 자살하고 있을지 모른다는 생각이 들었다. 그렇지 않고서야 어찌 앞서 날아와 앉은 놈이, 나래를 파닥이고 있을 쯤이면 벌써 뒤쪽에 날아오는 놈은 눈치를 알아차려야 할 게 아닌가. 소멸해 가는 자기 종족을 보고 같은 조건에 빨려 가는 놈은 분명코 죽고 싶은 동기를 강렬하게 느낀 놈이 아니고선 할 수 없는 노릇이 아닌가. 그 중에서도 지금 막 날아와 앉은 놈 천재의 자살을 감행했다는 사실이 이들 뒷받침하고 있다. 무수히 죽어간 놈들보다 훨씬 못생긴 놈으로 보였다. 한쪽 나래가 찢겨 있었고 그나마 허펀득한 빈곤처럼 달라붙어 있었다. 날아올 때부터 허탈해 있은 놈이다. 방바닥 한가운데 달라 붙어 두 발로 암놈에게 애원하듯 빌기 시작했다. 삐쭉해진 암놈은 다른 곳으로 날아가 버렸다. 새침하고 깔끔해 보이는 암놈이었다. 그 못생긴 수컷이 줄곧 뒤따라 불시에 암놈의 등뒤에 사정없이 덮쳐 눌렀다. 금시라도 죽여 버릴 듯 살인의 흉내를 내었다. 그렇지, 너는 킬러의 잔인함을 배워야 한다. 「어서 죽여, 순정을 외면한 너의 암놈을ー」 그러나 그 놈은 병신이었다. 발밑에 꿇어 〈줄리엣〉의 사닥다리를 꿈꾸고 있는 거다. 그런데도 암컷은 표독스리 뿌리치고 방주위를 한 바퀴 선회한 다음 문제의 그 밥풀 위에 앉아 버렸다. 그러자 이내 그 놈의 밥풀마력에 말려 들고 마는 게 아닌가. 오금이 달라 붙고 사해의 호수 위에 공식처럼 나래를 파닥거리기 시작한 것이다. 뒤쫓아 오던 그 못생긴 놈이 놀란 듯 접싸게 암놈의 등언저리에 다시 눌러 앉아 입술을 빨기 시작했다. 미친 듯 바둥대던 그 놈도 역시 같은 조건 속에 빨려 든 것이다. 빨려 든 것이 아니라 빨려간 것이다.

 그 못난 수컷의 위대한 죽음을 임종하고 있던 나는 문득 저 놈도·실은 자살을 하고 있는 것이 틀림없다는 생각을 했다. 암놈을 힘으로 강간하려던 그 이 사실은 자신의 죽음으로 위장한 것이리라. 〈표리부동의 자살극〉. 저희들 사이에서도 버림을 받거나 또는 암수 사이의 그럴싸한 이유로 해서 마지막 선택한 철학이 죽음을 잉태했으리라. 참으로 그 놈은 훌륭한 선택을 했나 보다. 저렇게 파르르 떨고 있는 저 놈의 목숨은 확실히 천재의 최후를 닮은 것이라 생각했다. 나는 자신이 저 파리의 위치에서 내려다 볼때 한번쯤 나래를 파르르 떨치고 싶은 욕망이 끓어 올랐다. 담배 꽁초를 쥔 손끝이 가벼운 경련을 일으켰다. 〈한심한 놈!〉 어디 계집이 그 하나뿐이 더냐? 〈미친 계집!〉 애써 윤미의 환상을 지우려 했다. 벌렁 뒤집어 누워 버렸다. 천정이 자꾸만 가물거리며, 그 못생긴 숫파리가 스크린을 만들고 있다. 거미줄이 칭얼청얼 감긴 구석바지에 해묵은 파리똥이 죽은깨처럼 덕지덕지 붙어 있다. 그놈이 남긴 유산일게다. 〈지각없는 놈〉 화려한 죽음을 구가하고 남긴 것은 고작 저렇게 지저분한 흔적뿐인가. 지그시 눈을 감았다. 애써 천재가 될 필요가 없지

×   ×   ×

않는가? 나는 처음으로 그렇지 아주 처음으로 빙그레 웃었다. 웃은 것은 얼굴이지만 안 웃은 것은 내 마음이다. 왜 그럴까? 두 몸이 한 몸으로 포개진 파리의 시체. 그것 때문일까? 모른다 정말 모른다.

8月 9日 (금요일)

 도깨비작전 제1호가 시작된 지도 어느덧 일주일이 지났다. 베트콩 땅굴 수색의 척후병으로 허철과 내가 ××지구 어느 숲속에 기다시피 도착한 것은 해가 지고 어스름 저녁이었다. 갑자기 숲속에서 한 물체가 후다딱 뛰쳐 나왔다. 놀란 우리는 반사적으로 납짝 엎드렸다. 그 뒤를 쫓아 또 다른 두 물체가 황급히 달려 나와 앞선 물체를 나꿔채듯 서로 잡아끌었다. 자세히 살펴보니 하나는 여자 베트콩이었고 또 다른 둘은 소위 월남 해방전선의 영웅이란 월맹군이었다. 그 여자를 가운데 두고 두 놈이 서로 다투었다. 한참을 그렇게 씨끈덕거리더니만 결국 두 놈이 등을 맞대고 엉덩이 씨름을 시작했다. 쉽게 한 놈이 앞으로 꼬꾸라지고 무엇인가 결정이 난 모양이다. 처음엔 〈몬도가네〉를 연상하게 했다. 꼬꾸라졌던 놈이 발딱 일어나서 몇 발치 뒤로 물러

— 101 —

법 홍얼거리는 품이 월남의 추억을 되섭는 냄새다.

「야아, 사나이가ㅡ」

들어서면서 지껄이는 같은 인사말이다. 수십 번

「사나이가 말이다. 그것도 월남의 영웅이었던 너 가, 그까짓 배신한 계집 하나를 못 잊다니ㅡ」

자꾸만 어두워지는 내 의식을 벗겨 보려는 우정의 충동이 온 몸을 휘감는다.

「그래, 뭘 좀 먹었나?」

「와 주어야 말이지」

「뭐가?」

「잠, 잠이 와 줘야지」 완전한 동문서답이었는데 그는 묘하게 웃었다.

「확 풀릴 대로 풀린 태엽, 그걸 감는 것이 여간한 고역이 아니란 말이지, 허지만 감아 버려야 해지 금의 자네로선 말야, 사랑이니 배신이니 하는 따 위에 무슨 이미지를 찾지 말란 걸세, 아무것도 비 약시키지 말란 말야」

허철은 두번째의 담배에 불을 붙이면서

「가령, 〈사랑이 패망하면 지구의 부피가 작아진 다〉든가, 〈배신 그것은 태양의 데이트다〉든가 하 는 극단적인, 비약상을 조작하는 거 말야, 〈정신분

서자 이긴 놈이 잼싸게 그 여자의 가슴을 향해 덮쳐 포갠다. 아ㅡ 참으로 불쌍 사나운 광경이 아닌가. 영명이 씨름은 결국 먼저 하겠다는 순위 결정에 불 과했다. 거치른 합창이 끝나고 멀치감치 물러섰던 놈이 앞놈보다 더 신나게 포개고 있었다. 윤간의 삼 각함수가 영망이었다. 〈저럭, 죽일 놈!〉 더 참을 수 없었던지 허철이 벌떡 일어나려 했다. 가까스로 제지한 내가 한숨을 돌리려 할 때였다. 한바탕 총성 이 터져 나왔다. 몇 마디의 비명을 남긴 채 그 여자 와 남자가 나동그라졌다. 먼저 포개던 놈이 후환이 있다구 포개진 두 물체를 향해 갈긴 것이다. 〈쬣을 놈!〉 나는 연거푸 자동소총의 방아쇠를 당겼 다. 모르긴 해도 그 놈의 온 몸엔 10여 발의 총탄이 명중했을 거야. 그 놈의 개자식 죽어 자빠지는 것을 보고, 동물과 인간의 차이점이 빙점에서 있음을 절 감했다.

× × ×

월남에서 돌아오는 길로 윤미의 집을 찾은 게 잘 못이었다. 지금 그녀는 신혼여행의 단꿈을 즐기려 제주도에 몸을 담았다는 게다. 청천의 벽력. 그때부 터 머리가 빠게지는 아픔을 일과로 삼아 왔다. 제 철이가 왔다. 오늘은 혼자서 열근한 표정이다. 제

열을 일으킨 파리 한 마리가 건널목에서 열차와 충돌했다. 곧 병원으로 옮겨 응급가료를 했으나 끝내 절명하고 말았다.〉 둥둥의 현실착오가 자네의 의식과 무의식이 포개칠한단 말일세.」

「의식과 무의식이 포개어지는 거 말이지.」

「옳아, 완전 포개지는 의식이지.」

「왜, 그 젊은 월맹놈과 베트콩 여자가 포개지듯 이—」

「역시, 그거야, 자네 아직 그걸 기억해 내고 있었 군. 그러나, 그 결과가 문제야, 의식과 무의식이 포개지는 건데 비정상이야. 그 비정상 속엔 현실 착오가 생겨나는 법이지. 포갠 월맹놈이 여잘 죽이고 그 놈을 다시 자네가 한방 놔 버린 거 그건 확실히 비극이란 결세」

「비극이건 어떻건 상관 없어. 지금의 나로선 상하 든 종횡이든 포개질 수밖에 없어.」

「윤미와?」

「물론」

「어떻게?」

「그 베트콩 여자처럼.」

「자넨 환상적이거든, 그 여잔 이미 남의 아내가 된 현실 세계구 그게 합쳐지길 염원하다니 비극일

「배신한 여자의 육체는 윤간의 처량함을 체험해야 해」

「자넨 지금 제 정신이 아니군 그래」

「암놈의 등에 눌러 앉아 입술을 빨다가 같이 죽어간 그 못생긴 숫파리의 미학을 자네가 어찌 알겠나?」

「도시 모르겠군!」

몇 차례의 대화가 오고간 뒤 허철은 황급한 걸음으로 사라져 갔다. 나는 선뜻 이상한 마음에 사로잡혀 갔다. 정말 그 놈의 영딩이 씨름으로 내 순위도 결정이 날 수 있을까? 종잡을 수 없는 가슴이 쿵 막혀 온다. 어디론가 뛰쳐 가고만 싶다. 아, 정말 멋진 그 숫파리란 놈의 곡예술. 〈dandy〉

×   ×   ×

휘뿌연한 안개가 자욱한 직사각형의 침대 위에 누워 있는 자신을 발견한 것은 그로부터 정확한 날짜를 꼽지 못하리라. 미지근한 감각으로선 단층 건물과 낡은 벽이 에레베타의 소음을 내뿜고 있을 따름이다 그리고 때때로, 물 위에 떠 있는 목선의 루터 속에 홀로 방향 감각을 잃은 나 자신을 체험하고 내쳐 놀

— 103 —

래기도 했다.

〈에브노말〉이란 것, 아니 〈노이로제〉라 해 두자. 쓸쓸한 사람으로 반영되어 오는 나에겐 무슨 의미가 있는가. 사람들은 그걸 가리켜 불구라고 하는가? 질병이라 하는가? 손가락으로 원을 그리며 〈이상해진 사람〉이라 부른다. 조금도 이상할 게 없다. 인간은 확실해 하나의 입술을 가진 것이 큰 골치거리란 말이다. 비정상일 수밖에. 눈도 코도 귀도 무엇이나 다 두개로 통한다. 한 개가 파멸되면 아직도 다른 한 개가 제 구실을 훌륭히 감당해 낼 수 있다. 그런데 사람의 입이란 게, 고게 한 개로써 파멸될 때 겨키엔 무서운 배신이 도사리게 된다. 간신의 입은 한 개지만 충신의 입이 한 개란 거짓말이다. 아, 한 개의 입을 가진 배신의 불구자여, 제발 넌 염라대왕의 권좌에 도전하지 말라. 두 남자의 불붙는 가슴 사이로 하나의 입술이 독소를 풍기고 있다. 아, 가증스런 너, 〈윤미!〉 암파리의 자살극을 너는 무엇으로 배우려느냐? 우람하고 썩썩한 녀석의 호주머니에 지폐가 쌓이고 비곗덩이가 용트림을 칠 때 종교가 없는 차단된 원시림의 마음으로 빨려가는 자신을 응시하고 빙그레 웃고 있다. 우는 것은 너냐 나냐?

× × ×

밤 열두 시께, 사방은 괴괴하기만 하다. 꽁꽁 얼어 붙어가는 목구멍 사이로 주마처럼 스쳐가는 윤무의 행렬, 암숫 파리가, 월맹놈과 여자 베트콩이, 윤미와 우람한 그 남자가, 구슬 염주처럼 원을 그리며 맴돌고 있다. 자꾸자꾸 맴돌고 있다. 꽹쿠르르 뇌폭이 작열하고 드디어는 지구가 작아져 간다. 그냥 있을 순 없다. 〈순전히〉 나는 몸을 벌떡 일으켰다. 가 될 순 없지 않소. 그대로 앉아 자멸하는 천재고 무진 애를 태웠다. 마음이 앞섰는데 내 육체는 거부현상을 노출시켰다. 오금이 저려 오고 나래가 달린 양 파둥거려진다. 밤풀의 향수에 빨려드는 착각을 느끼면서 놀랍게도 벌써 죽었으리라 믿었던 그 못생긴 숫파리가 윙윙 소리를 내면서 달려 들고 있다. 도대체 이건 무슨 신앙의 딱지벌렌가. 그럼 자기도 지금 자살을 진행하고 있단 말인가. 〈아주 이젠 글렀어, 속절없이 미치는 것만 같으이〉 뻐근해 오는 머리통을 움켜잡고 간신히 한 발을 옮길 수 있었다. 벽에 걸린 네모잡이 거울이 번뜩 섬광을 그리며 반사되어 왔다. 못생긴 몰꼴을 저주하고 싶은 게다. 빨려 죽은 수많은 파리들의 뱃속에서 나온 수천수만의 벌레들이 자기를 에워싸고 있다.

거울 저쪽엔 허철이가 심각한 표정으로 무언가 자꾸만 지껄이고 있다. 〈저런 죽일 놈!〉 흥분된 음성이었다. 아니나 다를까 거울 너머엔 아름다운 여자의 자태가 생긴 그대로 비쳐 오고 그 다음엔 피둥피둥한 사나이의 체구가 포개지듯 크로즈업되어 오지 않는가. 그것은 조금도 퇴색함이 없는 섹스의 원색이 녹화된 궁전이었다. 그러자 재벌의 아들인 성실은 그 우람한 남자의 침실에는 빨간 불이 켜지고 잇달아 조금전의 그 여자가 환희의 미소를 머금은 채 못 불만치 느릿한 동작으로 침대에 몸을 내던지는 게 아닌가. 그리고선 이내 한 막의 회곡이 작성되고 한참 뒤 서서히 꺼져가는 불빛 속에 입술을 삐쭉거리는 그 여자, 아, 나는 소스라치게 놀랐다. 〈윤미〉 윤미가 아닌가. 에잇 〈배신의 윤락녀〉 갑자기 바람이 정지되고 수천 수만의 벌레가 수억만 마리로 불어나면서 거울을 향해 몰려 들고 있다. 〈자동 소총, 내 자동 소총은一〉 그러나 없다. 아무리 살펴 봤자 없다. 10여 발의 총탄에 명중된 월맹군도 없는데 〈저런 죽일 놈!〉 허철이만 여전히 혼자서 발을 동동 구르고 있다. 이젠 그 수억만 마리의 벌레가 구불텅 구불텅 몸을 크게 움직이며 모두들 기관총을 난사하고 있다. 따르르르, 더르륵더르륵 화염이 폭발하고

죽음의 아우성이 전선을 휩싸는데 맨 앞서 도망치던 윤미가 숲속에 죽어 넘어진 그 여자 베트콩의 옷을 바꿔 입고 못생긴 숫파리의 공격에 질겁을 하고 있다. 〈패륜녀!〉 난 허둥지둥 문을 박차고 정신 없이 뛰기만 했다. 다리는 움직여 주질 않는데 나래가 있어 빠르다고 느꼈다. 암놈의 등 뒤로 용감하게 덮쳐 누르던 그 숫파리의 자세대로 나도 타살의 흉내를 내면서 사정없이 마구 뛰었다.

×   ×   ×

14일 밤 1시 30분쯤 시내 00역 동부 철길 건널목에서 ××정신병동을 뛰쳐 나온 역전의 용사 강태일 (26)씨가 때마침 부산을 떠나 서울로 향해 달려오던 444호 급행열차에 뛰어 들어 중상을 입고 곧 병원으로 옮겼으나 절명하고 말았다.

李善寬 두번째 詩集

人間宣言

發行∷漢城 出版社

값 500원

— 105 —

▼小說▲

버스를 세운 女子

남 광 현

아직 훤한 하늘 밑, 열기는 여전했다. 노을이 지는 서쪽 산등성이 위로 흩어지는 뭉게구름, 작열하던 태양은 그 구름 끝에 밀려나 있었다. 등어리로, 목덜미로 끈적이며 들어붙는 여름은 더위뿐만이 아니었다. 후덥지근한 포도의 열기는 아직도 가랭이에 휘감기며 헐떡거렸다. 거리 양편, 빠끔히 들 열려 있는 이층 창문들…… 조금만 있으면 짭짤한 해풍(海風)이 어둠을 타고 그 속으로 찔끔찔끔 넘어들어 갈 것이다. 그러나 정작 어둠은 그 창문들 속에서 그리고 처마밑, 기둥뿌리 같은 으슥한 곳에서 서서히 배여 나오고 있었다.

비가 올랑가베…… 바람이 이렇큼 불지 않으니.

이런 날 밤엔 어디 마누라 안고 자겠는가. 시원한 얼음 보자기 같으믄 몰라도ㅡ. 요사히 때 만난 건 얼음장사 뿐일 기다. 군데군데 흠집같이 파헤쳐진 아스팔트 길가로 좁다란 나무 걸상에 앉아 턱밑으로 받쳐 오르는 더위를 부채로 들어내는— 이 작은 해변도시의— 가무잡잡한 얼굴들에도 벌건 더위와 권태가 끈적이며 번들거리고 있었다.

「저녁안으로 올 수 있음 오세요.」

노르께한 눈이 나를 향해 잠간 반짝였으나 이내 반반한 얼굴로 돌아간 그녀는 냉냉하게 걸었다. 이 더위도 그녀에게는 물어 볼 수 없을 것 같았다.

해변쪽에서 뱃고동이 두어 번 지붕을 넘어 들려왔다. 어둠이 새어 나오던 창문들에는 어느새 불빛들이 어둠을 뱉어내고 있었다. 그래서 그 아래로 밀려난 어둠은 짙은 색갈로 바닥을 덮어가고 있었다. 아스팔트 길을 투박거리며 덜덜거리는 버스가 한대 지나갔다. 시커먼 가스가 그 꽁무니에서 확 풍겨 나왔다. 땀이 배인 피부에 가스가 들어붙을까 봐 오싹했다. 버스는 그래도 둔한 뒷 채를 덜거덩거리며 모퉁이를 돌아가 버린다. 그 뒤둥거리며 꽁무니를 감추는 모습은 비게살이 둔하게 늘어붙은 아낙네의 엉덩이같이 밉살스러웠다.

「비도 올 것 같은데……。」

「……。」

코를 막고 있던 손을 내리며 그녀가 중얼거렸다. 나는 얼핏 그 말을 귓가로 흘리며 하늘을 올려봤다. 노을이 점점 사라지는 여린빛 회색 하늘에는 낮은 구름들이 서서히 몰려들고 있어 간간이 보이는 별들이 그래서 더 높게 보였다. 짭잘한 생선 비린내를 풍기며 한 줄기 엷은 바람이 뒷머리를 쓸었다. 네거리를 건너 침침한 가로등 아래 지쳐빠진 버스들이 늘어선 주차장에는 밤차를 타야 할, 역시 더위와 피로에 지친 사람들이 몇몇 어기정거리고 있었다.

「돌아올 차는 몇 시에 있어요?」

아무 말없이 내가 차에 오르려 하자 그녀가 물었다. 나는 대답 대신 버스입구에 기대선 차장 아이에게 얼굴을 돌렸다. 단발머리가 헝크러지고 콧잔등이 우뚝해 보이는 그 차장 계집아이는 나와 그녀를 흥미 없이 훑어보고는 쉰 목소리로, 올 손님이 많으면 열시 이후에도 있다고 했다. 그리고 차장 아이는 보이는, 얼굴국이 얼룩진 파란 유니폼 위로 들어나 보이는 담 성숙한 상채를 움직였다. 천정이 낮은 마이크로 버스안은 경유냄새와 생선비린내가 머리를 아찔하게 했다. 퀴퀴한 그 냄새는 바람이 불지 않아 밖으로 조금도 밀려 나가지 않는 것 같았다. 대부분이 시골사람들인 버스 안의 벌건 얼굴들은 버스 천정의 붉은 불빛으로 더욱 벌겋게 보였다. 이미 이러한 냄새에 익숙해졌는지 얼굴을 찌프리는 사람은 없었다. 그 중에는 아예 옆사람 어깨에 머리를 기대고 코를 고는 사람도 있었다. 짧게 커트한 머리가 하나 차안을 기웃거렸다. 그러더니 코를 쥐고 물러서다가 몸을 기웃거렸다. 그 바람에 커다란 젖가슴이 흔들거려 눈을 끌었다. 그래서인지 그 짧은 머리 모양과 하늘색 원피스가 까맣게 그린 얼굴에 비해 어쩐지 어색해 보였다. 잠시 주위를 둘러보다가 저만치 떨어져 있는 냉차장수 리어카 앞의 차장아이를 발견하고 그리로 갔다. 그 아가씨는 차장아이를 붙들고 몇 마디 주고받더니 시계를 보며 다시 네거리를 건너갔다. 그 아가씨가 사라지자 나는 다시 차안의 퀴퀴한 냄새를 느끼고 속이 매슥거려 담배를 피워 물었다. 입김에 따라 낮게 퍼져내리는 연기를 통하여 그녀의 얼룽한 모습이 눈에 들어왔다. 차의 출입문은 열려 있었고 나는 그 출입문과 마주보는 의자에 앉아 있었으므로 그녀와 나 사이에 가리는 물체는 내가 뿜어내는 연기밖에 없었다. 그러나 그 연기보다 두텁고 탁한 것이 둘 사이를 막고 있었다. 그것은 보이지도 않고 걷어낼 수

도 없는 그물 같은 것으로서 그 속에는 이 지겨운 더위와 권태가 빈틈없이 박혀 있었다. 빨갛고 커다란 꽃무늬와 엷은 초록색 잎모양의 무늬들이 얼킨 양팔을 훤히 들어낸 원피스를 입은 그녀는 주차장의 침침한 불빛으로 더욱 흐미해 보였다. 그녀는 차 뒷편쪽으로 시선을 두고 있었다. 그 쪽으로는 주차장의 담벽과 변소밖에 없었는데, 그것들도 점차 문어내리는 어둠속으로 감추어지고 있었다.

더워요. 이제 그만 덥다니까. 하품섞인 잠소리가 귓전을 돌더니만 따르릉— 긴박한 전화벨이 오그라 붙게 했다. 그리고 낮으면서도 떨리는 여인의 목소리가 들려왔다. 여보세요. 나 원이예요. 더워요. 덥고 지루해요. 오세요. 와 주세요⋯⋯ 나는 언뜻 정신을 차리며 촛점을 바로잡았다. 두어 걸음 물러서고 있는, 역시 나른한 그녀의 어깨가 눈에 띄었고 차체가 멀커덩거렸다. 이어 그녀의 나른한 모습을 가리며 차장이 걸어왔다. 울렸던 벨은 전화벨소리가 아니라 이제 출발을 알리는 주차장 벨이었다는 것을 깨닫고 나는 자리를 고쳐 앉으며 긴 숨을 내쉬었다. 두어 걸음 물러선 그녀는 불안한 눈으로 나를 쳐다보고 있었다. 이때, 조금 걸어 나온 그녀의 머리채를 한 뭉음으로 묶은 모습이 퍽 단정해

보인 것은 새삼스러운 발견이었다. 불안해 보이는 눈초리 때문이었을까……. 알맞게 살이 오른 동그스름한 어깨, 규격에 알맞는 젖가슴. 그러나 보기보다는 둔하고 나무등걸같이 탄력성이 없는 그녀의 육체는 노르께한 눈동자와 술이 적어 결단성이 없어보이는 눈설, 그리고 얄팍한 입술과 더불어 항상 힘없어 보이고 권태스럽게 느껴졌는데, 머리를 한 묶음으로 묶은 것을 보고 갑자기 그녀가 단정해 보인 것은 정말 별난 일이었다. 이제 그만, 더워요. 정말 덥다니까. 이어 머리를 긁적거리며 잠에 겨운 하품……. 열과 땀으로 달아올라 있던 나의 머리는 그만 심한 모멸감으로 꽉 채워지고 풍겨나오는 여인의 살냄새는 심신을 피로하게 만들어 곧 혼란한 꿈속으로 몰아넣던, 그러한 밤들을 지금 생각해 낸 것은 진실로 내가 바랬던 것은 아니었다. 그녀의 한 묶음 머리채처럼 어느 한 모퉁이라도 그렇게 단정해질 수 있는 그녀가 밤이면은 하품을 곧잘 하고 항상 무너져 보이는 것은 이 지겨운 더위와 습기 때문인지도 모를 일이었다. 조금전 오늘밤 안으로 올 수 있음 오세요. 비도 올 것 같은데…… 이와 같은 근심들은 이제 그녀도 단정해질 수 있는 암시와 그래도 저는 당신의 아내예요, 하는 어설픈 사실을 강조했던 것일까…….

그러나 버스가 다시 부르릉거리고 마지막으로, 상남(上南)가요, 하는 차장의 쇠소리가 끝나자, 그녀가 다시 한번 불안한 눈초리로 나를 쳐다보고는 발걸음을 옮겼을 때, 나는 그만 눈을 꼭 감고 말았다. 동그스름한 그녀의 뒷모습 주위로 언제나 떨어져 나올 수 없는 깡마르고 머리가 터벅한 나의 모습이 거기에 붙어 있는 것을 보았기 때문이었다. 그녀의 그 천성적인 나른함이 나에게 번져오는 것은 마치 엿물과 같이 온몸에 녹아붙어 끈적거리는 것 같았고 또 그것은 내 몸속에 숨어 있는 조그마한 기력조차도 빨아냈던 것이다.

시장입구를 지나 아직 불이 켜져 있는 이발관옆, 또 기다리는 사람들을 태우기 위해 버스가 엔진이 걸린 채로 서자 차장아이는 아까와 같이 소리를 질러댔다. 나는 여러번의 경험으로 버스가 이 곳에서 잠시 멈춘다는 것을 알고 있었고 따라서 나는 여기서 내려야 할 것도 벌써부터 계산하고 있었던 것이다. 나는 차장을 뒤따라 태연히 내렸다. 이 차장아이는 닷새 전 얼굴이 넓직하고 죽은깨가 많은 차장처럼 왜 내리느냐고 묻지 않았다. 다음차로 가야겠어. 뭘 빠뜨린게 있어서ㅡ. 미리 준비해 둔 이 말은 이로써 아무 소용없게 돼버려 나는 약간 화난 얼굴로 그 차장을 돌아봤다. 그러나 그 계집아이는 관심없는 눈으로 나의 시선을 슬쩍 건드렸을 뿐 손님을 다 태우자 쑥 베바지 다리를 차에 올리며 문을 닫았다. 그리고 버스는 시커먼 가스를 길바닥에 확 풍겨 놓았다.

십분 후에 떠나는 차가 있읍니다만 자리는 맨 뒷좌석뿐입니다. 그래도 타고 가겠느냐고 묻는 으로 올려보는 매표원은 몸이 매우 뚱뚱한 사내였다. 나는 그 사내의 주걱 같은 턱을 아무 느낌없이 내려다보며 돈을 꺼내주고는 표를 받았다. 물만 뿌려놓을지 않은 텅빈 대합실 바닥은 벽쪽으로 바짝 붙여놓은 의자밑까지 담배꽁초 휴지 조각 같은 것들로 상당히 느껴졌다. 하루살이와 파리 몇마리가 맴돌고 있는 천정의 형광등 불빛도 침침해 보였다. 래서 더위는 구석구석까지 꼭꼭 박혀 있는 것 같았다. 나는 대합실을 나오다가 머뭇거렸다. 그녀가 으슥진 곳에서 나를 지켜보고 있지 않나 하는 의구심이 들었기 때문이었다. 그러자 대합실안의 덥덥한 기운이 나를 끈적이는 등어리를 조금 전에 타고 갔던 마이크로 버스에서 내려 이 주차장까지 되돌아오

면서도 나는 이같은 시선 때문에 어두운 곳을 골라 걸었다. 거리는 어둠이 완전히 내려쌓여 있었다. 길가 상점들에서 비쳐나오는 불빛들조차 어둠에 힙싸이고 있었다. 나는 쥐고 있던 버스표를 비벼보았다. 빠드득거리며 빳빳하게 손끝에서 전해져오는 감촉은 내가 한편으로 미리 즐기고 있는 짜릿하고 은밀한 쾌감과도 비슷했다. 곁으로는 아주 태연한 척하고 속으로는 면밀한 계산을 하면서 째깍째깍 흐르는 시간에 따라 더위와 더위에 잡긴 내 의식을 조금씩 금씩 압축시키고 있었는데 그것은 일종의 쾌감이었다.

빡빡한 더위가 눈앞에까지 차올라 내리쏟는 오후의 햇살이 그 열기로 온통 벌겋게 충혈되어 가느다란 한가닥 정신도 한 곳에 집중시킬 수 없었던 명한 상태이었을 때, 피부를 뚫고 가슴에 와 부딪치는 전화벨 소리는 나의 시야를 가르며 사무실 안을 진동시켰던 것이다. 그것은 완전한 적감이었다. 나는 굳어지는 손으로 수화기를 들었고 부산에서부터 걸려온 낮고 떨리는 여인의 목소리를 들었던 것이다. 나, 원이예요. 덥고 지루해요…… 낮으면서도 떨리는 이 여인의 목소리는 나의 심장을 조이게 했고 마치 그 음성자체가 전류인 것처럼 몸을 사

리게 했던 것이다. 그런 후에 그 음성은 무서우리만치 고독감을 전달해 줘 벌건 더위를 씻어내려 줬던 것이다. 나는 한동안 넋을 잃고 앉았다가 서서히 머리가 밝아옴을 느끼자 곧 나의 집으로 전화를 걸었던 것이다. 오늘 저녁 상남(上南)에 있는 공사장에 가 봐야겠는데, 저녁밥을 일찍 지어놓으라는 것과 늦으면 자고 울지도 모른다는 말을 태연하게 아내에게 일러 뒀던 것이다.

이제 나는 세찬 차창바람에 눈을 가늘게 뜨고 두어 시간 남짓이면 부산에 닿을 수 있다는, 완전히 개방된 자유로움을 느끼고 있는 것이다. 밖으로 올려다 보이는 하늘은 무거운 구름들이 덮쳐 있어 시커먼 어둠만의 연속이었고 차의 엔진소리로(엔진이 차 뒤에 있었으므로) 인해 천둥소리는 들리지 않았으나 멀리 산등성이 위로 간간이 번개불이 번쩍이고 있었다. 막바지로 허덕였던 더위는 제풀에 지쳐 비로 변할 모양이었다. 강하게는 하나 습기가 많은 바람이 창의 바람은 둔한 선풍기에서 쏟아 놓는 바람 같았다. 뒷자리는 나와 상인 같아 보이는 중늙은이가 하나 끄떡끄떡 졸고 있었을 뿐 자리는 넓직했다. 밤차인데다 더위와 피로에 지친 차안의 대부분 사람들은 머리를 뒤로 젖히고 푸근하지 않은 잠을 자고 있었다.

그 뒷머리들을 아무 생각없이 바라보고 있던 나는 갑자기 묘한 생각을 하고 머리가 송연했다. 그것은 죽음이었는데 정말 갑작스러운 환상이었다. 그 뒷머리들은 희밀겋게 눈을 뜨고 방향없이 어디론가 실려가는 시체의 그것과도 같은 느낌이었다. 그 촛점 없는 희밀건 눈들은 하나같이 나를 향하고 있는 것 같았고 차안의 냄새에 뒤섞인 땀내는 그것들이 썩어가는 냄새 같았다. 그리하여 나는 꼼짝없이 그 갖가지의 냄새가 숨어있을 눈들을 감겨 주어야 하며 땀에 저려 썩기 시작하는 주검들을 온갖 정성을 다해 목욕을 시키고 하얀 수의를 입혀 주어야 된다는, 정말 기이한 책임감을 느끼고, 그만 아연해져 두 눈을 꼭 감고 머리를 뒤로 젖혔다. 그러나 그렇게 한번 박혀 들어온 죽음은 나의 주검까지도 분석해 들고 있었다. 터벅한 머리, 깡마른 광대뼈, 항상 피로에 젖어 있는 두 눈, 아내가 확 밀어버리면 요밖으로 힘없이 나동그러지던 기력…… 사면팔방이 꽉 막힌 관속에서 겨우 사십 구 키로밖에 나가지 않는 나의 뻣뻣한 시신(屍身)은 일곱 마디로 꽁꽁 묶힌 채 입, 귀, 코 할 것없이 내 몸에 구멍난 곳들마다 끈적한 액체의 흐름을 막기 위해 하얀 솜으로 틀어막혀 있을 것이고, 이 시신(屍身)과는 아무 상관없는, 지팡이를 짚고 섰서 이제 어디맨가 떠나야 할 내 영혼은 상여꾼들의 반웃음섞인 지꺼림들을 피로운 심정으로 들을 것이다. 자식도 하나 없이……. 오히려 그게 낫지, 젊은 과부를 쳐다봐. 아직 처녀 같지 않은가. 이 관이 너무 가볍잖아? 먹는 걸 전부 개에게나 줘였나 원—. 천만에 저 통통한 과부를 쳐다봐. 이 가볍지 않고 베기었냐…… 걱정할 수 없는 이력한 죽음에 빠져들어간 나는 이미 나의 영혼은 벌써 어디로 흘러 보내버리고 썩어가는 육체만이 버스에 실려 가는 것 같아 정신이 혼란스러웠다. 그러나 그 때, 다행스럽게도 누가 나를 집적거렸고, '젊은 양반 성냥 좀 빌립시다.' 하는 굵직한 목소리가 들려 왔다. 나는 정신을 차렸다. 나를 집적였던 사람은 옆의 중늙은이였다. 나는 라이타로 불을 켜주며 긴 숨을 몰아쉬었다. 참 싱거운 노릇이었다고 생각했다 순간적으로 홍수같이 밀려와 머리속까지 흠뻑 젖게 했던 그 죽음의 감각들을 이로써 말끔히 씻어 낼 수 있었다는 것은 정말 싱거운 일이었다. 차창의 바람은 습기가 섞였지만 시원하게 불어들고 있는데, 그리고 이 버스의 고단한 종점에는 내 몸 구석구석까지 파고들며 나의 냄새를 찾아 낼, 조그맣고 눈이 동그란 여인이 기다리고 있는데……. 그 계약도 없었던

죽음은 그렇게도 빨리 눈을 파고들어와 영혼까지 엄습해 들었을까…… 이러한 환상은 차안의 희미한 불빛속으로 날아들어와 빙그르 몇바퀴 돌다가 벽에 부딪쳐 떨어져버리는 밤벌레 탓이었는지도 모를 일이었다. 나는 다시 한번 숨을 몰아쉬며 훌날리는 머리칼을 쓸어올렸다.

밤버스는 세차게 달리고 있었다. 물기먹은 푸라타나스 잎들이 석석거리며 지나갔다. 순간적으로 지나간 그것들은 짙은 어둠속에서 전과 같이 나란한 질서를 찾고 있었다. 나는 차분해진 어둠 속으로 선이 뚜렷한 여인의 얼굴을 그리기 시작했다. 그것은 참 빠른 속도였지만 선명하지는 않았다. 그리 생기는 없으나 포동한 뺨과 항상 화를 내고 있는 듯한 입술을 그리자면 동시에 긴 머리와 눈꼬리가 긴 까만 눈이 떠 오르는 것이었다. 오셨군요. 와 주셨군요. 나는 아무것도 못했어요. 나는 어느새 그녀의 아파트에 들어가 있었다. 내 목덜미, 겨드랑, 앞가슴을 헤집으며 냄새를 찾는 그녀의 숨소리를 듣고 있는 것이다. 아, 나네요. 이 냄새. 당신의 냄새 말예요. 아늑해요. 고향같은 걸 느껴요. 그녀는 두 무릎을 꿇고 나의 두 다리를 꼭 안으며 이렇게 중얼거리는 것이다.

연한 하늘색 레이스 커튼이 밤의 벽을 가르며 드리워졌고 불빛은 거기에 한번 더 반사하여 작은 우리들의 세계를 만들어 내어주는 방안. 황색 카시미론 이불이 펼쳐진 침대는 오른쪽 벽에 붙여져 있고 왼쪽 벽, 사단으로 되어 있는 책장, 그 속에는 읽을 거리가 많은 책들이 가지런히 꽂혀져 있는 것이다. 목욕을 하셔야죠. 탕안을 깨끗하게 청소해 놨어요. 타일이 벗겨질 정도로요. 그녀는 또 아주 익숙한 솜씨로 웃도리와 바지, 와이샤쓰를 벗기는 것이다. 살이 좀 쪄야할 텐데, 당신은 너무 여위었어요. 이거 봐, 갈비뼈…… 나는 어느새 따뜻한 탕속에 들어앉아 있는 것이다. 아무 생각도 욕망도 없이 일상생활도 잊은 채, 마치 나는 이 이후로 조금도 늙지 않을 것처럼 앉아 있는 것이다. 이어 똑, 똑 가벼운 녹크가 들리고, 하얀 타올로 가슴에서 정갱이까지 앞을 가린 그녀가 어색한 미소를 띄우며 들어서는 것이다. 꼭 나무가지 같애. 잘려 나간 나무가지 같다니까…… 그녀는 비누를 칠한 수건으로 내 몸 구석구석까지 밀어주며 재잘거리는 것이다. 목욕을 다하고 그래, 무기를 닦지 않은 채 그녀의 몸을 하얀 타올로 돌돌 말아 번쩍 들고 나는 침대로 향하는 것이다. 그녀는 눈을 감고 머리를 내 오른쪽 어깨에 묻고는 또 중얼거리는 것이다. 당신은 보기보담 힘이 세요. 어디서 그런 힘이 솟아나죠? 그녀를 침대 위에 살며시 눕힌 후, 그녀가 나를 위해 담궈 놓은 살구주(酒) 병을 찾아 오면 그녀는, 아이 참, 또 그걸, 싫어요.

그러나 싫지 않는 표정으로 얼굴을 돌리는 것이다. 나는 그러면 눈을 번쩍이고 하얀 타올을 걷어내며 불빛으로 노랗게 물들어진 그녀의 피부 위에 술을 붓는 것이다. 동그란 젖가슴에서부터 꼭 힘을 주어 꼬고 있는 탐스러운 두 다리 사이까지 그 살구주(酒)를 조금씩 조금씩 넘치도록 따루는 것이다. 그럴 때마다 그녀는 술의 냉기로 순간순간 몸을 떨며 또 그걸 참느라고 이를 악무는 것이다. 나는 그 계사 숨을 내쉬며 담배를 피워물 것이다. 그리고 그 담배연기를 되도록이면은 많이 뿜어내어 그녀의 몸을 덮는 것이다. 임김에 따라 뿜어져 나온 파란 연기가 점점 퍼져내리면서 자욱히 그녀의 피부를 할고 지나가면은 그녀는 마치 술을 담고 있는 신비스러운 요정같이 연기에 휩싸여지는 것이다. 싫어요. 또 보고 있죠? 싫다니까…… 말을 함에 따라 가슴의 움직임으로 약간 출렁대는 술의 물결이 파란 연기를 흔들면 그때서야 나는 그 살구주(酒)가 그녀의 몸 위에서 상당히 더워져 있음을 깨닫게 되는 것이다. 그래, 연기는 놀란 듯 흩어지고 연기 속에서 찾아낸 노란 여인의 피부를, 아니 이제 그 몸으로 더워진 술을 나는 마시기 시작하는 것이다. 그러면은 그 기운은 나의 입김으로 더 더워져 그녀의 몸 위에서 다시 끓기 시작하는 것이다. 이때, '오늘저녁 안으로 올 수 있음 오세요,' 하는 매마른 음성이 내 귓전을 울렸다. 그러자 뭔가 불안해 보이는 눈이 측은하게 떠오르는 것이었다. 아까의 예고없던 죽음의 덫과 같이 불현듯 나타난 이 권태스러운 모습은 그만 등 어리의 끈적거리는 땀을 느끼게 했고 차창 바람에 안면근육이 상당히 마비된 불편을 알려 줬다. 나보다 네살 아래인 스물 셋이라는 어린 나이와 결혼한 지 불과 팔개월밖에 지나지 않았다는 사실만으로서 도 얼마든지 귀엽게 여겨질 아내가 오히려 나보다 한살 더 많은 (지금 내가 찾아가는) 여인보다 권태 스럽게 느껴지는 것은 정말 어쩔 수 없는 노릇이었다. 아리숭한 핑계로 갑자기 어디로 가야 되겠다는 의 잦은 내 행동에 약간 이상한 기미를 눈치챘을 싶은 그래서 그 결단성 없는 눈꼬리에 불안한 기색 을 보이며 오늘도 주차장까지 배웅해 주는 어처구니 없는 배려. 어쩌면 오늘 저녁에는 으슥한 골목어귀 에서 내가 주차장으로 되돌아와 버스를 갈아 타는 것

을 보았을는지도 모른다. 왜 부산가는 버스를 타노? 쫓아가서 붙잡아····· 이러던 중 버스는 그만 출발해 버렸고—. 그러나 그녀가 오늘밤 혼자서 잘 적에도 나른한 하품을 하며 머리를 긁적거리고는 또 그 손 으로 경대설함을 뒤적거려 물도 없이 아노바라 한 알을 꼴깍 삼키리라는 생각은 역시 피로하고 권태 러운 것이었다.

세찬 바람이 슬며시 늦춰지더니 버스는 작은 읍내 로 들어가고 있었다. 빨간 전등불밑으로 과자봉지들 과 술병들, 과일 종류가 보이는 상점들이 천천히 지 나갔다. 그 상품들은 너무 오래되어 그대로 진열장 에 말라 붙어버릴 것 같았다. 상점들앞 작은 나무의 자에 듬성듬성 떨어져 앉아 부채질을 하고 있는 촌 노(村老)들, 그리고 그 앞으로 신발을 질질 끌며 오 가는 젊은 축들, 그들의 모든 눈들은 하나같이 동공 을 흘려버릴 듯 멍해 보였다. 더우기 이 더운 날에 바지를 몸에 꼭 맞게 입고 걸어가는 시골처녀들의 뒷모습들은 금방이라도 그 엉덩이의 살점들이 뚝뚝 떨어져 길바닥에 흩어질 것만 같아 역겨웠다. 이윽 고 작은 읍의 짧은 거리를 빠져나간 버스는 다시 숨 을 모두어 펄펄거리기 시작했다. 강인지 늪인지 잘 분간할 수 없는 돌다리가 하나,

읍내 어귀를 지나가면 지붕끝을 서로 맞대며 있는 두서너 초가들이 길가 버드나무 울안으로 보일 것이다. 그 너머로 둑을 따라 하얀 길이 쭉 뻗어있을 것이다.

나는 입구로 향해 오른편, 네번째 좌석 차창가에 앉아 있었다. 버스가 그 때, 초가집들 앞, 버드나무 울결에 멈추었다. 중간에서 서지 않는 급행버스가 서자 차안 사람들은 약간 술렁댔다. 사고가 났나? 고장이 생겼어? 그러나 아무 것도 아니었다. 하얀 투피스를 입은 여인이 하나 올라왔을 뿐 버스는 다시 떠났다. 흔들리는 버스에 여인은 비어있던 내 옆 자리로 쓸어질 듯 걸어와 풀석 주저앉았다. 그리고 떠나는 버스 옆 벌써부터 엔진이 꺼져 있고 먼지가 쌓인 경찰 사이드카와 헬멧을 쓴 경찰관 하나가 그 옆에 서 있었다. 진한 초록빛 보리 물결이 들판을 누비고 있었고 하얀 둑 길이 굽어 들어간 작은 산마루위로는 아지랑이가 뽀얀 먼지에 휩싸여 흐미했다.

여인은 창백했고 의자에 기대 눈을 꼭 감고 있는 눈 언저리는 파르르 떨고 있었다. 삼베 리본이 머리에 꽂혀 있었다. 그것은 아직 때가 묻지 않은 빳빳한 것이어서 그것이 주는 의미든 명료했고 명료한 만큼 우울한 것이었다. 상계가 되셨군요. 퍽이나 피로해 뵙니다. 삶이라는 거는, 삶이라는 거는……

나는 혼자 중얼거리고 있었는데 결국 말꼬리가 풀려 나오지 않았다.

차창 유리로 퍼져드는 햇살은 따뜻했다. 그러나 틈새로 스며드는 바람은 아직 매서웠다.

「문을 조금 열었으면―」

까실까실한 음성이었다.

여인은 코피를 흘리고 있었다.

가느다란 손가락에는 하얀 손수건에도 그리고 그녀의 투피스 자락에는 새빨간 선지피가 두어 방울씩 떨어져 있었다.

나는 당황하며 창문을 열었는데, 그 창문은 한겨울 동안 한 번도 열어보지 않았던 것이어서 매우 힘이 들었다.

여인은 뒤로 머리를 젖히며 길게 숨을 들이마셨다.

앞머리카락이 흩날리고 핏자국이 번진 여인의 얼굴은 매우 측은해 보였다. 순간 그 핏색은 나에게 묘한 감동을 불러 일으켰다.

그것은 깊은 밤 잠시 귓가로 흘렀다가 멀리 사라지는 은은한 밤의 합창 같은 것이기도 했고 생명의 찬연한 기쁨 같은 작은 환성과도 같았다.

밤버스는 이제 비가 세차게 쏟아지고 있는 시가지로 들어가고 있었다. 금은방, 양복점, 다과점 같은 곳에서 비쳐나오는 불빛이 보도에 뿌려진 빗물에 한 번 더 반사하여 시원하게 느껴졌다. 빗줄기에 흠뻑 씻겨진 가로수 잎들도 불빛을 받아 그 맑음이 돋보였다. 파랑, 노랑, 검은색들의 우산 물결은 빗방울을 튀기며 길을 따라 출렁이며 뻗어 나갔다. 그 속으로 가끔 보이는 얼굴들…… 모두가 이 빗줄기에 고마와하는 표정들이었다.

더위는 이 세찬 비로 말미암아 다시는 덮쳐 오지 않을 것 같았다.

나는 그러한 거리를 내려다보며 고향의 거리를 내딛는 정다운 마음에 젖어 있었다.

그때, 나는 또 왼쪽 어깨에 묵직해 오는 따뜻한 여인의 머리를 느끼고 눈을 감았다.

여인은 문득 눈을 떴다.

그리고는 하품을 하다 말고 멋쩍은 듯 나를 잠시 쳐다보다가 다시 고개를 돌렸다.

그러다가 다시 나를 향해

「미안해요.」

기어드는 목소리로 말을 건넸다.

「굉장히 피곤하게 보입니다. 아직도…….」

나는 그 때까지 어깨의 따뜻한 체온을 느끼고 있었다.

버스는 주차장에 닿았다.

주차장에는 바람이 일고 있었다. 먼지와 종이 조각이 회오리 바람에 물려 하늘로 휘돌았다.

여인은 버스에서 내리자마자 버스에 기대 눈을 꼭 감고 말았다.

여린 봄 햇살에 그러한 여인의 얼굴은 하얗게 질려 건드리기만 하면 폭 사그러질 재와 같았다.

차의 엔진 소리들도 요란했다. 소란한 중에 나는 또 생활의 습성을 생각하고 피로해 했다. 그것은 회오리 바람과 여인의 현기증 때문이었는지도 몰랐다.

나는 어쩔줄 모르게 그 여인 옆에 우두커니 서 있었다.

「절 저희 집까지 좀 바래다 줄 수 없어요?」

선 목소리였으나 단호하게 들리는 여인의 음성이

었다. 나는 여인을 돌아봤다. 여인의 얼굴은 여전히 창백했고 창백한 그 위에 침울한 빛까지 맴돌고 있었다. 나는 여인을 놀라 쳐다봤다. 창백하고 침울한 여인의 얼굴에 비해 그 음성은 또록하게 들렸기 때문이었다.

버스에서 내리자 비는 여전히 줄기차게 쏟아지고 있었다. 주차장 건물 스레이트 지붕은 그 빗소리로 요란했고, 군데군데 지붕에 새어 물이 고여 있는 바닥은 질퍽했다. 천정의 육십촉 전등 불빛은 그나마 금방이라도 꺼질 듯 바람에 흔들리고 있었다. 고단한 밤버스에서 내릴 손님들은 모두 어둠을 어깨에 걸친 채 비에 발이 묶여 있었다. 나는 이 어둑한 사람들 틈으로 주위를 살피고 있었다. 그녀가 우산을 받쳐 들고 마중을 나와 있지 않나 하고—.

오늘같이 그녀가 휴일인 날을 몇 시간이고 이 주차장에서 기다리곤 했었기 때문이었다. 그녀는 그럴 때마다 내 앞에 천천히 닥아와 소리없이 굵다란 눈물을 흘렸고, 그러면은 그 눈물은 견딜 수 없는 공허함으로 내 가슴에 박혀 와, 나는 멍하니 시선을 잃어 버리곤 했던 것이다.

그 날, 내가 그녀를 그녀의 아파트에 바래다 줬을

때도 그녀는 그렇게 울었다. 그러나 그 때의 그 눈물의 의미는 이와 다른, 돌아가신 이로 인한 아픈 마음이었다.

그녀가 혼자 살고 있는 시내 중심가의 아파트까지 그녀를 바래다 준 날을 나는 하나도 빠짐없이 기억하고 있다.

그 아파트 건물 현관에는 조그마한 매점이 하나 있었고 매점 안에는 예쁘장한 계집아이 하나가 눈을 동그랗게 뜨고 우리를 쳐다보고 있었다. 나는 그녀를 약간 부축하고 매끄러운 계단을 올라 갔다. 한 뼘 정도의 회색 하늘과 시가지가 내려다 보이는 창살틈으로는 오후의 햇살이 비스듬히 비껴 들고 있었다. 삼층 왼쪽 복도를 따라 네 번째 방, 그녀가 건네주는 열쇠로 문을 열었을 때, 나는 그 현관 입구에서부터 오래된 고독과 무료를 보았던 것이다. 뽀얀 먼지에 쌓인 신장이 하나, 그 위에는 황갈색 나무 모양의 무늬가 있는 꽃병과 돼지 모양의 벙어리 저금통이 하나 있었다. 꽃병은 새것인 것 같았지만 꽃병에 꽃혀진 꽃은 오래 전에 시들은, 이제는 새까맣게 그 형태조차 알 수 없는 것들이 꽃혀 있었고, 벙어리 저금통은 둥어리가 확 뜯겨 나가 있어, 그것이 벙긋이 웃고 있는 모습은 이 고독과 무료를 저 혼자만

감내해 온 쓰더쓰고 참담한 것이었다. 천정에도 거미줄이 함부로 걸려 있었는데 그것들도, 역시 먼지를 싸고 있었다. 방문을 열고 들어 섰을 때, 그 고독은 한층 더했다. 꼭 닫아 놓은 창문에는 하늘색 레이스 커튼이 꼼짝 없었고, 오른쪽 창문으로 바짝 붙여 놓은 침대 위에는 황색 카시미론 이불이 아무렇게나 펼쳐져 있었다. 왼쪽 벽에는 책장과 옷장이 있었는데 그것들은 모두 문이 열려 있었다. 더우기 그 장속에서 끄집어 내었을 것 같은 책들이 침대 위에도 방 한가운데의 탁자 위에도, 그리고 의자에도 먼 것은 책이 펼쳐진 채 흩어져 있어 혼란스러웠다. 문이 열릴 옷장속으로 보이는 여러가지 옷들은 이 분위기로 말미암아 주인을 잃어버린 넝마 같았다.

나는 핑그르 머리가 어찔함을 느꼈다. 그러나 여인은, 아무렇지도 않는 눈으로 잠시 방안을 둘러 보다가 숨을 크게 들이마시며 방 한가운데에 있는 의자에 가서 풀석 주저앉았다. 나는 여인이 앉아 있는 그 옆모습을 물끄러미 쳐다보고 섰지 않을 수 없었다.

「혼자 된다는 건, 혼자가 됐다는 것은 참 피로운 일이예요.」

여인은 넋을 잃어 버린 사람같이 갑자기 이렇게 중얼거렸다. 그리고 그 멍한 눈을 한 곳에 두고 있었는데 그 눈이 모이는 곳은 창문쪽으로 붙여 놓은 데이블 형식의 경대 위에 놓여 있는, 가로 한 뼘, 세로 한 뼘 반 정도의 작은 여단이 사진곽이었다.

나는 그 사진곽을 보고 싶은 충동을 일으켜 경대 앞으로 갔다. 여인은 여전히 그렇게 앉아 있었다. 사진곽은 느저분하게 늘여져 있는 화장도구 뒷켠에 있었다. 한쪽에는 턱과 어깨가 건강하게 보이고 윗도리 목깃에 대위 계급장을 단 해군장교가 자신만만하게 웃으며 역시 즐겁게 웃고 있는 여인의 어깨위로 팔을 두르고 수평선을 배경으로 서 있었다. 다른 한쪽에는 육십여세 가량의 할머니 한분이 반듯한 치마를 하고 비녀 양쪽 끝을 보이며 단정히 앉아 있었다. 나중에야 알았지만, 그 해군장교는 여인의 약혼자라는 사람이었고 할머니는 사흘 전에 돌아가셨다는 여인의 어머니였다.

나는 조용히 물러섰다. 하늘색 레이스 커튼 사이로 보이는 시가지는 한낮이 기울고 있었다. 여인은 의자에 기댄 채 얼굴을 천정으로 향하고 있었다. 그리고 그녀의 귓가로 눈물이 두어 줄기 흘러 내리고 있었다.

나는 그 때, 그녀가 중얼거렸던 말을 생각하고 주위를 새삼스레 훑어봤다. 느저분한 방안에는 그 어지러움만큼이나 조용함이 내리누르고 있었다. 나는 그녀가 버스에서 단호하게 요청했던 말과 침울했던 표정을 그제야 깨달을 수 있었다.

 하나, 둘, 밤비 소리를 듣고 흩어져 나가는 사람들이 거의 다 가버릴 때까지 그녀는 내 앞에 앉았다. 나는 비닐우산을 하나 샀다. 바람까지 휘몰아치는 비는 비닐우산을 휘청거리게 했고 아랫도리를 흠뻑 젖게 했다. 비닐우산으로는 비바람을 막을 수 없었다. 택시를 타고 갔으면 싶었으나 빈차가 오지 않았다. 그러나 그녀의 아파트는 이 주차장에서 그리 멀지 않았다. 나는 바삐 걸었다. 그녀는 아마 지금쯤 아파트 창문에 턱을 고이고 앉아 눈이 빠지도록 기다리고 있을 것이다. 아니면 그 검정색 비웃을 걸치고 아파트 입구까지 나와 피로하게 서 있을런지도 모른다.

 당신은 내가 죽고 나면 오실려 했군요. 지루한 기다림과 반가움이 뒤섞이는, 그녀의 까만 눈망울 속으로 그 무서운 고독감을 참아냈다는 안도의 숨을 내어쉬며 그녀는 그렇게 말하곤 했었다.

 그녀는 오늘도 소리없이 눈물을 흘릴 것이다. 내가 그녀의 아파트에서 조용히 물러 선 후, 정확하게 말해서 그녀를 그녀의 아파트까지 바래다 준 날로부터 사흘 후, 봄비가 촉촉히 뿌리는 토요일 저녁, 그녀를 더 만나봐야겠다는 불현듯한 충동을 일으키고, 그러나 갖가지 두려운 마음으로 그녀의 아파트를 찾았을 적, 그녀는 그렇게 눈물을 흘렸던 것이다. 아— 그녀는 짧게 탄성을 질렀고 떨리는 목소리로 중얼거렸던 것이다. 전, 약혼자가 있어요. 약혼자가……. 오래된 사람이 있어요. 그러나 내 손에 꼭 붙잡힌 그녀의 양어깨는 바르르 떨고 있었다. 그리고 그 진한 두어 방울의 눈물은 전날과 같은 의미가 아닌, 또 다른 한 의미를 만들어냈던 것이다.

 이 아파트 말예요. 그 사람이 돈을 많이 보태 줘서 산거예요. 한달에 두어 번 오죠. 그 사람 참 건강해요. 군인이라서 말예요. 부자예요. 그 사람. 그런 부잣집 아들이 왜 군인이 됐는지 모르겠어요.

 허나 이런 말들은 내가 한번씩 가서 공사 지도를 해주는 공사장 인부들의 넋두리처럼 건성적인 것이었고, 나는 다만, 그녀의 동그란 가슴 위에 머리를 묻고 있을 뿐이었다.

 그 날 말예요. 그 날처럼 견디기 힘든 날은 없었

을 거예요. 그 이튿날도 나는 학교에 나가지 않았어요. 학생들을 아니 사람들을 대하기가 싫었어요. 그 위로의 말들이 싫었거든요. 그러나 사람이 혼자가 된다는 느낌은 참 괴로운 것이었어요. 혼자가 된다는 건……

그래도 나는 그녀의 작은 미루알 같은 젖꼭지를 만지작거리고 있었지요. 내 일상 생활을 통해 항상 쥐고 있었던 연필폭지 같은 딱딱한 촉감이 아닌, 아주 부드러운 것이었다.

똑, 똑 서너 번 노크를 했다. 그녀는 창문에서도 아파트 입구에서도 기다리고 있지 않았다. 그 비소리가 머무는 밖에는 비가 여전히 쏟아지고 있었다. 긴 복도의 정적은 흐미한 형광등 불빛 아래서 졸고 있었다. 나는 또 두어 번 노크를 했다. 아무 대답이 없었다. 문을 슬그머니 밀어 보았다. 문은 비꺽이며 쉽게 열렸다. 안은 깜깜했다. 인기척도 없었다. 현관 스윗치를 더듬어 찾아 켜고 방문을 열었다. 방안도 역시 깜깜했다. 불을 켰다.

그녀는 핑크색 잠옷바람으로 침대 위에서 잠들어 있었다. 등어리를 입구쪽으로 향하고 있어 그 살결이 들어나 보였다. 방 한가운데 있는 탁자 위에는 글

씨가 적혀 있는 흰 종이가 있었다. 나는 그 종이를 집어 보았다.

전화를 걸은 지가 삼십 분밖에 지나지 않았는데 몇날이나 지난 것 같아요. 기다리기가 지루해요. 수면제를 몇알 먹습니다. 한숨 자고 일어나면 당신이 오겠지요. 절 나무라지는 마세요. 목욕탕 청소는 깨끗하게 해 놨어요. 저는 자면서도 당신을 기다리는 걸요.

원이—.

나는 빙그레 웃었다. 옷으면서 그녀의 머리맡으로 닥아갔다. 돌아누워 있는 그녀의 옆얼굴에는 머리카락이 흐트러져 있었다. 나는 그녀의 어깨를 살그머니 흔들었다. 이상했다. 그녀의 몸이 굳어 있는 것 같은 느낌이 들었다. 나는 그녀를 와락 끌어 당겼다. 싸늘했다. 입에서 빨까지 끈끈한 액체를 흘리고 있었다. 그것은 벼개에까지 흥건히 적시고 있었다. 죽음, 그녀의 반듯한 이마에서 사늘하게 전해져 오는 그것은 죽음의 냄새였다. 나는 그녀를 안았다. 팔이 하나 축 늘어졌다. 그것은 그녀의 육체의 한 부분이 아닌 다른 별개의 것으로 느껴졌다.

「허약한 체질이어서……。」

「……?」

나는 의사의 반짝이는 안경알을 쳐다보았다. 움푹 패인 그의 두 눈은 아무 표정이 없어 보였다.

「아무래도…… 알릴 사람에게는 전부 연락해 두는 것이 좋겠읍니다. 또한 저희도 책무상 경찰에 연락을 해야 되겠고요.」

나는 의사를 한번 더 똑 바로 쳐다봤다. 감동의 핏기라고는 티끌만치도 찾아 볼 수 없는 움푹한 그의 두 눈은 무표정하게 나의 시선을 되받았다.

「너무 시간이 오래 경과돼서…….」

그리고 그 의사는 되돌아 갔다.

나는 병실 안으로 다시 들어왔다.

아침인데도 폭염은 어제와 조금도 다를 바 없이

발악하듯 내리 누르고 있었다. 나는 침대에 반듯이 누워 있는 그녀를 내려다봤다. 팔에 꽂고 있는 주사 바늘 고무줄에 떨어지던 그 방울은 이미 멈추어져 있었다. 그녀의 새하얀 얼굴은 이제 그 기다림조차 잊은 듯했다.

나는 슬그머니 얼굴을 돌리며 창문가로 닥아갔다. 그리고 멀리, 이제는 정말 멀리 달아나는 내 넋을 그대로 방치해 두고 있었다. 그 때, 나는 다시 한번 그 긴박하고 그러면서도 완전히 직감적인 전화 벨 소리를 들었고 분명히 낮고 떨리는 여인의 음성을 들었던 것이다.

그것은 무심한 눈길에 와 닿는 살구나무 한 그루를 병원 뜰 안에서 발견했기 때문인지도 몰랐다.

— 121 —

◇芥川龍之介 原作◇

거미줄

鄭 鎭 業 옮김

어느 날이었다.
 석가는 극락의 연못가를 홀로 산책하고 있었다.
 못 속에 피어 있는 연꽃은 마치 구슬처럼 맑아서 그 꽃속에 숨어 있는 금빛 심(芯)에서는 뭐라고 형용할 수 없는 향기가 변두리를 감돌고 있었다.
 극락은 마침 아침이었다.
 이윽고 석가는 그 연못가에 발을 멈추고 수면을 덮고 있는 비취빛 꽃잎 사이로 아랫 세상을 내려다 보았다.
 이 극락의 연못 아래는 바로 지옥이어서 수정알 같이 투명한 물밑으로는 삼도(三途)의 강과 바늘산의 경개가 마치 망원경으로 드려다 보듯 똑똑히 보였다.
 그런데 그 지옥을 자세히 내려다 보니 「칸다타」라고 부르는 사나이가 여러 죄인과 함께 꾸물대고 있는 것이 눈에 띄었다.

「칸다타」는 살인 방화등 많은 악행을 저지른 대악인이었다.

그러나 이 「칸다타」도 꼭 한가지 착한 일을 한 적이 있었다.

그것은 다름 아니고 어느때 이 사나이가 수풀속 오솔길을 지나 가는데 마침 꼬마 거미 한 마리가 기어 가고 있었다.

「칸다타」는 발을 들어 그것을 밟아 죽이려고 하다가

「아니 아니 이것도 하나의 미물이지마는 생명이 있는게 틀림없다. 이런 생명까지 이유없이 죽인다는 건 너무 불쌍하지」하는 생각이 들어서 그 어린 거미를 죽이지 않고 살려 보내었던 것이다.

석가는 지옥의 상황을 살펴 보다가

이 「칸다타」에게 거미를 살려 보내준 선행이 있었던 것을 기억하고 될 수 있으면 이 사나이를 지옥에서 건져 주었으면 하는 자비로운 생각이 들었다.

그때 마침 옆을 둘러 보니 비취빛 연 잎사귀 위에 극락에 사는 거미 한 마리가 은빛 줄을 한창 치고 있었다.

석가는 이 거미줄을 사푼 거두어 손에 들었다.

그리고는 연꽃 사이로 그 거미줄을 멀리 지옥에까지 수직으로 내리기 시작했다.

지옥의 밑바닥은 피로 된 못이어서 「칸다타」는 다른 많은 죄인과 함께 이 못속에 가라앉았다 떴다 하고 있었다.

어느 쪽을 둘러 봐도 칠흑 같은 어둠이어서 가끔 높이 떠 올라 보이는 것은 그 무서운 바늘로 된 산뿐이었다.

적막하기란 마치 무덤 같아서 다만 들려오는 소리라고는 죄인들이 몰아 쉬는 한숨 소리뿐이었다.

이 지옥에 떨어진 인간들은 죄의 업보로 갖은 고초를 겪은 나머지 지칠대로 지쳐서 이제는 울래야 울 기력조차 없었던 것이다.

아무리 악운이 강한 「칸다타」도 예외일 수는 없어 핏물 속에 뜀박질을 하면서 죽어 가는 개구리 꼴이 되어 있었다.

그런데 이건 어찌된 일인가?

「칸다타」가 무심코 머리를 들어 보니 지옥의 어둔 공간 속으로 먼 천상에서 한 가닥 은빛 거미줄이 사람의 눈에 띄는 것을 두려워하는 것처럼 저의 머리 위로 내려 오고 있지 않는가?

「칸다타」는 너무도 기뻐서 저도 모르게 손벽을

쳤다.

「이 줄을 타고 올라 가면 극락으로 들어 갈 수 있겠지. 바늘산에 찔릴 염려도 없고 피의 못에 빠질 걱정도 없으니 말이다.」

이렇게 중얼거린 「칸다타」는 어느덧 그 거미줄을 두 손으로 붙들고 늘어지면서 한발 두발 타오르기 시작했다.

본래가 악인이라 이런 행동에는 누구보다도 민첩한 「칸다타」였다.

그러나 지옥과 극락은 수만리의 거리가 있는지라 아무리 파닥거려도 그리 쉽사리 올라가지 않았다. 악을 쓰면서 올라가던 「칸다타」도 그제야 힘이 빠져서 더 이상 올라 갈 수가 없게 되었다. 할 수 없이 거미줄에 매달려 한참 쉬기로 하고 무심코 아래를 내려다 보았다.

그 사이 얼마나 올라 왔던지 그래도 애쓴 보람은 있어서 지옥의 바늘산과 피의 못은 어둠속에 잠겨 보이지 않았다.

「자아 이 정도로 올라 간다면 지옥에서 탈출하는 건 문제가 아니야.」

「칸다타」는 새힘으로 거미줄을 더우잡으면서 지옥으로 온 지 그야말로 몇 년만에

「좋았어! 좋았어」 소리치면서 회심의 웃음을 웃었다.

그런데 「칸다타」는 별안간 이상한 느낌이 들어 시 아래를 내려다 보았다.

「아니 이건 또 어찌된 일인가?」

「칸다타」가 타고 올라 오고 있는 거미줄에 무수한 죄인들이 너도 나도 살겠다고 마치 개미떼처럼 타올라 오고 있지 않는가 말이다.

「칸다타」는 이것을 보고 놀랍기도 하고 두렵기도 해서 입을 벌린 채 말을 못하고 물끄러미 내려다 보고만 있었다.

「칸다타」 혼자도 겨우 의지해서 올라 오고 있는데 이 약한 거미줄에 저렇게 많은 죄인들이 매달려 올라 온다는 건 언어도단이다.

저놈들 때문에 이 거미줄이 중간에서 떨어져 나간다면 「칸다타」의 애쓴 보람은 그야말로 십년공부 나무아미타불이다.

「칸다타」는 다시 지옥으로 굴러 떨어질 것을 생각하니 몸서리가 쳐지고 짜증이 바싹 났다.

「칸다타」가 이런 생각을 하고 있는 동안에도 죄인들은 염치불고하고 꾸역꾸역 기어오르고 있었다.

수백 수천도 더 되는 것 같았다.

「이대로 내버려 두었다가는 모조리 다시 지옥행이다. 빨리 요정을 내어야지.」

이렇게 결심한 「칸다타」는 아래를 내려다 보고 래 고래 소리를 질렀다.

「야! 이자식들아! 이 거미줄은 내 것이다. 너희 놈들은 도대체 누구의 허락을 받고 함부로 올라 오는 거냐? 냉큼 내려 가지 못하겠니? 이 불한당 같은 놈들」

「칸다타」의 이 호통이 채 끝나기도 전에 거미줄은 「칸다타」가 붙들고 있는 손아귀에서부터 보기좋게 떨어져 나갔다.

「칸다타」도 이제 더 견딜 수 없었다.

모조리 지옥의 나락(奈落)으로 물구나무를 서면서 추락해 가는 것이었다.

오직 남아 있는 극락의 거미줄만이 가느다란 은빛을 발하면서 달도 별도 없는 공간에서 흔들리고 있을 뿐이었다.

석가는 극락의 연못가에 발을 멈추고 서서 지금까지 있었던 모든 일을 다 내려다 보고 있었다.

이옥고, 「칸다타」가 피의 못속으로 갈아 앉는 것을 보자 못내 슬픈 얼굴을 하면서 다시 연못가를 거닐기 시작했다.

저 혼자만이 지옥을 벗어 나겠다고 악을 쓰는 그 무자비하고도 냉혹한 심성이 직통으로 보(報)를 받아 다시 지옥으로 돌아가고 말았던 것이지만 석가의 눈으로 볼 때는 짜장 서글프고도 한심스러울 뿐이었다.

그러나 극락의 연못에 피어 있는 연꽃만은 아무일도 없었다는 듯 그 맑고도 순백한 꽃술은 석가의 발걸음이 옮겨질 때마다 춤추듯 하늘거리고 있었다.

그럴 때마다 그 꽃속에 숨어 있는 금빛 심에서는 뭐라고 형용할 수 없는 향기가 변두리를 감돌고 있었다.

극락은 마침 한나절이 되어 가고 있었다.

한국 수필가 협회

隨筆 文藝 (第六號)

發行∷瑞文堂

값 300원

〈희곡〉

허수아비

이 상 철

〈등장인물〉
남자
여자

〈때〉
어느 가을 해질 무렵

〈무대〉
공원의 분위기를 나타내는 벤치와 동전을 넣으면 볼 수 있는 망원경이 객석을 향해 놓여 있다.

막이 오르면——

무엇을 찾는 듯한 표정을 하고 남자가 열심히 망원경을 들여다보고 있다. 망원경이 동전을 삼킬 때마다 주머니에서 몇 번이고 동전을 꺼내 넣으며 이런 동작을 되풀이하고 있을 때 기운이라고는 전혀 찾아볼 수 없는 걸음걸이로 여자가 등장하여 벤치에 앉는다. 남자는 계속해서 망원경을 보다가 주머니에 동전이 없음을 알자 거의 절망적인 얼굴로 사방 여자를 찾아내고 반가운듯 성큼 가까이 간다.

남   미안합니다.
여   뭐가요?
남   부탁이 하나 있는데 들어 주시겠읍니까?
여   (귀찮은 듯 말이 없다)
남   동전을 하나 주십시오.
여   뭣 하시게요?
남   저 망원경을 들여다 볼려고요.
여   (엷은 웃음을 띠며) 동전을 집어 넣으면 이십초 밖에 볼 수 없는 망원경 속에서 무엇을 찾죠?
남   (자신있게) 제 인생의 전부를 찾습니다.
여   (핸드백에서 동전을 하나 꺼내 주며) 열심히 찾아 보세요.

— 126 —

남자, 동전을 들고 가서 망원경을 들여다보다가 얼마 후 풀이 죽어 돌아온다.

여 찾았나요?
남 찾을 듯하면서 잘 보이지 않는군요.
여 그래 당신의 인생의 전부란 뭐죠?
남 (벤치에 앉으면) 돈입니다.
여 (놀라면) 돈?
남 네. 돈이죠.
여 (다섯 손가락을 펴 보이고) 다섯 장, 다섯 장입니다.
남 (이상스러운듯) 다섯 장?
여 (그러다가 갑자기) 제가 드릴까요?
남 네?
여 드리죠. 그 다섯 장을 제가 드리겠어요.
남 (핸드빽에서 수표를 꺼내 준다)
여 (머뭇거리다가 얼른 받아보고 놀라며) 정말 다섯 장이로군요. 이 다섯 장을 절 주시는 겁니까?
여 그래요. 이제부터 그 다섯 장은 당신의 소유예요.
남 (감격적으로) 고, 고맙습니다.

남자, 급히 무대밖으로 뛰어 나가고 그 뒷모습을 지켜보던 여자가 일어나 망원경 곁으로 가서 동전을 집어넣고 망원경을 본다. 얼마 후 남자가 힘없이 무대로 들어와 망원경을 보고 있는 여자의 모습을 보다가 벤치에 가서 앉는다. 여자는 망원경에서 눈을 떼고 남자가 돌아와 있음을 보고 남자의 곁으로 와서 앉는다.

여 (유쾌하게) 왜 안 가셨죠.
남 (엉뚱하게) 당신은 그 망원경 속에서 무엇을 찾고 있읍니까?
여 꿈이죠.
남 (중얼거리듯) 꿈 …… 꿈 ……
여 흩어진 꿈을 바라보고 있었어요.
남 당신은 왜 꿈을 흘어 버렸읍니까?
여 잠에서 깨어났어요.
남 그게 언제입니까?
여 오늘.

남: 얼마나 긴 꿈이었나요?
여: 이년이죠.
남: 이때 기차의 기적소리가 들리다가 점점 사라진다.
여: 열 다섯 해전에 저 기차를 처음 탔읍니다.
남: 수학여행이었나요?
여: 제 어깨엔 개나리 봇짐이 얹혀 있었읍니다.
남: 전 구구셈을 배우고 있었어요.
여: 춥더군요.
남: 제겐 추운 겨울이 없었어요.
여: (손짓을 하며)
남: 저 거리를 매일 매일 뛰어 다녔읍니다.
여: 피아노를 치고 있었어요.
남: 신문은 잘 팔렸읍니다. 한푼 한푼 주머니가 가득 찼어요.
여: 맛있는 쬬크렛을 먹고 있었어요.
남: 그때부터 내 통장은 다섯 장을 향해 쌓여가고 있었읍니다.
여: 다섯 장요? 제가 드리지 않았어요.
남: 아참, 제게 주셨죠.
여: 왜 제게 주셨죠? 그걸
남: 내겐 필요 없으니까요.
남: 그럼 당신에게 필요한건 뭔가요?
여: 돌아가는거죠.
남: 어디로?
여: 요란한 박수 갈채 속, 내 가슴에 빨간 장미가 꽂히던 그날.
남: 굉장히 성대한 결혼식이었던 모양이죠?
여: (크게 웃는다)
남: 하하하하하……
여: 왜 웃죠?
남: 당신이 부럽군요. 그래 그 다섯 장은 다 모아졌나요.
여: 십 삼년이 걸렸읍니다.
남: 전 어른이 됐어요.
여: 이른 새벽, 시장으로 갔읍니다. 십원짜리 국수 한 그릇을 먹는 것부터 하루는 시작되었죠.
남: 뜨거운 우유를 마시고 있었어요.
여: 사람이 아니었읍니다. 바쁘게 돌아가는 기계였읍니다.
남: 차이코프스키에 대한 강의를 듣고 있었어요.
여: 경영학 강의를 들어 본 적이 있읍니까?
남: 아참, 거리가 멀어요.
여: 공식입니다. 아주 기막힌 공식의 연속입니다.

여 신문에 제 이름과 사진이 크게 실렸어요.
남 꽤 유명해졌던 모양이군요.
여 운명의 날이었어요. 긴 드레스를 입고 터질 듯한 가슴을 누르며 천천히 무대로 걸어 나아갔죠. 황홀한 조명, 눈엔 아무것도 보이지 않았읍니다.
(잠시 환상에 젖으면)
마지막 즉흥 환상곡이 끝났을 때 떠나갈 듯한 박수 소리, 박수 소리, 박수 소리ㅡ. 내 가슴엔 빨간 장미가 꽂혀 있더군요.
남 동화속에서 달려온 기사로군요.
여 심장의 고동은 멎지 않았읍니다.
남 맞아요, 하얀 말을 타고 긴 칼을 찬 기사였어요. 가슴 가득히 밀려 오던 환희, 심장의 고동이 멋는 것 같아요.
여 우린 숲과 강과 거리를 매일 걸었어요. 오늘도 내일도ㅡ.
남 완전한 사랑이었어요.
여 사랑했나요?
남 (강경하게)
여 거짓말입니다.
남 정말이예요. 보시겠어요?
여자, 남자를 데리고 망원경 곁으로 간다. 그리고 동전을 넣고 망원경을 본다.
여 (남자에게 권하며) 자, 보세요. 저 산밑이예요. 우리들의 성이 보이죠?
남 (잠깐 보고난 후)
여 아무것도 보이지 않읍니다. 당신의 성도 내 빌딩도 모두 모두 없군요.
남 어제까지 분명히 있었는데……
여 오늘 모두 없어진 겁니다.
남 아니예요. 어제까지는 분명히 있었어요.
여 (신경질적으로)
남 오늘 모두 없어졌단 말이오.
여 어디로 갔을까요?
남 달나라로 갔겠죠.
여 달나라?
남 더워요. 내 통장속에 다섯 장을 채울 집념만 없었더라면 나는 그 열기속에서 아마 타 죽어 버렸을 겁니다.
여 무척 더운 여름날이었어요. 우린 바닷가로 갔죠. 부둣가에서 날 반겨주는 것은 대포 소리뿐이었읍니다. 살아서 다시 저 바다를 건너갈 수 있을까 하는 생각이 가슴을 떨리게 했읍니다.

여: 햇빛에 반짝이던 모래 사장, 우린 텐트 속에서 둘만의 시간을 가졌어요. 아무도 존재하지 않는 우리 둘만의— 즐거워요, 행복해요.

남: 죽이고 죽는 일이 시작됐읍니다. 내가 살아 있다는 것은 다른 사람을 죽였다는 이야기니까요.

여: 청진기와 주사기를 들고 아픈 사람들을 찾아 다녔읍니다. 그는 슈바이처가 되고 싶어 했거든요. 눈이 아픈 사람, 다리가 아픈 사람, 가슴이 아픈 사람…… 많은 환자들을 고쳐 주었어요. 우리고 많은 사람들로부터 존경받았읍니다. 에겐 병원이 필요해요. 아픈 사람들이 찾아올 수 있는 병원이.

남: 의사인가요?

여: 네, 의사예요.

남: 병원이 필요하면 지으면 되지 않읍니까?

여: 짓기로 했죠.

남: 언제요?

여: 우리집 담장에 있는 개나리가 다섯 번만 피면 우리들의 병원은 완성돼죠.

남: 지금 그 병원은 완성됐나요?

여: (남의 이야기하듯) 완성됐겠죠.

남: 네?

여: (침묵을 깨듯) 동전을 하나 주십시오.

잠시 침묵이 흐른다.

남자, 여자에게 동전을 받아들고 망원경 곁으로 간다. 여자는 무엇을 찾다가 급히 여자를 손짓해 부른다.

남: 자, 저길 보십시오. 저 삼십 육층 옆의 건물이 바로 제 빌딩입니다. 보이죠? 아주 훌륭한 건물이죠?

여: (망원경을 보고) 잘 보이지 않는군요.

남: (자신있게) 난 돌아 왔읍니다. 내 통장속엔 다섯 장이 가득 차 있었읍니다. 그리고 이 도시에서 가장 높은 이 공원으로 올라왔죠. 난 가슴을 펴고 세상이 떠나가라 웃었읍니다. 하하하하…… (미친듯이 웃다가) 내가 원하던 것은 이제 내 손에 있다. (망원경을 한번 보고) 이 도시에서 가장 높은 빌딩을, 이 공원보담 높은 빌딩을 갖고야 말겠다. 가자.

(힘차게 걸어 나간다)

여 어디로 가세요?
남 어디로 가다뇨? 다섯 장을 찾으러 갑니다.
여 누구한테요?
남 최박사한테 갑니다.
여 최박사?
남 최박사가 제 다섯 장을 모두 가지고 있읍니다.
여 빌딩을 짓기로 했으니까요.
남 최박사는 지금 어디 있나요?
여 무대엔 점점 어둠이 깔리기 시작한다.
남 (머뭇거리며) 글쎄요, 날이 어두워 찾을 것 같지가 않군요. 햇빛 밝은 내일 아침에도 최박사는 보이지 않을 겁니다.
여 (혼잣소리로) 최박서는 어디로 갔을까?
남 달나라로 갔겠죠.
여 달나라?
남 (망원경을 가리키며) 저 망원경은 우리의 처음과 마지막을 너무도 잘 알고 있어요.
여 마지막요?
남 처음이 있는 곳에는 반드시 마지막이 있거든요.

남 (반항하듯) 내겐 마지막이 없어요.
여 우리들은 병원을 짓기 시작했죠. 병원을 짓기 시작하던 날, 많은 사람들은 우리를 축복해 주었어요. 내 손에 끼워진 하얀 반지는 영원히 변할 수 없는 우리들의 약속이었어요.
남 하얀 반지가 까만 색깔로라도 변했나요?
여 사람에게 이렇게 완벽한 행복이 찾아올 수 있을까 하고 믿어지지가 않았어요.
남 최박사를 처음 만난 날, 내 인생은 새롭게 시작됐죠. 상상조차 할 수 없었던 비약의 세계가 내 품으로 서서히 다가오고 있었읍니다. 저 망원경을 들여다 보며 우리들은 애정의 나이테를 하나 하나 그어 갔어요.
여 이십 팔년 동안 살아온 내 피와 땀은 시멘트와 철근이 되어 이 망원경 속에서 하늘을 향해 치솟고 있었읍니다.
남 시간은 달리는 말이었어요. 봄, 여름, 가을 그리고 또 봄ㅡㅡ
여 내 빌딩이 완성되는 날, 세상 사람 모두에게 난 내 빌딩을 보여 주고 싶었읍니다. 이 도시에

여 서 가장 높은 내 빌딩을.
남 (남자를 유심히 들여다보고)
당신은 욕심꾸러기예요.
남 욕심이 아니예요. 내겐 꼭 필요한 것이죠.
여 당신에게는 너무나 어울리지 않아요.
남 어울리게 만들면 될 것이 아니오.
여 맞지 않는 옷이 어떻게 어울릴 수 있어요.
남 내 몸에 맞게 뜯어 고치겠오.
여 (무릎을 꿇고 남자의 손을 잡는다. 애원하듯)
돌아가지 마세요. 우리들에겐 애정이 있잖아요. 서로 확인할 수 있는 애정과 조그만 병원만 있으면 우린 낙원을 만들 수 있어요. 피아노를 쳐 드릴께요. 당신이 가장 좋아하는 즉흥환상곡을 노래해요. 우리 함께 노래해요. 내 가슴속에 자라고 있는 또 하나의 당신을 위해서 제발 돌아가지만 마세요.
남 (여자를 천천히 일으켜 세우고)
의사는 어디로 갔읍니까?
여 (제 정신으로 돌아와)
자기가 온 길을 되돌아 똑바로 가셨어요.
그리고는 돌아 오지 않았읍니까?
돌아와야 할 아무런 이유가 없죠.

남 당신과 나 외에는 다 돌아가 버렸군.
여 최박사는 어디로 갔을까요?
남 저 망원경 속에서는 보이지 않는 먼곳으로 가 버렸읍니다.
여 이 도시에서 가장 높은 빌딩은 지어졌나요?
남 (힘없이) 지어졌겠죠.
여 당신이 그렇게도 원하던 빌딩이 다 지어졌는데 기쁘지 않으세요?
남 조금도 기쁘지 않습니다. 최박사도 다섯장도 다 날아가 버렸읍니다.
여 최박사는 돌아올거예요.
남 의사는 당신의 곁으로 꼭 돌아옵니다.
여 왜요?
남 당신을 사랑하니까요.
여 정말 돌아왔더군요.
남 (자기 일처럼 기뻐하며)
그것보세요. 꼭 돌아온다니까요. 그게 언제죠?
여 어제.
남 당신들은 애정과 병원을 새로 만들어 가는 겁니다.
여 (냉소를 띄며)

남 서로의 채권과 채무를 정리하기 위해서였어요.

여 네?

남 (고개를 숙이고 절망한다)

여 애정의 분비물을 없애버리자는 거죠.

남 (심한 좌절감에 빠져)

여 나쁜 사람이야.

남 애기를 낳고 싶어요. 그의 애기를 낳고 싶었어요. 죄를 지은 사람처럼 병원으로 끌려 갔어요. 없애 버리자는 거죠. 아무 일도 없었던 것처럼 본래의 나로 환원시켜 준다는 거예요. 무대, 더욱 더 어두워진다. 여자는 온 몸이 찢어지는 듯한 아픔을 느끼며 누운듯이 벤치에 앉아 있다.

여 아파요. 너무 아파요.

남 (옆에 바싹 앉으며)

여 참아요.

남 하느님, 잘못했어요. 제가 잘못했어요. (남자를 붙잡고) 당신을 사랑해요. 당신도 날 사랑하고 있죠? 그런데 왜 이런 아픔을 당하여야 하나요. 제가 무엇을 잘못했나요?

여 당신은 잘못한게 없읍니다.
헛된 욕망을 버리세요. 우리에겐 젊음과 내일이 있어요. 제발 다시 한번 생각해줘요. 무서워,무서워요.

남 조금만 더 참아요.

여 (견딜 수 없는듯 일그러진 표정으로 고함을 지른다)

남 아—악.

여 (천천히 여자를 일으키며)
이제 고통은 다 없어졌어요. 우리는 T자 거리로 걸어 나왔어요. 그이는 왼쪽으로 나는 오른쪽으로…… 내 손에 무엇인가 쥐어져 있더군요. 어디로 잘 가란 말인가요. 뚜벅 뚜벅 멀어져 가는 발자국 소리, 뒤를 돌아다 볼 수 없더군요. 발자국 소리가 점점 가깝게 들려 왔어요. 돌아다 보았죠. 그러나 아무도 없었어요. 내 발결음은 나도 모르는 사이에 이 공원으로 향하고 있었어요.

남 이 공원으로 와서는 어쩌자는 겁니까?

여 당신이야말로 이 공원에서 도대체 어쩌자는 겁니까?

남 최박사를 찾아야죠?

여 달나라로 가버린 사람을 어떻게 찾죠?

남 달나라까지 쫓아 가서라도 찾고야 말겠어요.
여 저기 달이 보이는군요. 망원경으로 달속을 살살 이 뒤져 보세요.
남 (망원경을 하늘로 향하여 들여다 본 후) 없어, 없어요. 최박사도 내 빌딩도 모두 다 없어져 버렸어요. 너무해요. 돌려 주세요. 그 섯장을 어떻게 만들었는지 잘 알고 있지 않읍니까? (여자의 팔을 잡고) 그 다섯장 속엔 내 생명과 영혼이 모두 들어가 있어요. 절 죽이시려는 겁니까? 어린 시절에 집을 떠나 십삼년 동안 난 사람같이 살아 보질 못했읍니다. 언제나 허기진 배를 움켜잡고 뛰었고 또 뛰었어요. 최박사님, 제가 왜 이렇게 열심히 뛰었는지 알고 계시죠? 돌려 주세요. 그 다섯 장을 잃어 버리고 저 삼십육층 빌딩 위에서 떨어져 죽어 버리고 말겠어요.
여 당신은 살아 있잖아요.
남 내가 분명히 살아 있죠?
여 당신은 살아 있어요. 내가 살아 있듯이.
남자, 축 늘어져 의자로 걸어가 고개를 숙이고 앉는다.
여 죽고 싶으세요.

남 살고 싶지 않읍니다.
여 제가 좋은걸 드리죠.
여자, 주머니에서 무엇인가를 꺼내 남자에게 준다. 남자는 물끄러미 쳐다보며 반지를 못한다.
여 이걸 받으세요.
남 (받아든다)
여 당신과 내게 꼭 필요한 것이죠. 당신이 원하던 편안과 내가 바라던 평화가 올거예요.
남 죽어 버리는 겁니까?
여 그이가 솜사탕같은 욕망을 따라서 가버린 후 죽음이라는 두 단어 외에 내 머리속에는 아무 생각도 없었어요.
남 최박사를 잃어버린 다음, 날 갈기갈기 찢어버리고 싶었어요. (체념한 듯이) 과욕이죠. 빌딩은 내가 가질 수 없었던 물건이예요.
여 당신은 가질 수 있었어요. 삼십육층이 아닌 삼층짜리 빌딩이었다면.
남 당신을 사랑하는 사람을 왜 품에 안을 수 없었을까요.
여 마찬가지죠. 그 사람은 삼층을 원한 것이 아니라 삼백층을 가지고 싶었던 거예요.
남 자신들을 몽땅 잃어버린 바보들이로군요.

여 자신 있으세요?
남 순간입니다. 그리고는 모든 것이 끝이나죠.
여 피아노를 치고 싶어요.
남 내 몸을 함빡 담을 수 있는 폭신한 의자에 파묻혀 있고 싶어요.

어디선가 피아노 소리가 들려온다. 여자는 피아노 소리에 맞춰 사뿐사뿐 춤을 추고 남자는 안락의자에 누운듯이 비스듬히 앉아 춤추는 여자를 쳐다본다.

여 그만, 그만둬.

피아노 소리 뚝 그친다.

남 이제 시작하죠. 죽음으로 이르는 다리를 놓아 줄이걸 내가 먼저 먹겠어요.
여 안 돼요, 제가 먼저 먹겠어요.
남 내가 먼저입니다.
여 난 살인자가 되고 싶지 않아요. 당신의 고통을 내 눈으로 보고 싶지가 않단 말이예요.
남 나도 당신의 피로와하는 모습을 보고 싶지가 않아요.

여 그럼 어떻게 하면 돼죠?
남 (잠시 생각에 잠기다가) 좋은 방법이 있읍니다. 동시에 먹읍시다. 이걸 똑같이 입속에 넣는 겁니다.
여 좋아요.

남자, 여자의 얼굴을 빤히 들여다보고 여자, 남자의 얼굴을 바라본다. 이윽고 눈을 감고 손에 든 것을 입으로 가져가다 망설이며 동시에 눈을 뜬다.

여 무섭나요?
남 하나도 무섭지 않아요. 마음의 편안이 찾아오는 군요.
여 왜 입속에 넣지 않았어요?
남 당신은 죽어서는 안 돼요.
여 살아 있어야 할 목적이 없어져 버렸어요.
남 새롭게 다시 살아 보세요.
여 당신이야말로 진짜 죽어서는 안 돼요.
남 개나리 봇짐을 지고 기차를 타고서 이 도시에 처음 온 일이 생각나죠.
여 소년이었어요.
남 그날로 돌아가는 거예요.

남 쪼크렛을 먹으며 피아노를 치던 시절이 있었죠.

여 소녀였어요.

남 그날로 돌아가는 겁니다.

여 맑은 눈동자를 가졌던 소녀는 이제 퇴색해 버린 어른이 되고 말았어요.

남 지금이야말로 당신의 눈동자는 너무도 맑아요.

여 용기를 가지세요. 당신은 이 산보다도 더 높은 빌딩을 가질 자격이 있어요. 하나씩 하나씩 쌓아 올라가는 거야.

남 당신은 애정이 있는 여자야. 찾아 울거요. 당신이 기다리고 있는 진실한 애정이 꼭 찾아올거요.

여 빌딩은 다시 짓기로 하는거죠.

남 다시 지을 수 있을까요?

여 저을 수 있고 말고요. 당신에겐 그 누구도 갖지 못한 집념이 있으니까요. 또박또박 다시 걸어 가는 거죠.

남 당신은?

여 전 이걸 먹겠어요.

남 안돼요. 죽음은 망각이고 없어져 버리는 것이죠. 지금 이 순간까지의 모든 걸 없었던 걸로 해 버리는 겁니다.

여 있었던 사실들이 어떻게 없어질 수 있어요. 없애버리는 거죠. 잊어버릴 수 있어요. 잊어버려요.

남 정말 잊어버릴 수 있을까요.

여 모든 것을 수없이 잊어 버렸듯이 잊어버리는 겁니다. (손에 들고 있는 걸 가리키며) 이걸 버립시다.

남 팔을 들어 힘차게 던져 버린다. 여자, 따라서 버리면 이때 불꽃놀이 폭음이 터지며 무대 환히 밝았다가 어두워지는 것이 계속된다. 폭음이 조금 작아지면.

여 불꽃놀이예요.

남 축제가 있는 모양이죠. 여자, 급히 망원경 곁으로 가서 망원경을 본다.

여 (아주 즐겁게) 아, 보여요 나의 성이 보여요. 온통 꽃으로 담 이 쌓여져 있어요. 귀여운 아기도 있어요. 저길 좀 보세요.

남 (뺏듯이 망원경을 들여다 보며) 내 빌딩도 보이는군요.

남자, 망원경에서 눈을 떼고 여자의 손을 잡는

다. 불꽃의 폭음이 작게 들리고 무대는 불꽃이 계속 터지고 있다.

여 고마워요.
남 감사합니다.
여 이젠 돌아가도 되겠죠?
남 저도 돌아 가겠어요.
여 우린 다시 못 만나겠죠?
남 당신의 그 높은 빌딩에서 내려다보면 우리집은 언제나 보일거예요.
여 피아노를 크게 치세요. 내 빌딩에서 들리겠죠?
남 안녕히 가세요.
여 잘 가요.

남자, 여자 마주보며 뒷걸음질쳐 무대 양쪽으로 옮기다가 여자가 먼저 퇴장한다. 그와 동시에 남자는 무엇이 생각난듯이 급히 여자를 부른다. 무대에는 완전히 어둠이 깔리고 남자와 여자의 형태만 볼 수 있게 된다.

남 이봐요.
여 (다시 등장) 왜요?
남 (수표를 꺼내며) 이 다섯 장은 누구꺼죠?
여 내 것이 아니니까 당신 것이죠.
남 내 것이 아닙니다.
여 당신 것이예요.
남 돌려 드리겠읍니다.
여 전 받지 않겠어요.
남 받으세요.
여 그 다섯 장이 필요한 사람은 내가 아니고 당신이 잖아요.
남 내게도 필요 없읍니다. (수표를 벤치에 놓는다) 당신 것도 내 것도 아닌 이것을 이곳에서 새로운 주인을 기다리게 합시다.
여 임자를 정하죠. 당신과 내가 가위 바위 보를 해서 지는 사람이 바로 임자죠.
남 좋아요.

남자, 여자, 신중하게 가위 바위 보를 시작한다. 그러나 공교롭게 승부가 나지 않는다. 한참이나 신중하게 해도 승부가 없자 이번에는 재빨리 가위 바위 보를 한다. 그래도 계속해서 같은 것만 나올 뿐 승부는 가려지지 않는다. 남자와 여자는 지쳐서 가위 바위 보를 할 때 조명이 완전히 꺼지고 막이 내리나 가위 바위 보의 소리는 계속 들리고 있다.

□번역 희곡□

안 경

에드가 열란 포우

한 기 환

등장인물:
◎ 에너운서 ..
◎ 나레이터 ..
◎ 로버트 심프선 ..
◎ 델버트 부인 ..
◎ 앨리스 ..
◎ 제니 프레스튼 ..
◎ 헨리 ..
◎ 스테퍼니 ..
◎ 메이드 ..
◎ 보이스 1 ..

(음악) 막 서서히 열림.

보이스 1 : 누군지 알 수 없는 사람이 저기에 가네.
보이지? 안경 쓴 사람 말이야.
나레이터 : 저 아름다운 부인에게 말을 건네고 있는 사람 말이냐?
보이스 1 : 암 그 사람이지. 누구더라?
나레이터 : 로버트 심프슨이야. 그의 얘기를 해 줄까? 그와 그의 안경에 대한 얘기를 말이야.
보이스 1 : 안경이라고? 그 사람이 끼고 다니는 안경 말이야?
나레이터 : 흥, 그렇고 말고, 듣고 싶니?
보이스 1 : 암.
나레이터 : 편안하게 앉게. 그의 얘기를 하지.

(음악)

나레이터 : 몇 해 전엔 심프슨은 안경끼는 것을 꺼려 했어, 비록 안경 없이는 잘 보이지 않으면 서, 하여간 안경을 끼고 다니지는 않았어, 안경을 끼면 모양이 형편없거든. 어느 날 나는 그와 함께 산보를 하고 있었는데 갑자기 우리 앞을 마차 한 대가 지나갔어.

(마차 지나가는 소리)

심프슨 : 델버트, 저기 보이니?

— 138 —

나레이터: 암! 보이고 말고! 그 놈의 마차가 우리를 치울 뻔했어!

심프슨: 그런 말이 아니란 말이야. 마차에 타고 있는 저 여인이 말이야.

나레이터: 아니 안 보이는데! 보았으면 좋겠군! 한 두 가지 말을 해 줘야겠군! 우린 죽을 뻔 했었다고!

심프슨: 에이! 바보자식! 무슨 그런 사소한 소리를 해. 저런 아름다운 여인은 처음 봤어!

(음악)

나레이터: 그 후 며칠 지난 어느 저녁때 친구인 심프슨은 우리들 부부와 더불어 음악회에 갔었어. 시청에서 개최됐었지.

(음악)

나레이터: 음악을 감상하고 있었는데 돌연히 심프슨은 흥분하여 귀속말로 이야기하기 시작했어.

심프슨: 텔버트, 텔버트, 저기를 봐!

나레이터: 으음? 뭘?

심프슨: 봐! 저기 저 여인 말이야. 보이니?

나레이터: 어느 여인?

심프슨: 저 너머 박스에 말이야.

나레이터: 안 보이는데.

텔버트부인: 쉿, 당신네는 방해를 하고 있어요. 음악을 감상하려 왔지 않아요. (조용해진다.)

심프슨: 허지만 텔버트, 그 마차 속에서 본 여인이란 말이야.

청중들: 쉬, 쉬, 조용히 하세요. 쉬.

(음악, 피아노 소리)

나레이터: 중간 휴식때, 심프슨은 이렇게 말했다. 박스 속의 여인은 분명히 며칠 전에 마차에서 본 그분임이 틀림없어.

심프슨: 분명히 그분야야.

텔버트부인: 다이야몬드 목걸이를 한 사람말이요?

심프슨: 예, 예. 그분입니다.

심프슨: 아름답지 않아요?

텔버트: 아니, 제니 프레스튼 아니요?

심프슨: 그분을 아십니까?

텔부인: 알고 말구요. 읍내에선 잘 알려져 있지요. 그땐 첫째가는 미인이었어요. 읍내에선 그를 모르는 사람이 없었어요.

심프슨: 그게 무슨 뜻입니까? 당시에는 가장 아름다웠다는 소린가? 어제라는 말입니까? 오늘이예요, 혹은 내일이예요? 저런 미인은

텔부인: 본적이 없어요. 소개해 줄 수 있을까요?

텔부인: 예 할 수 있을 것 같애요.

심프슨: 저분을 만나고 싶나요?

텔부인: 당장에라도, 못기다리겠어요.

심프슨: 그럼 내일 오후에 만나도록 합시다. 두시에 저의 집으로 오세요. 그분에게 데려다 드리지.

나레이터: 로버트군. 그 분에 관해서 한 마디 해야 겠어.

심프슨: 무엇이든지 말해 봐 그를 만난다는 내 결심은 절대 변하지 않을 테니.

나레이터: 로버트. 너는 젊잖아. 푸레스트는 과부야, 실은 두번째의 과부란 말이야. 너가 생각하는 것처럼 그렇게 젊은 분은 아니야. 몇 년 정도의 차가 무슨 상관이요. 저런 미인은 본 적이 없어. 꼭 만나야 해.

심프슨: 상관없어.

(음악)

나레이터: 그 다음날 일찍 마누라는 전화를 받았는데 그 내용인즉— 어머니께서 위독하시니 곧 돌아오라는 것이었다.

텔부인: 로버트에게 말씀 잘 드려 줘요. 친정에서 돌아와서 소개해 드릴테니.

나레이터: 내가 그 얘기를 했더니 그는 대단히 노했었어.

《등장》

심 손: 이럴 수가 있나?

나레이터: 나는 못 기다린단 말이야. 밤새 뜬 눈으로 새웠어. 오늘 오후의 일을 생각하노라고 한잠도 못 잤단 말이야. 이제 와서 날더러 더 기다리라고. 나는 말라 죽을거야.

나레이터: 미안해, 로버트.

심 손: 텔버트, 너는 프레스튼을 모르니?

나레이터: 응, 만난 적은 있어.

심 손: 그걸로 잘 안다고는 할 수 없잖아.

나레이터: 좋아요. 아쉬운 대로 소개라도 해 줄 수 있잖아.

심 손: 글쎄, 말이야.

나레이터: 자, 자, 당장 그의 집으로 가.

심 손: 아니야. 그럴 수는 없어, 말하자면 오늘은 못가. 내일이나야 될 것 같애.

심　손: 좋아, 그럼 내일로 하지. 여기에 두 시에 올 테니.

《심손 퇴장》

(음악)

(노크소리—문이 열리고)

메이드: 얘, 누구세요?
심　손: 텔버트씨를 뵈러 왔어요.
메이드: 주인이 기다리신다구요?
심　손: 예, 저는 심손입니다. 로버트 심손입니다.
　　　　두 시에 만날 약속을 했지요.
메이드: 그런 말씀은 안 하시던데요. 어찌 했던 오전에 이곳을 떠나셔야만 했읍니다.
심　손: 뭘 떠나셨다니?
메이드: 예, 사업상 필라델피아로 가셔야만 했어요. 내주까지 못돌아 오신답니다.
심　손: 그럴 수가 있읍니까?
메이드: 분명히 두 시에 여기서 만나기로 한걸요.
심　손: 죄송해요, 주인은 안 계십니다. 안녕히 가십시요. (문이 닫힌다)

《메이드 퇴장》

심　손: 어떻게 해야 좋을지, 프레스튼을 만나는데 하루 더 기다릴 수는 없어. 그분의 미모만 생각했었는데 잠도 못자고 먹지도 못했어, 일이 손에 잡혀야 지 하루 더 무엇을 해야겠는데. 뭘 해야 할까, 뭘 해야 할까?

에리스: (멀리서) 여보, 로버트씨, 거기서 뭘 하고 있지.
심　손: 오! 엘리스! 텔버트씨댁에 가는 길이여요.
에리스: 난, 텔버트씨를 찾아 갔었어요. 헌데 그들은 나를 버리고 없지 않아요.
심　손: 아! 저런! 참 안됐군요.
에리스: 그럴 수밖에 없겠군! 텔버트씨는 나를 프레스튼씨에게 소개해 주기로 되어 있었는데,
심　손: 아니, 프레스튼씨라니?
에리스: 로버트씨, 그분을 아시나요?
심　손: 에리스, 그분은 좀 나이가 많지 않아요.
에리스: 그저 소문만 듣고 있읍니다. 당시에는 절세의 미인이었다더군, 그러나 만나볼 기회는 없었어요.

심　슨 : 텔버트씨가 언제 돌아올지 모르겠는데, 나는 제니를 만나기 위해서 기다릴 수는 없읍니다.

에리스 : 그래요, 당신이 직접 찾아가서 자기 소개를 할 수 있지 않아요.

심　슨 : 아, 아닙니다. 어찌 그렇게 한단 말입니까? 틀림없이 그분은 그런 짓을 싫어 하실 테니.

에리스 : 정, 그러시다면 한 가지 방법이 있지요. 그분에게 편지를 쓰시는 데는 별 말씀 안 하실 것입니다. 편지를 써서 방문할 약속을 하세요.

심　슨 : 정말 좋은 생각이야, 에리스! 아주 놀라운 아이디어인걸, 당장 집에 가서 편지를 써야지

(음악)

(ㄴ) 장면 전환

(심슨의 집)

심　슨 : 친애하는 프레스튼씨! 저는 최근에 몹시 아름다운 당신을 멀리서 뵈올 수 있는 기회가 있었읍니다. 친구인 텔버트씨부부는 나를 당신에게 소개해 주신

다고 했읍니다만, 그분들은 읍내를 떠나셔야만 했읍니다. 두 분이 돌아올 때까지 기다릴 수가 없어 이렇게 편지로써 당신의 방문허가를 언고자 합니다. 저는 지난 목요일 저녁 음악회에서 텔버트씨 부처와 함께 있었던 사람입니다. 아마 저를 그때 보았을런지도 모르겠읍니다. 당신의 답장을 손꼽아 기다립니다. 그때까지 안녕히 계십시오.

제　니 : 심슨씨!

(ＯＬ, 오른쪽 장면 전환)

오늘 아침에 편지를 받아 보고 놀랐읍니다. 그때 당신이 텔버트씨 부처와 함께 계시는 것을 보았읍니다. 텔버트씨가 읍내를 떠나셨다니 서운합니다.
그러나, 저는 기꺼이 만나 보겠읍니다. 금요일에 친구들을 몇몇 초대하여 시낭독회를 갖고자 합니다.
헨리씨가 시를 낭송하실 것입니다. 그때 오십시오. 저녁 여덟시쯤입니다. 그때까지 안녕히 계십시오.

(음악) 《다음날 노크 소리——문이 열리고》

《시낭독회 장면──시낭독회 전원 등장》

메이드: 안녕하십니까?
심 슨: 어서 오십시오. 《뒤에서 잡음》
심 슨: 감사합니다.
메이드: 저는 심슨입니다. 로버트 심슨이에요. 프레스튼씨가 저를 기다리실 텐데요.
메이드: 아, 예. 그렇읍니까. 조심하셔야 합니다. 불을 꺼 놨으니까요.
이리 오십시오.
곧 낭독회가 시작됩니다. 예, 여기입니다.
프레스튼씨. 심슨씨가 오셨어요.
제 니: 아! 심슨씨예요.
와 주셔서 감사합니다.
심 슨: 초대해 주시다니 대단히 감사합니다. 정말 기다렸읍니다. 이 시간을……
제 니: 아이, 감사해요.
심 슨: 다시 뵈었으면 합니다.
(뒤에서 박수소리)
제 니: 오! 헨리씨가 오시는군!
낭송이 시작될 모양이에요.
이리로 앉으십시다.
함께 감상하십시다.

심 슨: 그런데요. 먼저 말씀드릴 일이 하나 있읍니다. 내일 만나뵐 수 있을까요?
혼자서요.
저는 정말 당신을 사랑합니다. 당신밖에는 아무 생각이 없읍니다. 곧, 만나고 싶읍니다.
제 니: 얘, 좋습니다.
내일 오후 세 시에 공원에서 사촌과 함께 산보할거예요.
아마, 그때 가서 얼마동안 이야기하실 수 있을거예요.
이젠 조용히 합시다.
시낭송이 시작되는군요.
저가 좋아하는 시를 낭송합니다.
에나벨리이예요.
헨 리: (시낭송) (음악)
(다음날──장면 전환)
심 슨: 제니가 약속을 지켜 주었으면 좋겠는데. 지금 3시 10분 전이지 아! 저기 계시군. 저기 나무 그늘 아래 음! 혼자군! 제니! 제니!
제 니: 아, 안녕하세요. 이쪽으로 오십시오.

심슨: 네, 좋아요.

제니: 그렇지만 우리는 서로가 잘 모르지 않아요, 난 당신을 조금만 알고 있을 뿐이예요. 그러나 당신은 나를 모르지 않습니까?

심슨: 난 세상에서 어느 누구보다 당신이 제일 예쁘다는 것을 잘 알고 있어요. 그만하면 되지 않아요. 나와 결혼해 주신다면 나는 세상에서 누구보다 더 행복한 사람이 됩니다.

제니: 아이, 로버트씨. 무슨 말을 해야 좋을지…

스테파니: (멀리서 소리만) 제니, 제니! 어디 있어요?

제니: 내일 저녁에 친구들을 초대하여 음악회를 가질 참이예요.

심슨: 언제 다시 만나지요?

제니: 아이 스테파니야, 난 그녀에게 가봐야 해요.

심슨: 그러나 다른 사람들과 같이 만나고 싶진 않아요. 그리고 밝은 곳에서 당신을 본 적이 없어요. 밝은 대낮에 만났으면 해요. 그 아름다움을 감상할 수 있게 저는 꼭 그늘에 있는 당신만을 봤거든요.

스테파니: 제니! 어디지요? 아! 거기 계셨군! 왜 대답을 안 하시고 아이구뭐니! 심슨씨

그늘에 앉읍시다.

제니: 아시겠어요. 저는 약속만은 꼭 지키는 사람입니다. 아직 3시가 안 되었군요. 저는 여기와 있지 않아요. 그런데요, 저의 여유는 몇 분밖에 없읍니다. 제 사촌이 곧 돌아옵니다. 그녀를 기억하세요?

심슨: 스테파니 프레스톤 말이예요. 어제 저녁에 저의 집에서 만났잖아요.

제니: 예, 기억합니다. 아주 예쁘더군요. 허지만 난 그의 아름다운 사촌인 제니가 더 좋아요.

심슨: 그는 훨씬 당신 나이에 가까와요. 아시겠어요. 로버트씨.

제니: 왜 다들 나이 얘기만 하는지 모르겠어요. 나이는 상대적인 것이죠. 아마 저희들 사이에는 몇 해쯤 차이가 있겠죠…… 그러나 그건 문제가 되지 않읍니다. 난 당신을 사랑해요. 당신과 결혼하고 싶어요.

심슨: 아! 로버트씨! 그런 생각을 하면 못써요. 난 그것밖에는 아무 생각도 없어요. 늘 그 생각을 하는걸요. 당신을 만나본 이후늘 그 생각뿐인걸요. 당신을 만나본 이후 늘 그 생각을 그친 적은 없읍니다. (침묵이 잠시 흐른다.)

심 슨: 안녕하셨어요.

심 슨: 프레스튼양! 안녕하셨읍니까?

제 니: 스테파니, 이리로 와요.

심 슨: 내일 저녁에 또 뵙겠읍니다. (퇴장)

심 슨: (한숨소리) 예! 그렇지요. 그럼 내일 저녁까지 안녕히 계십시오.

(음악) (ㄴ)장면전환

나레이터: 몇주 후 저희들 부부는 집에 돌아왔읍니다. 사람마다 로버트와 제니의 이야기를 하고 있더군요. 사실인즉 로버트는 드디어 제니의 결혼 동의를 받았던 것입니다. 제니는 너무 나이가 많다는 것을 주장하였으나 심슨은 상관이 없다고 하였읍니다. 물론 제니가 승락하였을 때 모두들 한결같이 놀랐읍니다. 결혼전 날 로버트는 제니를 찾아 갔읍니다. 스테파니가 문을 열어 주었지요. (제니의 집)

스테파니: 아이 로버트씨, 안녕하셨어요, 들어 오십시오.

심 슨: 감사합니다. 제니는 계시나요?

스테파니: 예, 저— 저의 사촌은 지금 집에 계시지요. 잠깐 기다리세요. 당신을 기다리고 계실 것입니다. 예, 좋습니다. 쪽지를 가지고 왔어요. 당장 만나자고 하시더군.

스테파니: 아! 저기 오십니다.

심 슨: 여보세요. 정말 이상합니다. 두분이 말씀하십시오. (퇴장)

제 니: 로버트씨! 그 쪽지는 받으셨죠? 이리 앉으세요. 꼭 드려야 할 말씀이 있읍니다.

심 슨: 여보세요. 정말 이상합니다. 또 무슨 일입니까?

제 니: (천천히) 좀 참으십시오. 곧 아시게 될 것입니다. 결혼 하기 전에 부탁할 일이 하나 있읍니다. 전번에 나를 위해서 무엇이든지 해 주시겠다고 약속하셨지요. 이건 아주 쉬운 부탁입니다. 들어 주시겠지요.

심 슨: 예, 예. 무엇이든 말씀하십시오.

제 니: 그럼 안경을 끼십시오.

심 슨: 안경요? 왜 그러십니까? 저는 싫습니다. 안경은 절대 안 낄걸니다.

— 145 —

제니: 안경을 끼면 꼴불견이 됩니다. 저는…

로버트씨! 제발 약속하셨잖아요.

심슨: 좋습니다. 약속은 약속이니깐요. 어떻게 하시렵니까?

제니: 불을 켜겠어요.

(스테파니가 차를 가지고 등장)

심슨: (불을 켠다)

제니: (아연실색하며) 앗, 아-앗!

심슨: (점잖게) 로버트 심슨씨, 똑똑히 보셨지요. 제 얼굴을.

제니: 예, 옛.

심슨: 제니 프레스튼을 처음 보셨지요? 주름살 진 저를 당신은 분과 루즈를 바른 저를 보아 온 것입니다. 나를 젊고 아름답게 한 가발을 벗어버린 저를 보셨지요? 자! 지금도 이 세상에서 가장 아름다운 여자라고 말씀하실 수 있나요? 그러지는 않을 것이지요. 젊은이, 저는 당신의 할머니쯤이나 되는 노파예요. 당신은 그 프라이드와 허영 때문에 안경을 끼지 않았지요? 안경을 끼었던 날 진정한 나의 참모습을 보았을 것입니다. 저는 한때 미인이었어요. 자—이제는 나는 화장과 가발의 덕으로 늙

제니: 은 아름다움을 꾸밀 수가 있었읍니다. 내가 당신에게는 너무나도 나이가 많다는 것을 알았을 것입니다. 로버트씨! 그래서 저는 한 가지 교훈을 드릴려고 마음먹었읍니다. 자—이제 뭐라고 말씀하시겠읍니까?

심슨: 아무 말씀도 없읍니다. 무엇이 무엇인지 모르겠읍니다.

제니: 로버트씨, 당신을 사랑할 것입니다. 나는 언제나 손자를 사랑하듯이. 마치 나 대신 저의 손녀 스테파니와 결혼 하시겠어요! 분명히 할머니라고 했어요. 그이는 사촌이 아닙니다. 틀림없이 그이는 젊고 아름다와요. 비록 당신이 안경을 끼고 보아도 아름답습니다.

나레이터: 자, 대략 이런 이야기지요. 이리하여 결과는 맺어졌지요. 로버트 심슨은 제니 프레스튼의 참모습을 알고 난 후 그 충격이 사라지자, 스테파니에게 청혼하였읍니다. 이리하여 몇달 후 그들은 결혼했읍니다. 두말할 나위도 없이 로버트는 언제나 꼭 안경을 끼고 다녔읍니다. 더우기 미모의 여성을 볼때는 물론이고요. ☆

□ 동 화 □

복이와 장난감

이 창 규

저쪽의 참나무 소나무 숲앞에는 수없는 잠자리 떼가 흐르고 있었읍니다.

꼭 민들레의 솜털이 날고 있는 것 같았읍니다.

온통 쏟아지는 햇빛에 눈부시어 세살백이 꼬마 복이는 이마를 찡그리며 햇님을 보다 말고 잠자리 쪽으로 눈을 돌립니다.

날개가 반짝반짝 잔물결로 나부끼는 짱아도 있읍니다.

잠자리 모습이 햇볕에 투명하게 보입니다. 이것을 가만히 보고 있던 형님이 코에 송송 땀이 배인 채 싸리비를 가지고 잡으려고 살금살금 조심스레 잠자리를 노리고 있읍니다.

잠자리채를 가지고 잡는 것은 생각도 않은 채 비를 가지고 애를 쓰고 있읍니다.

옆에서 지켜 보고 섰던 복이는 조그만 소리로 「짱

— 147 —

아ー노래를 저도 모르게 주워 새기고 있읍니다.
짱아 짱아 예쁜 짱아
짱아가 날아 다닙니다.
형님도 여전히 싸리비를 들고 입속으로 중얼거렸읍니다.

잠자리 붙어라
붙는 데 붙어라
멀리 가면
비 죽는다
붙는 데 붙어라

반짝반짝 잔물결로 나부끼던 잠자리들은 꽃나무를 돌아 바람끝에 밀려서 저리로 날아가 버렸읍니다. 심통한 표정을 지은 채 멍하니 바라보고 있는 모습이 몹시 안타깝기까지 하였읍니다.
형님은 식식거리며 하는 말이,
「죽이지 않을 텐데, 우리집에 오면 내 동생이 몹시 사랑해 줄 건데.」
하면서 속으로 말을 하고 있었읍니다.
그것도 모르고 복이는 잡아달라고 졸라댑니다. 형님은 그렇찮아도 성이 나 있고 불통해진 마음도 모르고 졸라대는 복이를 보고 짜증을 내었읍니다. 금방 울려고 입을 삐쭉거리고 있을 때 형님은 조용히 복이를 타일렀읍니다.
내일 꼭 잡아 줄 테니 집으로 돌아가자고 했읍니다.
내일 꼭 잡아 준다는 형님 말을 믿고 금시 복이는 입가에 꽃 같은 웃음이 번지며 말을 들었읍니다.
잘잘 끓던 햇볕도 숨어버린 여름나절 저녁, 다른 때에는 확확 숨이 막혀 오는 더위였는데 오늘만은 산 너머 소나기에 씻긴 깨끗한 바람이 선선하게 불어왔읍니다.
항상 집에서는 여느때처럼 장난감놀이가 대부분이었읍니다.
장난감 상자에는 비행기, 기차, 트럭, 자동차, 탱크, 나팔, 돼지, 매미, 잠자리, 새, 인형 등이 가득하게 놀고 있었읍니다.
그 중에서도 손때가 많이 낀 인형, 날개가 쪼그라진 매미와 잠자리, 바퀴가 한 개씩 빠져 버린 기차 그리고 풀로펠라와 꼬리가 없는 헬리콥터도 한 대 있었읍니다.
모두가 형님이 어릴 때 갖고 놀던 것입니다. 그래서 손때가 묻고 낡은 것뿐이었나 봅니다.
복이는 밖에 나오면 날아 다니는 잠자리와 벌레들도 겁내지 않고 잡아 가지고 놀기를 좋아했읍니다.

항상 신기한 마음을 가지고 있으면서도 집안에 들면 장난감을 가지고 노는 듯이 조용히 또닥거리며 순하게 노는 귀엽고 착하게 자라는 어린 아이입니다.

어떤 때는 어머니도 같이 놀아 주기도 하며 같이 있을 때도 많습니다.

어머니는 흙장난하면 훌륭한 인물이 될 수 없다고 흙장난은 못하게 하니 쌓기놀이 장난감놀이를 대체로 많이 합니다.

다음날이었읍니다.

어머니를 따라 뒤뜰에 나왔읍니다. 눈알이 동굴동굴 복이는 무엇인가 찾고 있읍니다.

어머니를 따르다가 엄마 생각은 잊은 채 저쪽 숲과 탁 트인 하늘까지 바라보고 있읍니다.

볼수록 예뻐 보이고 착해 보였읍니다.

그러나 혼자 무엇을 찾고 있는 것을 보고 어머니는 도와 주고 싶었읍니다.

그때 어머니는 다시 복이 곁에 다가와 있고 복이는 나즈막이 날아 오는 헬리콥터를 발견하였읍니다.

「엄마!」
하고 불렀읍니다.

복이는 집이 나서 그런 것보다 신기하고 좋았읍니다. 아까부터 찾던 것을 발견한 기쁨인지 모릅니다.

엄마의 치맛자락을 잡아 끌고 좋아했읍니다. 헬리콥터의 날개가 고운 햇볕에 부셔져 은가루처럼 반짝이며 눈부셨읍니다.

복이는 어머니의 치맛자락을 끌며 잡아달라고 재촉하였읍니다.

두어 번 졸라댈 때 헬리콥터는 복이 머리 위를 지나고 있었읍니다.

머리를 뒤로 젖힌 채 눈은 헬리콥터 꼬리를 따라 가고 있었읍니다.

복이는 울상이라도 한 듯한 표정으로 숨쉴 겨를도 없이 잡아달라고 졸라대었읍니다.

곧 울음이라도 터져나올 것만 같은 얼굴 표정입니다.

그러자 어머니께서는 꽤히 승락했읍니다. 곧 잡아준다고 약속을 합니다.

어머니는 어머니대로 맹목적인 승락이 아니고 마음먹은 것이 있었던 것입니다.

복이는 어머니 말씀에 기대를 걸고 안심을 하게 된 것입니다.

하늘가가 발그레 붉어지며 미루나무 느티나무 그림자가 길어지자 어머니는 시장에 나갈 준비를 하고 있을 때 형님이 들어왔읍니다.

복이는 형님에게 같은 부탁을 합니다. 형님과 복이는 우선 장난감 맞추기 놀이를 시작했읍니다. 그때 어머니는 장바구니에 몇 가지 찬을 준비하고는 무엇보다 먼저 장난감 헬리콥터를 골라 사 넣었읍니다.

복이의 꿈을 담은 장바구니는 오늘 따라 몹시 거웠읍니다.

어머니가 내민 장난감 헬리콥터를 받아들고 복이는 몹시 좋아했읍니다.

복이는 좋아서 팔짝팔짝 뛰었읍니다.

아까 날아가는 헬리콥터가 어제 형님이 잡으려던 잠자리로 착각했나 봅니다.

아니면 장난감으로 생각하였는지도 모릅니다.

이처럼 인정을 하며 그것을 이리 만지고 저리 만지며 기뻐하였읍니다.

그런 가운데 복이는 착하게 커 갔읍니다. 누구보다 예쁘게 해가 바뀌었읍니다. 많은 날들이 지났읍니다.

장난감도 훌륭하게 자라고 있었읍니다. 많은 날들이 지났읍니다.

이제 국민학교 2학년으로 자라난 복이는 공부도 열심히 하여 똑똑한 학생으로 자랐읍니다.

복이는 학교 친구들도 많이 가졌읍니다.

해마다 생일날은 친구를 초대하는데 잊지 않고 있읍니다.

어머니가 준비하는 일이지만 어머니도 복이도 같이 생각하고 있는 것입니다.

복이 생일은 해마다 12월 24일 크리스마스 이브입니다.

뜻있는 날이요, 즐거운 날이기도 합니다.

그래서 선생님도 복이 생일날은 잊지 않았나 봅니다. 겨울이 되면 매운 바람이 나뭇가지를 무섭게 휘치다가 새벽녘에는 아무도 모르게 흰눈이 내렸읍니다.

복이집 마당에도 지붕에도 흰눈이 또 내리고 쌓였읍니다. 그래서 그런지 복이의 가슴에도 찰랑이는 기쁨이 눈송이처럼 쌓이고 있었읍니다.

선생님은 유달리 다른 선생님보다 아이들에게 인정이 많고 글을 잘 가르쳐 주었읍니다.

그리고 반 어린이의 생일을 3월에 조사하여 생일기차를 만들어 놓고 그때마다 그 어린이들에게 선물을 하나씩 주어 기쁘게 해 줍니다.

선물은 모두 꼭 같은 것은 아니나 거의 같은 것이 많았읍니다.

장난감 중에서 목각으로 된 동물 또는 사람 모양의

인형인데 머리와 목 사이에는 용수철을 넣은 것으로 바람이 스쳐도 고개를 끄떡이며 웃는 장난감, 어린이의 이야기가 절로 나오는 장난감입니다. 다른 장난감보다도 생각을 많이 하게 하는 장난감입니다.

그 장난감을 생일때마다 꼭 하나씩 선사합니다. 어린이는 준 사람을 잊고 있는 어린이도 있읍니다. 어쩌다가 공부 시간에 가방을 들여다 보면 속에 가만히 넣고 다니는 아이도 있읍니다. 또는 목을 떼어 가지고 다니는 어린이도 있는가 하면 가방 속에 눈이 보이지 않을 정도로 더럽혀진 것도 있고 책상 위에 얹어 놓고 예쁜 마음을 가꾸고 있는 어린이도 있었음을 발견하고 선생님은 웃으며 한 해를 정리해 보기도 한답니다.

이처럼 한 종류의 장난감도 그 주인에 따라 앞으로의 길이 결정되는 것처럼 우리가 살아가는 것도 그런 것이 많을 것 같았읍니다. 언제나처럼 선생님은 자라나는 어린이에게 꿈을 심어 주려고 장난감을 준다고 했읍니다. 복이가 받은 장난감으로 해서 올해 마지막 생일선물이 됩니다. 복이가 받은 장난감은 동물인형입니다. 토끼 모양입니다. 두 귀가 쫑긋한 토끼입니다. 눈알은 빠알갛게 동글거리고 고개는 약간 옆으로 갸웃거리는 모양입니다. 얼굴은 항상 웃음을 머금고 있는 것 같아 다정스러워 보입니다. 선생님이 주신 장난감 인형은 항상 고개를 끄떡이며 웃어 주는 인형, 마스코트가 책상 위에 조용히 앉아 있읍니다. 바람이 스쳐도 고개를 끄떡이지만 기분이 좋으면 더 끄떡거립니다. 달나라에도 갔던 토끼는 어느 동물보다 남의 것을 탐내거나 욕심부리지 않고 재미나는 전설을 만들며 지켜온 동물입니다. 두 귀가 쫑긋할 때는 정신을 똑바로 차려야 합니다.

그러나 순한 얼굴에는 항상 웃음이 담겨 있읍니다. 이 장난감을 배우는 복이네 온 가족들도 웃음 속에 화목한 생활을 하고 지내고 있읍니다. 몇년을 두고두고 장난감과 복이는 동무가 될 것입니다. 어릴 때 기념이 아니라 어른이 되어도 영원한 친구가 될 것입니다. 장난감처럼 착하게 자라서 어른이 될 것입니다. 오늘도 복이 방에는 목각으로 된 인형장난감이 방문을 열면 고개를 끄떡이며 반겨 주고 있읍니다. 그래서 복이네 가정은 웃음된 화목한 가정으로 꿈이 자라고 있는 것입니다. 오늘도 그 장난감은 복이에게 이야기를 들려 주고 있읍니다.

韓國文協 馬山市 支部 會員 名單(가. 나. 다順)

회원명	분과	연락처	전화	비고
高 和 錫	시	馬山市 平和洞	T 7278	
權 道 鉉	평론	馬山敎大	T 8015	中央會員, 道文化賞受賞
金 敎 漢	시조	馬山中學	T 7434	中央會員, 前支部長 道文化賞受賞
金 根 淑	시	창원군 중리국교		詩集,「별과 사랑의 意味」
김 영 선	소설	昌信中	T 5351	
김 영 순	수필	창원군 봉강국교		
金 永 燦	수필	慶南大學	T 8187	
金 玉 英	시	창녕군 남지국교		月刊文學 新人賞 受賞
김 용 복	시	韓國日報 馬山支社	T 7897	
金 和 水	시	聖旨 女高		
남 광 현	소설	第一女中高	T 3616	新人 藝術賞 受賞
문 기 영	소설	中央中		
文 昌 鎬	아동문학	昌信中	T 7268	事務局長
朴 大 變	시조	馬山 商高	T 8072	
박 지 운	소설	聖旨 女高		
朴 平 周	시조	馬山 女商		中央會員
裵 福 道	수필	慶南每日新聞	T 8218	
徐 仁 淑	수필	「이병도」첫과	T 2969	中央會員 수필집「타오르는 촛불」副支部長
申 尙 澈	수필	慶南大學	T 4078	中央會員, 支部長
李 光 碩	시	慶南每日新聞	T 4339	中央會員
李 金 甲	시조	馬山警察署		中央會員
이 상 철	시	馬山 第一 女高	T 3616	「경남매일 新春文藝」당선
李 善 寬	시	馬山市 昌洞 64	T 6258	中央會員, 詩集「畸型의 노래」「人間宣言」
이 창 규	아동문학	月影 國校		
丁 宇 鳳	외국문학	慶南大學		
鄭 鎭 業	시	校原洞 24의 17		中央會員, 前支部長, 고문 詩集「風葬」「경진업작품집」
蔡 政 權	시	商街아케이트		
秋 蒼 影	시	馬山 文化 放送	T 7687	詩集,「五月 한낮에」

— 152 —

편집후기

▲ 馬山文學 三輯이 世上에 나간다.

출판경비 조달을 위해 支部長 혼자 동분서주하던 중, 安貞子 女史의 협조가 많았음을 여기에 밝혀 둔다.

▲ 출판비를 내려 주신 趙演鉉 理事長님께 경의를 표한다.

▲ 교정을 맡아 수고해 주신 부산여고의 성병오 선생과 이 미령, 한 미호 두 학생에게 감사를 드린다.

▲ 출판비의 부족함을 메우고 「馬山文學」四집 발간을 위한 기금을 마련하기 위해 册代에 미달하는 二○○원씩을 그 인쇄비로 정하고 幾百部를 시판하게 된다. 예산이 없는 文協支部의 고충을 이해하시고 협조해 주시기 바란다.

▲ 馬山文學 三輯이 世上에 나간다. 발행할 당초 예정보다, 두 달이 늦었다. 원고 취합의 부진, 紙價 앙등에 따른 출판비 문제 等 難点이 많았다. 기다리신 분들에게 이해를 빈다.

▲ 2집보다 50면이 불었었다. 量의 增大는 質의 深化를 수반하는 경우가 많다. 책의 품위나 馬山文學의 발전을 위해 4집에는 50면쯤 더 늘였으면 좋겠다.

▲ 詩, 小說, 희곡, 수필, 평론, 아동문학 등 각 장르에 걸쳐 거의 전 회원의 작품을 실었다. 예년과는 달리, 小說, 희곡 쪽에 作品이 많이 나왔다. 特히 이 方面에서 활동할 新入會員들께 期待를 건다.

▲ 崔載九 議員을 비롯해서 玉稿를 寄稿하신 여러분께 감사하고 特히 激勵辭를 모으자.

▲ 보다 좋은 作品을 창작하기 위해 가일층 분발하기를 다짐하고 「馬山文學」四輯을 가꾸어 내기 위해 다같이 힘을 모으자.

馬山 文學
— 第三輯 —

인쇄일 :: 一九七四년 三월 五일
발행일 :: 一九七四년 三월 七일
발행처 :: 韓國文協 馬山市 支部
인쇄처 :: 釜山 第一印刷 材料社
편집 및 발행인 申 尙 澈
편집 위원 李 昌 鎬
위원 李 相 喆

값 二○○원

近刊豫告

겨울 나무들

李光碩 處女 詩集

祝
馬山文學三輯發刊

藝總馬山市支部

文人協會
美術協會
音樂協會
國樂協會
舞踊協會
演劇協會
寫眞協會
演藝協會
映畫人協會

마산문학 영인본
창간호~제3집

펴낸날 | 2013년 11월 13일

편집위원 | 이광석 · 오하룡
펴낸이 | 김병수
펴낸곳 | 마산문인협회

제작보급처 | 도서출판 경남
창원시 마산합포구 몽고정길 2-1
연락처 | (055)245-8818~9 /223-4343(f)
홈페이지 | http://www.gnbook.com
전자메일 | gnbook@empas.com
출판등록 | 제567-1호(1985. 5. 6.)

ISBN 978-89-7675-871-2-03810

＊이 책은 창원시에서 발간비의 일부를 지원받았습니다.
＊잘못된 책을 바꾸어 드립니다.

〔특가 30,000원〕

문향 마산의 긍지
산호공원 詩의 거리

　문향의 고장 마산 산호공원에는 '詩의 거리'가 자리 잡고 있다. 지난 1969년 학생 및 시민성금으로 아동문학가 故 이원수 〈고향의 봄〉노래비를 산호공원에 세운 이후 1970년 노산 이은상 〈가고파〉노래비, 1973년 김수돈 〈우수의 황제〉시비를 마련하면서 산호공원에 시의 거리를 만들자는 시민의 뜻을 모아 '詩의 거리 추진위원회'를 구성, 본격적인 시비詩碑 건립 추진에 들어갔다.

　詩의 거리 추진위원회(위원장 이광석)에서는 1990년 5월 마산시로부터 지원받아 故 김용호 〈오월이 오면〉 정진업 〈갈대〉 박재호 〈간이역〉 시비를 제막하고, 이어 1990년 5월 김태홍 〈관해정에서〉 이일래 〈산토끼〉를, 1997년 10월 〈마산의 노래비〉를 건립했으며, 1999년 권환 〈고향〉 천상병 〈귀천〉, 2009년 김세익 〈석류〉, 그리고 2010년 이석 〈봉선화〉를 세움으로써 모두 12개의 시비를 갖게 되었다. 2011년에는 창원용지공원에 황선하 시인의 시비를 건립할 계획이다.

　마산 詩의 거리는 산호공원 산책로를 시심詩心이 흐르는 낭만의 거리로 가꿈으로써 오가는 시민들의 정서순화와 애향심을 꽃피워 주고 있다. 이에 앞서 2008년 5월 3일 마산시와 마산문인협회는 한국 현대시 100주년에 때맞추어 문향 마산의 긍지를 드높이기 위해 마산을 전국 최초로 '시의 도시'로 선포, 성대한 문학축제를 기획하면서 산호공원 시의 거리에 시화전을 추진, 올해 세 번째 행사를 갖게 되었다. 앞으로도 '시의 도시 선포' 기념 문학축전은 더욱 발전 계승해 나가는 노력이 이어질 것이다.

이광석(시의 거리 가꾸기 추진위원장)

임항선 시의 거리
15기의 詩碑를 품다

1950년대 바냇들 허허벌판을 가로지르는 철길은 당시 청소년들에게는 꿈과 희망의 등하교 길이었고 남성동, 어시장을 비롯한 주류, 섬유, 상공업, 물류 유통의 요충이었으며 마산, 진주, 부산을 잇는 남중부 산업교통의 동력이기도 했다.

6·25동란이라는 국가적 위기에서는 북한, 서울 등지에서 피난 온 예술인들의 마지막 간이역이었다. 노산, 문신, 조두남, 김춘수, 김세익, 김남조, 이제하 등이 '가고파'의 바다를 그리며 저들 나름대로 예술적 창작공간을 넓혀 온 주역들이다.

임항선은 시의 고향으로 회귀하는 마산 사랑의 마지막 종점이다. 광복의 기쁨, 6·25의 아픔, 3·15민주화, 산업화의 시발점, 통합시의 새 출범 등 역사의 길목마다 뿜어내던 기적 소리 지금도 푸르고 싱그럽다.

이제 3역 통합(1977)과 더불어 임항선으로 남아 있는 낭만과 추억의 철길에 임항선 그린웨이 시범 조성사업 첫 단계가 마무리되면서 이곳 왕복 2㎞ 공간을 '시의거리'로 가꾸어 그 옛날 내 고향 남쪽바다의 정취를 되살리고 문향 마산의 긍지를 드높일 수 있게 되었음은 참으로 뜻 깊은 결실이라고 생각한다.

앞으로 임항선 '시의거리'는 시를 사랑하고 좋아하는 시민들에게 감동을 주는 명소로 자리매김하리라 믿는다.

이광석(시의 거리 가꾸기 추진위원장)
김병수(마산문인협회장)

상룡애도수하중하무진준관개화운
은원순춘선제병안태선상규시
이김최이김황이이조유감이이정정

마산문학의 기념비, 한국문학에 우뚝 세우다!

마산문인 대표작 선집 (전3권)

제1권 회원 운문 편
제2권 회원 산문 편
제3권 출향·연고문인 편

열 달을 품으면 사람이 되고, 백년을 품으면 역사가 되고, 천 년을 품으면 신화가 된다지만 이번 선집 발간은 마산문인협회 결성(1960년)이후 반세기 만의 최대 발간사업이니만큼 이를 우리는 다함께 마산문학의 '**아름다운 역사**'로 자리매김할 수 있으리라 생각해 봅니다. 그 '**아름다운 역사**'를 위하여 먼저 가슴 깊숙한 곳에서 우러나는 각별하고 따뜻한 '감사'를 드립니다.
―제1권 발간사 중에서

『**마산문인대표작선집**』(전3권) 발간은 2008년 5월 3일 '詩의 도시 마산' 선포라는 선언적 의미의 마산문학 재도약의 다짐을 승화시켜 마산문화예술의 새 장을 뒷받침하는 아름다운 결실이 되었다고 할 것입니다. 그리고 우리는 그것을 한 마디로 '**마산문학의 기념비, 한국문학에 우뚝 세우다!**'라고 그 의의를 천명하고자 합니다.
―제2권 발간사 중에서

이 선집을 읽는 동안 '**명품도시**'를 꿈꾸는 마산이 원초적으로 명품도시의 조건이 될 시민정서의 행복마인드를 가꾸어나갈 예술의 핵인 문학의 씨앗에 물을 주고 거름을 뿌리는 일을 회피하고 외면해 온 점이 없지 않았다고 보다 많은 이들이 반성하고 깨닫는 계기가 되었으면 하는 것이 문인의 이름으로 가져보는 소망입니다…… 행정적·정치·사회적으로 책임 있는 위치에 계신 분들의 바른 역할 수행〔政者正也〕(정치는 바로잡는 것/논어)과 선도의 용기, 침묵하는 다수 시민이 격려하고 응원하는 용기, **키에르케고르식 '고뇌'**에 더욱 깊이 침잠하는 시인(문인)의 용기…… 그런 용기들을 모으고 꽃피워나가는데 『**마산문인대표작 선집**』이 한 알의 밀알이 되기를 두 손 모아 간절히 기원드립니다.
―제3권 발간사 중에서

마산문인협회(회장 강호인) | 신국판 양장본 | 도서출판 경남 | 각권 3만원(3권 1질 9만원)